Dirk Ammelburger

XML

Grundlagen der Sprache und
Anwendungen in der Praxis

HANSER

Der Autor:
Dirk Ammelburger, München

Alle in diesem Buch enthaltenen Informationen wurden nach bestem Wissen zusammengestellt und mit Sorgfalt getestet. Dennoch sind Fehler nicht ganz auszuschließen. Aus diesem Grund sind die im vorliegenden Buch enthaltenen Informationen mit keiner Verpflichtung oder Garantie irgendeiner Art verbunden. Autor und Verlag übernehmen infolgedessen keine Verantwortung und werden keine daraus folgende oder sonstige Haftung übernehmen, die auf irgendeine Art aus der Benutzung dieser Informationen – oder Teilen davon – entsteht, auch nicht für die Verletzung von Patentrechten, die daraus resultieren können.
Ebenso wenig übernehmen Autor und Verlag die Gewähr dafür, dass die beschriebenen Verfahren usw. frei von Schutzrechten Dritter sind. Die Wiedergabe von Gebrauchsnamen, Handelsnamen, Warenbezeichnungen usw. in diesem Werk berechtigt also auch ohne besondere Kennzeichnung nicht zu der Annahme, dass solche Namen im Sinne der Warenzeichen- und Markenschutz-Gesetzgebung als frei zu betrachten wären und daher von jedermann benutzt werden dürften.

Bibliografische Information Der Deutschen Bibliothek
Die Deutsche Bibliothek verzeichnet diese Publikation in der Deutschen Nationalbibliografie; detaillierte bibliografische Daten sind im Internet über http://dnb.ddb.de abrufbar.

Dieses Werk ist urheberrechtlich geschützt.
Alle Rechte, auch die der Übersetzung, des Nachdruckes und der Vervielfältigung des Buches, oder Teilen daraus, vorbehalten. Kein Teil des Werkes darf ohne schriftliche Genehmigung des Verlages in irgendeiner Form (Fotokopie, Mikrofilm oder ein anderes Verfahren), auch nicht für Zwecke der Unterrichtsgestaltung, reproduziert oder unter Verwendung elektronischer Systeme verarbeitet, vervielfältigt oder verbreitet werden.

© 2004 Carl Hanser Verlag München Wien
Gesamtlektorat: Fernando Schneider
Copy-editing: Manfred Sommer, München
Herstellung: Monika Kraus
Datenbelichtung, Druck und Bindung: Kösel, Kempten
Printed in Germany

ISBN 3-446-22562-5

www.hanser.de

Dirk Ammelburger

XML

Grundlagen der Sprache und
Anwendungen in der Praxis

Bleiben Sie einfach auf dem Laufenden:
www.hanser.de/newsletter
Sofort anmelden und Monat für Monat
die neuesten Infos und Updates erhalten.

Das Internet ist wie ein Picasso:
Im Grunde hässlich, aber Millionen wert!

Frei zitiert nach meinem guten Freund Niko,
dem ich für sehr Vieles sehr dankbar bin.
Du hast Recht – wie immer.

Widmen möchte ich dieses Buch meiner Freundin,
die immer für mich da ist, wenn ich sie brauche.
Danke!

Für Miriam

Inhalt

1	Einleitung	2
1.1	Über dieses Buch	3
1.2	Für wen ist das Buch gedacht?	4
1.3	Wie ist das Buch aufgebaut?	5
1.4	Konventionen	6
1.5	Die wichtigsten Werkzeuge	6
	1.5.1 Texteditoren	7
	1.5.2 XML-Editoren	9
	1.5.3 Alles weitere	10

2	Erste Schritte mit XML	12
2.1	Elemente und Attribute	17
2.2	Regeln	19
2.3	Leere Elemente	21
2.4	Wurzelelement	22
2.5	Elemente vs. Attribute	22
2.6	XML betrachten	23
	2.6.1 XML mit dem Microsoft Internet Explorer	23
	2.6.2 XML mit Mozilla	25
	2.6.3 Fehler finden und korrigieren	26
2.7	Buchstabensalat	29
	2.7.1 XML	29
	2.7.2 SGML	29
	2.7.3 DTD	29
	2.7.4 XSL und XSLT	30
	2.7.5 SAX und DOM	31

3	Markup-Sprachen	34
3.1	Von der Steinzeit der Textverarbeitung	34
3.2	Digitale Repräsentation von Text	35
3.3	Die Lösung: Verkettete Listen	37
3.4	Digitale Formatierung von Text	40
3.5	Vom Druck zum Bildschirm	42
3.6	Markup	42
3.7	Von SGML zu XML	52

3.8	HTML und XML	53
3.9	Warum sollte ich XML verwenden?	57
	3.9.1 Eigenschaften	57
	3.9.2 Funktionen	58

4	**XML-Code erstellen**	**62**
4.1	Der Kopf eines XML-Dokumentes	62
4.2	Ausblick auf XML 1.1	64
4.3	Definition: Wohlgeformte Dokumente	66
4.4	Kommentare in XML	68
4.5	Zeichensätze und Unicode	69
	4.5.1 Die ISO-Standards	70
	4.5.2 UniCode und UTF-8	71
	4.5.3 Ein Beispiel mit ISO-8859-1 und UTF-8	72
4.6	Aufbau eines XML-Dokumentes	77
	4.6.1 Das Wurzelelement	77
	4.6.2 Ordnung von Elementen	78
	4.6.3 Daten- und Containerelemente	80
4.7	Namensräume	81
4.8	Processing Instructions	89
4.9	Sonderzeichen in XML	91

5	**Informationsmodellierung mit XML**	**104**
5.1	Das Ziel: Whitelabel Onlineshop	104
5.2	Ein vielarmiges System	105
5.3	Informationsmodellierung mit XML	110
	5.3.1 Der Produktentwurf	111
	5.3.2 Mehr Produkte	112
5.4	XML dynamisch erstellen	114
	5.4.1 XML-Strings	115
5.5	XML exportieren und an den Client senden	118
	5.5.1 Lokaler XML-Export mit Perl	119
	5.5.2 XML-Export via HTTP	122
	5.5.3 XML-Export mit PHP	125
	5.5.4 XML anhand von Suchanfragen erstellen	128
	5.5.5 Push und Pull Transfer	130
5.6	Quintessenz aus diesem Kapitel	131

6	**Document Type Definition**	**134**
6.1	Warum das Ganze?	134
6.2	Definition: Gültige Dokumente	138
6.3	DTDs erstellen	139
	6.3.1 DTD im XML-Dokument	139
	6.3.2 Elemente definieren	142
	6.3.3 Mehrere Kindelemente festlegen	145

		6.3.4	Operatoren für Elemente	148
		6.3.5	Elementgruppen und Operatoren	150
		6.3.6	Elementgruppen und Konjunktoren	151
6.4	Attribute in einer DTD			153
		6.4.1	Aufbau einer Attributdefinition	153
		6.4.2	Attributtypen	154
		6.4.3	ID, IDREF, ENTITY	155
		6.4.4	Plural-Typen für Attribute	158
		6.4.5	Modifikatoren für Attribute	159
		6.4.6	Default-Werte für Attribute	161
6.5	Entities			163
		6.5.1	Feste Entities	163
		6.5.2	Eigene Entities	165
		6.5.3	Parameter Entities	167
		6.5.4	Externe Entities	170
		6.5.5	Die Attributtypen ENTITY und ENTITIES	172
6.6	Parser und die DTD			174
6.7	Interne und externe DTDs			175
		6.7.1	Öffentliche DTDs	177
		6.7.2	Aufbau einer externen DTD	178
6.8	DTD und Namensräume			180

7	**XML-Schema**			**184**
7.1	Einige grundsätzliche Dinge zu XML-Schema			185
		7.1.1	Wie wird XML-Schema aufgebaut?	185
		7.1.2	Wie arbeitet XML-Schema?	186
		7.1.3	Sind Schema-gültige Dokumente auch gültige Dokumente?	186
7.2	Aufbau eines XML-Schema-Dokumentes			187
		7.2.1	Elemente definieren	188
		7.2.2	Komplexe Datentypen	190
		7.2.3	Attribute definieren	195
		7.2.4	Eine XML-Datei mit einem Schema verknüpfen	198

8	**Eine Grammatik für den Shop**			**200**
8.1	Eine Grammatik mit der DTD			202
		8.1.1	Elemente für den Shop definieren	202
		8.1.2	Attribute für den Shop definieren	205
		8.1.3	Die komplette DTD	206
		8.1.4	Die DTD in die XML-Datei einfügen	206
8.2	Eine Grammatik mit XML-Schema			207
		8.2.1	Elemente für den Shop definieren	208
		8.2.2	Attribute für den Shop definieren	212
		8.2.3	Die komplette Schema-Datei	213
		8.2.4	Die Schema-Datei in der XML-Datei einfügen	215

9 Simple API for XML 218
9.1 XML-Code wird gelesen 218
9.2 Wie funktioniert die SAX-Schnittstelle? 220
9.3 Elemente, Attribute und Ereignisse 221
9.4 SAX-Ereignisse 226
9.5 Mehr über SAX 228
9.6 Entwicklung für XML mit SAX 229

10 Document Object Model 232
10.1 Wie funktioniert DOM? 233
10.2 XML mit DOM verarbeiten 237
    10.2.1 Der Zugriff auf die XML-Daten 237
    10.2.2 Ein paar Worte über Knoten 238
    10.2.3 Knotenlisten 242
10.3 Rekursive Analyse 244
10.4 DOM Level 3 248
10.5 Programmieren mit DOM 249

11 Programmieren für XML 252
11.1 Die Werkzeuge 252
11.2 XML mit Java parsen (SAX) 261
    11.2.1 Das Programm erstellen 263
    11.2.2 Event-Methoden definieren 266
    11.2.3 Datenbankzugriff 275
    11.2.4 Die XML-Daten validieren 276
11.3 XML mit PHP parsen 278
    11.3.1 XML als HTML ausgegeben 279
    11.3.2 Der Parser in PHP 280
    11.3.3 Event-Funktionen definieren 284
    11.3.4 Fehlerbehandlung 288
    11.3.5 Das komplette Skript 289
11.4 XML mit Perl parsen 292
    11.4.1 Das Modul SAX::Parser 293
    11.4.2 Die Event-Funktionen 293
    11.4.3 Das komplette Skript 295
11.5 XML mit Java parsen (DOM) 296
    11.5.1 Der DOM-Parser von Xerces 298
    11.5.2 Die Daten im Speicher analysieren 302
    11.5.3 Die Knoten-Methoden 305
    11.5.4 Das komplette Programm 307

12 XPath 312
12.1 XPath 1.0 312
12.2 XML und wieder Bäume 313

12.3	Knotenmengen	314
12.4	XPath-Ausdrücke	316
12.5	Einschränkungen mit Bedingungen	319
12.6	Funktionen für XPath	320
12.7	Resümee	322

13 XSL-Stylesheets 324

13.1	Ein paar grundsätzliche Anmerkungen	325
13.2	Die Werkzeuge	327
	13.2.1 XSL-Transformations	328
	13.2.2 XPath	329
	13.2.3 XSL-FO	329
	13.2.4 Der XSLT-Prozessor	332
	13.2.5 Weitere Werkzeuge	334
13.3	Stylesheets erstellen	334
	13.3.1 XSL als XML-Dokument	335
	13.3.2 Das Template	336
	13.3.3 Das erste Beispiel	338
	13.3.4 Instruktionselemente	343
	13.3.5 Mehrere Templates	346
	13.3.6 Kontrollstrukturen	351
13.4	Weitere Möglichkeiten mit XSL	356
	13.4.1 xsl:output	356
	13.4.2 xsl:strip-space	357
	13.4.3 xsl:text	357
	13.4.4 xsl:element und xsl:attribute	358

14 XML mit Java transformieren 362

14.1	Die Werkzeuge	362
	14.1.1 Java	362
	14.1.2 Der XML-Parser Xerces	362
	14.1.3 Xalan	363
	14.1.4 FOP	363
14.2	Arbeiten mit Xalan	363
	14.2.1 Das Stylesheet für den Shop erstellen	365
	14.2.2 Xalan an der Kommandozeile starten	367
	14.2.3 Weitere Parameter	369
14.3	HTML-Dateien erstellen	369
	14.3.1 Die Java-Applikation erstellen	370
	14.3.2 Das komplette Programm	372
14.4	Umwandlung in PDF mit formatierenden Objekten	373
	14.4.1 Ein FO-Dokument erstellen	373
	14.4.2 FO-Dokumente umwandeln	386
	14.4.3 Ein FO-Dokument mit einem Stylesheet erstellen	387

15 Anhang ... 392
15.1 Wichtige und interessante Webseiten ... 392
15.2 Lizenzen und Bestimmungen ... 394
    15.2.1 The Apache Software License, Version 1.1 ... 394
    15.2.2 Sun Microsystems, Inc. Binary Code License Agreement ... 395
    15.2.3 JAVATM 2 SOFTWARE DEVELOPMENT KIT (J2SDK), STANDARD EDITION, VERSION 1.4.X SUPPLEMENTAL LICENSE TERMS ... 397
    15.2.4 Microsoft Internet Explorer 6.0 ... 400
    15.2.5 W3C® Intellectual Rights Notice and Legal Disclaimers ... 400
    15.2.6 Active Perl Copyright ... 403
    15.2.7 The PHP License, version 3.0 ... 405
    15.2.8 MOZILLA PUBLIC LICENSE Version 1.1 ... 406

Index ... 413

1

Einleitung

1 Einleitung

XML. Diese drei Buchstaben wird inzwischen jeder schon einmal gehört haben, der sich in irgendeiner Form mit der Datenverarbeitung am Computer beschäftigt hat. Auch wenn XML inzwischen schon eine ganze Weile von Programmierermund zu Programmiererohr getragen wird, sind diese drei Buchstaben nach wie vor mit etwas Mystischem behaftet. Die Schuld daran trägt nicht zuletzt der Umstand, dass die Extensible Markup Language (erweiterbare Auszeichnungssprache) sich hinter scheinbar endlosen weiteren Buchstabenkürzeln versteckt, welche die wahre Bedeutung mehr verschleiern als deutlich machen. Mehr noch, die Flut an Buchstabenkombinationen wie XSL, DTD, PI, SAX, DOM, Xpath oder XSLT wird selbst noch mal (scheinbar augenzwinkernd) mit einer wohlklingenden Abkürzung beschrieben: den *TLAs* (three-letter Acronyms).

Leser dieses Buches, die Erfahrungen mit Markup-Sprache wie HTML haben, werden sich zu Recht fragen, was dieser neue Buchstabensalat zu bedeuten hat. Bisher haben sie XML nicht vermisst, warum sollte sich das in Zukunft ändern? Um die ganze Tragweite von XML erfassen zu können, ist es nötig, gleich zu Beginn dieses Buches einige falsche Vorstellungen aus den Köpfen zu schaffen, denn XML ist definitiv nicht das, was viele glauben: ein Ersatz oder sogar eine Konkurrenz zu HTML.

Auch wenn ich gerade am Anfang dieses Buches oft einen Vergleich zwischen diesen beiden Sprachen ziehen werde, soll Sie das nicht verwirren, denn XML wird auf keinen Fall Aufgaben übernehmen, die HTML nicht schon könnte. Es ist vielmehr so, dass HTML in seiner neuen Version als XHTML über XML definiert worden ist und somit eine konkrete Anwendung von XML darstellt. Ich denke, dieses Beispiel macht am deutlichsten, wie diese beiden Standards zueinander stehen: XML ist keine konkrete Markup-Sprache, sondern dient vielmehr dazu, andere Markup-Sprachen zu definieren und mit ihnen zu arbeiten.

Diese Tatsache ist zum Teil auch schon die Antwort auf die scheinbare Flut von Abkürzungen und Buchstabenkombinationen, die zwangsläufig mit XML einherkommen. XML braucht auf der einen Seite Werkzeuge, um Dokumente erstellen, bearbeiten und ausgeben zu können. Auf der anderen Seite kann über XML sehr einfach eine neue Markup-Sprache definiert werden, die für einen ganz speziellen Aufgabenbereich optimiert wurde. Auch wenn diese Vielfalt an Möglichkeiten am Anfang immer etwas verwirrend oder sogar einschüchternd wirkt, ist sie doch ein eindeutiger Indikator für die Vielseitigkeit und Anwendbarkeit von XML.

Dieses Buch soll Ihnen helfen einen Überblick über die Möglichkeiten und die bestehenden Werkzeuge rund um XML zu bekommen. Wenn Sie dieses Buch gelesen haben, werden Sie das nötige Hintergrundwissen und das Verständnis für XML besitzen, um mit jedem neuen oder bestehenden Standard arbeiten zu können. Sie müssen kein Programmierer oder IT-Profi sein, um die Beispiele und Anwendungen in diesem Buch verstehen zu können. Es reicht, wenn Sie ein grundsätzliches Verständnis für Programmlogik und vor allem für den Aufbau von Dokumenten und Datenstrukturen mitbringen, denn genau das ist eines der wesentlichen Merkmale von XML: die Strukturierung von Daten und Dokumenten.

Es ist klar, dass gerade bei einem Thema wie XML in einem Buch mit endlicher Seitenanzahl Schwerpunkte gesetzt werden müssen. Ich werde einige Bereiche in XML kurz anreißen und dem Leser die Möglichkeit lassen, dieses Thema selbst weiter zu vertiefen. Andere Themenbereiche, die meiner Meinung und Praxiserfahrung nach wesentlich für die Anwendung von XML sind, werde ich sehr ausführlich behandeln und anhand weiterer Beispiele erklären.

Schwerpunkt in diesem Buch ist eindeutig die Anwendung von XML als Netzwerksprache in heterogenen Netzwerken wie dem Internet. In erster Linie wird es dabei um Datentransfer gehen, aber auch um die Darstellung von Daten über XML in verschiedenen Formaten. Die dabei verwendeten Werkzeuge sind meistens so universeller Natur, dass sie in jeder Programmiersprache oder Applikation zur Verfügung stehen und in den meisten Fällen keine Annahmen gegenüber dem Betriebssystem oder der zugrunde liegenden Anwendung getroffen werden müssen (Stichwort Plattformunabhängigkeit).

Sie werden lernen, XML als ein weiteres Werkzeug zu betrachten, das Sie in der täglichen Arbeit mit Netzwerkapplikationen einsetzen können, um Ihnen das Leben leichter zu machen. Sie werden lernen, dass XML auf einer schon lange bestehenden Anwendungslogik basiert, die sehr einfach ist, was die meisten genialen Erfindungen auszeichnet. Vor allem aber werden Sie eines lernen: wann XML sinnvoll eingesetzt werden kann und wann es sinnvoll ist, darauf zu verzichten. Denn trotz aller Genialität liegt die sinnvolle Anwendung einer neuen Technologie immer beim Benutzer, nämlich Ihnen.

In diesem Sinne wünsche ich viel Spaß beim Lesen dieses Buches und noch mehr Erfolg mit XML und deren Anwendung!

1.1 Über dieses Buch

Dieses Buch wird Ihnen im Laufe der Kapitel alles über XML beibringen, was nötig ist, um mit diesem Standard arbeiten zu können. Nach einer ausführlichen Einleitung wird in jedem der folgenden Kapitel ein Schwerpunkt gelegt, der einen Bereich von XML beleuchtet und anhand von Beispielen erklärt.

Alle Beispiele können auf der Webseite des Autors heruntergeladen werden. Sie finden die Daten im Internet unter:

http://www.lastcode.com

Dasselbe gilt auch für die Software, die in diesem Buch erwähnt wird oder Anwendung findet. Links zu den jeweiligen Downloads (sofern es sich um FreeWare etc. handelt) sind natürlich im jeweiligen Kapitel zu finden.

Wenn Sie dieses Buch durchblättern, werden Sie feststellen, dass keine CD-ROM beiliegt. Diese Entscheidung haben wir nach langen Hin und Her getroffen, weil die Erfahrung gezeigt hat, dass die meisten Leser die jeweils aktuellste Version der hier besprochenen Software bevorzugen. Aus diesem Grund ist es meiner Meinung nach der beste Weg, auf die jeweiligen Webseiten und Downloadmöglichkeiten im Internet hinzuweisen und so immer up to date zu bleiben. Dieselbe Philosophie gilt auch für sämtliche Beispiele in diesem Buch, die auf der oben genannten Seite heruntergeladen werden können.

1.2 Für wen ist das Buch gedacht?

Wenn Sie dieses Buch zum ersten Mal aufschlagen, wird Sie sicher als Erstes interessieren, ob die folgenden Kapitel genau das sind, wonach Sie suchen. XML ist sehr vielschichtig und bietet eine Menge von Möglichkeiten, darum ist die Anzahl der möglichen Zielgruppen so vielfältig. Der folgende Abschnitt soll Ihnen eine kurze Orientierung ermöglichen, an welche Gruppe von Lesern dieses Buch gerichtet ist und wo die Schwerpunkte gelegt werden. Da Sie selbst am besten wissen, welche Erwartungen Sie an ein Buch stellen, sollen Ihnen die folgenden Zeilen die Entscheidung erleichtern.

Dieses Buch richtet sich in erster Linie an Entwickler, die schon ein wenig Erfahrung in der Netzwerkprogrammierung, speziell im World Wide Web, haben. XML ist ein Standard, der zur Informations- und Datenmodellierung im Internet oder anderen heterogenen Netzwerken entworfen wurde. Folglich werden in diesem Buch alle praktischen Beispiele auf konkreten Anwendungen in solchen Umgebungen beruhen.

Das Thema XML wird natürlich von Null an komplett und ausführlich besprochen, so dass keine Vorkenntnisse nötig sind. Ganz im Gegenteil: Wenn es nach mir geht, können Sie alles, was Sie bisher über XML gehört haben, einfach vergessen, um im Zweifelsfall unglücklichen Missverständnissen vorzubeugen.

Als großer Freund des praktischen Lernens werde ich alles, was in diesem Buch besprochen wird, mit vielen Beispielen untermauern. Oft wird so auf einen Blick klar, was in der grauen Theorie mit vielen Worten vergeblich erklärt wurde. Gerade XML, ein Thema, das von Natur aus mit sehr viel Theorie daherkommt, profitiert von Beispielen, da der grundsätzliche Gedanke der Extensible Markup Language so einfach wie genial ist. Spätestens im Kapitel über die Schnittstellen werden Sie nachvollziehen können, was ich meine.

XML ist mit seinen definierten Schnittstellen natürlich unabhängig von bestimmten Plattformen oder Programmiersprachen. Es ist also keine Voraussetzung, programmieren zu können, um dieses Buch zu verstehen, da die Schnittstellen allgemeingültig anwendbar sind. Allerdings will ich nicht verleugnen, dass die meisten Beispiele mit einem grundsätzlichen Verständnis für Programmierstrukturen leichter zu verstehen sind. Um möglichst viele Bereiche in der Praxis abzudecken, werden die meisten Beispiele in einer Reihe von Programmiersprachen aufgezeigt. Die Schwerpunkte liegen hierbei ganz klar bei Java, PHP und Perl.

Das Buch ist genau wie XML auch an kein bestimmtes Betriebssystem gebunden, sondern kann von Windows- und Mac-Usern ebenso gelesen werden wie von UNIX- oder Linux-

Anwendern. Wenn an verschiedenen Stellen in diesem Buch Windows scheinbar im Vordergrund steht, dann liegt das daran, dass das Manuskript zu den Seiten auf einem Windowsrechner entstanden ist. Alle Quelltexte und Beispiele können auf jedem (und ich meine jedem!) beliebigen System nachvollzogen werden. Sollte eine bestimmte Software (beispielsweise ein XML-Editor) auf einem bestimmten System nicht verfügbar sein, dann werde ich darauf hinweisen und eine Alternative nennen.

Zusammenfassend kann man also sagen, dass sowohl fortgeschrittene Programmierer, die XML umfassend mit allen Möglichkeiten kennen lernen möchten, als auch passionierte Einsteiger mit diesem Buch gut bedient sind.

1.3 Wie ist das Buch aufgebaut?

Das komplette Buch gliedert sich in 15 Kapitel, die aufeinander aufbauen und in der Reihenfolge gelesen werden sollten, wie sie hier erscheinen. Es ist beispielsweise sinnlos, die Kapitel über XML-Grammatiken mit DTDs oder XML-Schema zu lesen, wenn die Grundlagen zu XML aus den ersten drei Kapiteln nicht verstanden worden sind.

Auf der anderen Seite ist es natürlich ohne Probleme möglich, das Buch als Nachschlagewerk zu nutzen, um ein bestimmtes Thema noch einmal zu vertiefen. Die thematischen Bereiche sind klar in einzelne Kapitel aufgegliedert, so dass es leicht fällt, den jeweiligen Punkt im Buch zu finden. Direkt aufeinander bezogene Kapitel werden hintereinander besprochen, so dass die Entwicklungsschritte deutlich vor Augen geführt werden. An wichtigen Stellen helfen Verweise, um korrespondierende Themen zu finden.

Im Folgenden sehen Sie den kompletten Aufbau des Buches mit allen Kapiteln:

1. Einleitung
2. Erste Schritte mit XML
3. Markup-Sprachen
4. XML-Code erstellen
5. Informationsmodellierung mit XML
6. Document Type Definition
7. XML-Schema
8. Eine Grammatik für den Shop
9. Simple API for XML
10. Document Object Model
11. Programmieren für XML
12. XPath
13. XSL-Stylesheets
14. XML mit Java transformieren

1.4 Konventionen

Im Laufe des Buches werde ich folgende typografische Konventionen verwenden:

- `Nichtproportionalschrift` verwende ich für Beispiele und Quelltext sowie für Bildschirmausgaben und Fragmente von einem Quelltext.
- *Kursive Schrift* kennzeichnet Pfad- und Dateinamen sowie neue Begriffe.
- **Fette Schrift** verwende ich für Hervorhebungen im Fließtext und in Beispielen.

Neben den verschiedenen Schriftarten werden hin und wieder Symbole am Seitenrand des Buches auftauchen, die Sie auf bestimmte Sachverhalte hinweisen. Sie sollen Ihnen helfen, die wichtigsten Punkte einer Seite schnell zu finden.

Das Symbol für Beispiele finden Sie immer dann, wenn ein Sachverhalt an einem Beispiel erläutert wird. An kurzen Ausschnitten oder Fragmenten von Beispielen wird dieses Symbol nicht immer stehen.

Ein Hinweis deutet auf wichtige Informationen hin, die Sie unbedingt lesen sollten. Es kann sich dabei um eine Warnung vor häufigen Fehlern handeln, aber auch um weiterführende Informationen.

Dieses Symbol steht für Aufgaben oder Tutorials in einem Kapitel. Hier sind Sie also gefordert, eine Lösung zu finden oder zumindest das Tutorial aktiv nachzuvollziehen.

Immer, wenn Ihnen ein Licht aufgeht, wird eine Lösung präsentiert. Entweder für eine gestellte Aufgabe oder eine noch offene Frage.

Diese vier Symbole sollen Ihnen als Leitfaden durch dieses Buch dienen und auch später beim Nachschlagen behilflich sein.

1.5 Die wichtigsten Werkzeuge

In diesem Buch werden Sie im Laufe der Kapitel mit sehr vielen unterschiedlichen Programmen und Softwaremodulen zu tun bekommen, die mehr oder weniger direkt für den Umgang mit XML erstellt wurden. Die zweite Gruppe von Software, die Sie kennen lernen werden, sind Programme, die sich XML zunutze machen, um bestehende Möglichkeiten im Datenaustausch und Datenverwaltung zu verbessern oder komplett neu zu entwickeln. Dabei werden wir nicht nur auf bestehende Programme zurückgreifen, sondern im Laufe des Buches auch exemplarisch verschiedene Applikationen entwickeln, um XML in seinen Möglichkeiten zu präsentieren.

Wenn Sie bereits Erfahrung im Bereich der Programmierung haben, dann werden Sie sicherlich vom Praxisbezug dieses Buches profitieren, da ich mich nicht auf eine Programmiersprache beschränken werde, sondern eine ganze Reihe von Möglichkeiten vorstelle. Unter anderem zeige ich Ihnen die XML-Schnittstellen von PHP, Java, Perl und einige mehr.

Trotz dieser Pläne und der scheinbaren Flut an unterschiedlicher Software werden wir im ersten Schritt mit sehr einfachen Mitteln arbeiten, denn XML ist genau wie HTML ein rein textbasiertes Format, das in jedem gängigen Texteditor gelesen und verarbeitet werden kann. Im günstigsten Fall haben Sie als Leser schon einmal HTML (das im Aufbau XML sehr ähnlich ist, doch dazu später mehr) gelesen oder sogar erstellt, sei es manuell oder in einem *WYSIWYG*-Editor. In beiden Fällen haben Sie HTML schon gesehen und besitzen eine Vorstellung von dem, was Sie erwartet: eine ganze Menge Text, der gelesen und bearbeitet werden will.

1.5.1 Texteditoren

Grundsätzlich reicht für diese Aufgabe ein simpler Texteditor, der bei allen Betriebssystemen im Lieferumfang enthalten ist. Unter Windows ist es beispielsweise Notepad, der zugegebenermaßen nur mit sehr eingeschränkten Funktionen dem User zur Verfügung steht. Sie finden ihn im Startmenü unter Zubehör:

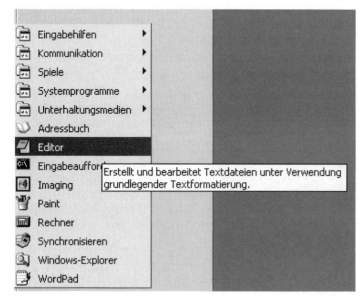

Abbildung 1.1 Notepad-Editor im Startmenü

Wem Notepad zu wenig ist, der findet im Internet eine reiche Auswahl an Editoren, die teilweise als Freeware und Shareware angeboten werden. Als sehr gutes Programm (und somit auch „Mädchen für alles") habe ich Textpad kennen gelernt und kann es mit guten Gewissen an dieser Stelle weiterempfehlen.

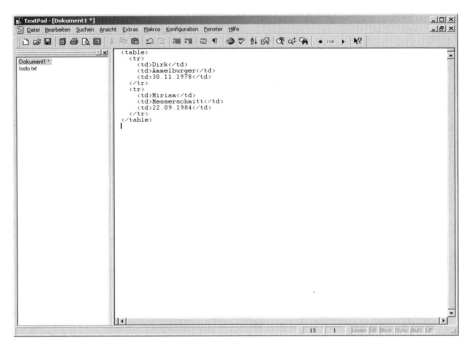

Abbildung 1.2 Textpad unter Windows

Sie finden diese Software im Internet als kostenlose Testversion (Shareware) unter:

http://www.textpad.com/

Unix und Linux-User haben an dieser Stelle eine viel größere Auswahl, die über den Klassiker der Kommandozeile vi weit hinausgehen. Hier scheiden sich allerdings oft die Geister. Ich kann an dieser Stelle Emacs empfehlen, da er für fast jeden Zweck vordefinierte Makros anbietet. Er beherrscht dazu verschiedene Haupt- und Untermodi, die einem die Arbeit erheblich erleichtern. Zahlreiche Module ermöglichen es, Emacs XML „beizubringen", indem Elemente und konkrete Daten erkannt werden und beispielsweise in verschiedenen Farbvarianten erscheinen. Mehr Informationen dazu finden Sie bei der *Free Software Foundation* unter:

http://www.fsf.org

Für Mac User gibt es den bekannten Editor BBEdit, der im Internet als Shareware verfügbar ist:

http://www.bbedit.com/

1.5.2 XML-Editoren

Genau wie es für die Bedürfnisse von HTML zugeschnittene Editoren gibt, sind inzwischen auch eine ganze Reihe von speziellen XML-Editoren verfügbar, die den Umgang mit der XML-Struktur sehr vereinfachen. Gerade Möglichkeiten wie Syntax-Highlighting und automatische Code-Ergänzung machen das Erstellen von XML sehr bequem und die Suche nach eventuellen Fehlern sehr einfach.

Vielfach besteht auf den grafischen Oberflächen die Möglichkeit, XML-Strukturen sehr einfach per *Drag&Drop* zusammenzusetzen und so eine schöne formatierte Ansicht der Daten zu produzieren.

Adobe Framemaker

Beim Framemaker von Adobe handelt es sich um einen professionellen Editor zur Erstellung von SGML- und XML-Dateien. Das Programm unterstützt dabei eine WYSIWYG-Oberfläche (*What you see is what you get*) und eine Reihe von Exportformaten wie PDF, MS Word, HTML MS Help etc.

Framemaker ist für die Entwicklung und Veröffentlichung von Texten in den unterschiedlichsten Medien ausgerichtet, wie beispielsweise eBooks und Printmedien. Über verschiedene Stylesheets erlaubt es die Software, die entwickelten XML-Daten für die unterschiedlichsten Medien zu exportieren. Mehr Informationen finden Sie im Netz unter:

http://www.adobe.com/products/framemaker/main.html

Altova XMLSPY 5

Die Firma Altova bietet eine ganze Reihe von interessanten Lösungen rund um XML an. XMLSPY ist nur ein Angebot, das neben einer schönen Template-Oberfläche auch einen DTD- und Schema-Editor bietet. Der Editor ist für den professionellen Einsatz gedacht und kann unter der folgenden URL genauer in Augenschein genommen werden:

http://www.altova.com

Einige Teile der Software können kostenlos heruntergeladen werden.

Bonfire Studio

Ein schönes Freeware-Programm ist Bonfire Studio, das kostenlos aus dem Netz geladen werden kann. Dieser Editor bietet eine schöne Oberfläche, die es erlaubt, mehrere XML/XSL-Dateien gleichzeitig zu bearbeiten. Dabei stehen verschiedene Ansichtsmöglichkeiten zur Verfügung, wie beispielsweise eine Baumansicht im Browser, wenn ein Stylesheet definiert wurde.

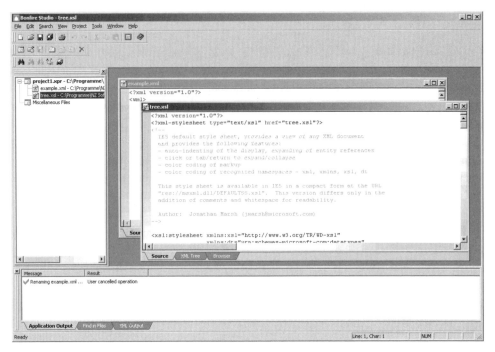

Abbildung 1.3 Bonfire Studio

Der Editor überprüft das Dokument per Knopfdruck auf Fehler und auf Gültigkeit, sofern eine DTD vorhanden ist. Hinzu kommt ein schönes Projektmanagement, das Dateien zusammenfassend auflistet.

Mehr Informationen und der kostenlose Download sind auf der folgenden URL im Internet zu finden:

http://www.nzworks.com/bonfire/

Alle Beispiele in diesem Buch sind entweder mit dieser Software oder Textpad entstanden.

1.5.3 Alles weitere

Egal, ob Sie nun mit einem herkömmlichen Texteditor oder einem XML-Editor arbeiten wollen, für die Kapitel in diesem Buch werden Sie damit auskommen. Alle weiteren Programme, auf die ich später eingehen werde, sind im jeweiligen Kapitel genau beschrieben.

2

Erste Schritte mit XML

2 Erste Schritte mit XML

Das Kürzel XML, welches das Cover dieses Buches schmückt, steht, wie Sie sicher schon wissen, für den „Zungenbrecher" Extensible Markup Language. Im Deutschen klingt das Ganze in etwa so: Erweiterbare Auszeichnungssprache. So weit, so gut, allerdings ist man an dieser Stelle auch nicht wirklich klüger als vorher, denn der Name verrät auf den ersten Blick nicht viel über Sinn und Zweck dieser Sprache.

Wesentlich einfacher gestaltet sich doch die Interpretation von HTML (Hypertext Markup Language), die sich schlicht als Auszeichnungssprache für Hypertexte, sprich Webseiten etc. vorstellt und so recht eindeutig ihre Aufgaben absteckt. Die Verwandtschaft zwischen HTML und XML ist schon hier offensichtlich, doch wo auf der einen Seite schnell klar wird, um was es sich handelt, scheint die XML eher Verwirrung als Klarheit zu schaffen.

Was ist nun XML? Weit mehr als HTML auf jeden Fall, denn das scheinbar so nichtssagende Präfix „erweiterbar" ist genau der Knackpunkt, an dem HTML an seine Grenzen stößt und XML seine ganzen Möglichkeiten präsentiert. XML kann nämlich das, was bisher mit HTML unmöglich war: eigene Elemente definieren und verwenden.

Gemeint ist damit nichts anderes, als den bestehenden Satz von bekannten Elementen zu erweitern bzw. eine komplett neue Menge an Elementen zu schaffen. Mit Elementen ist hierbei der Teil eines Dokumentes gemeint, der in spitzen Klammern steht (oft auch schlicht Tag (gesprochen: Täk) genannt:

```
<element> ... </element>
```

Jeder, der schon einmal ein HTML-Dokument geschrieben hat, wird den folgenden Quelltext problemlos lesen können:

```
<table>
  <tr>
    <td>Dirk</td>
    <td>Ammelburger</td>
    <td>30.11.1978</td>
  </tr>
  <tr>
    <td>Miriam</td>
    <td>Messerschmitt</td>
    <td>22.09.1984</td>
  </tr>
</table>
```

Listing 2.1 HTML-Tabelle

Es handelt sich um eine einfache Tabelle, die ganz offensichtlich den Vor- und Nachnamen sowie das Geburtsdatum von Personen darstellt. Die verwendeten Elemente sind eindeutig HTML zuzuordnen, wo sie für die Darstellung von Tabellen verwendet werden.

Dasselbe Dokument könnte in XML so aussehen:

2.1 Elemente und Attribute

```
<personen>
 <person>
   <vorname>Dirk</vorname>
   <nachname>Ammelburger</nachname>
   <geburtstag>30.11.1978</geburtstag>
 </person>
 <person>
   <vorname>Miriam</vorname>
   <nachname>Messerschmitt</nachname>
   <geburtstag>22.09.1984</geburtstag>
 </person>
</personen>
```

Listing 2.2 XML

Der Unterschied ist offensichtlich, obwohl der Informationsgehalt der Tabelle nicht verändert worden ist. HTML-Kenner werden an dieser Stelle vielleicht etwas irritiert auf dieses Beispiel blicken und sich fragen, was das Ganze überhaupt soll. Die verwendeten Elemente gehorchen zwar der gleichen Syntax wie das letzte Beispiel, doch sind die Elementbezeichner frei aus der Luft gegriffen. Der Lesbarkeit dieser Daten gereicht dieser Schritt allerdings nur zum Vorteil, denn nun ist klar, was vorher nur erahnt wurde: die Tabelle gibt einen Auszug aus einer Personendatenbank wieder. Überflüssig zu erwähnen, dass es sich hierbei um ein völlig korrektes XML-Dokument handelt, wenn auch um ein sehr einfaches.

Kommen wir also zum Kern der Sache: Im Gegensatz zu vielen anderen Markup-Sprachen wird XML weder durch eine bestimmte Element-Menge (wie beispielsweise HTML) noch durch eine vorgegebene Grammatik eingeschränkt. Eine Element-Menge ist hierbei die Menge aller Elemente, die der Parser einer solchen Markup-Sprache verstehen kann und auch muss. Beispielsweise gibt es für HTML eine genau festgelegte Menge von Elementen (zur Zeit sind es ca. 70), die eine bestimmte Bedeutung für Applikationen besitzen.

Das Element `<b>` ... `</b>` sorgt in allen üblichen Browsern (Applikationen) dafür, dass dem eingeschlossenen Text die Eigenschaft **bold**, also fett, zugewiesen wird. Der Text wird also fett im Browser dargestellt und an den User ausgegeben. Das Element `<i>` ...`</i>` hat eine ähnliche Aufgabe: Der Text kann auf diese Weise kursiv dargestellt werden.

```
<b>Das ist fett!</b>
<br><br>
<i>Das ist kursiv!</i>
```

Das Ergebnis sieht im Browser wie erwartet so aus:

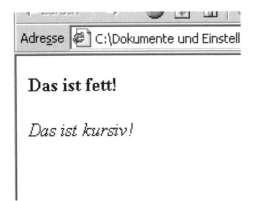

Abbildung 2.1 Ausgabe im Browser

Im Gegensatz zu diesen fest definierten Elementen kann dasselbe Ergebnis nicht mit anderen Elementen, wie beispielsweise <fett> oder <kursiv>, erzielt werden. Die meisten Browser ignorieren ungültige Elemente in der Praxis, so dass das folgende Dokument in fast allen Ausgaben eher langweilig aussehen wird:

```
<fett>Das ist fett!</fett>
<br><br>
<kursiv>Das ist kursiv!</kursiv>
```

Das Ergebnis lässt natürlich zu wünschen übrig:

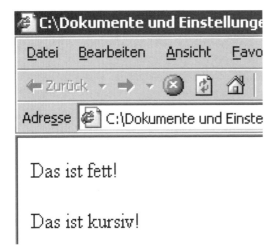

Abbildung 2.2 Keine Formatierung im Browser...

2.1 Elemente und Attribute

Woher weiß ein Browser nun, welches Element in HTML erlaubt ist und welches nicht? Hier kommt die Grammatik ins Spiel, die ich eingangs schon erwähnt hatte. Die Grammatik einer Markup-Sprache hat die Aufgabe, die Struktur und die Element-Menge zu definieren, die in einem Dokument verwendet werden dürfen. Konkret bedeutet dies: Für alle Anwendungen einer Markup-Sprache existiert ein fest niedergeschriebenes Regelwerk, das nicht nur festlegt, welches Element überhaupt zulässig ist, sondern gleichzeitig auch konkret bestimmt, wann dieses Element verwendet werden darf. Die HTML-Grammatik sagt zum Beispiel, dass jedes Dokument mit dem Element `<html>` beginnen muss. Alle Ausgaben müssen weiterhin vom `<body>`-Element eingeschlossen sein, während eine Tabelle wiederum mit dem Element `<table>` beginnt und auch endet.

Wenn Sie schon einmal mit einem besseren HTML-Editor gearbeitet haben, wird Ihnen die folgende Zeile sicher bekannt vorkommen:

```
<!DOCTYPE HTML PUBLIC "-//W3C//DTD HTML 4.01 Transitional//EN">
```

Dieses scheinbare Kauderwelsch ist nichts anderes als der korrekte Verweis auf die Grammatik von HTML, die in jedem Dokument zu Beginn stehen sollte. In der Praxis ist das natürlich nicht notwendig, aber formal das korrekte Format eines HTML-Dokuments.

Hält sich ein Dokument (man spricht dann auch von einer Applikation oder auch Anwendung) nicht an die vorgegebene Grammatik, dann ist es nicht gültig und wird in der Regel von einem Parser fehlerhaft oder auch gar nicht interpretiert. HTML-Parser sind an dieser Stelle meistens sehr großzügig und ignorieren sowohl syntaktische als auch semantische Fehler, wie das folgende Beispiel beweist:

```
<table border=1>
<tr>
   <td>Das ist eine Zeile!</td>
   <td>Hier fehlt etwas...
   <td>Das ist aber nicht schlimm.</td>
</tr>
<tr>
   <td>Noch mehr Text!</td>
   <td>...</td>
   <td>Und Ende</td>
</tr>
```

Listing 2.3 Fehler im HTML-Code

Jedem HTML-Kenner werden hier einige Fehler auffallen, wie beispielsweise fehlende Anführungszeichen oder nicht geschlossene Elemente. Der Internet Explorer interpretiert den Code trotzdem korrekt:

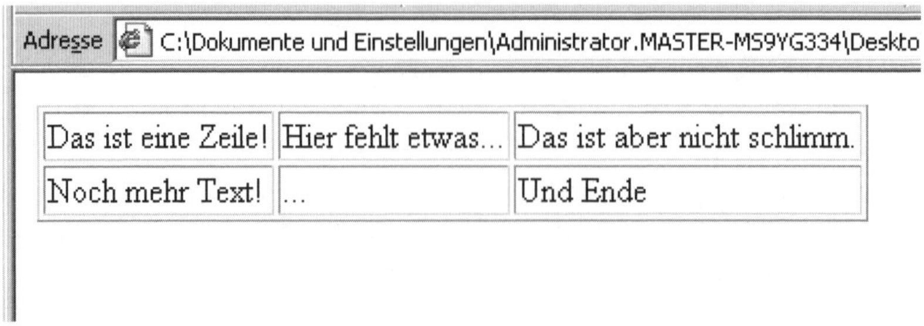

```
           ┌──────────────────────────────────────────────────────────────┐
           │ Adresse  C:\Dokumente und Einstellungen\Administrator.MASTER-MS9YG334\Deskto │
           ├──────────────────────────────────────────────────────────────┤
           │ │Das ist eine Zeile!│Hier fehlt etwas...│Das ist aber nicht schlimm.│
           │ │Noch mehr Text!    │...                │Und Ende                  │
           └──────────────────────────────────────────────────────────────┘
```

Abbildung 2.3 Die fehlerhafte Tabelle

Andere Browser reagieren nicht immer so kulant auf fehlerhaften Code. Besonders die älteren Netscape Versionen sind berüchtigt dafür, dass Fehler im HTML-Code fast immer bestraft werden, vor allem wenn es um Tabellen geht.

Da XML im Gegensatz zu HTML weder durch eine Grammatik noch durch eine Elementmenge eingeschränkt ist, wird schnell klar, dass der Vergleich nicht angemessen ist. Oder, anders ausgedrückt, wir vergleichen Äpfel mit Birnen, da XML all das möglich macht, was bisher in HTML „verboten" war: Sie dürfen beliebige Elemente verwenden und diese nach Lust und Laune benennen. Wenn Sie schon immer mal ein Element nach Ihrem Haustier oder einer exotischen Pflanze benennen wollten, dann steht es Ihnen frei, es ab heute zu tun.

Folgender Quelltext zeigt das bereits oben verwendete Beispiel, um einige Elemente und Attribute erweitert:

```xml
<personen anzahl="2">
  <person geschlecht="m">
    <vorname>Dirk</vorname>
    <nachname>Ammelburger</nachname>
    <geburtstag>30.11.1978</geburtstag>
    <beruf>Autor</beruf>
  </person>
  <person geschlecht="w">
    <vorname>Miriam</vorname>
    <nachname>Messerschmitt</nachname>
    <geburtstag>22.09.1984</geburtstag>
    <beruf>Hotelfachfrau</beruf>
  </person>
</personen>
```

Listing 2.4 XML mit Attributen

Genau wie in HTML sind alle Daten in einem XML-Dokument von Elementen umschlossen, welche die Daten beschreiben und formatieren. Jeder Tag beginnt und endet mit einer spitzen Klammer und ist so von den eigentlichen (konkreten) Daten des Dokuments getrennt. XML unterscheidet genau wie HTML zwischen einem öffnenden und einem schließenden Element, das mit einem Slash / vor dem Bezeichner gekennzeichnet ist. Alle Daten innerhalb dieses Elements werden diesem zugeordnet und so über den vergebenen Bezeichner identifiziert. Innerhalb von XML-Elementen können weitere Elemente verwendet werden, so dass es möglich ist, eine weit verzweigte

Datenstruktur zu erstellen. Voraussetzung für eine solche Struktur ist ein so genanntes Wurzelelement, das an der Spitze jedes Dokuments steht (in einem HTML-Dokument ist <html> das Wurzelelement) und dem alle anderen Elemente untergeordnet sind. Jedes Dokument kann nur ein Wurzelelement haben.

Während sich in HTML diese Formatierung meistens auf die Darstellung im Browser bezieht, ist in XML die Formatierung völlig losgelöst von einer eventuellen Darstellung. Das Beispiel zeigt, welche Möglichkeiten XML damit eröffnet: Daten können so unabhängig von proprietären (system- oder programmspezifischen) Formaten bestimmter Programme oder Betriebssysteme in einer einfachen Textdatei gespeichert werden, ohne dabei die vorgegebene Struktur der Daten zu verlieren. Die Verwendung von XML ermöglicht es, die Daten mit den unterschiedlichsten Applikationen zu lesen, darzustellen und zu verändern, ohne sie in ein proprietäres Format umwandeln zu müssen. Jeder XML-Parser kann die Daten eines XML-Dokumentes lesen, egal, welche Struktur Sie zugrunde gelegt haben. So ist es möglich, Daten in einem heterogenen Netzwerk (zum Beispiel dem Internet) auszutauschen, ohne auf bestimmte Eigenschaften eines beteiligten Systems Rücksicht zu nehmen.

2.1 Elemente und Attribute

Auf den letzten Seiten haben wir jetzt schon einige Markup-Dokumente gesehen, die teilweise in HTML und teilweise in XML ausgezeichnet waren. Syntaktisch gesehen, besteht auf den ersten Blick zwischen beiden Sprachen kein wesentlicher Unterschied: beide bauen auf den strukturellen Bausteinen von Elementen und Attributen auf, die Ihnen vermutlich schon von HTML her ein Begriff sind.

Formal gesehen, wird in einem XML-Dokument, genau wie in einem HTML-Dokument, zwischen konkreten Daten und Elementen unterschieden. Konkrete Daten sind dabei alle Daten, die zwischen dem öffnenden und schließenden Tag eines Elementes stehen. Anders ausgedrückt sind die konkreten Daten, die in einem XML-Dokument abgespeichert worden sind, der eigentliche Inhalt des Dokuments, während die Elemente die Struktur, also die äußere Form und den Aufbau des Dokumentes bestimmen.

Die Struktur eines Elements ist dabei recht einfach: Es wird einfach mit spitzen Klammern, die den Bezeichner einschließen, von den konkreten Daten abgesetzt.

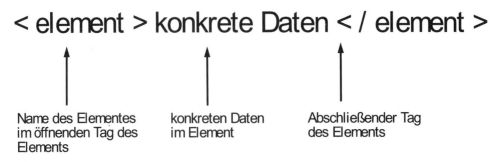

Abbildung 2.4 Ein Element

Der schließende Element-Tag wird, wie in der Abbildung gezeigt, mit einem Slash nach der ersten spitzen Klammer markiert.

Die XML-Syntax schreibt vor, dass alle konkreten Daten nur innerhalb eines Elementes stehen dürfen. Es ist also nicht möglich, Daten außerhalb der XML-Struktur abzuspeichern.

```
<vorname>Dirk</vorname>
<nachname>Ammelburger</nachname>
30.11.1978
<beruf>Autor</beruf>
```

Listing 2.5 Fehler!

Das Beispiel zeigt ein Dokument, das NICHT der Syntax von XML gehorcht, da Daten 30.11.1978 außerhalb eines Elementes liegen. Davon abgesehen, gibt es kein Wurzelelement, doch dazu später mehr. Ein Parser würde dieses Dokument mit großer Wahrscheinlichkeit nicht oder nur unvollständig verarbeiten. In diesem Zusammenhang spricht man auch von einem nicht wohlgeformten Dokument.

Im letzten Beispiel haben Sie neben Elementen auch schon eine weitere Form der Datenformatierung gesehen: die Attribute. Das Prinzip dürfte ebenfalls aus HTML bereits bekannt sein. Konkrete Daten werden nicht als Elementwert zwischen Tags gesetzt, sondern als eine Art Parameter in das Element selbst. Dabei wird zwischen die spitzen Klammern hinter den Elementbezeichner ein weiterer Bezeichner eingefügt, der über ein Gleichheitszeichen (=) einen Wert zugewiesen bekommt. Dieser Wert muss in Anführungszeichen gesetzt werden.

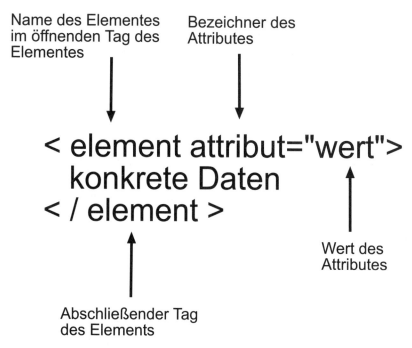

Abbildung 2.5 Ein Element mit Attributen

Der Einsatz von Attributen ist nur im eröffnenden Tag eines Elementes möglich, nicht im schließenden. Im Beispiel oben wurde auf diese Weise der Person im „person"-Element ein Geschlecht zugeordnet, indem entweder „m" oder „w" angegeben wurde. Ein Attribut erweitert ein Element also um eine Information, die sich in der Regel auf die Daten innerhalb des Elementes bezieht.

Ein Element kann beliebig viele Attribute enthalten, also wesentlich mehr, als im Beispiel gezeigt wird. Eine Konstruktion wie die folgende ist also ohne weiteres möglich:

```
<element attr1="wert1" attr2="wert2" attr3="wert3"
attr4="wert4">wert</element>
```
Listing 2.6 XML mit vielen Attributen

In diesem Fall wurden vier Attribute angelegt, die unterschiedliche Werte transportieren. Wichtig ist, dass sowohl zum Elementbezeichner als auch zu den anderen Attributen mindestens immer ein Leerzeichen eingeschoben wird.

2.2 Regeln

Im letzten Abschnitt ist der Ausdruck des *nicht wohlgeformten* Dokumentes gefallen. Dieser Vorwurf wird immer dann an ein Dokument gerichtet, wenn es formale und syntaktische Mängel enthält, die es einen Parser oder allgemein gesprochen einer Applikation unmöglich machen, die Daten vollständig und korrekt zu lesen. Das kann schon bei einfachen Mängeln auftreten, wenn beispielsweise konkrete Daten außerhalb von Elementen stehen oder Attribute nicht korrekt gesetzt wurden (Anführungszeichen vergessen etc.). Darüber hinaus gibt es allerdings noch eine ganze Reihe von Fehlermöglichkeiten, die ein Dokument nicht wohlgeformt machen, denn im Gegensatz zu HTML ist die Syntax von XML um einiges strenger.

XML ist „case-sensitive", was bedeutet, dass zwischen Groß- und Kleinschreibung unterschieden wird. Das Element `<person>` ist beispielsweise nicht identisch mit dem Element `<Person>` oder gar `<PERSON>`. Wenn Sie also ein Element mit `<person>` öffnen, müssen Sie es auch mit `</person>` schließen und darauf achten, dass exakt dieselbe Schreibweise verwendet wird.

Darüber hinaus ist es in XML nicht möglich, geöffnete Elemente für sich stehen zu lassen. Es ist notwendig, jedes Element wieder zu schließen. HTML gestattet dieses Vorgehen beispielsweise beim bekannten Element `<img>`, das für die Integration von Bildern verwendet wird:

```
<img src="img/bild.gif">
```

An dieser Stelle ist kein abschließender Tag nötig, sofern es sich um HTML 4.0 oder niedriger handelt. Denken Sie auch immer daran, Attribute in einfache oder doppelte Anführungszeichen zu setzen. Auch wenn ein Browser das oberere Beispiel ohne die Anführungszeichen akzeptieren und korrekt darstellen würde, ist diese „schlampige" Vorgehensweise in XML verwehrt.

Ein besonderes Augenmerk ist an dieser Stelle auf die Syntax der Element- und Attributbezeichner zu werfen, da hier keine beliebigen Zeichen verwendet werden dürfen. Der Bezeichner ist zwar frei wählbar, allerdings darf er nur die folgenden Zeichen enthalten:

- Buchstaben
- Zahlen
- Unterstriche

Leerzeichen (und andere Whitespaces) sowie landessprachliche Sonderzeichen dürfen nicht verwendet werden. Das erste Zeichen darf keine Zahl sein.

Deutsche Umlaute und andere Sonderzeichen wie das scharfe S (ß) können verwendet werden, wenn der Zeichensatz als ISO-8859-1 festgelegt wurde. Das ist allerdings nicht zu empfchlcn, da cs unter Umständen mit einigen Parsern Probleme geben könnte. Mehr dazu erfahren Sie im Abschnitt über Zeichensätze und Internationalisierung.

Darüber hinaus gelten in XML natürlich alle Regeln, die auch für HTML gelten. Auch wenn die meisten Browser sehr großzügig im Umgang mit Fehlern sind und oft über „Macken" im Quellcode hinwegsehen, sollten Ihnen die folgenden Regeln bekannt sein:

- Jedes Element muss von dem Tag geschlossen werden, der es auch geöffnet hat.
- Es sind keine konkreten Daten außerhalb von Elementen erlaubt.
- Elementbezeichner und Attribute müssen durch Leerzeichen getrennt sein.

Im Gegensatz zu HTML-Parsern, die in den meisten Browsern Verwendung finden, muss in XML sehr streng darauf geachtet werden, dass die genannten Regeln eingehalten werden.

2.3 Leere Elemente

XML bietet im Gegensatz zu HTML keine Möglichkeit, geöffnete Tags ohne schließenden Tag in einem Dokument zu platzieren, ohne eine Fehlermeldung zu provozieren. Konstruktionen wie

```
<img src="img/bild.gif" border="0">
```

die in HTML ohne weiteres auftreten können, ja sogar korrekt und von der Grammatik gefordert sind, sind in XML nicht wohlgeformt. Wie im letzten Abschnitt beschrieben, müssen alle Elemente IMMER geschlossen werden. Ein Element, das keine Daten enthält (also ein leeres Element), muss zwangsläufig in der folgenden Form notiert werden:

```
<element></element>
```

Da das ein wenig umständlich ist und ein Dokument im Zweifelsfall unnötig aufbläht, gibt es eine alternative Schreibweise, die wesentlich kürzer ist:

```
<element />
```

Anstelle des abschließenden Tags wird schlicht im ersten Tag ein Slash am Ende eingefügt, der signalisiert, dass das Element nach dem Öffnen gleich wieder geschlossen wird. Der Schreibaufwand ist nur halb so groß.

So weit so gut, doch was soll das Ganze? Auf den ersten Blick scheint ein leeres Element recht überflüssig, denn ganz offensichtlich werden keine Daten in dieser Struktur abgelegt. Wenn man sich die Sache allerdings genauer überlegt, wird recht schnell klar, dass auch leere Elemente eine Information transportieren können, indem sie schlicht und einfach da sind. Die Existenz eines Elementes könnte beispielsweise signalisieren, dass ein bestimmter Zustand eingetreten ist oder dass noch bestimmte Daten erwartet werden. Darüber hinaus ist es natürlich möglich, ein leeres Element mit Attributen auszustatten, wie das folgende Beispiel zeigt:

```
<dokument version="1.3" release="beta" />
```

Ein leeres Element kann natürlich auch nur provisorischen Charakter haben, indem es einfach angelegt wird, um später noch Daten einzufügen. Es signalisiert sozusagen, dass das Dokument noch nicht vollständig ist.

2.4 Wurzelelement

Ausgangspunkt eines jeden XML-Dokuments ist ein ganz bestimmtes Element, nämlich das so genannte Wurzelelement. Dieses Element hat die Eigenschaft, alle anderen Elemente und Daten einzuschließen, indem es das erste Element ist, das geöffnet wird und das letzte Element, welches geschlossen wird. In unserem Beispiel ist klar zu erkennen, welches Element diese Aufgabe übernimmt:

```
<personen anzahl="2">
  <person geschlecht="m">
   <vorname>Dirk</vorname>
   <nachname>Ammelburger</nachname>
   <geburtstag>30.11.1978</geburtstag>
   <beruf>Autor</beruf>
  </person>
  <person geschlecht="w">
   <vorname>Miriam</vorname>
   <nachname>Messerschmitt</nachname>
   <geburtstag>22.09.1984</geburtstag>
   <beruf>Hotelfachfrau</beruf>
  </person>
</personen>
```

Listing 2.7 Wurzelelement „personen"

Das Element *personen* sitzt an der Spitze des XML-Datenbaums und hat in der gezeigen Hierarchie alle anderen Elemente unter sich. Es ist nicht zulässig, dass ein anderes Element neben dem Wurzelelement auf derselben Ebene sitzt.

Das Wurzelelement ist syntaktisch gesehen ein ganz normales Element, das allen Anforderungen, die auch für die übrigen Elemente gelten, folgen muss. Dabei unterliegt es keiner speziellen Regelung und kann ohne Probleme mit Attributen ausgestattet werden. Für einen Parser hat es in der Regel eine Art Signalwirkung: Erst wenn dieses Element geschlossen wurde, weiß der Parser, dass das Dokument zu Ende sein kann.

2.5 Elemente vs. Attribute

Nachdem wir nun grob die grundsätzliche Syntax von XML-Bausteinen kennen gelernt haben, schiebt sich eine Frage in den Vordergrund, die vielleicht auch Ihnen schon auf der Zunge liegt. Es scheint eine Dualität in der Datenrepräsentation vorzuliegen, wenn man sich die XML-Elemente genauer ansieht: Konkrete Daten können entweder als Elementwert, also zwischen zwei Tags, abgespeichert werden, oder als Attributwert innerhalb eines Elementes. Es wäre beispielsweise ohne Probleme möglich, im Beispiel alle Daten der Person als Attribute in das Element „person" zu stecken, oder umgekehrt die Angabe zum Geschlecht in einem eigenen Element abzulegen anstatt als Attribut anzugeben.

Es stellt sich also die Frage, wann Informationen als Attribut abgelegt werden und wann als eigenständiges Element. Gleich vorweg kann ich Ihnen sagen, dass es keine Spezifikation oder ähnliche Vorschriften gibt, die festlegen, wie Sie Ihre Daten formatieren müssen. Ganz im Gegenteil: Sie sind völlig frei zu tun oder zu lassen, was Sie möchten. In der Praxis hat sich allerdings eine „Faustregel" etabliert, die meiner Meinung nach sehr sinnvoll ist und Beachtung finden sollte:

Verwenden Sie Elemente für alle Daten, die direkt an den User oder anderen Client ausgegeben werden sollen. Dabei handelt es sich um alle Daten, die nicht von einer eventuellen Applikation gebraucht werden, um das Dokument zu verstehen und zu verarbeiten. Attribute hingegen werden genau für diese Aufgabe eingesetzt: In diesen sollen nur Daten abgelegt werden, die das Programm verstehen muss und die nicht direkt für den User/Client bestimmt sind. Beispiel hierfür wäre eine fortlaufende ID, um Datensätze eindeutig identifizieren zu können.

Ein anderes Beispiel ist die Zuordnung des Geschlechts einer Person in unserem Beispiel. In den seltensten Fällen wird „m" oder „w" direkt ausgegeben, sondern höchstwahrscheinlich in irgendeiner Form für die Zuordnung einer Anrede oder Ähnliches verwendet.

2.6 XML betrachten

Da die bisherigen Beispiele und XML-Dokumente alles andere als farbenfroh waren, möchte ich Ihnen an dieser Stelle eine Möglichkeit zeigen, XML-Code einfach und übersichtlich zu präsentieren. Gerade wenn Sie die oben gezeigten XML-Dokumente nicht in einem XML-Editor geschrieben haben, können Sie sich sicher vorstellen, dass große und schlecht formatierte (fehlende Zeilenumbrüche, Einrückungen etc.) XML-Dokumente sehr schwer lesbar sein können.

Die Lösung für solche Probleme haben Sie mit großer Wahrscheinlichkeit schon auf Ihrem Rechner installiert, denn Sie brauchen nichts anderes als einen Webbrowser, wie den Internet Explorer von Microsoft oder den weniger bekannten Mozilla Browser. Beide verfügen über einen integrierten XSLT-Prozessor (dazu später mehr), der es erlaubt, XML-Daten übersichtlich darzustellen.

2.6.1 XML mit dem Microsoft Internet Explorer

Um eine XML-Datei im Explorer anzeigen zu können, ist die erste Voraussetzung, dass Sie das Programm installiert haben. Wenn Sie einen Windowsrechner zu Hause haben, sollte das der Fall sein, so dass Sie sich nur noch vergewissern müssen, dass die Version

5.0 oder höher installiert ist (darunter geht es nicht!). Auf einem Mac oder sogar Linux-Rechner werden Sie vermutlich eine aktuelle Version aus dem Internet herunterladen müssen. Sie finden die jeweilige Version unter der bekannten Adresse im Netz:

http://www.microsoft.com

Auch wenn es merkwürdig klingt, selbst für Linux gibt es den MSIE (Microsoft Internet Explorer), auch wenn Sie in einem solchen Fall wahrscheinlich lieber auf die Alternative Mozilla zurückgreifen möchten. Dazu später mehr.

Ist der Explorer erst einmal auf dem Rechner, ist der Rest ein Kinderspiel: Sie laden ein XML-Dokument, indem Sie die Datei per Drag&Drop auf das Fenster ziehen. Alternativ können Sie einfach in der Eingabezeile für die URL den lokalen Pfad zum Dokument angeben:

```
C:\xml\dokumente\data.xml
```

Das XML-Dokument wird als interaktive Baumstruktur dargestellt, die es erlaubt, nach Belieben den Inhalt kompletter Knoten per Mausklick ein- und auszublenden. Alle Elemente werden automatisch rot eingefärbt, so dass sie sich von den eigentlichen (konkreten) Daten abheben.

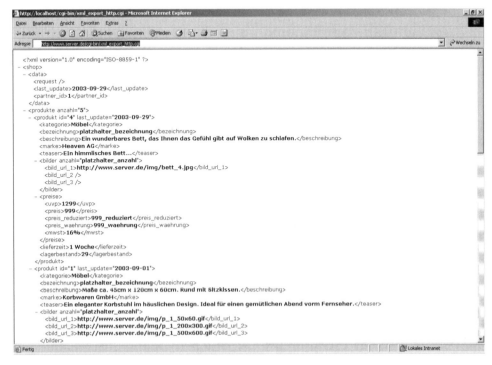

Abbildung 2.6 XML-Daten im Internet Explorer von Microsoft

Diese Darstellung ist sehr bequem und übersichtlich, da sie es erlaubt, auch unübersichtliche und große Datenmengen einzusehen.

Einige Absätze zuvor habe ich erwähnt, dass die Darstellung der Daten mittels eines XSLT-Prozessors erfolgt, der im Explorer zum Einsatz kommt. Dieses Stück Software wird in einem der kommenden Kapitel näher beleuchtet, wenn es um Stylesheets und die Umwandlung von XML-Daten geht. An dieser Stelle reicht es zu wissen, dass XML-Dokumente im Internet Explorer OHNE explizites Stylesheet in der oben gezeigten Default-Darstellung gezeigt werden.

2.6.2 XML mit Mozilla

Als Alternative zum Microsoft Internet Explorer möchte ich an dieser Stelle auf Mozilla verweisen, der ebenfalls mit einem XSLT-Prozessor ausgestattet ist. Die erste Version, die am 18.04.2002 erschienen ist, hat inzwischen einige Updates erfahren und kann in der aktuellen Version 1.5 kostenlos in Internet unter der folgenden URL heruntergeladen werden:

http://www.mozilla.org/releases/

Der Mozilla Browser und der Netscape Navigator 6 sind auf derselben Grundlage entstanden und können deshalb auch ausgetauscht werden. Beide Browser arbeiten mit der neuen Engine „Gecko" und unterstützen die Darstellung von XML mit verschiedenen Stylesheets. Die älteren Versionen von Mozilla hatten keine Default-Darstellung von XML-Dokumenten ohne Stylesheets. Das hat sich mit den neuen Versionen geändert. Wenn der Browser feststellt, dass er keine Darstellungsanweisungen finden kann, dann weist er den User darauf hin und gibt ebenfalls eine Baumdarstellung aus, die der des Internet Explorers von Microsoft ähnelt:

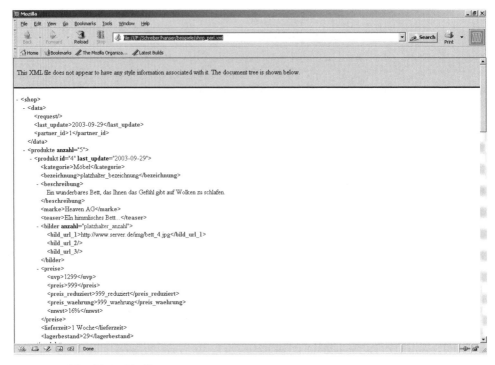

Abbildung 2.7 XML im Mozilla

2.6.3 Fehler finden und korrigieren

Wenn Sie die bisherigen Beispiele in keinem reinrassigen XML-Editor erstellt haben, der immer ein scharfes Auge auf die korrekte Syntax des Dokumentes hat, werden Sie sicher erfreut sein zu hören, dass die vorgestellten Browser alle Fehler in einem XML-Dokument problemlos aufspüren können. Dafür müssen Sie nicht einmal viel tun, denn wie Sie vielleicht schon festgestellt haben, beschwert sich der Browser, sobald Sie Ihm ein nicht wohlgeformtes Dokument vorsetzen:

2.6 XML betrachten

Abbildung 2.8 XML-Fehler entdeckt!

Die Fehlermeldung ist dabei erstaunlich ausführlich und verweist in den meisten Fällen unmissverständlich auf den Fehler:

```
Der Ende-Tag 'nachname' stimmt nicht mit dem Start-Tag 'Nachname'
überein. Zeile 10, Position 29
```

Ganz offensichtlich hat man an dieser Stelle die Regel der Groß- und Kleinschreibung missachtet, denn der Start-Tag wurde im Gegensatz zum End-Tag mit einem Großbuchstaben begonnen. Der Browser (Internet Explorer) gibt sogar Zeile und Spalte an, wo der Fehler zu finden ist.

Dieser einfache, doch sehr effektive Mechanismus lässt sich nutzen, um große Dokumente oder XML-Daten aus unbekannter Quelle auf Fehler zu überprüfen. Allerdings ist in einigen Situationen der Fehlerbeschreibung mit etwas Misstrauen zu begegnen, da ein fehlendes Anführungszeichen oder ein nicht geschlossenes Element den Parser schon so verwirren, dass er einen Fehler einige Zeilen zu tief unterstellt, wie das folgende Beispiel zeigt:

```
<personen anzahl="2">
    <person geschlecht="m">
        <vorname>Dirk</vorname>
    <nachname>Ammelburger</nachname>
        <geburtstag>30.11.1978</geburtstag>
```

```
            <beruf>Autor</beruf>
    </person>
    <person geschlecht="w">
    <vorname>Miriam
    <nachname>Messerschmitt</nachname>
            <geburtstag>22.09.1984</geburtstag>
            <beruf>Hotelfachfrau</beruf>
    </person>
</personen>
```
Listing 2.8 Fehler im XML-Code

In Zeile 9 wurde hier der schließende Tag `</vorname>` vergessen, was dazu führt, dass das komplette Dokument ungültig ist. Der Internet Explorer von Microsoft vermutet den Fehler allerdings an einer ganz anderen Stelle:

Abbildung 2.9 Merkwürdige Fehlermeldung

Der Grund ist allerdings nach einem Moment offensichtlich: Das fehlende Element führt nämlich dazu, dass die Hierarchie um eine Ebene verschoben wurde, so dass der Parser keine andere Möglichkeit hat, als dem Element *vorname* das falsche Element *person* zuzuordnen. Da er genau an dieser Fehlerstelle abbricht, fällt natürlich nicht auf, dass der korrekte abschließende Tag von *person* verkehrt zugeordnet wurde.

2.7 Buchstabensalat

XML ist bekannt für die scheinbar endlosen Mengen von undurchsichtigen Abkürzungen und Spezifikationen, die für viele Einsteiger nur schwer zu durchschauen sind. Die folgenden Seiten geben Ihnen einen kurzen Überblick über die geläufigsten Kürzel mit einer kurzen Erklärung, ohne im Buch vorgreifen zu wollen. Alle hier angerissenen Themen werden später in einem eigenen Kapitel genauer unter die Lupe genommen.

2.7.1 XML

XML ist die Abkürzung für „Extensible Markup Language" und ist das Thema dieses Buches. Es handelt sich um eine Meta-Markup-Sprache, die im Prinzip als Basis für die Enwicklung weiterer Markup-Sprachen dient. Kerngedanke ist dabei eine strukturierte Form der Informationsmodellierung, die es erlaubt, Daten in einem plattformunabhängigen Format darzustellen und weiterzugeben.

Die aktuelle Version ist nach wie vor 1.0, auch wenn das World-Wide-Web-Committee (W3C) zur Zeit fleißig an der Version 1.1 (ehemaliger Codename Blueberry) arbeitet, die schon konkrete Formen animmt (Vorschlagskandiat). Der aktuelle Stand und die offizielle Dokumentation findet sich im Internet unter der folgenden URL:

http://www.w3c.org/XML

Sie müssen diese Dokumente allerdings nicht lesen, da Sie mit diesem Buch das richtige Werkzeug in der Hand halten, um XML zu lernen und zu verstehen. Hin und wieder einen Blick auf die Seite des W3C zu werfen, kann allerdings nicht schaden, um auf dem Laufenden zu bleiben.

2.7.2 SGML

SGML ist die weniger bekannte Vorgängersprache von XML, die schon 1986 entworfen wurde. Die vier Buchstaben stehen für Standard Generalized Markup Language, die streng genommen nicht der Vorgänger, sondern vielmehr der große Bruder von XML ist. XML ist eine Teilmenge von SGML, was im Umkehrschluss bedeutet, dass jedes XML-Dokument auch ein SGML-Dokument sein muss.

Die nahe Verwandtschaft wird deutlich, wenn man sich klar macht, dass HTML (nicht aber XHTML!) eine konkrete Anwendung von SGML ist und so mehr als deutlich macht, zu was plattformunabhängige Datenformatierung genutzt werden kann. Mehr zu SGML und die Entwicklung zu XML erfahren Sie im nächsten Kapitel.

2.7.3 DTD

Die Abkürzung DTD steht für *Document Type Definition*, also die Definition eines Dokumententypes oder einer bestimmten Dokumentengruppe. Klingt kompliziert, ist es aber eigentlich nicht, denn dabei handelt es sich vereinfacht gesprochen nur um eine Sammlung von Regeln, an die sich ein XML-Dokument halten muss, wenn es die Kriterien einer DTD erfüllen will.

Technisch gesehen, handelt es sich um ein weiteres Dokument, das alle Regeln enthält, die in einer bestimmten Syntax dargelegt werden. Dieser Regelsatz umfasst neben dem Aufbau eines Dokuments auch den Satz an zulässigen Elementen, die für diese Art von Dokumenten zugelassen sind. So kann beispielsweise festgelegt werden, dass das Element `<innerhalb>` immer vom Element `<ausserhalb>` umschlossen werden muss und dass außer diesen beiden Elementen keine weiteren Elemente zulässig sind.

Der Sinn einer solchen Grammatik, wie ein Satz von Regeln auch genannt wird, wird schnell deutlich, wenn man sich beispielsweise HTML vor Augen hält. Diese Markup-Sprache ist als Anwendung (oder auch Applikation) von SGML nichts anderes als ein vollständiges SGML-Dokument, das einer DTD unterworfen ist. Dieses DTD sagt zum Beispiel, dass das Wurzelement immer `<html>` heißen muss und dass das Element `<quellwasser>` nicht zulässig ist. Diese Einschränkungen ermöglichen es, HTML-Dokumente zu definieren und im Web für den Austausch und vor allem für die Darstellung von Daten zu benutzen.

Mehr zu diesem Thema finden Sie im nächsten Kapitel über Markup-Sprachen.

2.7.4 XSL und XSLT

XSL (Extensible Stylesheet Language) ist die Stylesheet-Sprache eines XML-Dokumentes. Sie legt fest, wie Daten in einem XML-Dokument dargestellt/formatiert werden sollen, da XML selbst eine Annahme über eine eventuelle Darstellung trifft. XSLT (Extensible Stylesheet Language for Transformation) ist ein Bestandteil oder Werkzeug für XSL und beschreibt den Weg, wie die Daten eines XML-Dokumentes mit dem XSL-Stylesheet umgewandelt werden.

Dieser Themenbereich wird in dem Buch mit einem eigenen Kapitel gewürdigt. Im Prinzip geht es darum, dass XML selbst keinerlei Darstellung der Daten in sich trägt (ganz im Gegensatz zu HTML) und eine Art Anweisungsmuster braucht, wie es interpretiert werden soll. Das passiert grob gesprochen mit Pattern-Matching, also so genannte Mustervergleiche, die Teile des XML-Dokumentes auslesen und in veränderter Form wieder ausgeben. Die neu entstandene Form kann dabei jedes beliebige Format haben, angefangen bei HTML (für Darstellungen im Web) über ein PDF (mittels formatierender Objekte) oder auch wieder XML (in einer anderen Form).

XSL und XSLT ist daher weit mehr, als schlicht „die Sprache für die Darstellung von XML", wie oft behauptet wird. Es handelt sich um ein sehr mächtiges Werkzeug für die *Manipulation* und *Formatierung* von Daten, das unter anderem dafür genutzt werden kann, XML in ein ausgabefähiges Format zu bringen. Für die Umwandlung der Daten ist ein sogenannter XSLT-Prozessor nötig, den Sie schon einige Zeilen zuvor als Bestandteil des Microsoft Internet Explorers kennen gelernt haben.

2.7.5 SAX und DOM

SAX ist die Abkürzung für die *Simple API for XML*, während DOM für *Document Object Model* steht. Beide Kürzel stehen für eine Technik, XML-Dokumente zu parsen, wenn auch auf sehr unterschiedlichen Wegen. Beide Möglichkeiten werden Sie im Laufe des Buches kennen lernen und auch anwenden, um die Daten eines XML-Dokumentes zu lesen, zu verarbeiten und auch manipulieren zu können.

Doch was ist nun ein Parser? Prinzipiell keine XML-spezifische Angelegenheit, da es grob gesprochen um die Interpretation und Analyse von Daten in einem fest umrissenen Kontext geht. Ein Parser hat die Aufgabe, Daten einzulesen und in eine Form zu bringen, die ein Computerprogramm verstehen und weiterverarbeiten kann. Ein XML-Dokument beispielsweise ist für jeden Rechner im ersten Schritt nur eine Folge von aneinandergereihten Zeichen, deren tieferer Sinn jedem Prozessor verborgen bleibt. Irgendetwas muss also passieren, um diesen Wirrwarr an Buchstaben und Zeichen aufzubrechen und zu entschlüsseln.

```
<personen anzahl="2">
 <person geschlecht="m">
  <vorname>Dirk</vorname>
  <nachname>Ammelburger</nachname>
  <geburtstag>30.11.1978</geburtstag>
  <beruf>Autor</beruf>
 </person>
 <person geschlecht="w">
  <vorname>Miriam
  <nachname>Messerschmitt</nachname>
  <geburtstag>22.09.1984</geburtstag>
  <beruf>Hotelfachfrau</beruf>
 </person>
</personen>
```

Listing 2.9 XML-Code parsen

Was war Ihr erster Gedanke? Man muss doch einfach nur die Werte innerhalb der spitzen Klammern ausschneiden? Sie haben Recht! Genau das tut ein XML-Parser. Er sucht nach den Schlüsselzeichen < und > und zerlegt die Zeichenfolge (String) in einzelne Bereiche. Die so gewonnenen Werte sind der erste Schritt, um ein Dokument syntaktisch und semantisch zu erfassen.

Diese Idee kann natürlich auf sehr unterschiedliche Art und Weise umgesetzt werden. Darum gibt es eine Reihe von Parsern, mit verschiedenen Schnittstellen und Vorgehensweisen. Zwei davon werden Sie in diesem Buch kennen lernen: Die *Simple API for XML* und das *Document Object Model*.

3

Markup-Sprachen

3 Markup-Sprachen

Das Titelblatt dieses Buches trägt die drei Buchstaben XML, die (wie nun schon öfter gesagt) für *Extensible Markup Language* stehen. Warum XML erweiterbar ist, haben wir schon am Anfang dieses Buches geklärt, doch was hat es mit dem zweiten Teil dieses Zungenbrechers auf sich: Markup Language? Was ist Markup, und wo kommt es her? Was hat XML mit Markup zu tun? Brauchen wir diesen Quatsch überhaupt? Diese und andere Fragen sollen in diesem Kapitel beantwortet werden. Sie werden überrascht sein, wie viel hinter diesem scheinbar einfachen Wort steckt.

Die folgenden Seiten werden Ihnen die Grundlagen und die Herkunft von XML erklären und alle vielleicht vorhandenen Missverständnisse ausräumen. Das Verständnis von Markup und dem Grundgedanken, der hinter all dem Zauber steckt, ist unabdingbar für das Verständnis von XML. Wenn einige Autoren diese Bereiche gerne mit einer halben Seite abhandeln, möchte ich nicht diesen Weg einschlagen. Sie werden verstehen, was ich meine, wenn Sie dieses Kapitel gelesen haben.

3.1 Von der Steinzeit der Textverarbeitung

Es war einmal... So fangen viele Märchen an, die, wie wir wissen, allesamt erfunden sind. Was ich Ihnen aber jetzt erzählen möchte, ist kein Märchen, auch wenn es für viele jüngere Leser so klingen mag. Ich rede von einer Zeit, in der Textverarbeitung schlicht bedeutete, sich an eine Schreibmaschine zu setzen und Buchstaben nacheinander auf ein Stück Papier zu tippen.

Anfang der 80er Jahre waren Büros von der Verwendung mechanischer und elektrischer Schreibmaschinen geprägt, die Texte in einem festen Layout zu Papier brachten, ohne die Möglichkeit, beispielsweise die Schriftart oder die Schriftgröße zu verändern. Die wenigen, äußerst dürftigen Möglichkeiten der Formatierung von Texten bestanden in der Groß- und Kleinschreibung, Unterstreichungen und dem Einsatz von unsichtbaren Zeichen (Whitespaces: Leerzeichen, Zeilenumbrüche etc.).

Wer die Möglichkeit von Word oder einem anderen Schreibprogramm heute kennt, den wird diese Auswahl sicher nicht vom Hocker hauen. Darüber hinaus (oft vergessen!) wurden die Schriftzeichen ohne irgendeinen mechanischen oder elektronischen Puffer zu Papier gebracht, was nicht selten dazu führte, dass eine komplett geschriebene Seite aufgrund von Tippfehlern mühselig korrigiert oder sogar neu geschrieben werden musste.

Erst der Einsatz von elektronischen Schreibmaschinen und immer preiswerteren Büro-Computern ermöglichte es, dieses Problem zu lösen. Auch wenn in einem ersten Schritt die Möglichkeiten der Darstellung nicht unbedingt erweitert wurden (die ersten Drucker basierten auf der simplen Technik von Schreibmaschinen), konnte doch zumindest der zu schreibende Text in einem elektronischen Medium zwischengespeichert werden, bevor er zu Papier gebracht wurde.

Dieses „Puffern" ermöglichte es, den Text vor der Ausgabe auf Papier im Computer (oder auch auf der elektronischen Schreibmaschine) anzusehen und zu verändern und auf diesem Wege eventuelle Tippfehler auszumerzen.

So weit so gut. Doch was hat das alles mit Markup zu tun? Eine ganze Menge, denn bei der Entwicklung der Software für die computergestützte Textverarbeitung stieß man recht schnell auf das Problem der digitalen Darstellung von formatierten Texten im Speicher eines Rechners. Dabei ging es nicht darum, wie Sie jetzt vielleicht denken könnten, wie der Text dem User in einem wie auch immer gearteten Interface (Monitor, Display etc.) angezeigt wird, während er ihn bearbeitet, sondern vielmehr um die byteweise Repräsentation im Speicher und die Zugriffsmöglichkeiten der verwendeten Programmiersprache.

Wie sollte ein Computer sich den Text „merken", der aus weit mehr als einer schlichten Ansammlung von Textzeichen besteht (allgemein auch String genannt)? Es galt, so wichtige Informationen wie Zeilenumbrüche, Seitenumbrüche, eventuelle Unterstreichungen und einiges mehr zu berücksichtigen, die für die Ausgabe existentiell waren.

3.2 Digitale Repräsentation von Text

Bevor also an die Formatierung oder den Druck von Text mittels eines Computers gedacht werden konnte, mussten einige elementare Fragen beantwortet werden. Es kann zwar davon ausgegangen werden, dass ein Rechner mit Strings oder einer anderen Form von Zeichenketten umgehen kann, doch Sie werden mir zustimmen, dass eine einfache Aneinanderkettung von Zeichen keineswegs der Ausgabe auf einem Blatt Papier auch nur nahekommt. Es fehlen so wichtige Informationen wie beispielsweise Zeilenumbrüche, die dafür sorgen, dass ein Drucker nicht über den Rand des Papiers hinausdruckt.

Die erste Idee, mit der damals herumexperimentiert wurde, war noch stark von den damals gegebenen Einschränkungen im Druckbereich geprägt. Die gängigen Druckermodelle basierten auf Techniken, die auch in Schreibmaschinen eingesetzt wurden, so dass es unmöglich war, in verschiedenen Schriftgrößen oder Schriftarten zu schreiben. Die Konsequenz daraus war, dass die Aufteilung eines Blattes (beispielsweise DIN A4) in eine feste Anzahl von Zeilen und Zeichen festgelegt werden konnte (beispielsweise 50 Zeilen mit 80 Anschlägen), wie das folgende Bild zeigt:

Abbildung 3.1 Eine Seite...

Dem programmiererfahrenen Leser wird sich beim Anblick dieses Bildes ein Gedanke aufdrängen, den damalige Zeitgenossen ebenfalls hatten: Im Prinzip handelt es sich bei dieser Sicht einer Ausgabe um eine simple Form der Datenorganisation, nämlich einen zweidimensionalen Array mit 50 mal 80 (=4000) Elementen. Warum also nicht jedes zu bedruckende Blatt Papier als Array im Speicher des Rechners ablegen? Diese Form der Daten war den Programmierern bekannt, und sie wussten damit umzugehen.

Ein Text wurde in den ersten Modellen also einfach seitenweise in Form eines Arrays beschrieben, das den damaligen Anforderungen scheinbar zu genügen schien. Allerdings warf diese Möglichkeit neue Probleme auf, an die bisher, also in der analogen

Textverarbeitung, überhaupt nicht gedacht worden war. Das neue digitale Medium hatte nämlich den elementaren Vorteil, dass ein Text überarbeitet werden konnte, bevor er zu Papier gebracht wurde. Die digitale Repräsentation im Speicher musste also Möglichkeiten unterstützen, die diese Fähigkeiten so einfach und so schnell wie möglich realisierten.

Wenn Sie sich vor Augen führen, dass die damaligen Rechner bei weitem nicht die Rechenleistung der heutigen Desktop-Maschinen hatten, ist nachvollziehbar, warum dass Array-Modell hier an seine Grenzen gestoßen ist. Folgendes Beispiel macht es deutlich: Stellen Sie sich vor, Sie möchten in einem Text, der 1000 Zeichen lang ist, an der zehnten Stelle einen Buchstaben einschieben oder löschen. Klingt simpel, allerdings bedeutet das für den Rechner, dass ab der zehnten Stelle des Arrays alle nachfolgenden Stellen um einen Indexpunkt verschoben werden müssen, um Platz für das neue Zeichen zu machen (oder nach dem Löschen die entstandene Lücke zu schließen). Im Speicher müssen nun 990 Zeichen, also 990 Bytes verschoben werden, nur um ein Byte wirklich zu verändern.

Dieser Vorgang zog demnach einen speicheraufwändigen und langwierigen Prozess nach sich, der dem Resultat (1 neues Zeichen) gegenüber in keinem Verhältnis stand.

Darüber hinaus zeigte sich, dass durch das Array-Modell die Software auf eine bestimmte Papiergröße festgelegt war. Solange das Array nicht von der 50x80-Aufteilung gelöst wurde, konnte nur in dieser Aufteilung gedruckt werden. Darüber hinaus auch nur an die Möglichkeit verschiedener Schriftarten zu denken, die unterschiedlich große Buchstaben und Zeilenabstände unterstützten, war mit dieser Technik aussichtslos.

Es musste also eine Lösung gefunden werden, die auf der einen Seite unabhängig von der Ausgabe ein flexibles Speichermodell bot und auf der anderen Seite die geringen Systemressourcen nicht überforderte. Ein Array kam also nicht mehr in Frage, da unabhängig von der Anzahl der Dimensionen eine Manipulation des Inhalts zu rechen- und speicheraufwändig war.

3.3 Die Lösung: Verkettete Listen

Die Lösung, die daraufhin gefunden wurde kann man sowohl als simpel wie auch genial bezeichnen. Im ersten Schritt ging man einfach davon aus, was Text letztendlich ist, nämlich eine simple Reihe von Buchstaben mit endlicher Länge. Diese Buchstaben sind natürlich nicht zufällig nebeneinander geordnet, sondern stehen untereinander in Beziehung, so dass man ohne weiteres von einer semantischen Verkettung reden kann. Jeder Buchstaben hat also ein vorhergehendes Zeichen und ein nachfolgendes Zeichen, wenn man mal vom Start- und Endpunkt absieht.

H A L L O

Abbildung 3.2 „Hallo"-String

Es bestehen also Verknüpfungen zwischen den einzelnen Zeichen, wenn man davon ausgeht, dass jedes Zeichen in dieser Kette einen eindeutig zu identifizierenden Nachfolger und Vorgänger hat. Da ein Text in der Regel nur von vorne nach hinten gelesen wird, ist hierbei der Vorgänger zu vernachlässigen, da der eindeutige Bezug auf ein nachfolgendes Zeichen für den Zusammenhang ausreichend ist. Es entsteht also folgendes Modell:

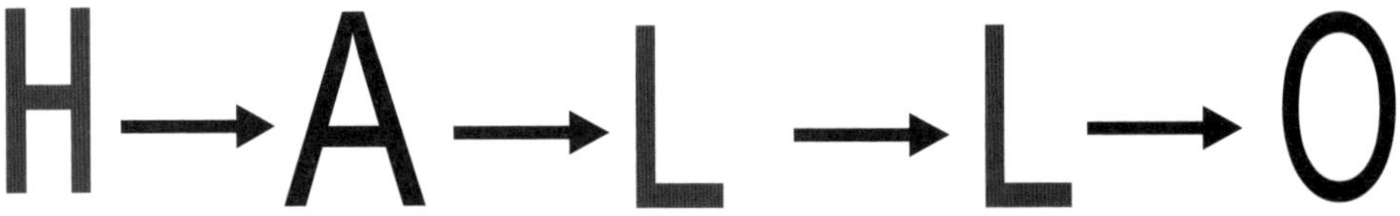

H→A→L→L→O

Abbildung 3.3 Eine verkettete Liste

Einem Programmierer wird dieser Stil sehr bekannt vorkommen, denn im Prinzip handelt es sich hierbei um eine *verkettete Liste*. Formal betrachtet, besteht ein Text aus einer endlichen Reihe von identischen Datenstrukturen (die natürlich verschiedene Werte annehmen können), die untereinander eindeutig verlinkt sind. Dieses Modell lässt sich in modernen, objektorientierten Programmiersprachen sehr einfach nachvollziehen, indem man davon ausgeht, dass jedes Zeichen eine Objektvariable darstellt. Im Java-Jargon ausgedrückt, handelt es sich hierbei also um eine endliche Folge von Objekten derselben Klasse, die über eine Objektvariable auf das nachfolgende Objekt deuten (Pointer) und so eine Verknüpfungsreihe entstehen lassen.

Die folgende Klasse zeigt schematisch, wie ein solches Objekt aufgebaut sein kann:

```
public class Zeichen
{
   private Zeichen next;
   private char data;

   public Zeichen getNext()
   {return this.next;}
```

```
        public void setNext(Zeichen z)
        {this.next = z;}

        public char getData()
        {return this.data;}

        public void setData{char c)
        {this.data = c;}
}
```
Listing 3.1 Klasse Zeichen in Java

Die Klasse Zeichen besteht aus zwei Instanzvariablen; Die Variable data speichert das Zeichen, welches von diesem speziellen Objekt repräsentiert werden soll (einen Buchstaben, eine Zahl etc.). Die Variable next speichert den Pointer (oder Zeiger) der auf das nachfolgende Objekt der Klasse Zeichen deutet, also auf den nächsten Buchstaben. Eine Reihe von Zugriffsmethoden erlauben das einfache Auslesen und Setzen der Daten.

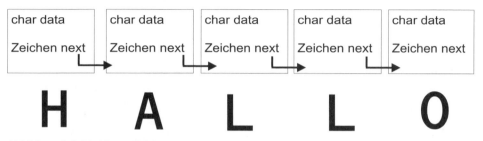

Abbildung 3.4 Die Klasse Zeichen

Das Beispiel zeigt schematisch, wie eine verkette Liste im konkreten Anwendungsfall im Speicher dargestellt wird. Die Zeichenfolge „Hallo" wird über 5 Objekte gespeichert, wobei jedes Objekt ein Zeichen darstellt und gleichzeitig auf den Folgebuchstaben verweist. Ausnahme ist hierbei der letzte Buchstabe, der auf keines nachfolgendes Objekt verweisen muss.

Der Vorteil gegenüber der Array-basierten Version der Textrepräsentation ist, denke ich, offensichtlich, da alle Manipulationen oder Löschvorgänge am Text nur den jeweiligen Bereich betreffen, der auch wirklich verändert werden soll. Ein Beispiel: Aus „Hallo" soll „Halihallo" werden, es werden also vier Zeichen eingeschoben. Anstatt jetzt also alle Zeichen um vier Stellen nach vorne zu verschieben, genügt es, lediglich die bestehende Zeigerverknüpfung ein wenig abzuändern.

Abbildung 3.5 Halihallo im Speicher

Wenn Sie sich nun vorstellen, dass die Position einzelner Zeichen im oberen Bild der Position im Speicher des Computers entspricht, werden Sie feststellen, dass sich kein Buchstabe vom bestehenden „Halihallo" bewegt hat. Es hat also keine Datenverschiebung stattgefunden. Die eingeschobenen Buchstaben wurden schlicht an eine beliebige (!) Stelle im Speicher geschrieben und mittels der Zeiger in den Objekten mit den bestehenden Daten verknüpft. Anders ausgedrückt, die Reihenfolge der Buchstaben wird nun nicht mehr durch die Reihenfolge im Speicher festgelegt, sondern einfach über die einzelnen Verknüpfungen innerhalb der Objekte.

Diese Technik wird vom Prinzip her heute noch so verwendet.

3.4 Digitale Formatierung von Text

Die digitale Repräsentation von Texten ist nun in ein flexibles Format gebracht worden, so dass völlig unabhängig vom gewünschten Ausgabemedium gespeichert und manipuliert werden kann. Dieses flexible Format fordert allerdings nach wie vor nach einer eleganten Lösung für die Formatierung des Textes für den Druck.

Sie ahnen es vielleicht: Das ist der Augenblick, in dem Markup zum ersten Mal ins Spiel kommt. Anstatt also dem Speichermodell des Textes im Rechner die Charakteristika eines Blattes aufzudrücken, wurde der Text mittels einfacher (unsichtbarer) Steuerzeichen formatiert. Der Rechner hatte also nicht die Aufgabe, die komplette Darstellung des Textes zu speichern, die sich ja sehr schnell ändern kann, wenn beispielsweise das Papierformat sich ändert, sondern lediglich die Position der Formatierung im Fließtext zu markieren.

Die Grundidee ist dabei sehr einfach: Ein Text wird nach wie vor einfach als eine Kette von Buchstaben gesehen, die vom Rechner Stück für Stück an den Drucker gesendet werden muss. Allerdings kann innerhalb dieser Kette nun eine „Kontrollsequenz" untergebracht werden, die beispielsweise sagt: „Mach einen Zeilenumbruch!". Wenn der Drucker nun diese Sequenz anstatt eines Buchstaben bekommt, dann gibt er anstelle eines Buchstabens einen Zeilenwechsel aus.

Es standen eine ganze Reihe von Kontrollsequenzen zur Verfügung, um alle Möglichkeiten der Formatierung abdecken zu können:

- Seitenumbrüche
- Zeilenumbrüche
- Absätze
- Schriftarten
- fett, kursiv etc.
- Schriftgröße
- etc.

Formal würde ein Text vielleicht so aussehen, wenn er formatiert an einen Drucker geschickt wird:

```
Ich finde, dass [ab hier fett]XML[ab hier nicht mehr fett] eine
ziemlich [ab hier kursiv]tolle Sache[ab hier nicht mehr kursiv]
ist.[Zeilenumbruch]Wer stimmt mir zu?
```

Vom Drucker richtig interpretiert, sollte folgender Text erscheinen:

```
Ich finde, dass XML eine ziemlich tolle Sache ist.
Wer stimmt mir zu?
```

Es ist klar, dass die Steuerzeichen in den eckigen Klammern kein Klartext waren, sondern durch irgendwelche meist druckerspezifische Symbole ersetzt wurden, aber das Prinzip sollte klar sein. Auf diesem Wege wurde ein formatierter Text im Rechner dargestellt, manipuliert und an den Drucker geschickt, ohne dass Annahmen über die Größe des Papiers, die möglichen Zeilen pro Seite etc. gemacht werden mussten. Mit anderen Worten, wir sind da angekommen, wo Markup seinen Ursprung hat, in der Auszeichnung und Formatierung von Texten.

Wenn Sie sich das Beispiel oben anschauen, werden Sie feststellen, dass es von HTML nicht sehr weit entfernt ist. Der Beispieltext könnte ohne weiteres auch so geschrieben werden:

```
Ich finde, dass <b>XML</b> eine ziemlich <i>tolle Sache</i>
ist.<br>Wer stimmt mir zu?
```

Jeder Browser würde verstehen, was gemeint ist, und den Text richtig darstellen.

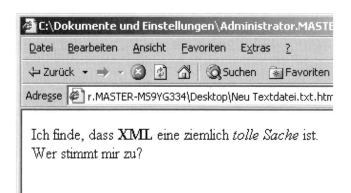

Abbildung 3.6 Darstellung im Browser

Markup hat sich also vom Prinzip her nicht großartig verändert. Es geht nach wie vor darum, Daten in einem Format darzustellen, das keinerlei Annahmen über die bestehende Peripherie des Computermediums macht. Mit anderen Worten: eine plattform- und systemunabhängige Sprache, die Daten strukturieren und gliedern kann.

3.5 Vom Druck zum Bildschirm

Es ist klar, dass die oben beschriebene Entwicklung nicht von heute auf morgen über die EDV-Welt hereingebrochen ist und über Nacht die Textverarbeitung revolutioniert hat. Die anfänglich verwendeten Rechner waren sehr spezialisierte Maschinen, die ausschließlich für die Textverarbeitung eingesetzt wurden. Ausgereifte Office-Systeme, wie wir sie heute kennen, waren undenkbar. Auch die verwendeten Drucker entwickelten sich nur langsam von den sehr statischen Typenraddruckern, die im Wesentlichen auf einfacher Schreibmaschinentechnik basierten, hin zu Nadel- oder Laserdruckern, die verschiedene Schriften unterstützten.

In der Tat war es so, dass ein Autor während des Schreibens den Text nur in einer Art Vorschaumodus zu sehen bekam, da der Rechner nicht in der Lage war, das komplette Layout so darzustellen, wie es später im Druck erscheinen würde. Diese Tatsache ist leicht zu erklären, wenn man sich den DOS-Modus oder irgendeine andere Kommandozeile von heute anschaut, die früher die einzige Interaktionsmöglichkeit mit dem Rechner darstellten.

Im Laufe der Jahre wurden die Computer immer leistungsfähiger, so dass grafische Oberflächen, allen voran der Apple Macintosh, realisierbar wurden und so eine mehr oder weniger übereinstimmende Darstellung auf dem Bildschirm und im Druck erreicht wurde. WYSIWYG war das Schlagwort und ist es heute noch: „What you see, is what you get!". Was heute selbstverständlich ist, war damals revolutionär, denn nun konnte ein Text ausschließlich über das Layout erstellt werden, ohne sich Gedanken über die dahinter liegende Struktur zu machen.

Für die Ausgabe in einem einfachen Druckmedium ist das sicherlich die beste und bequemste Art zu arbeiten. Wenn allerdings verschiedene Medien bedient werden sollen, kann es zu Problemen führen, da dieselben Daten völlig unterschiedlichen Anforderungen gerecht werden müssen. Eine Webseite zum Beispiel muss anderen Kriterien gerecht werden als ein Buch oder eine Präsentation. Auch wenn dieselben Informationen zugrunde liegen, müssen sie doch anders aufbereitet und dargestellt werden.

Dieser Gedanke führte zu einer Weiterentwicklung der Markup-Idee, die im folgenden Abschnitt betrachtet wird.

3.6 Markup

Der Begriff Markup kommt aus dem Bereich der Drucktechnik und steht im Prinzip für die Markierungen, die ein Setzer in ein Manuskript einfügt, um es für den Druck vorzubereiten. Die Parallelen sind offensichtlich, denn ein Setzer macht in diesem Augenblick nichts anderes als Sie, wenn Sie in Word ein Dokument schreiben: er hinterlässt Formatierungszeichen, die für die Darstellung (in dem Fall für den Druck) relevant sind, später im Text aber nicht mehr erscheinen.

Diese Idee hat sich in der Computerwelt ebenfalls durchgesetzt, wie auf den letzten Seiten beschrieben wurde. Markup wird heute wie früher für die Gestaltung und Formatierung von Texten benutzt, auch wenn dank WYSIWYG sehr wenig davon für den Benutzer sichtbar ist. Diese Art von Markup, also Markup, das nur für die konkrete Layoutgestaltung von Text (und anderen Medien) verwendet wird, nennt man *spezifisches Markup*.

Spezifisches Markup

Ein sehr einfaches, aber auch naheliegendes Beispiel für spezifisches Markup könnte eine Seite dieses Buches sein. Schauen Sie sich diese oder eine der folgenden Seiten an. Was sehen Sie? In erster Linie formatierten Text.

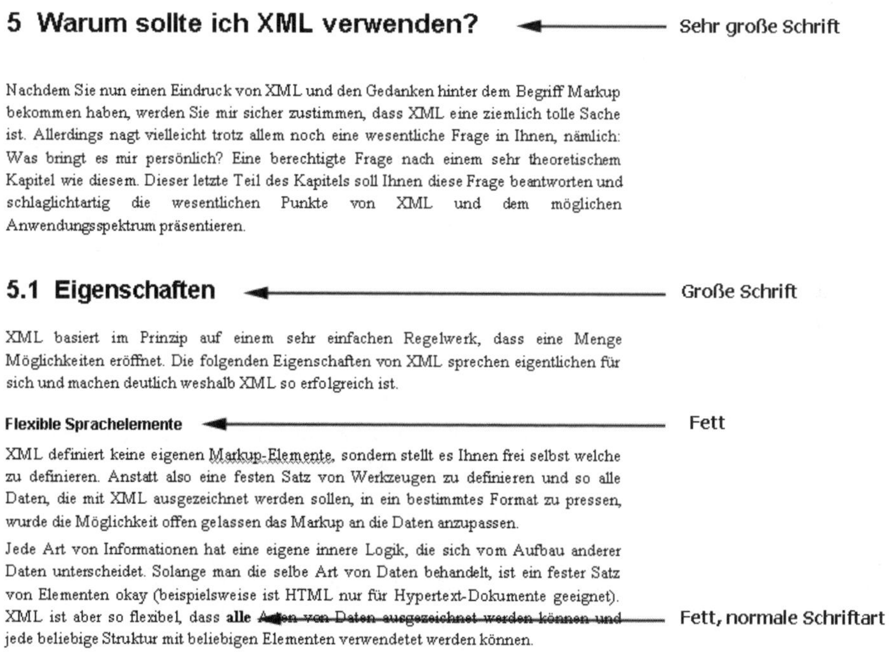

5 Warum sollte ich XML verwenden? ← Sehr große Schrift

Nachdem Sie nun einen Eindruck von XML und den Gedanken hinter dem Begriff Markup bekommen haben, werden Sie mir sicher zustimmen, dass XML eine ziemlich tolle Sache ist. Allerdings nagt vielleicht trotz allem noch eine wesentliche Frage in Ihnen, nämlich: Was bringt es mir persönlich? Eine berechtigte Frage nach einem sehr theoretischem Kapitel wie diesem. Dieser letzte Teil des Kapitels soll Ihnen diese Frage beantworten und schlaglichtartig die wesentlichen Punkte von XML und dem möglichen Anwendungsspektrum präsentieren.

5.1 Eigenschaften ← Große Schrift

XML basiert im Prinzip auf einem sehr einfachen Regelwerk, dass eine Menge Möglichkeiten eröffnet. Die folgenden Eigenschaften von XML sprechen eigentlichen für sich und machen deutlich weshalb XML so erfolgreich ist.

Flexible Sprachelemente ← Fett

XML definiert keine eigenen Markup-Elemente, sondern stellt es Ihnen frei selbst welche zu definieren. Anstatt also eine festen Satz von Werkzeugen zu definieren und so alle Daten, die mit XML ausgezeichnet werden sollen, in ein bestimmtes Format zu pressen, wurde die Möglichkeit offen gelassen das Markup an die Daten anzupassen.

Jede Art von Informationen hat eine eigene innere Logik, die sich vom Aufbau anderer Daten unterscheidet. Solange man die selbe Art von Daten behandelt, ist ein fester Satz von Elementen okay (beispielsweise ist HTML nur für Hypertext-Dokumente geeignet). XML ist aber so flexibel, dass alle ~~Arten von Daten ausgezeichnet werden können und~~ — Fett, normale Schriftart
jede beliebige Struktur mit beliebigen Elementen verwendetet werden können.

Abbildung 3.7 Formatierter Text

Das Bild zeigt, dass Text nicht gleich Text ist, weil ganz offensichtlich verschiedene Darstellungsvarianten gewählt wurden. Großer Text für Überschriften, fett für Hervorhebungen, eine andere Schriftart für Beispiele und so weiter. Wenn man sich nun vorstellt, dass für jede Schriftart und für jeden Zeilenumbruch ein spezieller Tag im

Markup von Word vorhanden wäre, dann ließe sich diese Seite schon ganz wunderbar darstellen.

Konkret würde diese Vorstellung im spezifischen Markup so aussehen, dass im Text eine Reihe von Anweisungen erscheinen, wenn beispielsweise eine Überschrift definiert wird: „Setze die Schriftgröße auf 16 und drucke dieses Stück Text fett". Für den User und später im Druck wird eine wunderbare Überschrift dargestellt, die sich sauber vom übrigen Text absetzt. HTML kennt einige dieser spezifischen oder darstellungsorientierten Elemente, die oft und gerne eingesetzt werden:

Tabelle 3.1 HTML-Elemente

Element	Beschreibung
<font>...</font>	Legt Schriftart, Größe und Farbe fest.
...	Fett
<I>...</I>	Kursiv
 	Zeilenumbruch

Eine Überschrift würde beispielsweise so aussehen:

```
<font size="5"><b>Überschrift</b></font>
```

Für die Darstellung auf einem Monitor in einem Browser ist dieses Markup sicherlich ausreichend. Problematisch wird es allerdings, wenn dieselben Informationen in einem anderen Medium wie beispielsweise einem Buch für Blinde (Blindenschrift) oder einer Hörspielkassette verwendet werden sollen. Beide Medien können recht wenig mit Schriftarten oder kursiven Darstellungen anfangen und zeigen die offensichtlichen Schwächen von spezifischem Markup.

Wie der Name schon sagt, handelt es sich um einen Typ von Markup, der an ein bestimmtes (spezifisches) Medium für eine konkrete Darstellung entwickelt wurde. Es nimmt dem Computer sozusagen das Denken ab und sorgt schlicht dafür, dass die Daten in der richtigen Art und Weise ausgegeben werden. Informationen, die darüber hinaus gehen, werden von spezifischem Markup nicht geliefert.

Doch kommen wir zurück zu unserem Beispiel. Zwei wesentliche Komponenten dieses Dokumentes, denn um nichts anderes handelt es sich, haben wir schon erfasst, nämlich auf der einen Seite die reinen Informationen (Text) und auf der anderen Seite die Darstellung dieser Informationen (Layout). Beide Bereiche werden vom Funktionsumfang des spezifischen Markup gut abgedeckt. Bei dieser Betrachtung geht allerdings ein wichtiger Bestandteil des Dokumentes verloren: die Struktur.

Sie werden mir sicherlich zustimmen, dass diese Seiten weit mehr als nur Text und Layout auszeichnet, wenn man bedenkt, dass Kapitel, Abschnitte und eine ganze Menge mehr diesen Text in eine gewisse Ordnung bringen. Spezifisches Markup wird diesem Umstand zwar in gewisser Weise gerecht, indem diese Struktur visuell realisiert wird (Schriftart,

Zeilenabstände etc.), die Information ist aber nur für den Leser verfügbar. Der Rechner und das darauf laufende Programm haben nicht die geringste Ahnung, welche Aufgabe/Funktion ein bestimmter Textabschnitt oder ein Wort hat. Ist es eine Überschrift oder ein Teil aus einem Beispiel? Für eine Weiterverarbeitung in einem anderen Medium ist diese Tatsache nicht sehr vorteilhaft.

Generisches Markup

Im Gegensatz zum spezifischen Markup, das als Schwerpunkt die Darstellung von Daten hat, liegt das Augenmerk beim generischen Markup auf den semantischen Strukturen von Informationen. Es kommt also zu der vielbeschworenen Trennung von Layout und Inhalt in einem Dokument, die es erlaubt, ein Dokument unabhängig von seiner Darstellung aufzubauen.

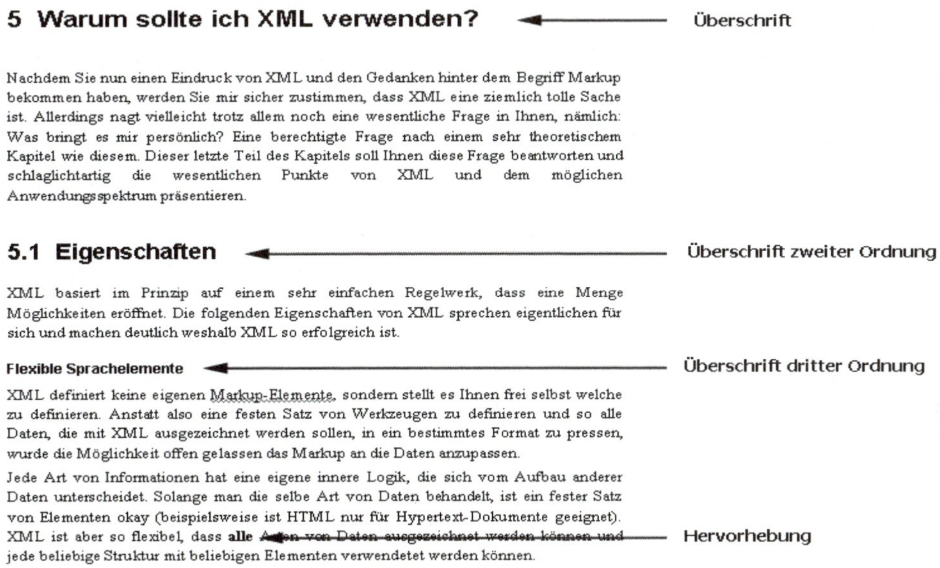

5 Warum sollte ich XML verwenden? ← Überschrift

Nachdem Sie nun einen Eindruck von XML und den Gedanken hinter dem Begriff Markup bekommen haben, werden Sie mir sicher zustimmen, dass XML eine ziemlich tolle Sache ist. Allerdings nagt vielleicht trotz allem noch eine wesentliche Frage in Ihnen, nämlich: Was bringt es mir persönlich? Eine berechtigte Frage nach einem sehr theoretischem Kapitel wie diesem. Dieser letzte Teil des Kapitels soll Ihnen diese Frage beantworten und schlaglichtartig die wesentlichen Punkte von XML und dem möglichen Anwendungsspektrum präsentieren.

5.1 Eigenschaften ← Überschrift zweiter Ordnung

XML basiert im Prinzip auf einem sehr einfachen Regelwerk, dass eine Menge Möglichkeiten eröffnet. Die folgenden Eigenschaften von XML sprechen eigentlichen für sich und machen deutlich weshalb XML so erfolgreich ist.

Flexible Sprachelemente ← Überschrift dritter Ordnung

XML definiert keine eigenen Markup-Elemente, sondern stellt es Ihnen frei selbst welche zu definieren. Anstatt also eine festen Satz von Werkzeugen zu definieren und so alle Daten, die mit XML ausgezeichnet werden sollen, in ein bestimmtes Format zu pressen, wurde die Möglichkeit offen gelassen das Markup an die Daten anzupassen.
Jede Art von Informationen hat eine eigene innere Logik, die sich vom Aufbau anderer Daten unterscheidet. Solange man die selbe Art von Daten behandelt, ist ein fester Satz von Elementen okay (beispielsweise ist HTML nur für Hypertext-Dokumente geeignet). XML ist aber so flexibel, dass **alle Arten von Daten ausgezeichnet werden können und** ← Hervorhebung
jede beliebige Struktur mit beliebigen Elementen verwendetet werden können.

Abbildung 3.8 Generisches Markup

Erstaunlicherweise wurde diese Idee schon 1969 aufgegriffen und in einem Forschungsprojekt von IBM versucht umzusetzen. Die beteiligten Köpfe waren Charles Goldfarb, Raymond Lorie und Edward Mosher, die sowohl Einfluss auf die Sprachen *DCFGML* (*Document Composition Facility Generalized Markup Language*) und *GML* (*Generalized Markup Language*) hatten, die folgende Punkte auszeichnen:

- Strukturierungs-Markup anstelle von spezifischem Markup
- Dokumentenelemente anstatt Layoutbefehle
- Generische Codierung für die Formatierung und Nummerierung von Elementen

Goldfarb definiert darüber hinaus noch einige weitere Punkte, die später in SGML Verwendung fanden. SGML ist der Vorgänger von XML und hatte maßgeblichen Einfluss auf dessen Gestaltung.

Die Grundidee des generischen Markup ist, wie schon mehrfach angedeutet, recht einfach. Es geht schlicht darum, dass Daten nun nicht mehr bezüglich ihres Layouts formatiert werden, sondern ihrer Bedeutung nach. Es werden also nicht mehr bestimmte Schriftarten und Schriftgrößen zugewiesen, sondern „nur noch" Markup, das den semantischen Kontext erklärt (Überschrift, Zitat etc.).

Dem Programm wird nun also gesagt, welche Aufgabe ein bestimmter Textbereich oder auch nur ein Wort hat. Der Parser weiß jetzt, dass es sich bei dieser Buchstabenkette um eine Überschrift handelt, während die nächste Buchstabenkette ganz normaler Text ist. In diesem Augenblick ist eine semantische Unterscheidung möglich, die es beispielsweise erlaubt, sämtliche Überschriften auszugeben, um damit ein Inhaltsverzeichnis zu erstellen.

Was ist mit dem Layout?, werden Sie nun fragen, und haben natürlich völlig Recht. Das Layout wurde bisher noch nicht berücksichtigt, da generisches Markup genau diesen Punkt nicht abdecken kann und soll. Eine Applikation weiß zwar nun, wo Überschriften, Beispiele und Zitate zu finden sind, allerdings weiß sie noch nicht, wie sie diese darstellen soll. Hier kommen die *Stylesheets* ins Spiel oder auch *Formatvorlagen* oder wie immer man es nennen möchte - ganz einfach die Informationen, die festlegen, wie ein bestimmter Teil des Dokumentes dargestellt werden soll.

Diese Layoutanweisungen kann man sich (im einfachsten Fall) am besten als eine Art Liste vorstellen, in der steht, welcher Bedeutungsbereich wie dargestellt werden soll:

Tabelle 3.2 Layoutanweisungen

Generisches Markup	Layout
Überschrift	Schriftgröße 16, fett
Zitat	Schriftgröße 10, kursiv
Normale Schrift	Schriftgröße 10
Beispiele	Schriftart Helvetica
...	...

Um das Dokument darstellen zu können, werden das Markup-Dokument und das Stylesheet miteinander verknüpft, und wir erhalten eine komplett darstellbare Ausgabe.

HTML enthält einige Elemente, die generischen Ursprungs sind und gut zeigen, wie dieses Prinzip in der Praxis umgesetzt wird:

Tabelle 3.3 HTML-Elemente

Element	Beschreibung
<h1>...<h1>	Überschrift erster Ordnung
<h2>...<h2>	Überschrift zweiter Ordnung
<head>...</head>	Kopfteil des Dokumentes
<body>...</body>	Hauptteil des Dokumentes
<code>...</code>	Code im Dokument

Im Gegensatz zu den weiter oben genannten HTML-Elementen wird hier eine konkrete Bedeutung an den Inhalt der Elemente weitergegeben, der vom Browser interpretiert werden kann. Es ist klar, dass bei einer HTML-Seite die einzige nachvollziehbare Reaktion auf solche Elemente eine bestimmte Darstellung ist, die man auch mit jenen Elementen erreichen könnte, die auf einer Art Default-Stylesheet beruhn. Problematisch wird es allerdings, wenn man beabsichtigt, für eine Webseite sämtliche Überschriften um einen Punkt kleiner zu machen. Mit spezifischem Markup müsste man jede Überschrift manuell aktualisieren, was unter Umständen recht langwierig sein kann. Generisches Markup erlaubt es, beispielsweise über ein CSS-Stylesheet neue Formatierungsanweisungen zu generieren, die automatisch auf alle Überschriften angewendet werden.

Das folgende Beispiel zeigt den Screenshot einer HTML-Datei, die generische Markup-Elemente verwendet, um einen Text zu strukturieren:

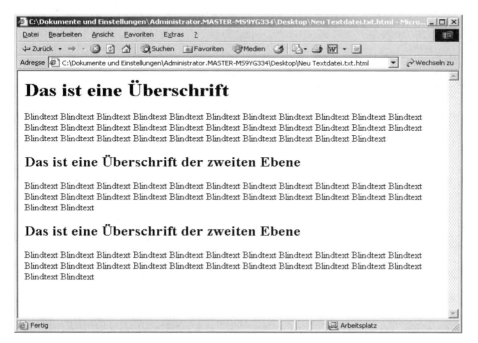

Abbildung 3.9 Generisches Markup im Browser

Mit Hilfe eines einfachen CSS-Stylesheets kann die Darstellung nun direkt beeinflusst werden, ohne den HTML-Code „anfassen" zu müssen:

```
<style type="text/css">
h1
{
    font-size:16px;
    font-family:verdana,arial,helvetica;
    color:#000000;
}
h2
{
    font-size:13px;
    font-family:tahoma;
    color:#000000;
}
</style>
```

Listing 3.2 CSS-Style

Das Ergebnis mit diesen Style-Vorgaben sieht im Internet Explorer so aus:

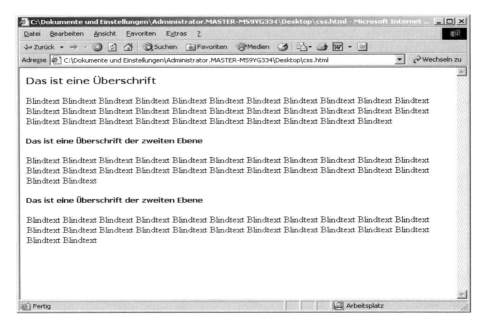

Abbildung 3.10 CSS-Styles im Browser

Das Beispiel zeigt, wie generisches Markup in HTML funktioniert und mit einem Stylesheet global die Ausgabe der Daten steuert. XML funktioniert auf die gleiche Weise, auch wenn die dabei verwendeten Stylesheet-Sprachen XSL und XSLT mächtiger sind und sehr interessante Möglichkeiten bieten. Dieses Thema werden wir später wieder aufgreifen und in einem eigenen Kapitel beleuchten.

Doch kommen wir noch einmal zu unserem Buchbeispiel zurück, das als Anschauungsobjekt vor Ihnen liegt. Wie Ihnen sicher nicht entgangen ist, wurde dieses Buch in Word geschrieben und natürlich auch gelayoutet. Für verschiedene Informationen im Text wurden verschiedene Schrifttypen und -größen festgelegt, die es Ihnen einfacher machen, sich zurechtzufinden. Die genauen Konventionen finden Sie am Anfang des Buches in der Einleitung.

Per Definition ist Word eine Art WYSIWYG-Editor, da er bei der Erstellung eines Textes die Gestaltung sofort am Bildschirm anzeigt (ganz im Gegensatz zu LaTeX beispielsweise, einem professionellen Textverarbeitungsprogramm aus dem wissenschaftlichen Bereich). Die Vermutung liegt also nahe, dass an dieser Stelle eher spezifisches Markup zum Einsatz kommt.

Doch weit gefehlt: Jeder, der mit Word gearbeitet hat und über einen einfachen Brief hinausgekommen ist, kennt vielleicht das Prinzip der *Formatvorlagen*. Word erlaubt es, für verschiedene Textelemente Bezeichner zu vergeben, die mit einem Layout verknüpft werden können. Diese Formate können, nachdem sie definiert worden sind, jedem Textbereich im Dokument zugewiesen werden, das dann automatisch die Formatierung übernimmt.

Abbildung 3.11 Formatvorlagen in Word 2000

Das Bild zeigt einen Teil der Formate, die in diesem Buch zum Einsatz gekommen sind. Der Vorteil liegt auf der Hand: Der Autor ist frei von der Verpflichtung, sich sämtliche Formatdefinitionen zu merken, also beispielsweise, welche Schriftart, -größe und Ausrichtung ein Beispiellisting hat. Er weist einfach eine schon definierte Formatierung zu und braucht sich keine weiteren Gedanken zu machen.

Das Geniale an diesen Formaten ist aber die Tatsache, dass sie nach der Definition nicht starr festgeschrieben sind, sondern jederzeit geändert werden können. Entscheidet der Drucker nach der Fertigstellung des Buches also, dass alle Listings einen Punkt kleiner gedruckt werden sollen, dann reicht es, die Formatvorlage neu zu definieren, die dann automatisch auf alle entsprechend gekennzeichneten Bereiche angewendet wird. Eine harte Formatierung über spezifisches Markup würde dazu führen, dass das ganze Buch manuell neu ausgezeichnet werden müsste.

Word verfügt standardmäßig über eine Formatvorlage, die in einer Datei namens `normal.dot` gespeichert ist. Diese Datei wird auch Dokumentenvorlage genannt und definiert eine Reihe von Auszeichnungen, die in jedem Dokument verwendet werden:

Abbildung 3.12 Normal.dot

Als User steht es Ihnen frei, diese Vorgabe zu nutzen, zu verändern oder eine komplett eigene Dokumentenvorlage zu entwerfen, die dann in einer eigenen Datei mit der Endung `.dot` (document type) abgelegt wird. Ist eine solche Datei einmal definiert, kann sie auf jedes beliebige Dokument angewendet werden. Die Parallelen zu XML sind offensichtlich, da dort nach demselben Prinzip gearbeitet wird. Nur die Bezeichner sind anders: man spricht nicht von Dokumenten- und Formatvorlagen, sondern von Dokumenten-Typ-Definitionen und Elementtypen.

Der Vergleich ist vielleicht nicht ganz fair, da XML ein offener Standard ist, der mit jeder Software zusammenarbeitet, ganz im Gegensatz zu Microsoft Word, das nach wie vor auf einem mehr oder weniger proprietären Format basiert. Allerdings ist der Grundgedanke ähnlich und deshalb eine Erwähnung wert.

Mehr als nur Layout

Wir haben generisches Markup bisher nur im Zusammenhang mit Layout besprochen, doch es sollte klar sein, dass es hier um weit mehr geht. Generisches Markup geht weit über die Möglichkeit der globalen Steuerung von Layout hinaus. Die Tatsache, dass ein Text mit einer semantischen (für den Computer verständlichen) Bedeutung versehen werden kann, muss nicht zwangsläufig für eine Art der Darstellung genutzt werden.

Denken Sie beispielsweise an die oben genannte Möglichkeit, alle Überschriften anhand des Markup aus einem Dokument zu filtern und für ein Inhaltsverzeichnis zu verwenden. Ein anderes Beispiel ist die Markierung von Stichwörtern, um sie später in einem Index verwenden zu können. Diese Worte erscheinen im Text wie normaler Fließtext, sind im Hintergrund aber als Index-Eintrag vermerkt und können wie eine Überschrift später zusammengefasst werden. Eine beliebte Möglichkeit ist auch der Einsatz von Personenregistern oder Jahresdaten, die auf ähnliche Weise realisiert werden. Es ist immer generisches Markup, dass es erlaubt, Informationen zu formatieren und entsprechend den Bedürfnissen zu verwenden.

 Informationen werden von Markup aufgenommen und strukturiert. Daten werden verpackt und als Grundlage für Technologien genutzt, wie zum Beispiel Stylesheets, Transformationen und selbstgeschaffene Auszeichnungssprachen. Markups sind Informationen, die ein Dokument über den textlichen Bedeutungsinhalt hinaus erweitern, indem sie Teile des Textes kennzeichnen oder miteinander in Beziehung stellen. Man spricht in diesem Zusammenhang auch von *Informationsmodellierung*.

Ein generisches Stylesheet steht natürlich außerhalb eines Dokumentes und kann beliebig ausgetauscht werden. Das ist auch gut so, denn wir wollen uns ja nicht festlegen. Der Grund dafür ist die erwähnte Möglichkeit, die Daten für verschiedene Medien auszeichnen zu können, ohne die Daten selbst anfassen zu müssen. So ist es ohne weiteres möglich, ein XML-Dokument mit einem Stylesheet für den Druck zu kombinieren, um auf diese Weise ein Buch zu erschaffen und im selben Atemzug mit einem anderen Stylesheet für eine HTML-Ausgabe zu verbinden. Dieselben Daten (wie gesagt, der XML-Code wird dabei NICHT verändert!) erscheinen also einmal als Printmedium und einmal als Webseite, je nach verwendetem Stylesheet.

Damit aber noch nicht genug: Mit der richtigen Technik kann der Text über so genannte *Formatierende Objekte* (dazu später mehr) in ein PDF oder eine Sprachausgabe formatiert werden. Voraussetzung ist immer nur, dass generisches Markup verwendet wurde. Ein

Überschrift-Element würde in einem Fall einfach als `<h1>` HTML-Element interpretiert werden und im nächsten Fall mit einer bestimmten Betonung und Pause vorgelesen werden.

3.7 Von SGML zu XML

Die Entwicklung von SGML (Standard Generalized Markup Language) als generische Markup-Sprache aus dem schon bestehenden Standard GML ist in den frühen 80er Jahren anzusiedeln. Schöpfer dieser Sprache war Charles Goldfarb in einem IBM-Projekt. GML sollte als Grundlage für eine neue Standard-Textbeschreibungssprache dienen, die es erlaubte, Daten unabhängig von Layoutinformationen zu präsentieren. Der grobe Entwurf wurde durch verschiedene Gruppen vorangetrieben, so dass nach relativ kurzer Zeit und einigen Arbeitsentwürfen SGML in seiner ersten Version als Industriestandard vorgeschlagen wurden.

Der Erfolg von SGML war überwältigend und Grundlage für zahlreiche Projekte. SGML wurde bereits 1985 während des ersten Treffen der SGML User Group in Großbritannien diskutiert. Sowohl staatliche Behörden wie auch wissenschaftliche Einrichtungen förderten den globalen Einsatz von SGML in der Informationsmodellierung, was zu einem wahren Boom auch in Europa führte. Bereits 1986 wurde SGML als Standard von der International Standard Organisation (ISO) verabschiedet (ISO 8879).

SGML wurde als flexibles und sehr umfassendes Werkzeug für die Codierung und Verarbeitung von Daten definiert und fand in zahlreichen Projekten Verwendung, die heute noch im Einsatz sind. Als ein Beispiel soll hier die Text Encoding Initiative, kurz TEI, genannt werden, die es sich zur Aufgabe gemacht hat, auf der Basis von SGML ein Werkzeug für die Darstellung von historischen und literarischen Texten in der EDV zu entwickeln. TEI erlaubt es, geisteswissenschaftliche Texte weltweit in einem einheitlichen Format auszutauschen und zu bearbeiten, wobei auch Informationen vermittelt werden, die weit über das übliche Textverständnis hinausgehen. Handschriften können beispielsweise codiert werden, ohne dass Information über den Schreibstil, Randnotizen oder sogar Streichungen verloren gehen.

Die wohl bekannteste Anwendung von SGML sollte allerdings die Hypertext Markup Language (HTML) sein, die Anfang der 90er Jahre im CERN, dem Institut für Teilchenphysik, entworfen wurde. Anders als SGML war HTML einfach und unkompliziert und wie geschaffen für Hypertext-Dokumente. Ziel war es, eine Sprache zu entwickeln, die genutzt werden konnte, um in Netzwerken Informationen auszutauschen, die auf einem gemeinsamen Standard basierten. SGML war die beste Wahl und ist noch heute Grundlage für die aktuellen HTML-Versionen.

HTML ist zwar eine Anwendung von SGML, also kein eigener Standard wie XML, hat aber bei weitem nicht die Kompliziertheit der Metasprache. Ein HTML-Parser kann ohne weiteres in einen Browser implementiert wird, da die Menge an Elementen nicht variabel ist und fast ausschließlich für Präsentationzwecke genutzt werden. Ein flexibler SGML-

HTML und XML

Parser hätte die damaligen Rechner sicher überfordert, da SGML äußerst umfangreich ist und von einem Parser einen sehr flexiblen Umgang mit der Syntax erwartet. Ein Einsatz in Netzwerken war also nur bedingt möglich, weshalb schnell über eine Alternative nachgedacht wurde.

1998 wurde dann XML aus der Wiege gehoben, das alle Probleme lösen sollte. XML ist aus den bestehenden Mustern von SGML entwickelt worden, um speziell in heterogenen Netzwerken wie dem Internet zum Einsatz zu kommen. XML ist viel knapper und kompakter als SGML und hat eine strengere Syntax, was zu einer Vereinfachung der Anwendung führt, da viele Bereiche in SGML ausgespart wurden, die in Netzwerken keinen Sinn gehabt hätten. Als Beispiel möchte ich die Syntaxverkürzung anfügen, die in SGML erlaubt ist, in XML aber nicht. Diese Vereinfachung erspart einem Parser viel Rechenzeit, die er für sinnvollere Dinge nutzen kann.

XML sollte dort eingesetzt werden, wo SGML aufgrund seines Umfangs scheiterte. Darum wurden die Möglichkeiten der Syntax zwar beschnitten, doch die Funktionalität und vor allem universelle Einsetzbarkeit der Sprache blieb erhalten. XML ist heute eine offizielle Empfehlung des W3C-Consortiums, das auch die Weiterentwicklung dieser Sprache überwacht. Im Internet können Sie die aktuellen Entwicklungen mitverfolgen, wenn Sie die folgende URL besuchen:

http://www.w3.org/XML/

In naher Zukunft wird eine neue Version von XML erwartet.

3.8 HTML und XML

Im Laufe dieses Buches wurde oft auf die Gemeinsamkeiten zwischen HTML und XML hingewiesen und auch in einigen Beispielen angeführt. Dieser Abschnitt soll die Gemeinsamkeiten, aber auch die Unterschiede in der Anwendung und in der Entwicklung dieser beiden Standards beleuchten, die heute wohl die am meisten verbreiteten Formate im World Wide Web sind.

Um die Unterschiede zwischen HTML und XML erklären zu können, ist es notwendig, noch einmal kurz die Beziehung von XML zu SGML aufzuzeigen. Wie bereits gesagt wurde, ist XML eine Teilmenge von SGML und wurde speziell für die Nutzung in Netzwerken entwickelt. Sowohl SGML als auch XML sind Metasprachen und werden dazu verwendet, neue Markup-Sprachen zu entwerfen und zu beschreiben. Beide Sprachen sind im Prinzip also dazu da, andere Sprachen zu entwickeln.

 Voraussetzung für den Entwurf einer Markup-Sprache auf der Basis von XML oder SGML ist ein Regelwerk (eine Grammatik), das genau beschreibt, welche Elemente in welcher Konstellation gültig sind. Wir werden dieses Thema im Kapitel über Dokument-Typ-Definitionen (DTD) genau besprechen.

Die Ähnlichkeit zwischen XML und HTML ist nicht zufällig, sondern genau durch diese Entwicklung bedingt. HTML entstand in den 90ern auf der Basis von SGML und ist somit eine Anwendung der SGML, die auf einer DTD beruht. Anders ausgedrückt: Es existiert ein Regelwerk, das genau beschreibt, wie in SGML welche Elemente mit welchen Attributen verwendet werden dürfen, um ein gültiges HTML-Dokument zu erstellen. Zum Beispiel wurde in diesen Regeln explizit erlaubt, dass das <IMG>-Element keinen Abschluss-Tag benötigt oder dass Überschriften nur im `body` sinnvoll und zulässig sind.

Da XML eine Teilmenge von SGML ist, also im Prinzip auf einer fast identischen Syntax beruht (von den schon besprochenen Unterschieden mal abgesehen), ist klar, warum HTML und XML oft in einem Atemzug genannt werden. Dass einige Dinge in HTML erlaubt sind, die XML verbietet, liegt daran, dass die Syntax für XML wesentlich strenger festgelegt wurde als für HTML.

Nichtsdestotrotz vergleichen wir immer noch Äpfel mit Birnen, denn HTML ist, wie gesagt eine Anwendung von SGML, während XML eine Metasprache ist. Das ensprechende Gegenstück zu HTML ist also nicht XML, sondern *XHTML*, die *Extensible HyperText Markup Language*. Sie werden sicher schon von diesem neuen Standard gehört haben, der geschaffen wurde, um das Chaos rund um HTML zu lösen. XHTML ist, ähnlich wie HTML, eine Markup-Sprache, die auf einer Grammatik (DTD) beruht. Im Gegensatz zu HTML ist diese Grammatik für XML geschrieben worden und weist somit natürlich einige Unterschiede zur aktuellen HTML-DTD auf.

Der Schritt von HTML zu XHTML war nötig, um dem „Wildwuchs" (beispielsweise das Element `<marquee>...</marquee>` im Internet Explorer) rund um proprietäre Erweiterungen der verschiedenen Browser-Familien ein Ende zu setzen. Gleichzeitig sollte mit dem Siegeszug von XML eine neue Variante von Hypertexten entstehen, die 100% kompatibel zu XML sind, also mit jedem gängigen XML-Parser bearbeitet und interpretiert werden können. Das W3C-Konsortium beschreibt XHTML so:

> *The Extensible HyperText Markup Language (XHTML™) is a family of current and future document types and modules that reproduce, subset, and extend HTML, reformulated in XML. XHTML Family document types are all XML-based, and ultimately are designed to work in conjunction with XML-based user agents. XHTML is the successor of HTML, and a series of specifications has been developed for XHTML.*

Die Realität sieht leider immer noch so aus, dass die meisten Webmaster ihre Seiten in herkömmlichem HTML 4.0 erstellen und alle Browser diese Formate auch anstandslos akzeptieren. Diese Rückwärtskompatibilität ist zwar lobenswert, führt allerdings dazu, dass XHTML in seiner Reinform wohl noch eine ganze Weile nicht gewürdigt wird.

Die Verwandtschaft zwischen den besprochenen Formaten lässt sich am besten in einer Grafik beschreiben:

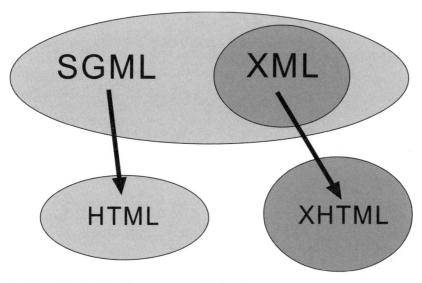

Abbildung 3.13 Verhältnis von SGML, XML, HTML und XHTML

Die Darstellung macht deutlich, wie diese Standards miteinander verwandt sind und welche Kompatibilitäten bestehen. Anders ausgedrückt, jedes XML-Dokument ist auch ein SGML-Dokument, allerdings gilt das nicht umgekehrt. Genauso verhält es sich mit den entsprechenden Applikationen: Ein XHTML-Dokument kann von einem HTML-Browser ohne Probleme verarbeitet werden. Umgekehrt würde allerdings ein HTML-Dokument einen reinrassigen XHTML-Browser vor Probleme stellen.

XML-Designziele laut W3C-Spezifikation

Die Entwicklergruppe hinter XML aus dem W3C-Consortium hat im Zuge der XML-Entwicklung eine Reihe von Zielen definiert, die eine klare Richtung für die Verwendung von XML vorgeben. XML wird sowohl von SGML als auch von HTML und anderen Markup-Sprachen klar abgegrenzt. Sie finden das entsprechende Dokument im Netz unter der folgenden URL:

http://www.w3.org/TR/REC-xml

Insgesamt werden zehn Punkte genannt, die ich hier kurz aufführen und kommentieren möchte:

1. *XML shall be straightforwardly usable over the Internet.*

   XML-Code soll sich schnell und einfach im Internet austauschen und nutzen lassen. Aufgrund der einfachen Struktur und des Textformates auf Basis von Unicode wird dieses Kriterium mehr als erfüllt.

2. *XML shall support a wide variety of applications.*

   XML soll von vielen Anwendungen unterstützt werden, also nicht nur von Internet- oder Netzwerkapplikationen, sondern im Prinzip von allen denkbaren Programmen, die Daten verarbeiten, vermitteln oder verwalten.

3. *XML shall be compatible with SGML.*

   Jedes XML-Dokument ist auch ein SGML-Dokument und kann so von allen bestehenden SGML-Parsern interpretiert werden.

4. *It shall be easy to write programs which process XML documents.*

   Es soll kein Problem sein, Programme mit XML-Schnittstellen auszurüsten. Diese Forderung ist eine Grundvoraussetzung, um XML in einem hohen Maße verbreiten zu können. In einem der späteren Kapitel werden wir verschiedene XML-Schnittstellen kennen lernen.

5. *The number of optional features in XML is to be kept to the absolute minimum, ideally zero.*

   XML soll so wenig wie möglich optionale Features (in der Syntax) unterstützen, idealerweise null. Diese Forderung ist eine Reaktion auf die flexible Syntax von SGML, die im Gegensatz zu XML sehr viel Spielraum hat.

6. *XML documents should be human-legible and reasonably clear.*

   XML-Dokumente sollen für einen Menschen lesbar und verständlich sein. Da XML-Dokumente in einfachen Texteditoren erstellt werden können und eine einfache, schnell erlernbare Syntax haben, ist XML für Menschen sehr einfach verständlich.

7. *The XML design should be prepared quickly.*

   Der Entwurf zu XML soll schnell erstellt werden, um die Entstehung nicht kompatibler Formate zu verhindern.

8. *The design of XML shall be formal and concise.*

   Der Entwurf zu XML soll formal und präzise sein, um Missverständnisse auszuschließen.

9. *XML documents shall be easy to create.*

   XML-Dokumente sollen einfach zu erstellen sein. Als Autor hat man also die Wahl, Entwicklungswerkzeuge zu verwenden oder XML manuell in einem einfachen Editor zu schreiben.

10. *Terseness in XML markup is of minimal importance.*

    Die Verkürzung von XML-Code ist nicht wichtig. Wieder ein Punkt, der auf einen Unterschied zwischen SGML und XML abzielt. SGML-Dokumente konnten durch bestimmte Regeln der Syntax-Verkürzung in ihrer Größe beschränkt werden (Beispiel offene Elemente). Diese Möglichkeiten sind in XML nicht vorhanden, was den Code zwar klarer und verständlicher macht, in vielerlei Hinsicht aber auch aufbläht.

3.9 Warum sollte ich XML verwenden?

Nachdem Sie nun einen Eindruck von XML und den Gedanken hinter dem Begriff Markup bekommen haben, werden Sie mir sicher zustimmen, dass XML eine ziemlich tolle Sache ist. Allerdings nagt vielleicht trotz allem noch eine wesentliche Frage an Ihnen, nämlich: Was bringt es mir persönlich? - Eine berechtigte Frage nach einem sehr theoretischen Kapitel wie diesem. Dieser letzte Teil des Kapitels soll diese Frage beantworten und schlaglichtartig die wesentlichen Punkte von XML und dem möglichen Anwendungsspektrum präsentieren.

3.9.1 Eigenschaften

XML basiert im Prinzip auf einem sehr einfachen Regelwerk, das eine Menge Möglichkeiten eröffnet. Die folgenden Eigenschaften von XML sprechen eigentlich für sich und machen deutlich, weshalb XML so erfolgreich ist.

Flexible Sprachelemente

XML definiert keine eigenen Markup-Elemente, sondern stellt es Ihnen frei, selbst welche zu definieren. Anstatt also einen festen Satz von Werkzeugen zu definieren und so alle Daten, die mit XML ausgezeichnet werden sollen, in ein bestimmtes Format zu pressen, wurde die Möglichkeit offen gelassen, das Markup an die Daten anzupassen.

Jede Art von Informationen hat eine eigene innere Logik, die sich vom Aufbau anderer Daten unterscheidet. Solange man dieselbe Art von Daten behandelt, ist ein fester Satz von Elementen okay (beispielsweise ist HTML nur für Hypertext-Dokumente geeignet). XML ist aber so flexibel, dass sich **alle** Arten von Daten auszeichnen lassen und jede beliebige Struktur mit beliebigen Elementen verwendet werden kann.

Eindeutiger Informationstransfer

Auch wenn die Wahl und die Struktur von XML sehr flexibel gehalten ist, sorgen klare Regeln dafür, dass Dokumente immer eine eindeutige Aussage haben. Ein Parser kann bei der Analyse nicht mit Vermutungen oder zweideutigen Informationen arbeiten, darum ist der Informationstransfer immer eindeutig. Das gilt sowohl für Bezüge innerhalb des Dokumentes als auch in der gesamten Struktur, die sich (sofern das Dokument wohlgeformt ist) in einer Baumstruktur interpretieren lässt.

Im Gegensatz zu HTML bleibt in einem XML-Dokument kein Fehler unentdeckt, da die Syntax sehr scharf kontrolliert wird. Dies schützt vor unliebsamen Überraschungen, wenn ein Dokument am Ende doch nicht das tut, für das es vorgesehen war. Durch den Einsatz einer Grammatik können neben dem Grundregelwerk weitere Einschränkungen definiert werden, die es erlauben, Dokumenttypen zu entwickeln. Der Autor eines XML-Dokumentes kann also das Maß an Kontrolle fast beliebig steuern.

Lesbarkeit von Dokumenten

Der sechste Punkt der oben aufgezählten Ziele für die XML-Entwicklung fordert, dass XML von einem menschlichen Auge lesbar sein soll. Diese Forderung wurde erfüllt, da XML ohne eine bestimmte Applikation in einem einfachen Text-Editor betrachtet und auch verstanden werden kann. Selbst komplizierte XML-Dokumente, beispielsweise für die Konfiguration von Webservern oder anderen Netzwerkapplikationen, können meistens ohne große Vorkenntnis verstanden werden, wenn eine grundlegende Affinität zur Materie beim Leser vorhanden ist.

XML-Daten sind also in hohem Maße selbst dokumentierend und nicht auf externe Anleitungen oder Hinweise angewiesen. User können intuitiv XML-Code verstehen, erstellen oder verändern, ohne bestimmtes Fachwissen oder eine spezielle Software verwenden zu müssen.

Trennung von Layout und Daten

Die Auszeichnungssprache XML dient allein der Formatierung von Daten im logischen Sinne. Dokumente werden modelliert und nach dem Prinzip des generischen Markup in eine sinnvolle und für Software verständliche Struktur gebracht. XML trifft also **keinerlei** Annahmen über die spätere Darstellung der Daten und ermöglicht so eine flexible Verwendung der Informationen.

Ein XML-Dokument kann in fast jedes beliebige Format konvertiert werden, ohne die Daten zu berühren. Im Laufe dieses Buches werden wir verschiedene Möglichkeiten kennen lernen, XML-Dokumente über Stylesheets oder Formatierende Objekte (FO) in entsprechende Text- (HTML, Plain-Text) oder Binärformate (PDFs) umzuwandeln.

3.9.2 Funktionen

Die weitreichende Flexibilität von XML erlaubt ein sehr breites Spektrum von Anwendungen, das weit über die Fähigkeiten von HTML oder anderen Markup-Sprachen hinausgeht.

XML zur Kommunikation

Eine der wesentlichen Aspekte von XML ist die absolute Unabhängigkeit von einem bestimmten System oder einer bestimmten Software. XML kann von fast jeder Programmiersprache auf jedem beliebigen System interpretiert und analysiert werden, da ein gemeinsames Textformat (Unicode/UTF-8) genutzt wird. Darüber hinaus besitzt jede gängige Programmiersprache inzwischen eine XML-Schnittstelle, die es erlaubt, XML-Daten in ein Programm einzulesen.

Diese Eigenschaften machen XML zu einer idealen Protokollsprache, über die in einem heterogenen Netzwerk zwischen verschiedenen Systemen und Applikationen kommuniziert werden kann. Das HTTP-Protokoll basiert beispielsweise auf einer reinen Text-Ebene und ist so hervorragend geeignet, XML-Daten von einem Programm zu einem anderen zu transportieren. Im Laufe dieses Buches werden Sie verschiedene Beispiele sehen, die genau das demonstrieren und so *verteilte Systeme* ermöglichen.

XML zur Präsentation

Wie schon öfter gesagt wurde, definiert XML lediglich die Struktur von Daten, ohne eine Annahme über deren Darstellung zu treffen. Diese Eigenschaft erlaubt es, Informationen, die mit XML transportiert wurden, in beliebigen Medien wiederzugeben und auf diese Weise unterschiedliche Nutzerschnittstellen zu definieren.

XML-Daten können beispielsweise über das Internet als HTML-Seite dargestellt werden und auf Knopfdruck ein PDF-Dokument aus denselben Daten generieren und zum Download anbieten. In einem Internet ohne Barrieren können die Daten ebenfalls on-the-fly über ein Sprachmodul vorgelesen werden.

XML zur Konfiguration

Viele Programme verfügen heute über Konfigurationsdateien, die es erlauben, das Verhalten einer Applikation zu beeinflussen. In dieser Datei können beispielsweise bestimmte Parameter gesetzt werden, die nötig sind, um es korrekt starten zu können. Viele dieser Konfigurationen sind in einem redundanten Format geschrieben, so dass oft für X verschiedene Programme auch X verschiedene Syntaxregelwerke beachtet werden müssen.

XML löst dieses Problem, da eine einheitliche Syntax verwendet werden kann, die gleichzeitig alle nötigen Werkzeuge mitbringt, um die Konfigurationsdatei zu lesen und zu interpretieren. XML-Dateien können über bestehende Schnittstellen ausgelesen werden, ohne dass ein eigenes Modul dafür geschrieben werden muss. Der User kann sich auf der anderen Seite auf eine einheitliche Syntax freuen, die er für alle Config-Dateien verwendet.

XML zur Datenverwaltung

XML eignet sich auf Grund seiner Eigenschaft, Datenstrukturen wiedergeben zu können, hervorragend zur Datenverwaltung von großen Datenbeständen. Da XML-Dokumente keiner Größenbeschränkung unterliegen (von Gesamtspeicher eines Rechners mal abgesehen), können beinahe beliebige Datenmengen formatiert und abgespeichert werden.

Es versteht sich, dass aufgrund der Textformatierung nicht dieselbe Geschwindigkeit wie eine Datenbank beim Zugriff auf die Daten erreicht werden kann. XML bietet allerdings den nicht zu unterschätzenden Vorteil, dass keine systemspezifische Software genutzt werden muss. Jede Applikation kann sozusagen sofort mit den Daten arbeiten. Aus diesem Grund wird XML oft für den Transfer von Daten von einem Format in das andere genutzt. Fast jedes Datenbanksystem erlaubt es inzwischen, Datensätze im XML-Format zu importieren oder zu exportieren.

4

XML-Code erstellen

4 XML-Code erstellen

Das vorige Kapitel hat Ihnen die grundlegenden Gedanken hinter XML und Markup nähergebracht, ohne auf den Rest des Buches zu blicken. Auch wenn die letzten Seiten bei Ihnen etwas trocken rübergekommen sein mögen, war es doch wichtig, dieses elementare Wissen zu schaffen, bevor wir nun in medias res gehen. Die folgenden Kapitel werden nun Schritt für Schritt die verschiedenen Möglichkeiten und Technologien mit und um XML betrachten und anhand von Tutorials oder ausführlichen Beispielen beleuchten. Sie haben also eine Art Kochbuch in der Hand, das es Ihnen erlaubt, ein beliebiges Gericht aus der XML-Buchstabensuppe zu kochen und Schritt für Schritt weiterzuentwickeln.

Wie ich bereits am Anfang dieses Buches gesagt habe, ist es mir sehr wichtig, die Anwendung von XML in der Praxis vorzustellen, damit Sie, am Ende des Buches angelangt, genau wissen, wann und wie Sie diesen Standard gewinnbringend einsetzen können. Es versteht sich von selbst, dass die Komplexität der Beispiele im Laufe des Buches zunehmen wird, so dass auf den folgenden Seiten weniger wirklich nützliche Dinge gezeigt werden als vielmehr einfache Anwendungen, die zeigen, wie es funktioniert. In den späteren Kapiteln wird dann auf dieses Wissen wieder zurückgegriffen, um es in komplexeren Beispielen anzuwenden. Fangen wir also an!

4.1 Der Kopf eines XML-Dokumentes

Streng genommen war der XML-Code, den wir bisher erstellt haben, kein regelkonformes Dokument, da ein wesentlicher Teil gefehlt hat: der Dokumentenkopf. Ähnlich wie in vielen anderen Dokumententypen unterscheidet die XML-Syntax zwischen einem Kopfteil und dem eigentlichen Dokumenteninhalt, der verarbeitet wird. Bisher haben wir die eigentlichen Daten eines XML-Baumes erstellt und betrachtet, ohne uns um den formalen Kopf des Dokumentes zu kümmern.

Dass wir mit dieser Technik bisher auf keine Probleme gestoßen sind, liegt schlicht daran, dass viele Parser bei einem fehlenden Kopf einfach von Default-Werten ausgehen. Möchte man allerdings ein syntaktisch korrektes Dokument erzeugen, muss der Kopf angegeben werden.

Im Kopf können eine ganze Reihe von Daten gespeichert werden, die dem Parser Informationen über die Verarbeitung des Dokumentes liefern. Die meisten dieser Daten sind allerdings optional, so dass schon eine recht kurze Zeile ausreicht, um das Dokument zu beschreiben. Es versteht sich von selbst, dass der Dokumentenkopf nicht an das Ende des Dokumentes gehört. Er muss direkt in der ersten Zeile stehen und das Dokument einleiten:

```
<?xml version="1.0" ?>
```

4.1 Der Kopf eines XML-Dokumentes

Diese kurze Zeile identifiziert das Dokument als ein XML-Dokument der Version 1.0. Im Wesentlichen ist diesen Header-Informationen nichts mehr hinzuzufügen, da ein Parser (oder eine andere Applikation) nun weiß, womit er rechnen muss. Würde beispielsweise `version="1.1"` dort stehen, dann wüsste ein Parser, der nun die XML-Version 1.0 unterstützt, dass er hier abbrechen sollte.

Die Angabe der XML-Version ist verpflichtend, aber es gibt noch zwei weitere Parameter, die im Kopf des Dokumentes angegeben werden können:

Tabelle 4.1 Parameter im XML-Kopf

Parameter	Erklärung
version	Gibt die verwendete XML-Version an
encoding	Gibt den verwendeten Zeichensatz an
standalone	Gibt an, ob das Dokument weitere Dateien benötigt

Der Parameter `encoding` hat eine besondere Aufgabe, er wird immer dann eingesetzt, wenn ein bestimmter Zeichensatz verwendet werden soll. XML unterstützt zwar Unicode in der UTF-8 Variante, allerdings wird diese Vorgabe nicht von allen Editoren oder Parsern mitgetragen. So kann es in vielen Fällen passieren, dass eine Applikation sich „beschwert", wenn Sie Zeichen verwenden, die außerhalb der ersten 128 Zeichen des ASCII-Zeichensatzes liegen (der bis dahin mit UTF-8 identisch ist). Der Parameter `encoding` erlaubt es, den Zeichensatz neu zu definieren, um solchen Problemen aus dem Weg zu gehen.

Bei Verwendung von Nicht-ASCII-Zeichen (Umlauten) sollten Sie beispielsweise ISO-8859-1 angeben, es sei denn natürlich, Sie benutzen einen Unicode-fähigen Editor oder Parser. Lesen Sie hierzu bitte auch den Abschnitt über Zeichensätze in XML.

Der dritte Parameter standalone hat die Aufgabe, darauf hinzuweisen, ob dieses Dokument für sich alleine steht oder auf weitere Dokumente referenziert. Das ist bisher nicht der Fall gewesen, kann aber passieren, wenn ein XML-Dokument beispielsweise ein Stylesheet oder eine Grammatik (DTD) verwendet.

Entsprechend der Aufgabe kennt `standalone` nur zwei Werte, nämlich `yes` und `no`, wobei `no` bedeutet, dass weitere Dateien verwendet werden, und `yes` für ein alleinstehendes Dokument steht. `yes` ist der Default-Wert und wird immer angenommen, wenn keine Angaben im Header gemacht wurden. Das folgende kurze Beispiel zeigt ein XML-Dokument mit einem vollständigen Header:

```
<?xml version="1.0" encoding="ISO-8859-1" standalone="yes" ?>
<......>
```

Die besondere Form des Headers ist keine zufällige Definition, sondern beruht auf einer Möglichkeit, die wir später als Processing Instructions kennen lernen werden. PIs werden in XML verwendet, wenn Anweisungen übergeben werden sollen, die eigentlich kein Bestandteil der XML-Codierten Daten sind, also zum Beispiel ein Hinweis zur weiteren Bearbeitung in einer Applikation etc. Die genaue Syntax werden Sie im Laufe dieses Kapitels kennen lernen.

4.2 Ausblick auf XML 1.1

Die XML-Empfehlung des W3C liegt seit 1998 unverändert in der Version 1.0 vor und ist somit auch Grundlage für dieses Buch. Dennoch will ich Ihnen nicht verschweigen, dass seit geraumer Zeit an einer Nachfolgeversion gebastelt wird, die vom W3C als XML 1.1 gehandelt wird. Dieser Abschnitt soll Ihnen einen kurzen Ausblick auf die möglichen Neuerungen geben, die von den Entwicklern geplant werden. Gleich vorweg kann ich Sie aber beruhigen: Die Unterschiede werden nur im Detail zu finden sein, so dass eine schwerwiegende Umstellung zwischen den Versionen auszuschließen ist. Alles, was Sie in diesem Buch lernen, ist auch ohne Einschränkungen auf XML 1.1 anwendbar.

Zurückblickend sind jetzt schon einige Jahre ins Land gegangen, seit XML 1.0 in der Computerlandschaft erschienen ist, so dass die Vermutung nahe liegt, dass eine Folgeversion nicht mehr lange auf sich warten lässt. In der Tat plant W3C schon eine ganze Weile einen Nachfolger, um auf einige Änderungen (speziell im Bereich der Unicode-Standards) reagieren zu können. Der scheinbare Stillstand die letzten Jahre ist also nur oberflächlich gesehen wirklich ein Stillstand gewesen und auch genauso gewollt. Die XML-Entwickler haben ganz bewusst auf einen schnellen Fortschritt der Versionen verzichtet, um einen stabilen Standard zu schaffen, der sich ohne ständige Änderungen etablieren und verbreiten kann.

Der Standard von damals ist auch heute noch in vollem Umfang gültig und kann im Netz unter der folgenden URL abgerufen und studiert werden:

http://www.w3.org/TR/REC-xml

Die dort beschriebene Version von XML ist als „second Edition" beschrieben und stammt aus dem Jahr 2000. Diese Version unterscheidet sich allerdings nur unerheblich von der „first Edition" und ist das Ergebnis einiger Fehlerlisten, die aufgrund der ersten Version eingereicht wurden.

Die geplante Version XML 1.1, die zeitweise auch als XML blueberry bekannt war, ist ein wesentlich größerer Schritt und eine Reaktion auf den geänderten Unicode-Standard. Als XML aus der Taufe gehoben wurde, war Unicode auch sehr neu in der EDV-Welt und hat im Laufe der Jahre einige Änderungen durchgemacht. Gerade die neu hinzugekommenen Zeichen, die in Unicode 3.2 und 4.0 in ihrer Zahl sehr gewachsen sind, werden nur noch teilweise von XML 1.0 unterstützt. Die neue Version erlaubt ihre Verwendung nun ganz offiziell, so dass wir uns auf Element- und Attributbezeichner mit beispielsweise altmongolischen Sonderzeichen freuen dürfen.

4.2 Ausblick auf XML 1.1

Eine weitere Änderung gegenüber XML 1.0 brachte der neu geplanten Version einiges an Kritik ein: Das bei der Verwendung von IBM-Mainframes auftretende Problem mit dem Zeilenendezeichen NEL (#x85), das bisher von XML 1.0 ignoriert wurde, soll nun behoben werden. Vorhandene Inkompatibilitäten zwischen IBM-Mainframes und Nicht-Mainframes werden so behoben. In der Empfehlung des W3C heißt es:

> *In addition, XML 1.0 attempts to adapt to the line-end conventions of various modern operating systems, but discriminates against the conventions used on IBM and IBM-compatible mainframes. As a result, XML documents on mainframes are not plain text files according to the local conventions. XML 1.0 documents generated on mainframes must either violate the local line-end conventions, or employ otherwise unnecessary translation phases before parsing and after generation. Allowing straightforward interoperability is particularly important when data stores are shared between mainframe and non-mainframe systems (as opposed to being copied from one to the other). Therefore XML 1.1 adds NEL (#x85) to the list of line-end characters.*

Der Vorwurf der Kritiker dieser Änderung lautet, dass sich das W3C den Forderungen des IBM-Konzerns beugt und XML verändert, anstelle von IBM zu fordern, dass Ihre Programmierung aktualisiert wird. Dieser Vorwurf ist dahingehend gerechtfertigt, dass durch diese Änderung die Rückwärtskompatibilität von XML 1.1 zu XML 1.0 gefährdet ist. Der Kommentar des W3C lautet wie folgt:

> *The minor sacrifice of backward compatibility is considered not significant. Due to potential problems with APIs, #x0 is still forbidden both directly and as a character reference.*

> *A new XML version, rather than a set of errata to XML 1.0, is being created because the changes affect the definition of well-formed documents. XML 1.0 processors must continue to reject documents that contain new characters in XML names, new line-end conventions, and references to control characters. The distinction between XML 1.0 and XML 1.1 documents will be indicated by the version number information in the XML declaration at the start of each document.*

In der Tat ist diese Änderung diskutabel, aber in den meisten Fällen in der tagtäglichen Praxis nicht weiter relevant. XML 1.0 Parser werden Dokumente von IBM-Mainframes weiterhin zurückweisen, während XML 1.1 diese akzeptiert. Für viele Entwickler ist das eine Arbeitserleichterung, die meiner Meinung nach die meisten anderen Nicht-IBM-Entwickler kaum weiter berührt.

Weitere Informationen und die formalen Änderungen für die neue geplante Version 1.1 finden Sie auf den Seiten des W3C im Internet unter der folgenden URL:

http://www.w3.org/TR/xml11/

Die dort beschriebene Version ist eine Candidate Recommendation, also eine Empfehlung, die noch diskutiert wird. Allerdings ist diese Version schon recht weit fortgeschritten, so dass maßgebliche Änderungen nicht mehr zu erwarten sind.

Die verwendete Version in einem XML-Dokument wird im Kopf des Dokumentes über das Attribut `version` angegeben. Alle Beispiele in diesem Buch sind also mit dem folgenden Kopf ausgestattet:

```
<?xml version="1.0" ?>
```

Sollten Sie in Zukunft mit der Version 1.1 arbeiten, werden Sie einfach den Wert dieses Attributes ändern müssen. Mehr zu diesem Thema erfahren Sie in der zweiten Auflage dieses Buches.

4.3 Definition: Wohlgeformte Dokumente

In zweiten Kapitel habe ich schon mal den Begriff des wohlgeformten Dokumentes erwähnt, als es um die Syntax eines XML-Dokumentes ging. Wahrscheinlich ist dieser Begriff ein wenig untergegangen, weil damit eigentlich nur die Tatsache beschrieben wurde, dass ein Dokument sich genau diesen Regeln unterwirft und kein offensichtlicher Fehler in der Elementenverschachtelung oder Ähnlichem befindet. Ich greife das Stichwort an dieser Stelle aber noch einmal auf, da es später benötigt wird, um eine zweite Gruppe von XML-Dokumenten abzugrenzen, die einem strengeren Regelwerk unterworfen sind als den einfachen Syntaxregeln von XML.

Doch fangen wir von vorne an: Wenn ich also von einem wohlgeformten Dokument spreche, dann meine ich im Prinzip Folgendes:

Jedes Element in diesem Dokument ist korrekt geöffnet und geschlossen worden. Es besitzt also einen Anfang- und End-Tag. Das Dokument unterscheidet zwischen Groß- und Kleinschreibung. Das bedeutet, dass `<element>` und `<Element>` nicht dasselbe sind. Elemente müssen in umgekehrter Reihenfolge geschlossen werden, wie sie geöffnet wurden (First in, Last out: FiLo). Alle konkreten Daten (Nicht-Elemente) müssen innerhalb von Elementen abgelegt sein.

Das folgende Dokument zeigt ein NICHT wohlgeformtes Dokument. Der Autor hat Fehler gemacht:

4.3 Definition: Wohlgeformte Dokumente

```xml
<personen anzahl="2">
  <person geschlecht="m">
   <vorname>Dirk</vorname>
   <nachname>Ammelburger</nachname>
   <geburtstag>30.11.1978</geburtstag>
   <beruf>Autor</beruf>
  </person>
  <person geschlecht="w">
   <vorname>Miriam</vorname>
   <Nachname>Messerschmitt</nachname>
   <geburtstag>22.09.1984</geburtstag>
   <beruf>Hotelfachfrau</beruf>
  </person>
</personen>
```

Listing 4.1 Fehlerhafter XML-Code

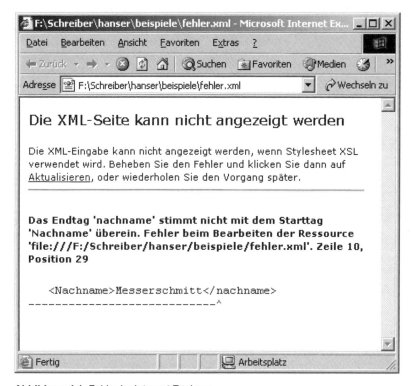

Abbildung 4.1 Fehler im Internet Explorer

Der Parser wird sich bereits beim ersten Fehler verabschieden, da ein syntaktischer Fehler dazu führt, dass das Dokument nicht mehr korrekt geparst (interpretiert) werden kann. Ein wohlgeformtes Dokument (engl.: well-formed document) ist somit die Grundvoraussetzung dafür, dass XML-Daten überhaupt von einem Programm gelesen und verarbeitet werden können. Ohne diese Syntax geht es einfach nicht.

4.4 Kommentare in XML

Kommentare sind wichtige Bestandteile jedes Quelltextes, da werden Sie mir sicher ohne Zögern zustimmen. Gerade bei komplexen und schwer verständlichem Code ist es wichtig, dass die wesentlichen Bestandteile direkt an Ort und Stelle im Quelltext kommentiert werden, um in Zukunft noch nachvollziehbar zu bleiben. In erster Linie trifft diese Weisheit auf höhere Programmiersprachen zu, die in ihrer Syntax weit komplexer erscheinen können als irgendein Markup-Dokument. Allerdings sollten Sie XML an dieser Stelle nicht unterschätzen, denn ein unsauber formatierter Code kann einen schnell zur Verzweiflung treiben.

Lange Rede, kurzer Sinn: Wie Sie sicher schon wissen, unterstützt XML eine Möglichkeit, Kommentare in ein Dokument einzufügen, um es für die Zukunft zu dokumentieren. Generell sagt man XML zwar selbstdokumentierende Eigenschaften nach aufgrund der offenen und einfachen Syntax, doch ein Kommentar kann trotzdem oft sehr hilfreich sein.

Die Syntax eines Kommentars in XML hat folgende Form:

```
<!-- Ich bin ein Kommentar -->
<!--
    Ich bin ein Kommentar,
    der über mehrere Zeilen
    geht!
-->
```

Listing 4.2 Kommentare in XML

Wenn Sie HTML-Kommentare kennen, werden Sie sehen, dass die Syntax identisch ist: Nach einer geöffneten spitzen Klammer folgen ein Ausrufezeichen und zwei Gedankenstriche, die den eigentlichen Kommentar einleiten. Hier erscheint dann der Text, der sich durchaus über mehrere Zeilen erstrecken kann. Abgeschlossen wird ein Kommentar erst nachdem zwei weitere Gedankenstriche und eine abschließende spitze Klammer folgen.

Kommentare werden vom Parser ignoriert und sind kein Bestandteil des Dokumentes im Sinne des *Document Object Model* (dazu später mehr). Sie müssen also keine bestimmte Syntax haben (von den Klammern mal abgesehen) und sollten eben nur den betreffenden XML-Code sinnvoll beschreiben. Ein Kommentar ist nämlich nur so viel wert, was er dem Leser dann auch wirklich bringt. Beschreiben Sie also nicht unbedingt, was schon im Quelltext steht, sondern vielmehr, warum es da steht und wofür die Daten gebraucht werden:

```
<?xml version="1.0" ?>

<mitglieder>

    <!-- schlechte Kommentare -->
    <person>
        <!—Name des Mitgliedes -->
```

```
            <name>Ammelburger</name>
            <!-- Vorname des Mitgliedes -->
            <vorname>Dirk</vorname>
            <!-- Geburtstag des Mitgliedes -->
            <geburtstag>30.11.1978</geburtstag>
        </person>

        <!-- gute Kommentare -->
        <person>
            <!-- In Verbindung mit dem Geburtstag wird ein eindeutiger Login
                definiert -->
            <name>Messerschmitt</name>
            <!-- keine Abkürzungen erlaubt -->
            <vorname>Miriam</vorname>
            <!-- Bestimmt das Alter und damit den Mitgliedsbeitrag -->
            <geburtstag>22.09.1984</geburtstag>
        </person>

    </mitglieder>
```
Listing 4.3 Einsatz von Kommentaren

Das Beispiel zeigt, wie Kommentare eingesetzt werden können, die in XML-Dokumenten Verwendung finden, welche manuell editiert werden. Wird der XML-Code ausschließlich von Applikationen analysiert, dann wäre es vermutlich sinnvoller, bestimmte Ausgaben zu kommentieren, die im Zweifelsfall eine schnelle Fehlersuche beim Debugging ermöglichen.

 Kommentare dürfen überall dort stehen, wo Markup erlaubt ist. Verboten ist der Einsatz von Kommentaren innerhalb von Tags oder Attributen, da ein Parser sie nicht erkennen würde.

4.5 Zeichensätze und Unicode

XML unterstützt in seiner Konzeption grundsätzlich den kompletten Zeichenumfang von Unicode auf Basis der *UTF-8-Codierung*. Entsprechend geht ein Parser auch davon aus, dass bei Fehlen des `encoding`-Parameters im Kopf des Dokumentes, dieser Zeichensatz im nachfolgenden Dokument Anwendung gefunden hat. Doch was heißt das nun genau? Die Begriffe der Zeichensätze und Unicode in Verbindung mit UTF-8 sind zwar schon einmal durch dieses Buch gegeistert, aber noch nicht erschöpfend erklärt worden. Das soll sich nun ändern.

Wie Sie am Anfang dieses Kapitels erfahren haben, wird der Parameter `encoding` für die Festlegung des Zeichensatzes für ein XML-Dokument verwendet. Wenn Sie also einen anderen Zeichensatz als UTF-8 verwenden wollen, müssen Sie diesen explizit im Kopf des XML-Dokumentes angeben. Das sieht dann beispielsweise so aus:

```
<?xml version="1.0" encoding="ISO-8859-1" ?>
```

Der Parser wird an dieser Stelle darauf hingewiesen, dass im folgenden Code Zeichen aus dem Latin-1-Zeichensatz ISO-8859-1 verwendet werden. Doch was ist nun ein

Zeichensatz? Um das zu verstehen, müssen Sie sich vor Augen führen, dass ein PC nicht wie ein Mensch „denkt", sondern lediglich eine Maschine ist, die ziemlich gut (und vor allem schnell) rechnen kann. Das Problem mit Buchstaben ist allerdings, dass man mit ihnen nur sehr schlecht rechnen kann, da keine Zahlen im Spiel sind.

Die Lösung für dieses Problem liegt auf der Hand: Anstatt Buchstaben verwendet ein Rechner intern eine digitale Repräsentation aus binären Ziffern, die es Ihm erlaubt, Buchstaben und andere Zeichen zu verwalten, indem jedem Zeichen einfach eine Zahl zugeordnet wird. Im ASCII-Code (American Standard Code for Information Interchange). Beispielsweise steht die Zahl 65 für den Buchstaben A, die Zahl 66 für B und so weiter. Es liegt im Prinzip eine Art Kodierung vor, die Zahlen schlicht und einfach in Buchstaben umwandelt und umgekehrt. Die Art der Kodierung (also der Zeichensatz) bestimmt, wie die Bytes in einer Datei als Zeichen zu interpretieren sind.

Der ASCII-Code wurde 1968 entwickelt und war einer der ersten Zeichensätze, die breite Anwendung in der EDV-Welt fanden. Grundlage für diesen Code war eine 1-Byte-Codierung. Bekanntermaßen besteht ein Byte aus acht Bit, und jedes Bit kennt genau zwei Zustände, nämlich 0 oder 1 (TRUE oder FALSE). Mathematisch betrachtet konnten also mit einer 1-Byte-Codierung 2 hoch 8 (= 256) Zeichen dargestellt werden. Jeder Buchstabe in einem Text verbrauchte also 8 Bit oder 1 Byte Speicherplatz, da jedes Zeichen genau einem Byte entsprach.

4.5.1 Die ISO-Standards

Eine schöne Sache, vor allem wenn man bedenkt, dass das lateinische Alphabet in der heutigen Form nur 26 Buchstaben besitzt. Die Auswahl zwischen 256 Zeichen sollte also locker reichen, könnte man meinen. Leider war das nicht so, denn Schrift und Zeichen sind fast so vielfältig wie die Sprache selbst, denn fast jede Sprache hat eine ganze Reihe von spezifischen Sonderzeichen, die im ASCII-Zeichensatz von 1968 nicht berücksichtigt worden sind. Die deutschen Umlaute Ä Ö Ü sind dabei nur die Spitze des Eisbergs. Die Lösung wurde sehr pragmatisch angegriffen, denn man legt fest, dass der ASCII-Zeichensatz nur noch in den ersten 128 Zeichen fest definiert ist. Die übrigen 128 Zeichen wurden für die verschiedenen Sprachen neu definiert, indem einfach für die verschiedenen Sprachgebiete eigene Zeichensätze angelegt wurden. Diese Zeichensätze wurden in verschiedenen ISO-Normen festgelegt:

Tabelle 4.2 ISO-Standards

ISO	Norm Zeichensatz
ISO-8859-1	Westeuropa (Latin-1)
ISO-8859-2	Osteuropa (Latin-2)
ISO-8859-3	Südeuropa (Latin-3)
ISO-8859-4	Skandinavien (Latin-4)

4.5 Zeichensätze und Unicode

ISO	Norm Zeichensatz
ISO-8859-5	Kyrillisch
ISO-8859-6	Arabisch
ISO-8859-7	Griechisch
ISO-8859-8	Hebräisch
ISO-8859-9	Türkisch
ISO-8859-10	Lappländisch
ISO-8859-JP	Japanisch

Die Tabelle zeigt die aktuellen ISO-Normen, wie sie zur Zeit verwendet werden. Für deutsche PCs wird üblicherweise der ISO-Zeichensatz ISO-8859-1 eingesetzt.

 Noch einmal zur Wiederholung: Die ISO-Zeichensätze basieren in den ersten 128 Zeichen (also 7 Bit) auf dem ASCII-Zeichensatz. Der obere Bereich der 256 Zeichen ist mit landesspezifischen Sonderzeichen belegt, die in jedem Standard anders ausfallen können. Trotzdem sind die ISO-Zeichensätze nur eine 8-Bit-Codierung, verbrauchen pro Buchstaben also nur 1 Byte Speicher.

4.5.2 UniCode und UTF-8

Inzwischen ist Unicode allerdings der allgemein anerkannte Zeichenstandard. Er umfasst in der Version 3.2 schon 95.156 Zeichen, darunter fernöstliche Schriftzeichen, Hebräisch, Arabisch, mathematische Symbole etc.). Ein einzelnes Byte kann aber nur 256 verschiedene Zeichen repräsentieren, was offensichtlich zu einem Problem führt.

Für Nicht-ASCII-Zeichen gibt es nun verschiedene Möglichkeiten, sie durch eine Folge von Bytes darzustellen, also schlicht die Anzahl der Bits zu vergrößern. Jedes weitere Bit verdoppelt die Anzahl der möglichen Zeichen und schafft so Raum für mehr Buchstabenvielfalt. Der Nachteil dieser Methode ist allerdings, dass der benötigte Speicherplatz pro Buchstabe ebenfalls entsprechend ansteigt und dass derselbe Text plötzlich doppelt so viel Platz im Speicher braucht als zuvor. Die Speicherverschwendung ist besonders extrem, wenn Dokumente nach wie vor aus den Zeichen bestehen, welche sich durch die 8-Bit-Schreibweise (wie beispielsweise den ISO-8859-Standards) repräsentieren lassen.

Als Beispiel möchte ich die binäre Repräsentation des Buchstaben „a" mit dem Code 97 zeigen :

Tabelle 4.3 Der Buchstabe a in Unicode

Zeichenformat	Bit-Notation
8-bit	01100001
16-bit	0000000001100001

Das Beispiel verdeutlicht die Speicherverschwendung durch jede Menge Nullen bei der 16-Bit-Codierung. Alle lateinischen Zeichen werden sehr häufig verwendet, haben allerdings einen einfachen Code, der mit einer 8-Bit-Codierung auskommt. Die verwendeten zwei Bit sind also völlig überflüssig. Wenn nun anstatt zwei sogar drei oder vier Byte pro Zeichen verwendet werden (um möglicherweise noch mehr Zeichen zu unterstützen), wird schnell deutlich, dass dieses System suboptimal ist.

Der UTF-8 Zeichensatz war eine Reaktion auf diese Entwicklung und trägt dem Gedanken Rechnung, dass ein Zeichen nur so viel Speicher belegen sollte, wie es auch wirklich benötigt. UTF-8-codierte Zeichen werden nur bei Bedarf mit mehr als 8 Bit dargestellt, also wenn Zeichen außerhalb des 128-Bit-Radius verwendet werden. Dazu wird eine Maskierungstechnik auf binärer Ebene angewendet, die es erlaubt, zwischen Zeichen zu unterscheiden, die mit 8 Bit, 16 Bit und noch mehr Bits codiert sind. Innerhalb eines Strings können also Buchstaben mit unterschiedlichen Bit-Längen vorkommen, ohne dass es zu einem Problem kommt.

Die genaue Maskierungstechnik ist vom Prinzip her sehr geschickt gelöst, da einfach das erste Bit eines 8-Bit-Zeichen für die Maskierung genutzt wird. Die Methodik im Einzelnen zu erklären, würde hier zu weit führen. Wenn Sie mehr darüber erfahren möchten, finden Sie weitere Informationen auf der Unicode-Webseite im Internet:

http://www.unicode.org/

UTF-8 kann alle Unicode-Zeichen kodieren. Ein Zeichen wird durch eine Folge von ein bis vier Bytes dargestellt. Alle Umlaute zum Beispiel erfordern bereits zwei Bytes, da sie oberhalb des 128-Zeichen-Radius stehen. Wenn Sie beim Umgang mit XML also anstelle von Umlauten irgendwelche seltsamen Zeichenpaare sehen, liegt das in der Regel daran, dass Sie eine in UTF-8 kodierte Datei mit einem Nicht-UTF-8-fähigen Programm ansehen. Dazu werden wir gleich noch ein Beispiel sehen.

4.5.3 Ein Beispiel mit ISO-8859-1 und UTF-8

An dieser Stelle möchte ich mit Ihnen ein kleines Beispiel durchgehen, das recht deutlich zeigt, welche Auswirkungen die oben besprochenen Themen haben. Um das Beispiel nachvollziehen zu können, benötigen Sie einen Editor, der in der Lage ist, Daten sowohl im UTF-8-Format als auch im ISO-Format abzuspeichern. Ich empfehle Ihnen für dieses einfache Beispiel den Texteditor Textpad, der im ersten Kapitel vorgestellt wurde.

Öffnen Sie eine neue Datei und tippen Sie folgendes kleines Beispiel ab:

4.5 Zeichensätze und Unicode

```
<?xml version="1.0"?>
<data>
    <value>Ödes Wetter führt oft zu gähnender Langeweile!</value>
</data>
```
Listing 4.4 XML mit Umlauten

Wenn das geschehen ist, speichern Sie das Dokument als XML-Datei ab, also mit der Endung .xml. Achten Sie darauf, dass Sie im Speichermenü beim Zeichensatz Standard oder ANSI auswählen.

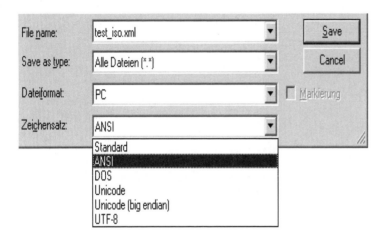

Abbildung 4.2 Zeichensätze in Textpad

Nennen Sie diese erste Datei beispielsweise test_ansi.xml. Speichern Sie nun dieselben Daten ein weiteres Mal unter einem anderen Namen, beispielsweise test_utf.xml. Achten Sie dieses Mal darauf, dass der Zeichensatz im Speichermenü entweder UTF-8 ist oder der reguläre UniCode, der ebenfalls angeboten wird. Für unser Beispiel ist das unerheblich. Öffnen Sie nun die erste Datei (test_iso.xml) in einem XML-fähigen Browser, beispielsweise den Internet Explorer ab der Version 5. Ziehen Sie die Datei einfach auf das Programmfenster und öffnen so die XML-Daten per Drag&Drop. Wie erwartet sollte sich folgendes Bild zeigen:

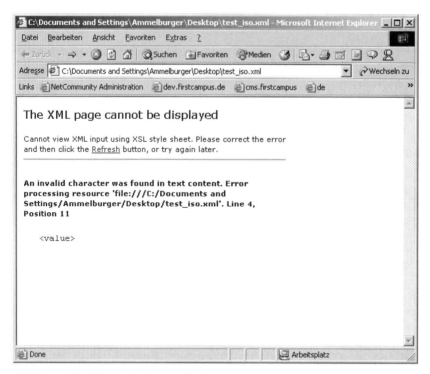

Abbildung 4.3 ISO-Error im Internet Explorer

Wie das Bild zeigt, reagiert der Parser allergisch auf dieses Stückchen XML-Code, da die Umlaute ganz offensichtlich vom Editor nicht als UTF-8 abgespeichert worden sind, sondern im Latin-Zeichensatz ISO-8859-1:

```
An invalid character was found in text content.
```

Da der Parser bei einer fehlenden Angabe des encoding Parameters von der UTF-8 Kodierung ausgeht, ist dieses Verhalten verständlich. Die Zeichen sind für ihn auf Bit-Ebene nicht verständlich, da sie außerhalb des gemeinsamen 128-Zeichen-Radius von ASCII liegen. Um trotzdem den vollen Umfang der Sonderzeichen nutzen zu können, empfiehlt es sich, sofern Sie keinen Editor benutzen, der UTF-8 unterstützt, den Code explizit als ISO-8859-1-Codierung anzugeben. Dasselbe Beispiel würde mit einer kleinen Ergänzung im Kopf des Dokumentes ohne Probleme im Internet Explorer dargestellt werden können:

```
<?xml version="1.0" encoding="ISO-8859-1"?>

<data>
   <value>Ödes Wetter führt oft zu gähnender Langeweile!</value>
</data>
```

Listing 4.5 XML mit Umlauten

Der Parser weiß nun, wie er die Zeichen auf Bit-Ebene auflösen muss, und kann die Umlaute nun korrekt darstellen:

4.5 Zeichensätze und Unicode

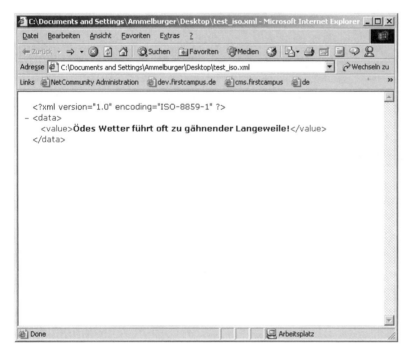

Abbildung 4.4 Darstellung von Umlaute mit dem ISO-Zeichensatz

Doch kommen wir zurück zur UTF-8-Variante dieser XML-Daten. Auf den ersten Blick ist kein Unterschied zwischen den Beispielen zu erkennen, da Textpad beide Varianten gleich darstellt. Der besondere Punkt liegt im Detail, nämlich in der Art und Weise, wie die Daten auf Bit-Ebene dargestellt werden. Die ISO-8859-1-Variante benutzt die oben beschriebene 8-Bit-Variante, die für die Darstellung von 256-Zeichen verwendet wird.

Die UTF-8-Variante gleicht im Prinzip der ersten Version, mit der Ausnahme der verwendeten Umlaute. Diese werden nach der oben beschriebenen UTF-8-Codierung auf Bit-Ebene dargestellt, was dazu führt, dass der XML-Parser des Internet Explorers diese Zeichen auch ohne Angabe eines speziellen Zeichensatzes darstellen kann. Mit anderen Worten, es kommt der Unicode-Zeichensatz zum Einsatz, der diese Umlaute versteht, sie allerdings an einer anderen Stelle abgelegt hat.

Öffnen Sie die Datei ebenfalls im Internet Explorer, und Sie werden sehen, dass die Umlaute problemlos dargestellt werden können, obwohl keine `encoding`-Angabe gemacht wurde:

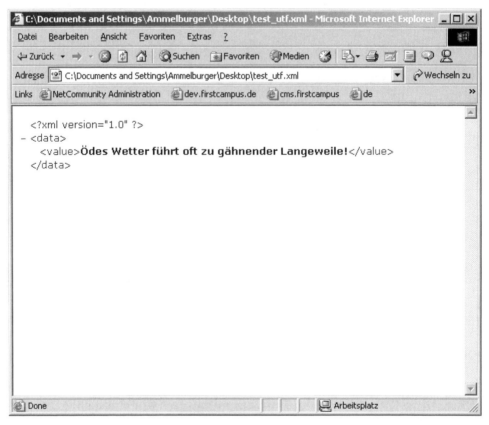

Abbildung 4.5 UTF-8 Kodierung im Internet Explorer

Wenn Sie den Unterschied zwischen beiden Versionen ans Licht bringen wollen, hilft Ihnen dieses kleine Experiment: Öffnen Sie beide Dateien in einer Applikation, die keine Unicode-Unterstützung hat. Sie werden sehen, dass die Unicode-Variante in einer interessanten Lesart erscheint:

```
<?xml version="1.0"?>

<data>
    <value>Ã-des Wetter fÃ¼hrt oft zu gÃ¤hnender Langeweile!</value>
</data>
```
Listing 4.6 Unicode, falsch interpretiert!

Das Programm versucht, die UTF-8-Variante mit dem begrenzten Zeichensatz von ISO-8859-1 darzustellen, was dazu führt, dass die Umlaute nicht korrekt erscheinen. Dieses Problem dürfte allerdings bei den wenigsten Programmen heute noch auftreten, da Unicode fast überall unterstützt wird.

Bleibt die Frage, wann nun welcher Zeichensatz verwendet werden soll. Im Prinzip lässt sich das eindeutig beantworten, denn UTF-8 und UniCode sind immer die bessere Wahl. Zum einen können wesentlich mehr Zeichen dargestellt werden, als die begrenzten 256 der ISO-Standards, und zum anderen besteht nicht die Gefahr von Inkompatibilitäten, wenn die XML-Daten aus dem eigenen ISO-Bereich (beispielsweise von Westeuropa nach Japan) herausgetragen werden. Wenn möglich, verwenden Sie also immer einen UTF-8-kompatiblen Editor.

Sollte das nicht möglich sein oder wenn Sie sich sicher sind, dass die XML-Daten nur im internen Gebrauch eingesetzt werden, dann ist es natürlich kein Problem, auf die ISO-Variante zurückzugreifen. Gerade bei älteren Systemen, die keine UniCode-Unterstützung haben, kann das Problemen vorbeugen.

4.6 Aufbau eines XML-Dokumentes

Wenn wir von XML reden, dann fast immer im Zusammenhang mit Daten oder Dokumenten, die durch XML formatiert oder ausgezeichnet werden. Diese Daten werden nach einer bestimmten Syntax ausgezeichnet, die Sie im letzten Kapitel bereits kennen gelernt haben. Ohne korrekte Syntax ist ein XML-Dokument nicht verwertbar und kann keine Daten speichern oder transportieren.

Neben diesen elementaren Regeln zur Syntaxgestaltung gibt es allerdings noch ein paar weitere Grundsätze, die Sie im Hinterkopf haben sollten, wenn Sie korrekte und sinnvolle XML-Dokumente erstellen wollen. Dabei steht weniger die korrekte Schreibweise oder Reihenfolge von Elementen und Attributen im Vordergrund, sondern vielmehr eine stimmige und sinnvolle Struktur innerhalb der XML-Daten.

4.6.1 Das Wurzelelement

XML-Dokumente folgen in ihrem Aufbau einer Art Baumstruktur, die von einem Element ausgehend beliebig tief verschachtelt werden kann. Ausgangspunkt dieser Baumstruktur ist ein so genanntes Wurzelelement, das an der Spitze des XML-Datenbaumes steht. Dieses Element steht an erster Stelle der XML-Hierarchie und enthält alle weiteren Elemente und konkreten Daten. Jedes XML-Dokument darf immer nur ein Wurzelelement besitzen. Es ist nicht zulässig, dass ein weiteres Element auf derselben Ebene wie das Wurzelelement existiert.

Das folgende Beispiel zeigt das schon bekannte Beispiel aus dem letzten Kapitel:

```
<? Xml version="1.0" ?>

<personen>
    <person>
        <vorname>Dirk</vorname>
        <nachname>Ammelburger</nachname>
        <geburtstag>30.11.1978</geburtstag>
    </person>
    <person>
        <vorname>Miriam</vorname>
```

```
        <nachname>Messerschmitt</nachname>
        <geburtstag>22.09.1984</geburtstag>
    </person>
</personen>
```
Listing 4.7 Das Wurzelelement

Das XML-Dokument strukturiert personenbezogene Daten. In diesem Beispiel wird das Wurzelelement durch das Element `personen` repräsentiert, das den kompletten Datenbaum umschließt.

Das Wurzelement liefert dem Parser einen Anhaltspunkt, wann ein XML-Dokument beginnt und wann es endet. Da dieses Element alle anderen Daten umschließt, weiß der Parser, dass ein wohlgeformtes Dokument erst enden kann, wenn der schließende Tag des Wurzelelementes aufgetaucht ist. Sollte das nicht der Fall sein, liegt ein Fehler vor, und das Dokument ist nicht wohlgeformt.

4.6.2 Ordnung von Elementen

Einer der wichtigsten Aspekte in der XML-Programmierung ist die Möglichkeit, reine Textdaten in eine Struktur zu fassen, die von einem Parser gelesen und verstanden werden kann. Dabei sind Sie als Autor eines XML-Dokumentes an keine festgelegte Struktur gebunden, ganz im Gegenteil! XML gibt Ihnen den Freiraum, die Struktur des Dokumentes an die natürliche Ordnung der Daten zu binden. Ein Text (wie für dieses Buch zum Beispiel) hat beispielsweise eine ganz andere Struktur (Kapitel, Absätze, Zitate etc.) als die Daten eines Onlineshops (Produkte, Preise, Bilder etc.). Mit XML können Sie beide Typen von Daten verwalten.

XML erlaubt Ihnen, beliebig verschachtelte Strukturen zu entwerfen, um eine möglichst realitätsnahe Präsentation der Daten zu ermöglichen. Diese Mehrdimensionalität entsteht durch eine intelligente Verschachtelung der Elemente, um auf diese Weise verschiedene Informationen miteinander in Beziehung setzen zu können. Wenn Sie das folgende Beispiel betrachten, werden Sie sehen, wie so eine Verschachtelung aussehen kann:

```
<?xml version="1.0" ?>

<auto typ="Cabrio">
  <marke>Wartburg</marke>
  <sitze>2</sitze>
  <reifen anzahl="4">
     <typ>Sommerreifen</typ>
     <marke>besserfahr AG</marke>
     <zustand>abgefahren</zustand>
  </reifen>
  <motor>
     <antrieb>
        <ps>550</ps>
        <kw>700</kw>
     </antrieb>
```

```
            <zylinder>4</zylinder>
            <ventile>16</ventile>
        </motor>
</auto>
```
Listing 4.8 Verschachteltes XML

Ausgehend vom Wurzelelement (`auto`) baut sich das XML-Dokument über verschiedene Ebenen aus Elementen, die teilweise wieder Unterelemente enthalten, nach und nach auf. Auf diese Weise entsteht eine Baumstruktur, wie sie im folgenden Bild gezeigt wird:

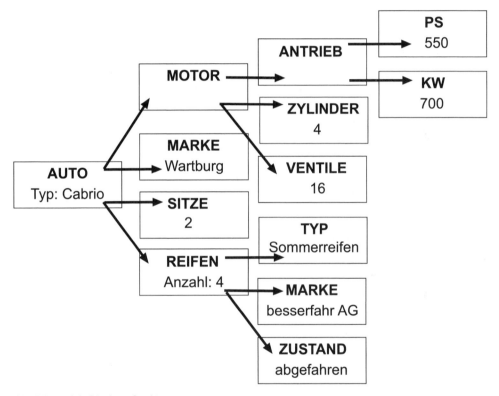

Abbildung 4.6 Die Auto-Struktur

Um die logischen Beziehungen der verschiedenen Elemente in diesem Geflecht besser beschreiben zu können, unterscheidet man an dieser Stelle zwischen Eltern- und Kindelementen. Diese Bezeichnungen beschreiben dabei die Stellung eines Elementes im Bezug auf ein anderes Element und schafft so eine Art Rangordnung. Das Element `auto` steht zum Element `marke` als Elternelement, während umgekehrt das Element `sitze` ein Kindelement von `auto` ist. Aus naheliegenden Gründen kann ein Element immer nur ein Elternelement haben, aber beliebig viele Kindelemente.

Tabelle 4.4 Eltern- und Kindelemente

Elementtyp	Beschreibung
Elternelement	Steht in der Dokumentenhierarchie über einem anderen Element.
Kindelement	Steht in der Dokumentenhierarchie unter einem anderen Element.

Offensichtlich handelt es sich bei der Bezeichnung Eltern- bzw. Kindelement um keine feste Beschreibung, da dieser Titel je nach Betrachtungsweise sich ändert. Das Element Antrieb ist beispielsweise ein Kindelement von Motor, aber auf der anderen Seite ein Elternelement für ps oder kw. Es kommt also immer auf den Blickwinkel an, wie ein Element beschrieben wird.

4.6.3 Daten- und Containerelemente

Neben der Beschreibung der Beziehung von Elementen untereinander existiert in XML eine weitere Betrachtungsebene für Elemente. Dabei wird weniger die Hierarchie der Elemente betrachtet, sondern vielmehr deren Informationsstruktur. Dabei werden die Elemente nicht subjektiv vom Blickwinkel aus bewertet, sondern über den Informationsinhalt, den sie transportieren.

Unterscheidet man also zwischen zwei Datentypen in einem XML-Dokument, nämlich den konkreten Daten und den Elementen, die konkrete Daten charakterisieren, kann man zwei Ebenen differenzieren: die Ebene der letzten Elemente im Baum, die nur noch konkrete Daten enthalten, und die Ebene der übrigen Elemente, die wiederum weitere Elemente enthalten. Im ersten Fall spricht man von Datenelementen, im zweiten Fall von Containerelementen.

Tabelle 4.5 Daten- und Containerelemente

Elementtyp	Beschreibung
Datenelement	Enthält konkrete Daten
Containerelement	Enthält weitere Elemente, die sowohl Daten- als auch Containerelemente sein können

Als Beispiel werfen wir noch einmal einen Blick auf das Auto-XML-Dokument aus dem letzten Abschnitt:

```xml
<?xml version="1.0" ?>

<auto typ="Cabrio">
  <marke>Wartburg</marke>
  <sitze>2</sitze>
  <reifen anzahl="4">
     <typ>Sommerreifen</typ>
     <marke>besserfahr AG</marke>
     <zustand>abgefahren</zustand>
  </reifen>
```

```
    <motor>
        <antrieb>
            <ps>550</ps>
            <kw>700</kw>
        </antrieb>
        <zylinder>4</zylinder>
        <ventile>16</ventile>
    </motor>
</auto>
```

Listing 4.9 Beispiel

Die Zuordnung ist nicht weiter schwierig: Ein typisches Beispiel für ein Containerelement ist das Wurzelelement dieses Dokumentes (`auto`). Weitere Containerelemente sind `reifen`, `motor` und `antrieb`, da sie alle Kindelemente enthalten. Alle übrigen Elemente sind Datenelemente, die konkrete Daten enthalten, wie beispielsweise die Marke des Autos oder die Anzahl der Sitze.

Ein Element kann sowohl Daten- als auch Containerelement sein und als eine Art Mischform auftreten. Diese Möglichkeit sollte allerdings nicht verwendet werden. Jedes Element sollte eindeutig einer der beiden Gruppen zuzuordnen sein, damit eine bessere Lesbarkeit gegeben ist.

4.7 Namensräume

Der Begriff des Namensraumes, oder auch *Namespace*, stammt ursprünglich nicht aus der Welt von XML, sondern wird auch in vielen anderen Bereichen der EDV genutzt. Namensräume dienen dazu, bestimmte Bereiche in einem logischen System voneinander abzugrenzen, wenn es zu Überschneidungen kommen könnte. Das ist meistens dann der Fall, wenn ein und derselbe Begriff für unterschiedliche Dinge (Daten/Werkzeuge, Fakten etc.) verwendet wird. Stellen Sie sich folgendes Beispiel aus der realen Welt vor:

> *Ein Schlosser kommt zu seinem besten Freund, einem Architekten, und erzählt ihm, dass er heute ein sehr schönes Schloss gesehen hat. Dieser ist begeistert und beginnt ihn sofort mit Fragen zu löchern. Seine erste Frage lautet, ob das Schloss heute noch bewohnt ist. Der Schlosser ist verwirrt.*

Ich denke, Sie verstehen, warum es hier zu einem Missverständnis kommen muss: Der Schlosser denkt im Bereich der Feinmechanik und Türen, die heute wie früher Schlösser zum Verriegeln besaßen. Der Architekt ist ein Romantiker und sieht ein Märchenschloss vor sich, wie so mancher König oder Kaiser es hat errichten lassen. Beide sprechen also von völlig unterschiedlichen Dingen, die dummerweise in der deutschen Sprache denselben Ausdruck haben. Mit anderen Worten, beide befinden sich semantisch gesehen in unterschiedlichen Bereichen.

Die Problematik ist klar: Vor dem Gespräch muss ein gemeinsamer Bereich festgelegt werden, in dem diese Ausdrücke eindeutig sind. In der EDV-Welt würde man sagen: ein Namensraum muss für beide Bereiche definiert werden, um eine Verwechslung zu vermeiden. Auf der einen Seite steht der Namensraum Schlosser und auf der anderen der Namensraum Architekt.

Diese Problematik ist in XML nicht unbekannt und tritt immer dann auf, wenn Elemente aus verschiedenen Dokumenttypen aufeinandertreffen. Wenn wir das Beispiel ein wenig weiterspinnen, wird klar, dass in einer formalen Umgebung die Gefahr der Verwechslung wesentlich größer ist:

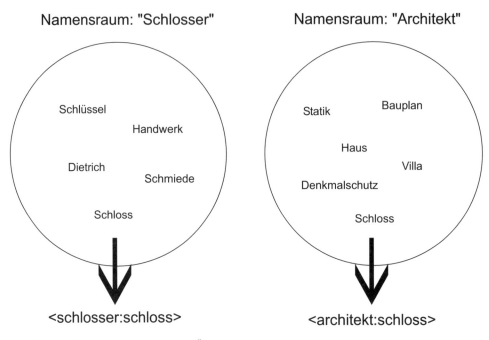

Abbildung 4.7 Zwei Namensräume mit Überschneidung

Von einem Parser kann kein Transferdenken erwartet werden, dass ihm vielleicht ein Fehler unterlaufen sein könnte oder etwas Ähnliches. Er sieht nur den Bezeichner des Elements und wird unter Umständen von falschen Tatsachen ausgehen, was die Interpretation der Daten angeht.

Die Lösung mit der Vorsilbe

Namensräume lösen das oben beschriebene Problem, ohne das der Autor eines XML-Dokuments gezwungen ist, die Struktur komplett zu ändern oder allen doppeldeutigen Elementen neue Namen verpassen zu müssen. Man bedient sich einfach einer recht simplen Vorsilben-Notation, die es ermöglicht, gleiche Elemente aus verschiedenen Bereichen voneinander zu trennen. Die Vorsilbe wird einfach durch einen Doppelpunkt getrennt vor das jeweilige Element gestellt:

4.7 Namensräume

```
<schlosser:schloss>
   Mechanik zum Verschließen von Türen</schlosser:schloss>
<architekt:schloss>
   Große Gebäude mit imposanter Bauweise
</architekt:schloss>
```

Allgemein ausgedrückt, sieht die Syntax so aus:

```
< Vorsilbe : Elementbezeichner >
```

Alle Elemente können auf diese Weise ihre Bezeichner behalten und werden einfach anhand der Vorsilbe zugeordnet. Wie Sie später sehen werden, kann ein Parser nun ohne Probleme beide Elemente trennen, da er die Vorsilbe als String ausführlich interpretieren kann.

So weit so gut, das Problem scheint gelöst zu sein. Allerdings dürfen wir nicht vergessen, dass XML ein Netzwerkstandard ist, der in der Regel die „vier Wände" des eigenen Rechners verlässt, um im Internet Daten zu transportieren. Lokal mag die Lösung einer Vorsilbe genügen, doch wer gibt Ihnen die Sicherheit, dass nicht irgendjemand auf diesem Planeten exakt denselben Namensraumbezeichner verwendet? Um auch auf dieser Ebene eine absolute Eindeutigkeit zu garantieren, muss das Namensraumkonzept ein wenig erweitert werden.

Globale Namensräume

Um den globalen Ansprüchen von XML gerecht zu werden, muss die oben besprochene Namensraumdefinition weiter gefasst werden, um eine eindeutige Zuordnung im Internet (und anderen Netzwerken) zu ermöglichen. Es ist offensichtlich, dass die Vorsilbe vor einem Element allein diesem Kriterium nicht gerecht werden kann, da schlicht zu wenig Zeichen verwendet werden. Eine einfache Ausweitung der Zeichenmenge würde dieses Problem zwar lösen, aber ein Dokument zwangsläufig unleserlich machen.

Glücklicherweise ist dieses Problem ebenfalls gelöst worden, denn XML ist nicht die einzige Technik, die auf eindeutige Bezeichner für Ressourcen in einem Netzwerk angewiesen ist. Die Empfehlung des W3C für Namensräume greift auf die Technik der *Uniform Resource Identifier* (URI) zurück, die es erlaubt, eindeutige Bezeichner in einem Netzwerk zu generieren.

URIs dürften Ihnen als Internet-Nutzer bekannt sein, da die meisten Web-Adressen auf dieser Identifikation beruhen. Das folgende Beispiel zeigt eine typische URI, die auf die Webseite des Autors zeigt:

http://www.lastcode.com/lastcode/

Eine URI ist eindeutig zu lang, um als Vorsilbe eines Elements in einem XML-Dokument genutzt zu werden. Darüber hinaus entspricht sie nicht den geforderten Namenskonventionen, so dass eine Verknüpfung zwischen einer URI und der verwendeten Vorsilbe notwendig ist. Im Klartext bedeutet dies, dass alle Elemente weiterhin lokale Bezeichner verwenden. Erst wenn ein Parser das Dokument analysiert, werden diese Bezeichner mit einer globalen URI assoziiert.

Die Zuweisung einer URI an einen lokalen Bezeichner geschieht in der Regel im Wurzelelement eines XML-Dokumentes. Zu diesem Zweck wird ein spezielles Attribut verwendet, das für diesen Zweck definiert wurde:

```
< vorsilbe : elementbezeichner
xmlns:vorsilbe="http://www.lastcode.com/lastcode/">
```

Diese Zeile verknüpft die URI `http://www.lastcode.com/lastcode/` mit der Vorsilbe `vorsilbe` über das Attribut `xmlns`. Der lokale Bezeichner wird durch einen Doppelpunkt vom `xmlns`-Attribut getrennt. Die Verknüpfung zwischen Vorsilbe und URI muss nicht zwingend im Wurzelelement erfolgen, spätestens aber an der Stelle, an welcher der lokale Bezeichner das erste Mal verwendet wird.

Das folgende Beispiel zeigt ein kleines Dokument, das einen Namensraum definiert:

```
<?xml version="1.0" encoding="ISO-8859-1" ?>
<beispiel:data
xmlns:beispiel="http://www.lastcode.com/lastcode/beispiel">
    <beispiel:value>
       Dieses Element gehört zu einem Namensraum.
    </beispiel:value>

    <value>
       Dieses Element nicht!
    </value>

</beispiel:data>
```

Der Internet Explorer unterstützt Namensräume und stellt das oben gezeigte Dokument wie folgt dar:

4.7 Namensräume

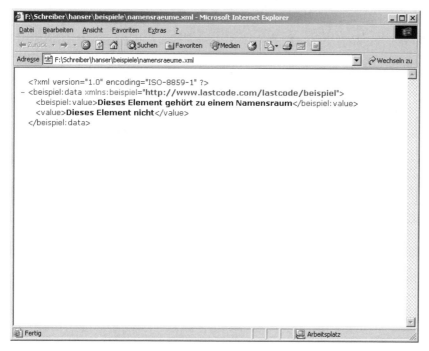

Abbildung 4.8 Namensräume im Internet Explorer

Durch den Einsatz von URIs ist das Problem der globalen Gültigkeit von Namensräumen gelöst. Es ist nun möglich, identische lokale Vorsilben in verschiedenen Dokumenten zu verwenden, ohne dass es zu Überschneidungen kommt.

 Die verwendeten URIs haben keinen Einfluss auf das Verhalten eines Parsers, da sie in keiner Weise von einer Software validiert werden. Eine URI ist an dieser Stelle lediglich ein symbolischer Link in ein Netzwerk, der einfach als String gewertet wird. Es ist also ohne weiteres möglich, „XML ist toll!" als URI anzugeben, ohne dass der Parser sich beschwert.

Es steht Ihnen als Entwickler natürlich frei, einen XML-Parser in einer Applikation so zu schreiben, dass URIs sehr wohl nachvollzogen werden. Das Standardverhalten ist es allerdings nicht. Später werden Sie sehen, wie die Daten aus einem XML-Dokument beim Parser erscheinen.

Gültigkeit von Namensräumen

Ein XML-Dokument kann beliebig viele Namensräume verwenden, es gibt keine Einschränkung. Interessant ist allerdings, welche Gültigkeit Namensraumdefinitionen in einem Dokument besitzen, da mehrere Namensräume einander überschneiden können. Generell kann man sagen, dass Namensraumdefinitionen ähnlich wie andere Elementeigenschaften vererbt werden. Trifft ein Parser also auf eine Namensraumvorsilbe, dann überprüft er jedes übergeordnete Element, ob eine entsprechende Definition vorliegt. Ist in keinem dieser Elemente das Attribut xmlns eingesetzt, um die entsprechende

Vorsilbe einer URI zuzuordnen, dann liegt ein Fehler vor. Das Dokument ist nicht wohlgeformt, und der Parser bricht den Analyse-Vorgang ab.

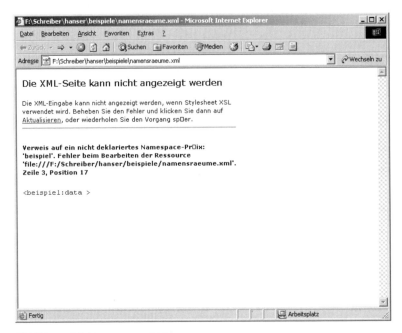

Abbildung 4.9 Namensraumfehler

Zusammenfassend bedeutet dies, dass eine Namensraumdeklaration nur für alle untergeordneten Elemente gültig ist. Für ein Element auf gleicher Ebene gilt die Deklaration nicht. Hier sehen Sie die wesentlichen Aspekte noch einmal in Stichpunkten:

- Namensraumdefinitionen werden vererbt.
- Namensräume müssen definiert werden, sonst liegt ein Fehler vor.
- Alle Kindelemente können denselben Namensraum verwenden, wie das Elternelement.
- Namensraumdefinitionen gelten nicht für Elemente der gleichen Ebene.
- Namensräume, die im Wurzelelement definiert wurden, gelten für das gesamte Dokument.

Ein Namensraum kann von einem Kindelement übernommen werden, muss aber nicht. Das Beispiel auf der letzten Seite zeigt, dass das zweite Element `value` kein Namensraumpräfix hat und so völlig unabhängig im Raum steht. Es ist sogar möglich, innerhalb eines Namensraumbereiches einen weiteren zu definieren und diesen einem untergeordneten Element zuzuordnen.

Das folgende Beispiel zeigt ein XML-Dokument mit mehreren Namensräumen:

```
<?xml version="1.0" encoding="ISO-8859-1" ?>
<beispiel:data
xmlns:beispiel="http://www.lastcode.com/lastcode/beispiel">
    <beispiel:value>Dieses Element gehört zum Namensraum
beispiel.</beispiel:value>

    <more_data
xmlns:beispiel2="http://www.lastcode.com/lastcode/beispiel2">
        <beispiel2:value>
            Dieses Element gehört zum Namensraum beispiel2.
        </beispiel2:value>
        <value>Dieses Element gehört in keinen Namensraum.</value>
    </more_data>
</beispiel:data>
```

Listing 4.10 Namensräume

Das Beispiel zeigt zwei verschiedene Namensräume, die ineinander verschachtelt sind. Innerhalb dieser beiden Namensräume existiert auch ein unabhängiges Element, das keinem der beiden Namensräume angehört.

Default-Namensraum

Der Ausgangspunkt dieses Kapitels waren XML-Dokumente, die keinem bestimmten Namensraum angehören. Mit anderen Worten: Die Elemente waren in diesen Dokumenten nur in einem lokalen Kontext eindeutig, den sie nach Möglichkeit nicht verlassen sollten. Was passiert aber, wenn dies doch einmal geschieht? Wie wir in den letzten Beispielen gesehen haben, wirft ein Parser keine Fehlermeldung aus, wenn er in einem Dokument mit Namensräumen über ein (lokales) Element ohne Namensraum stolpert. Er nimmt es stillschweigend hin, ohne sich dazu zu äußern.

Dieser Weg ist zwar legal, aber sicher nicht optimal für den Einsatz eines solchen Dokumentes. Um dieses Problem elegant umschiffen zu können, gibt es die Möglichkeit, einen so genannten *Default-Namensraum* anzulegen, der automatisch für alle Elemente gilt, die keinem expliziten Namensraum zugeordnet worden sind. Anders ausgedrückt, der Default-Namensraum gilt für alle Elemente, die keine Vorsilbe haben. Es ist also möglich, automatisch alle lokalen Elemente eines Dokumentes „herauszufischen" und in einen globalen Kontext zu stellen, ohne ihnen manuell der Reihe nach Vorsilben zu verpassen.

Die Definition eines Default-Namensraumes geschieht ebenfalls über das `xmlns`-Attribut:

```
<beispiel:data xmlns="http://www.lastcode.com/lastcode/default">
```

Anstelle der lokalen Vorsilbe wird das Attribut ohne weitere Angaben auf eine URI gesetzt. Diese gilt dann automatisch für alle Elemente, die keinem Namensraum zugeordnet sind.

```
<?xml version="1.0" encoding="ISO-8859-1" ?>

<data xmlns="http://www.lastcode.com/lastcode/default">
   <value>Dieses Element gehört zum Default-Namensraum.</value>
</data>
```

Listing 4.11 Default Namensraum

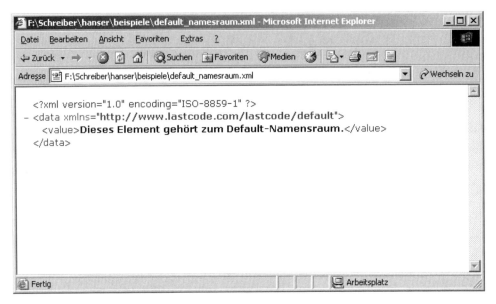

Abbildung 4.10 Default Namensraum im Internet Explorer

Das Beispiel zeigt ein kleines Dokument, das einen Default-Namensraum verwendet. Innerhalb eines Dokumentes kann der Default-Namensraum überschrieben werden (wie übrigens jeder andere Namensraum auch). Er wird in einem Element entweder neu gesetzt oder einfach durch einen Leerstring deaktiviert.

XSL-Stylesheets

Ein typischer Verwendungsort für Namensräume ist ein XSL-Stylesheet, das aus verschiedenen Elementtypen besteht. Auf der einen Seite stehen die (in XML gefassten) Anweisungen, wie bestimmte Daten dargestellt werden sollen, auf der anderen Seite stehen die regulären Elemente, die für die Darstellung benötigt werden (beispielsweise HTML). Wir werden im Laufe dieses Buches XSL und die dahinter stehenden Möglichkeiten kennen lernen. Vorweg schon einmal ein Beispiel:

```
<?xml version="1.0" encoding="ISO-8859-1" ?>

<xsl:stylesheet version="1.0"
xmlns:xsl="http://www.w3.org/1999/XSL/Transform">

<xsl:output method="html" encoding="ISO-8859-1" />
```

```
<xsl:template match="/">
  <table border="1" width="300">
  <xsl:for-each select="personen/person" >

  <xsl:if test="web!=''">

  <tr>
     <td bgcolor="#eeeeee" colspan="2">
        <xsl:value-of select="position()" />.)
        <xsl:value-of select="name" />,
        <xsl:value-of select="vorname" />
     </td>
  </tr>
  <tr>
     <td><xsl:value-of select="email" /></td>
     <td><xsl:value-of select="web" /></td>
  </tr>

  </xsl:if>

  </xsl:for-each>
  </table>
</xsl:template>

</xsl:stylesheet>
```
Listing 4.12 XSL-Code

Sie müssen jetzt noch nicht den Ehrgeiz entwickeln, dieses Dokument verstehen zu wollen. Im Kapitel über XSL und XSLT werden wir dieses Beispiel wieder aufgreifen und genau analysieren.

In einem der nächsten Kapitel werden wir die Möglichkeiten der *Document Type Definitionen* als Regelwerk für ein XML-Dokument kennen lernen. Eine DTD definiert was in einem XML-Dokument erlaubt ist und was nicht, welche Elemente also wie verwendet werden dürfen. Ohne etwas vorwegzunehmen, möchte ich diesem Zusammenhang auf eine Problematik hinweisen, die in Bezug auf Namensräume auftritt.

Die *Document Type Definition* ist nicht „kompatibel" zu Namensräumen, so dass eine gleichzeitige Verwendung immer zu Problemen führt. Es gibt zwar Möglichkeiten, diese zu umgehen, allerdings nur mit sehr viel Mehraufwand. Namensräume sind in diesem Zusammenhang sehr umstritten, genau wie der Einsatz von DTDs. Die Verwendung von XML-Schema eine relativ neue Technik zur Validierung von XML-Daten, kann dieses Problem lösen. Beide Möglichkeiten werden wir im Laufe dieses Buches kennen lernen.

4.8 Processing Instructions

Processing Instructions, oder auch kurz PI genannt, gehören zu den Altlasten, die XML von SGML geerbt hat. Wie der Name schon sagt – Processing Instruction: Verarbeitungsanweisung – besteht die Aufgabe von PIs darin, Anweisungen für die Analyse und weiterführende Verarbeitung durch eine Applikation zu generieren. Mit anderen Worten: XML lässt Ihnen hier eine Hintertür offen, die es erlaubt, jenseits der XML-Struktur direkt mit einer bestimmten Applikation zu kommunizieren.

Ich sehe förmlich ein großes Fragezeichen über dem Buch schweben, während Sie diese Zeilen lesen. Was soll das Ganze, werden Sie sich fragen. Auf den letzten Seiten habe ich die Plattform- und Systemunabhängigkeit von XML in den höchsten Tönen gelobt, und nun präsentiere ich Ihnen eine Möglichkeit, genau dies zu umgehen, indem Anweisungen für spezifische Applikationen im XML-Code hinterlassen werden können.

Wie ich bereits einleitend erwähnt habe, ist diese Technik eine Relikt aus alten Zeiten, in denen SGML noch für die Auszeichnung von Informationen genutzt wurde. PIs waren ein Zugeständnis an die Tatsache, dass absolute Unabhängigkeit von verarbeitenden Applikationen nicht immer möglich war und deshalb einige Applikationen bestimmte Anweisungen brauchten. Das Schöne an PIs ist, dass sie ignoriert werden, wenn ein Parser nichts mit ihnen anfangen kann.

Die Informationen, die durch PIs übergeben werden, setzen sich aus zwei Teilen zusammen: einem Schlüsselwort und einer Reihe von Daten. Anhand des Schlüsselwortes wird die PI identifiziert, deshalb sollten Sie immer möglichst eindeutige Begriffe wählen. Kann ein Parser das Schlüsselwort nicht zuordnen, dann werden die übergebenen Daten ignoriert. Wie die Daten verarbeitet werden sollen, liegt beim Entwickler der Applikation.

Die allgemeine Syntax einer PI sieht so aus:

```
<? Schlüsselwort Daten ?>
```

PIs beginnen immer mit einer spitzen Klammer, gefolgt von einem Fragezeichen. Hinter dieser Einleitung folgt das eigentliche Schlüsselwort, welches vom Parser der Applikation analysiert wird. Hinter dem Schlüsselwort stehen die eigentlichen Daten, die in einem beliebigen Format erscheinen können. Abgeschlossen wird das Ganze wieder von einem Fragezeichen und einer spitzen Klammer.

Das kommt Ihnen bekannt vor? Kein Wunder, da der Header eines XML-Dokumentes nach genau derselben Syntax aufgebaut ist. Auch wenn technisch gesehen der XML-Kopf keine PI ist, hat er seine Wurzeln doch genau in dieser Technik:

```
<? xml version="1.0" encoding="ISO-5589-1" standalone="yes" ?>
```

Der Unterschied zu anderen PIs liegt darin, dass der Kopf eines XML-Dokumentes für jeden Parser von Bedeutung ist und darum ein Pflichtbestandteil des Dokumentes darstellt. Ein weiteres Beispiel für Verarbeitungsanweisungen sind Verweise auf Stylesheets, die wir im Laufe dieses Buches noch kennen lernen werden. Auch eine verarbeitende Applikation wird über ein Schlüsselwort auf ein bestehendes Stylesheet hingewiesen:

```
<? xml-stylesheet href="style.xsl" type="text/xsl" ?>
```

Sollte die verarbeitende Applikation nicht für die Ausgabe der XML-Daten vorgesehen sein, wird diese Angabe einfach ignoriert. Innerhalb der Dokumentenstruktur sind PIs nicht gebunden, sie stehen außerhalb des Datenbaums und können an jeder beliebigen Stelle (innerhalb von Tags natürlich nicht!) eingesetzt werden.

Anmerkung zu PIs

Nachdem Sie nun die technischen Belange von Processing Instructions kennen gelernt haben, möchte ich noch einige Anmerkungen zu ihrer Verwendung machen:

- PIs gehorchen nicht der Syntax von XML, sondern stehen außerhalb. Sie sind also innerhalb einer Struktur nicht „greifbar".
- Es gibt keine direkte Verknüpfung zwischen einem XML-Element und einer PI. Die Informationen können also nur auf das komplette Dokument bezogen werden, nicht auf ein einzelnes Element.
- Es gibt fast keine Situation, die wirklich eine PI erfordert. Einzige Ausnahme ist der XML-Kopf und die Verknüpfung von Stylesheets.

 In der Praxis werden PIs so gut wie nie verwendet und sollten nach Möglichkeit vermieden werden.

4.9 Sonderzeichen in XML

Ein Parser unterscheidet bei der Analyse eines XML-Dokumentes zwischen zwei verschiedenen Arten von Zeichen. Auf der einen Seite steht die Gruppe von Zeichen, die geparst (spricht auf XML-Code hin untersucht und interpretiert) werden müssen, und auf der anderen Seite steht der ganze Rest der Zeichen, die keine Markup-Formatierung enthalten. Die Zuordnung, welches Zeichen nun zu welcher Gruppe gehört, wird natürlich nicht willkürlich getroffen, sondern ist abhängig von der Struktur des Dokumentes und von der Position des Zeichens.

Elemente, die konkrete Daten umschließen, sind logischerweise der Gruppe von Zeichen zuzuordnen, die geparst werden müssen, um den Text von Markup trennen zu können. Man spricht an dieser Stelle auch von PCDATA, also Parsed Character Data. Dem gegenüber stehen die Daten, die beispielsweise innerhalb von Attributwerten zu finden sind, also Zeichen, die aufgrund der geltenden Syntax von XML kein Markup mehr enthalten dürften. Diese Daten, auch CDATA (Character Data) genannt, werden vom Parser übernommen, ohne dass er einen Blick auf den Inhalt wirft.

Zeichen	Beispiel
PCDATA	Elemente, konkrete Daten
CDATA	Attributwerte

Auf den ersten Blick scheint es ein wenig merkwürdig, dass die konkreten Daten ebenfalls als PCDATA behandelt werden, da diese Informationen sicher kein Markup enthalten. Allerdings weiß ein Parser erst, dass es sich bei einer Zeichenkette um konkrete Daten handelt, wenn er die entsprechenden Bytes gelesen und analysiert hat. Mit anderen Worten: er muss sicher gehen, dass innerhalb eines Elements nicht ein weiteres verschachtelt ist, das ebenfalls berücksichtigt werden muss. Darum werden konkrete Daten als PCDATA behandelt.

An dieser Stelle stellt sich natürlich die Frage, anhand welcher Kriterien ein Parser Elemente von konkreten Daten trennt. Die Antwort ist offensichtlich: an den spitzen Klammern, die ein Element vom restlichen Text trennen. Alles, was sich zwischen einer öffnenden und schließenden spitzen Klammer befindet, wird als Element angesehen und entsprechend interpretiert.

Okay, doch was passiert, wenn genau diese „reservierten" Zeichen in einem Dokument als konkrete (also bedeutungstragende Zeichen) verwendet werden müssen? Nehmen wir mal an, Sie möchten eine einfache Formel in XML angeben:

```
<?xml version="1.0" ?>
<formel>
<data>wert1 < wert2 => wert2 > wert1</data>
</formel>
```

Listing 4.13 Unkorrekte XML-Daten

Dieser Versuch scheitert zwangsläufig in einer Fehlermeldung, da kein Parser diese Daten lesen kann. Die Verwendung von spitzen Klammern führt dazu, dass Daten falsch interpretiert werden und die Analyse von verkehrten Tatsachen ausgeht. Es muss also eine andere Lösung her. XML bietet mehrere Lösungen für dieses Problem:

Feste Entities

Im Zusammenhang mit einer Grammatik für XML, also der *Dokument Type Definition*, werden wir in einem späteren Kapitel auf die Verwendung von *Entities* zu sprechen kommen. Ich möchte nicht zu viel vorwegnehmen, darum an dieser Stelle nur ein paar Worte: Entities sind im Grunde genommen Abkürzungen, die von einem Parser während der Analyse des Dokumentes durch andere Informationen ersetzt werden. Ständig wiederkehrende Daten können auf diesem Wege zentral definiert und über eine Referenz in ein Dokument eingefügt werden. Diese Technik ist ohne weiteres vergleichbar mit Abkürzungen aus dem Alltagsleben, wie beispielsweise MFG (*Mit freundlichen Grüßen*), LKW (*Lastkraftwagen*) oder RAID (*Redundant Array of Inexpensive Disks* oder *Redundant Array of Independant Disks*). Alle diese Abkürzungen werden bei uns im Kopf aufgelöst und durch die tatsächliche Bedeutung ersetzt.

XML macht es ganz ähnlich und erlaubt es, selbst Abkürzungen bzw. Referenzen zu definieren. Dazu später mehr. An dieser Stelle möchte ich nur auf einen kleinen Satz von festen Entities hinweisen, die von XML vordefiniert sind. Wie Sie sicher schon ahnen,

4.9 Sonderzeichen in XML

handelt es sich dabei um Entities, die für die „verbotenen" oder, besser gesagt, reservierten Zeichen verwendet werden können. Die folgende Tabelle zeigt alle festen Entities in XML:

Tabelle 4.6 Feste Entities

Zeichen	Entity
<	< („less than")
>	> ("greater than")
"	"
'	'
&	&

HTML-Profis dürfte die Syntax der Entities ein Begriff sein, denn Sonderzeichen werden im Zuge der Internationalisierung in HTML auf dieselbe Weise dargestellt. Woher diese Ähnlichkeit stammt, sollte inzwischen keine Frage mehr sein.

XML definiert lediglich fünf feste Entities, die alle verwendbaren Steuerzeichen im XML-Code abdecken. Man spricht an dieser Stelle auch von einer neuen Gruppe von Zeichen, nämlich den NMTOKEN oder den Namenszeichen, die sich von den oben besprochenen PCDATA und CDATA absetzen. Der Unterschied liegt darin, dass diese Zeichen vor dem eigentlichen Parsing-Vorgang bearbeitet werden, um alle Abkürzungen sicher ersetzen zu können. Anstelle des NMTOKEN tritt dann der eigentliche Wert, der dann als PCDATA interpretiert wird. Entities können somit auch XML-Code definieren, doch dazu später mehr.

Mit diesem Wissen können wir nun ohne Probleme das oben gezeigte Beispiel korrigieren und korrekt darstellen:

```
<?xml version="1.0" ?>
<formel>
<data>wert1 &lt; wert2 =&gt; wert2 &gt; wert1</data>
</formel>
```

Listing 4.14 XML mit festen Entities

Der Einsatz von Entities macht ein Dokument zwar nicht unbedingt lesbarer, aber der Parser weiß nun genau, was gemeint ist. Wenn Sie dieses Dokument nun im Internet Explorer laden, werden alle Entities korrekt interpretiert und so dargestellt, wie wir es uns wünschen:

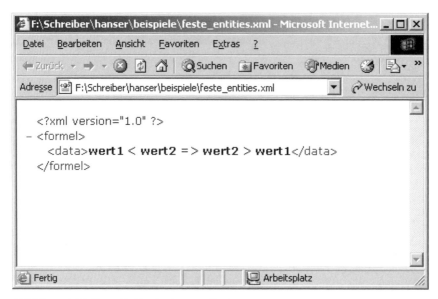

Abbildung 4.11 Feste Entities im Internet Explorer

So weit so gut. Diese Lösung scheint die Probleme rund um die reservierten Sonderzeichen zu beheben. Doch für große Datenmengen ist diese Lösung ein wenig umständlich, denn alle Sonderzeichen zu kodieren ist recht umständlich und führt für den menschlichen Leser zu einem schwer verständlichen Kauderwelsch.

CDATA-Abschnitte

Um das oben genannte Problem zu lösen und große Mengen Daten einzugeben, die „verbotene" oder reservierte Zeichen enthalten, bietet XML eine elegante Lösung. Auf einer der vorhergehenden Seiten wurde der Begriff CDATA bereits geprägt und als Character Data, also Daten, die kein Markup enthalten, identifiziert. Hier kommt er wieder ins Spiel: Mit Hilfe so genannter CDATA-Abschnitte können größere Textabschnitte gekennzeichnet werden, die von einem XML-Parser ignoriert werden sollen. CDATA ermöglicht es also explizit, Teile eines XML-Dokumentes als NICHT-XML zu markieren.

Die Syntax ist relativ einfach:

```
<![ CDATA [ Text ]]>
```

Ein CDATA-Abschnitt beginnt mit einer spitzen Klammer und einem Ausrufezeichen, gefolgt von einer eckigen Klammer, die das Schlüsselwort CDATA umschließt. Der eigentliche Textabschnitt wird wiederum von eckigen Klammern umschlossen und kann sich über mehrere Zeilen erstrecken. Ein CDATA-Abschnitt darf alle Zeichen enthalten, die der Unicode-Zeichensatz vorsieht, ausdrücklich auch XML-Sonderzeichen wie < > &. Eine Ausnahme gibt es allerdings: Die Zeichenfolge]]> darf ausschließlich zur Enderkennung des CDATA-Abschnittes verwendet werden.

Das folgende Beispiel zeigt, wie ein CDATA-Abschnitt genutzt werden kann:

4.9 Sonderzeichen in XML

```xml
<?xml version="1.0" encoding="ISO-8859-1" ?>

<data>
   <value>Der folgende Abschnitt zeigt einen kleinen Programmausschnitt:

   <![CDATA[

      if (x > y) {System.out.println("x ist größer als y!");}
      else
      {System.out.println("y ist größer oder gleich als x!");}

   ]]>
   </value>
</data>
```

Listing 4.15 CDATA-Abschnitt

Der Browser erkennt einen CDATA-Abschnitt und stellt ihn entsprechend dar. Das Ergebnis zeigt, dass der integrierte Parser den Text nicht weiter analysiert und die verwendeten Sonderzeichen ignoriert:

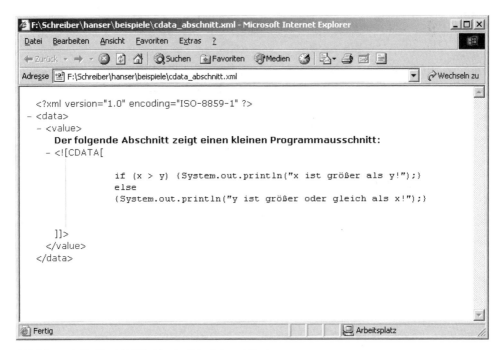

Abbildung 4.12 Ein CDATA-Abschnitt im Internet Explorer

CDATA-Abschnitte eignen sich gut, um längere Texte oder Teile von Programm-Code in XML zu kodieren, da sie das mühselige Einsetzen von Entities ersparen. Kürzere Texte oder einzelne Zeichen sollten allerdings weiterhin mit Entities maskiert werden.

UniCode als Zeichenreferenz

Zu guter Letzt möchte ich eine Möglichkeit vorstellen, die es Ihnen erlaubt, Sonderzeichen in XML zu verwenden, die nicht über eine reguläre Tastatur eingegeben werden können. Das mag merkwürdig klingen, aber Sie werden mir sicher zustimmen, dass neben dem lateinischen Alphabet eine ganze Menge mehr an Zeichen in der Weltgeschichte rumschwirren. Die wenigsten davon sind auf Ihrer Tastatur zu finden, obwohl XML den vollen Zeichensatz von Unicode unterstützt.

Am Anfang dieses Kapitels hatte ich bereits erwähnt, dass Unicode in seiner aktuellen Version 4.0 einige hunderttausend Zeichen unterstützt. Besonders die historischen Schriftzeichen und Schriften aus dem asiatischen Raum sind an dieser Zeichenflut maßgeblich beteiligt, da sie im Vergleich zum herkömmlichen lateinischen Schriftsatz wesentlich mehr Zeichen umfassen.

Auch wenn Sie in den meisten Fällen mit den Möglichkeiten einer herkömmlichen Tastatur auskommen werden, sollten Sie die folgende Möglichkeit immer im Hinterkopf behalten. XML erlaubt es, jedes beliebige Zeichen, das vom Unicode-Standard unterstützt wird, in Form einer *Zeichenreferenz* (Character Entity Reference) auch darzustellen. Einzige Voraussetzung: der Parser muss es unterstützen.

Die Technik ist sehr einfach: Jedes Unicode-Zeichen kann einfach über seinen Zeichenwert eingegeben werden. Es steht Ihnen frei, ob Sie den Wert in Dezimalzahlen oder in Hexadezimalzahlen angeben möchten, da XML beides unterstützt. Eine Zeichenreferenz beginnt wie jede andere Entity mit dem kaufmännischen Und-Zeichen, gefolgt von einer Raute:

```
&# DEZIMALCODE ;
&#x HEXADEZIMALCODE;
```

Als Bezeichner wird einfach der entsprechende Zeichenwert eingesetzt. Falls der Wert ein Hexadezimalwert ist, muss noch ein x vorangestellt werden.

Wenn Sie sich jetzt fragen, was ich mit Zeichenwert meine, dann sollten Sie einen Blick auf die Unicode-Webseite werfen: Hier finden Sie neben jeder Menge Informationen auch eine Liste mit allen verfügbaren Zeichen im Unicode-Universum und dem dazugehörigen Zeichenwert.

http://www.unicode.org/charts/

Jedem Zeichen ist eine eindeutige Nummer zugeordnet worden, die sich aus der Stellung des Zeichens in der Unicode-Liste und der Bit-Darstellung ergibt. Das EURO-Zeichen beispielsweise hat den Hexadezimalwert 20AC und kann dementsprechend in XML dargestellt werden:

```
<?xml version="1.0" ?>

<data>
   <waehrung>EURO</waehrung>
   <symbol>&#x20AC;</symbol>
```

4.9 Sonderzeichen in XML

```
    <waehrung>Dollar</waehrung>
    <symbol>&#x24;</symbol>

    <waehrung>Yen</waehrung>
    <symbol>&#xA5;</symbol>

    <waehrung>Pfund</waehrung>
    <symbol>&#xA3;</symbol>
</data>
```

Listing 4.16 Unicode Zeichenreferenz

Im Internet Explorer wird diese Parade von Währungen unseren Erwartungen entsprechend dargestellt:

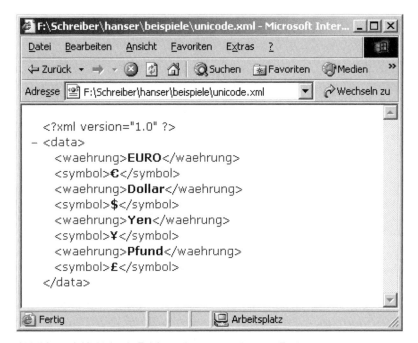

Abbildung 4.13 Unicode Zeichenreferenzen im Internet Explorer

Was wir hier mit Währungssymbolen gemacht haben, geht natürlich mit allen anderen Zeichen im Unicode-Universum genauso. Wesentlich ist, dass Sie das entsprechende Symbol in seine hexadezimale Darstellung auflösen können, dann kann XML damit ohne Probleme arbeiten.

 Wenn Sie mit Unicode arbeiten, müssen Sie darauf achten, dass die verwendete Schrift für die Darstellung Unicode unterstützt. Die meisten Schriften scheitern, wenn sie beispielsweise exotische Zeichen aus Japan oder China darstellen sollen, und liefern nur Kauderwelsch. Beachten Sie dazu auch den folgenden Exkurs.

Exkurs: Type, Token und Glyphen

Wenn man über Sprache, Schrift und Information redet, die zwangsläufig durch verschiedene Medien transportiert wird, kommt es schnell zu Missverständnissen, wenn nicht einige wichtige Begriffe definiert worden sind. XML ist eindeutig ein Medium, um Informationen zu transportieren, darum werden Sie im Laufe dieses Buches immer wieder über Bedeutungen und Darstellungen von einzelnen Zeichen oder ganzen Dokumenten lesen.

Dieser kleine Exkurs führt Sie ein wenig in die Welt der Computerlinguistik, die sich mit diesem Thema schon eine ganze Weile beschäftigt. Im Wesentlichen geht es darum, drei Begriffe voneinander zu differenzieren, die auf den ersten Blick recht ähnlich klingen:

- Type
- Token
- Glyphe

Alle drei Begriffe beschreiben im Prinzip ein Zeichen, wie wir es im allgemeinen Sprachgebrauch verwenden. Bevor wir aber ins Detail gehen, betrachten Sie bitte das folgende Beispiel und beantworten Sie die gestellte Frage:

```
a) Der Ausdruck „Wasserfall" besteht aus 10 Zeichen.
b) Der Ausdruck „Wasserfall" besteht aus 7 Zeichen.
Welche der beiden Aussagen ist korrekt?
```

Beide, denn der Begriff Zeichen ist in unserem herkömmlichen Sprachgebrauch nicht eindeutig zu definieren. Wenn damit die einzelnen Buchstaben gemeint sind, dann ist Aussage a) korrekt und Aussage b) falsch. Wenn statt dessen nur die unterschiedlichen Typen der Buchstaben gemeint sind, dann ist Aussage a) falsch und Aussage b) korrekt.

Im ersten Fall werden einfach alle Buchstaben von vorne bis hinten gezählt und die komplette Anzahl betrachtet, in diesem Fall spricht man von Token. Im zweiten Fall werden nur die unterschiedlichen Typen betrachtet (der Buchstabe von Typ a kommt zweimal vor, wird aber nur einmal gezählt, da es derselbe Typ ist), also w a s e r f l. In diesem Zusammenhang spricht man auch von Types.

Durch die Differenzierung dieser beiden Verwendungszwecke und das Verständnis von Zeichen soll zwischen der eigentlichen Idee eines Zeichens und seiner konkreten Verwendung unterschieden werden. Ein Token ist demnach eine konkrete Realisierung oder Instantiierung eines Types, der in einer Zeichenkette selbstverständlich öfter vorkommen kann. Der einzelne Typ ändert sich dabei nicht und ist immer eindeutig.

In der Sprache der Objektorientierung könnte man sagen, dass ein Type eine abstrakte Klasse darstellt, aus der unterschiedliche Objekte in Form von Tokens gezogen werden. Jede Klasse ist eindeutig, kann aber durchaus für eine ganze Reihe von Objekten als Vorlage dienen.

4.9 Sonderzeichen in XML

Ein interessanter Punkt beim Vergleich von Sprachen ist immer die Ausarbeitung von *Type/Token-Verhältnissen*, die in der Regel sehr charakteristisch sind. Man spricht in diesem Zusammenhang auch von einem sprachlichen Fingerabdruck, der durch ein Type/Token-Verhältnis definiert ist. Ein Sprachwissenschaftler macht also nichts anderes als Buchstaben zählen und diese ins Verhältnis zueinander zu setzen. Die meisten romanischen Sprachen haben bekannterweise einen Schwerpunkt auf der Verwendung von Vokalen, gefolgt von den Buchstaben K, L und so weiter. Andere Sprachen haben andere Schwerpunkte und können so auf einer formalen Ebene voneinander getrennt werden.

Der letzte Begriff, den wir noch definieren müssen, ist „Glyphe", der sozusagen am Ende der Abstraktionsleiter steht. Eine Glyphe ist im Prinzip nichts anderes als die grafische Repräsentation eines Tokens und entsteht immer dann, wenn ein Buchstabe den rein geistigen Raum verlässt und in einem Medium festgehalten wird. Es liegt auf der Hand, dass ein Buchstabe durchaus eine Menge unterschiedlicher Glyphen haben kann, die alle für ein und denselben Buchstaben stehen. Ein Blick auf die unterschiedlichen Schriftarten von Windows macht dies deutlich (von Handschriften mal ganz abgesehen):

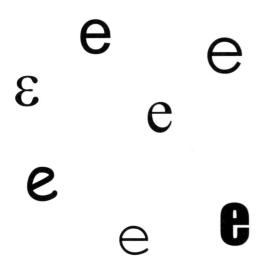

Abbildung 4.14 Verschiedene Glyphen für den Buchstaben e

Sie werden mir zustimmen, dass all diese Zeichen e bedeuten, obwohl Sie doch recht unterschiedlich aussehen können. Allein durch die Fähigkeit, Buchstaben zu lesen und an bestimmten Grundmustern zu identifizieren, können wir diese Zeichen als den Type oder Token e erkennen.

Machen wir wieder einen Schritt zurück (oder vor?) in die EDV-Welt. Für einen Computer besteht ein Buchstabe nach wie vor nur als binäre Kodierung im Speicher, wobei er sich relativ wenig Gedanken über dessen Darstellung macht. Warum auch? Er kann mit den

Daten ohne Probleme arbeiten und hat im Gegensatz zum menschlichen Auge keinen Bedarf an einer Visualisierung. Um diese Daten nun in ein lesbares Format zu bringen, muss eine Schrift (eine Menge von Glyphen) entworfen werden, die mit der digitalen Kodierung im Speicher korrespondiert und entsprechend dargestellt werden kann. Mit anderen Worten: dem binären Zeichen (in der dezimalen Schreibweise) #100 entspricht die konkrete Darstellung des Glyphen e. Entsprechend gibt er es aus.

Welches gemalte Zeichen der Rechner nun für diese Codierung ausgibt, ist völlig unerheblich. Schriftarten wie Wingdings beweisen, dass es nicht immer ein lesbarer Buchstabe sein muss, der mit einer bestimmten Codierung verbunden wird. Die Buchstaben in Wingdings sehen beispielsweise so aus:

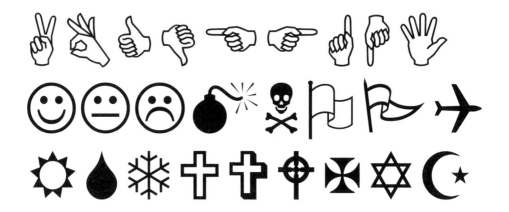

Abbildung 4.15 Das Wingdings-Alphabet

Problematisch wird diese Technik erst, wenn eine bestimmte Schriftart nicht für alle bestehenden Zeichenkodierungen eine entsprechende Darstellung bieten kann. Für das lateinische Alphabet sollte das nicht vorkommen, allerdings kann so manche Windows-Schriftart Schwierigkeiten bekommen, wenn es um die Darstellung von Unicode geht. Damit wären wir auch wieder beim Ausgangspunkt dieses kleinen Exkurses, nämlich Unicode und Unicode-fähige Schriften.

Die meisten regulären Schriftarten sind nur dazu ausgelegt worden, europäische und amerikanische Zeichen darzustellen, weil sie nur in diesem Sprachgebrauch eingesetzt werden sollten. Ein Overhead an exotischen Sonderzeichen aus Asien wäre im Prinzip Platzverschwendung, da sie so gut wie nie gebraucht werden. Werden solche Schriftarten allerdings mit Unicode konfrontiert, dann kann es zu Darstellungsproblemen kommen, falls der Unicode-Text Zeichen verwendet, die nicht von der Schriftart abgedeckt sind.

Besuchen Sie beispielsweise die japanische MSN (Microsoft Network)-Seite. Mit großer Wahrscheinlichkeit wird sich Ihnen folgendes Bild präsentieren:

4.9 Sonderzeichen in XML   101

Abbildung 4.16 MSN auf japanisch

Der Internet Explorer wird Ihnen anbieten, ein entsprechendes Sprachpaket zu installieren, welches diese Darstellungsprobleme lösen wird. Dabei handelt es sich allerdings nicht um ein Unicode-Sprachpaket, sondern um die entsprechende ISO-Norm ISO-8859-JP, die wir oben schon kennen gelernt haben.

 Die meisten Webseiten verwenden heute noch keine Unicode-Kodierung, die solche Darstellungsprobleme verhindern würde. Die Zukunft wird zeigen, inwieweit XML in Verbindung mit Unicode das ändern kann.

5

Informationsmodellierung mit XML

5 Informationsmodellierung mit XML

Dieses Kapitel ist das erste einer ganzen Reihe von Tutorials, die sich in diesem Buch an einzelne Abschnitte angliedern. Im Gegensatz zu den bisherigen Kapiteln wird in einem Tutorial kein neuer Stoff besprochen, sondern das bereits Gelernte an einem sehr konkreten Beispiel praxisbezogen wieder aufgearbeitet.

Ziel ist es dabei, ein Gefühl für XML zu entwickeln und zu verdeutlichen, in welchen Situationen die Extensible Markup Language ihre Stärken am besten ausspielen kann. Ein Tutorial wird Ihnen immer dann in diesem Buch begegnen, wenn ein bestimmter Bereich von zusammenhängenden Themen abgearbeitet worden ist und es Sinn macht eine Zäsur einzulegen. Das kann nach einem einzelnen Kapitel der Fall sein oder auch nach einem ganzen Kapitelverbund.

Alle Tutorials hängen zusammen und verfolgen im Laufe des Buches ein „höheres" Ziel, dass sich Schritt für Schritt aus dem erlernten Wissen entwickeln wird. Ziel ist es, den Einsatz von XML in einem Online-Umfeld zu demonstrieren, wo es für verschiedene Funktionen eingesetzt wird:

- Datenmodellierung
- Datentransfer
- Datenabgleich
- ECommerce
- und einiges mehr

Anstatt Sie also nach jedem Kapitel mit Aufgaben und Fragen zu langweilen, werden wir uns einem recht spannenden Thema widmen, nämlich den Einsatz von XML im „daily business" des Internets.

5.1 Das Ziel: Whitelabel Onlineshop

Um etwas zu erreichen, braucht man ein konkretes Ziel, das ist kein Geheimnis. Darum werden die Tutorials in diesem Buch auch nicht frei in der Luft ein Programm entwerfen, das keinen wirklichen Sinn ergibt, sondern eine ganz bestimmte Aufgabe verfolgen. Das Ziel all unserer Bemühungen ist es einen „Onlineshop" zu entwickeln, der mittels XML zu einer Whitelabel-Lösung wird.

In diesem Buch steht weniger die Shopfunktionalität (Warenkorb, Bestellprozess etc.) im Vordergrund, sondern vielmehr Möglichkeiten, die XML darüber hinaus bieten kann. Komplette Shops im herkömmlichen Sinne kann man sehr einfach und in den meisten Fällen kostenlos aus dem Internet herunterladen. Darum wird es also hier nicht gehen. „Worum dann?", werden Sie fragen. Bleibt also noch der Begriff „Whitelabel" übrig, um eine Erklärung und auch eine Aufgabe für XML zu liefern.

Whitelabel oder auch White Label lässt sich nur umständlich ins Deutsche bringen. Wörtlich übersetzt könnte man „weiße Aufkleber" oder „leere Auszeichnungen" sagen, was der Bedeutung allerdings nicht sehr nahe kommt. Prinzipiell geht es darum, eine Softwarelösung für ein Problem zu entwickeln, die keinerlei Annahmen oder Vorgaben für die spätere Darstellung auf der Seite des Clients macht. Mit anderen Worten: Es geht darum, eine Software zu entwickeln, die hundertprozentig flexibel in der Anpassung auf der Seite der Kunden ist, also jede beliebige Darstellungsform haben kann.

Dieses Vorgehen hat für einen Shop eine Menge Vorteile: Nicht nur dass er auf der Webseite ein beliebiges Layout haben kann (dieses Problem kann auch mit einem intelligenten Template-System gelöst werden), derselbe Shop kann auf verschiedenen Webseiten gleichzeitig mit verschiedenen Layouts eingesetzt werden, und zwar in Echtzeit.

Die Vorteile liegen auf der Hand:

- Eine zentrale Shopverwaltung bedient eine beliebige Menge von unterschiedlichen Darstellungen.
- Das Angebot eines Shops kann für unterschiedliche Webseiten exportiert und dort im entsprechenden Look&Feel komplett oder auszugsweise eingesetzt werden.
- Datensicherheit, da kein externer Zugriff auf Datenbanken etc. erfolgt.
- Ein Datenabgleich kann in Echtzeit oder in anderen beliebigen Zeitintervallen erfolgen.
- Der Datenaustausch kann über ein beliebiges Protokoll erfolgen.

XML ermöglicht uns nicht nur die Auslieferung der Shop-Daten in einem neutralen Format, sondern gibt auf der anderen Seite auch die Möglichkeit, größere Datenmengen via HTTP wieder an den Ursprungsserver zurückzugeben. Diese Möglichkeiten und noch einige mehr werden wir im Laufe der Tutorials kennen lernen und auch ausprobieren.

Was Sie letztendlich mit dem so „angehäuften" Material machen, bleibt selbstverständlich Ihnen überlassen. Ich würde mich allerdings freuen, wenn ich das eine oder andere Feedback bekommen würde.

5.2 Ein vielarmiges System

Die geplante Anwendung ist informationstechnisch betrachtet nichts anderes als ein vielarmiges System in einem Netzwerk. Das Zentrum liegt beim XML-Server, der die Daten für externe und unabhängige Systeme liefert. Vielarmig deshalb, weil vom Prinzip her beliebig viele Systeme angeschlossen werden können, die unabhängig voneinander dieselben Daten empfangen und verarbeiten. Es entsteht das Bild eines „Kopfes" (zentraler Server), der mit n „Armen" (angeschlossene Systeme) kommuniziert.

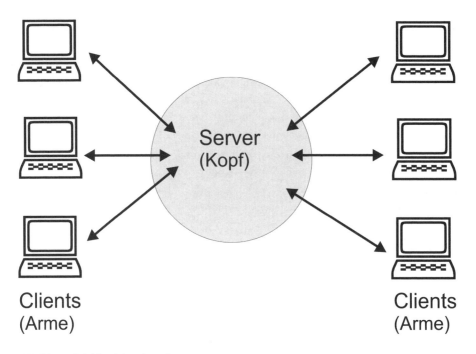

Abbildung 5.1 Ein vielarmiges System

Ein typisches Beispiel für ein solches System ist der Preisvergleichanbieter Shoppingscout24 im Internet. Das Prinzip ist einfach: Die Webseite bietet eine Suchmaschine über eine Vielzahl von Shops im Netz und sucht dem User das günstigste Angebot für einen bestimmten Artikel heraus. Diese Möglichkeit an sich ist schon gut, allerdings bietet Shoppingscout zusätzlich eine XML-Schnittstelle, die es erlaubt, genau dieses Such-Tool auf anderen Webseiten zu integrieren, ohne die Daten permanent auslagern zu müssen.

Mit anderen Worten: Es findet ein Echtzeitdatenabgleich statt, der über XML Suchanfragen an den Shoppingscout-Server weiterleitet und das Ergebnis im selben Atemzug wieder zurückschickt. In beide Richtungen wird das HTTP-Protokoll verwendet, um die Daten zu transportieren.

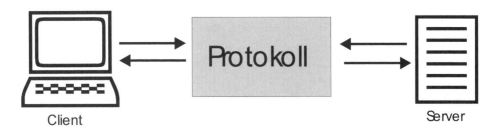

Abbildung 5.2 Datenaustausch über das HTTP-Protokoll

5.2 Ein vielarmiges System

Gelungene Umsetzungen des Online-Preisvergleichs finden Sie im Internet unter den folgenden Adressen:

http://www.uni.de

http://www.paybackshoppingguide.de

Wenn Sie sich durch die verschiedenen Seiten klicken, werden Sie feststellen, dass alle dieselbe Preisvergleichsschnittstelle haben. Das Layout unterscheidet sich (natürlich!) und ist jeweils im Corperate Design der Seite gehalten, aber die Suche und vor allem auch die Ergebnisse sind identisch, da sie vom selben Server geliefert werden.

Abbildung 5.3 Der ShoppingScout24 Marktplatz auf uni.de

Exakt dieselben Kategorien und dieselben Inhalte finden Sie auf der Webseite von PaybackShoppingGuide:

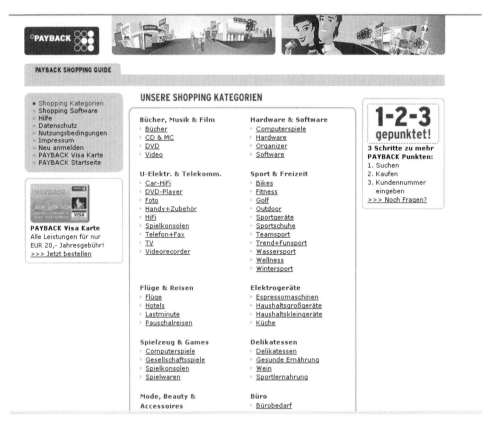

Abbildung 5.4 ShoppingScout auf Payback

Eine weitere Möglichkeit für den XML-gestützten Datenaustausch im Netz ist ein News-Server, wie er beispielsweise von einer Online-Presseagentur genutzt wird. Im Gegensatz zu einem Echtzeitsystem, wie dem Preisvergleich oben, werden längerfristige Daten (Zeitungsartikel, Anzeigen, Bildmaterial etc.) nicht bei jeder neuen Anfrage aktualisiert, sondern in der Regel einmal am Tag oder sogar nur einmal in der Woche abgeglichen. Das hat den Vorteil, Rechenzeit und Bandbreite einzusparen, da die Inhalte nicht jedes Mal geladen und auch geparst werden müssen.

Als konkretes Beispiel möchte ich die Online-Agentur Teleschau (http://www.teleschau.de) vorstellen, die ihre Daten ebenfalls per XML im Internet anbietet. Als ehemalige reine Print-Agentur hat es Teleschau geschafft, die wöchentlich und monatlich erscheinenden Artikel und Reportagen einem Online-Publikum zur Verfügung zu stellen.

Das Prinzip ist einfach: Große Webseiten wie beispielsweise Communities oder andere Service-Anbieter haben die Möglichkeit, ihre Seite durch aktuelle Artikel aufzuwerten. Damit diese nicht durch eine teure interne Redaktion erstellt werden müssen, können diese Texte und Bilder von einer Agentur gekauft werden. Bis hierhin passiert noch nichts Neues, da es sich um ein typisches Agenturgeschäft handelt. Teleschau bietet Texte

5.2 Ein vielarmiges System

allerdings schon seit einigen Jahren als XML-Files an, die ohne Medienbruch vom Agentur-Server direkt zum Kunden transportiert werden können. Dort werden die Daten geparst und in das entsprechend benötigte Format umgewandelt. In der Regel passiert das Ganze einmal wöchentlich, wobei die Daten mit dem FTP-Protokoll transportiert werden. Genau wie bei Shoppingscout24 wird der Datentransfer vom Client angestoßen:

Abbildung 5.5 Die Agentur Teleschau.de

Auch hier möchte ich Ihnen einige Beispielseiten zeigen, die Teleschau-Inhalte über XML eingebunden haben.

http://www.viva.de

http://www.uni.de

Vergleichen Sie die Artikel auf den genannten Seiten, und Sie werden feststellen, dass die präsentierten Daten identisch sind.

Diese beiden Beispiele (Shoppingscout24 und Teleschau) sollen Ihnen zeigen, dass XML in verschiedenen Formen seit geraumer Zeit produktiv im Internet eingesetzt wird. Meist passieren diese Dinge allerdings hinter den Kulissen, also verborgen vor dem User, der nur das Ergebnis zu sehen bekommt. Ganz ähnlich wird auch die Idee hinter dem geplanten Tutorial sein, mit dem wir auf den folgenden Seiten beginnen.

Selbstverständlich ist es nicht möglich, ein solches System komplett und mit allen Eventualitäten im Rahmen dieses Buches zu entwickeln. Wir werden gemeinsam die Kerngedanken rund um dieses Projekt entwerfen und in verschiedenen Programmiersprachen programmieren. Dabei werden wir verschiedene Wege gehen, die nicht immer auf dem direkten Weg zum Ziel führen, aber nötig sind, um den Inhalt der verschiedenen Kapitel darzustellen.

Die XML-Schnittstellen sind der Schwerpunkt der Tutorials, darum werden typische Funktionalitäten des Shops nur angedeutet, ohne sie näher zu erläutern. Auf der anderen Seite werde ich Ihnen eine ganze Reihe von Umsetzungsmodellen in den Sprachen PHP, Java, Perl und noch einiges mehr demonstrieren, die alle eines gemeinsam haben, nämlich die offene Schnittstelle für XML-Daten. Auch wenn sich das jetzt nach sehr viel Arbeit anhört, werden Sie feststellen, dass alle diese Sprachen im Umgang mit XML sehr ähnlich sind und deshalb ohne weiteres ausgetauscht werden können (nun ja, fast ohne weiteres ☺). XML hat von Anfang an bestimmte Schnittstellen genau definiert, um Wildwuchs im Umgang mit XML-Daten zu verhindern. Sie profitieren heute von dieser Umsichtigkeit, indem Sie überall dieselben Schnittstellen und Systematiken im Umgang mit XML vorfinden.

5.3 Informationsmodellierung mit XML

Im ersten Teil dieses Tutorials geht es um die grundsätzliche Struktur von Daten. Wir werden uns also dem Beispiel von der Produktseite her nähern und versuchen, die Informationen, die ein Onlineshop bietet, in XML zu erfassen und darzustellen. Dazu müssen wir im ersten Schritt einige Überlegungen anstellen müssen:

- Wie ist ein Produkt definiert?
- Welche Eigenschaften hat ein Produkt?
- Was interessiert den User und was interessiert den Administrator?
- Was wird also an den User ausgegeben und was nur intern verwendet?
- Wie werden die Produkte in XML dargestellt?
- Wie soll die Struktur aussehen?
- In welchem Datenumfeld werden die Produkte präsentiert?

Im ersten Schritt werden wir eine statische XML-Datei entwerfen, die als Prototyp für alle Produkte in diesem Whitelabel-Shop dienen sollen. Der Einfachheit halber verzichten wir auf spezielle Besonderheiten und daraus resultierende unterschiedliche Datenstrukturen.

5.3 Informationsmodellierung mit XML

Alle Produkte sollen nach ein und demselben Muster funktionieren. Um trotzdem flexibel zu sein, werden fast alle Angaben optional gestaltet.

5.3.1 Der Produktentwurf

Da dieses Tutorial nach wie vor nur Beispielcharakter hat, soll der Entwurf eines Produktes nicht zu kompliziert ausfallen. Die folgenden Angaben können von Ihnen nach Belieben erweitert oder verändert werden. An der dahinter stehenden Technik ändert sich dadurch nichts. Die folgende Tabelle zeigt, welche Eigenschaften ein beliebiges Produkt für diese Version des Whitelabel-Shops haben kann.

Tabelle 5.1 Elemente für das Produkt-Dokument

Element	Beschreibung
id	Eindeutige ID für das Produkt
last_update	Datum des letzten Updates
kategorie	Kategorie des Produktes
bezeichnung	Bezeichnung des Produktes
beschreibung	Beschreibung des Produktes
marke	Marke des Herstellers
teaser	Kurze Einführungsworte
bild_url_1	Das erste Bild
bild_url_2	Das zweite Bild
bild_url_3	Das dritte Bild
uvp	Unverbindliche Preisempfehlung des Herstellers
preis	Der eigentliche Preis
preis_reduziert	Reduzierter Preis, wenn vorhanden
preis_waehrung	Die Währung des Preises
mwst	Mehrwertsteuer auf dem Preis in Prozent
lieferzeit	Angaben zur Lieferzeit
lagerbestand	Anzahl im Lager

Viele dieser Punkte sind natürlich nicht für alle Produktarten verfügbar, darum sind sie als optional anzusehen. Wenn diese spezifische Charaktereigenschaft also nicht vorhanden ist, soll das entsprechende Element im XML-Dokument leer gelassen werden.

Ein einzelnes Produkt sieht in XML gepackt also wie folgt aus. Als Beispiel habe ich ein Möbelstück gewählt, um möglichst viele der angegebenen Elemente nutzen zu können:

```
<produkt id="1" last_update="2003-07-24">
  <kategorie>Möbel</kategorie>
  <bezeichnung>Korbstuhl</bezeichnung>
  <beschreibung>Maße ca. 45cm x 120cm x 60cm. Rund mit Sitzkissen.
```

```
    </beschreibung>
    <marke>Korbwaren GmbH</marke>
    <teaser>Ein eleganter Korbstuhl im häuslichen Design. Ideal für einen
gemütlichen Abend vorm Fernseher.</teaser>
    <bilder anzahl="3">
      <bild_url_1>http://www.server.de/img/p_1_50x60.gif</bild_url_1>
      <bild_url_2>http://www.server.de/img/p_1_200x300.gif</bild_url_2>
      <bild_url_3>http://www.server.de/img/p_1_500x600.gif</bild_url_3>
    </bilder>
    <preise>
     <uvp>599</uvp>
     <preis>549</preis>
     <preis_reduziert>399</preis_reduziert>
     <preis_waehrung>EUR</preis_waehrung>
     <mwst>16%</mwst>
    </preise>
    <lieferzeit>2 Wochen</lieferzeit>
    <lagerbestand>126</lagerbestand>
</produkt>
```

Listing 5.1 Produkt in XML

Wie Sie sehen, ist die XML-Struktur recht einfach gehalten. Einfach eine Reihe von Elementen, die teilweise nach Themen sortiert ineinander verschachtelt sind. Interessant sind in jedem Fall die verwendeten Attribute, da an dieser Stelle den Daten eine wichtige Charakteristik vorgegeben wird. Informationen wie die Produkt ID oder das Datum des letzten Updates werden nicht in Elementen gespeichert, da diese Daten nicht für die Ausgabe an den End-User bestimmt sind. Genauso verhält es sich mit der Anzahl der übergebenen Bilder, da dieser Wert nur vom verarbeitenden Programm genutzt werden soll.

Diese Hinweise sind natürlich nicht verpflichtend, da das XML-Dokument letztendlich keinen Einfluss auf die Weiterverarbeitung der Daten hat. Sie geben dem jeweiligen Entwickler allerdings einen unmissverständlichen Hinweis, wie es gemeint ist.

5.3.2 Mehr Produkte

Ein einzelnes Produkt macht noch keinen Shop, darum muss die oben erstellte XML-Struktur noch ein wenig erweitert werden. Das bisherige Wurzelelement produkt wird durch ein übergeordnetes Element ersetzt, um Platz für weitere Datensätze mit Produktdaten zu schaffen. Das Prinzip sollte dabei klar sein: Wir schachteln unter dem neuen Wurzelelement einfach viele weitere Datenstrukturen, die denselben Aufbau haben, wie im letzten Abschnitt beschrieben wurde. Als Name für das neue Wurzelelement bietet sich der Begriff shop an:

```
<shop>
   <data>
      <request></request>
      <last_update>2003-07-24</last_update>
      <partner_id>1</partner_id>
   </data>
   <produkte anzahl="5">

      <produkt id="1" last_update="2003-07-24">
      <kategorie>Möbel</kategorie>
```

```xml
            <bezeichnung>Korbstuhl</bezeichnung>
            <beschreibung>
                Maße ca. 45cm x 120cm x 60cm. Rund mit Sitzkissen.
            </beschreibung>
            <marke>Korbwaren GmbH</marke>
            <teaser>Ein eleganter Korbstuhl im häuslichen Design. Ideal für
   einen gemütlichen Abend vorm Fernseher.</teaser>
            <bilder anzahl="3">
                <bild_url_1>http://www.server.de/img/p_1_50x60.gif</bild_url_1>
                <bild_url_2>http://www.server.de/img/p_1_200x300.gif</bild_url_2>
                <bild_url_3>http://www.server.de/img/p_1_500x600.gif</bild_url_3>
            </bilder>
            <preise>
                <uvp>599</uvp>
                <preis>549</preis>
                <preis_reduziert>399</preis_reduziert>
                <preis_waehrung>EUR</preis_waehrung>
                <mwst>16%</mwst>
            </preise>
            <lieferzeit>2 Wochen</lieferzeit>
            <lagerbestand>126</lagerbestand>
        </produkt>

        <produkt id="2" last_update="2003-07-26">
            <kategorie>DVD</kategorie>
            <bezeichnung>Die Mumie</bezeichnung>
            <beschreibung>
                Spannender Film mit vielen bunten Specialeffects...
            </beschreibung>
            <marke>Film GmbH</marke>
            <teaser>Den dürfen Sie nicht verpassen!</teaser>
            <bilder anzahl="3">
                <bild_url_1>http://www.server.de/img/cover.jpg</bild_url_1>
            </bilder>
            <preise>
                <uvp>24,99</uvp>
                <preis>19,99</preis>
                <preis_waehrung>EUR</preis_waehrung>
                <mwst>16%</mwst>
            </preise>
            <lieferzeit>2 Tage</lieferzeit>
            <lagerbestand>13241</lagerbestand>
        </produkt>

        <!-- Hier folgen noch drei weitere Produkte -->
    </produkte>
</shop>
```

Listing 5.2 Ein Shop mit zwei Produkten

Wie Sie in diesem Beispiel sehen können, wurde das Wurzelelement wie besprochen verändert und schließt nun das bisherige Wurzelelement ein. Auf diese Weise ist es möglich, mehrere Produkte, die denselben XML-Aufbau haben, nebeneinander zu platzieren. Die Anzahl der möglichen Produkte ist dabei nicht begrenzt, sondern beliebig festzulegen, da das Wurzelelement keinerlei Einschränkungen vorgibt. Im Beispiel werden nur zwei Produkte aufgelistet, um nicht unnötig Buchseiten zu belegen. Ein Kommentar am Ende der Datei weist auf diesen Umstand hin.

Neben den Produkt-Elementen wird Ihnen sicherlich das neue Element data aufgefallen sein, das gleich zu Beginn des Dokumentes auftaucht. Hier werden alle Daten untergebracht, die außerhalb der einzelnen Produkte über den Shop und dieses spezielle XML-Dokument vorliegen. Es wird beispielsweise ein Datum angegeben, wann das letzte

Update dieser Datei stattgefunden hat oder welche Partner-ID mit diesem Dokument verknüpft ist. Zu diesen Elementen, zu denen auch `request` gehört, werden wir im folgenden Abschnitt mehr erfahren.

Auf derselben Ebene zu `data` befindet sich das Element `produkte`, das alle `produkt`-Elemente und damit auch alle Produkte umschließt. Der Zweck liegt auf der Hand: Auf diese Weise werden die einzelnen Produkte von `data` abgegrenzt, und die Struktur des Dokumentes erscheint eindeutiger. Das Element ist von der Syntax her nicht notwendig, macht den XML-Code aber ein wenig ordentlicher. Zusätzlich wird über den Parameter `anzahl` die Menge der abgespeicherten Produkte angegeben.

Abbildung 5.6 Die XML-Daten im Internet Explorer

Das Bild zeigt das XML-Dokument im Internet Explorer von Microsoft. Die Struktur der Datei wird so sauber aufgeschlüsselt, und der Aufbau wird klarer.

5.4 XML dynamisch erstellen

So weit, so gut. Die XML-Struktur für die Datenbestände des Onlineshops sind soweit fertig. Allerdings hat die ganze Sache noch einen Schönheitsfehler, denn die bisherige Lösung ist nicht sehr praxisbezogen. Tatsächlich ist es so, dass in einem live arbeitenden System die Produktdaten wie beispielsweise der Name, die Beschreibung, das Bild oder der Preis nicht in XML auf dem Server abgelegt werden, sondern in einem Datenbanksystem. Dafür gibt es eine Reihe von guten Gründen:

- Ein Datenbanksystem ist schneller als der Zugriff auf Textdateien.
- Ein Datenbanksystem erlaubt über bestimmte Schnittstellen die Anfrage von sehr spezifischen Daten (via SQL beispielsweise).
- Datenbanken sind einfacher zu manipulieren als XML-Textdateien.
- Paralleler Zugriff von mehreren Usern auf die Daten ist möglich. Sowohl Lese- als auch Schreibzugriff.

Aus sicherheitspolitischen Erwägungen und aus Gründen der Performance ist es natürlich immer eine heikle Sache, externe Partner oder User auf ein Datenbanksystem zu lassen. Außerdem würde man voraussetzen, dass die Software und das System mit der verwendeten Datenbanklösung umgehen können und die bestehende Struktur verstehen. Da das in einem heterogenen Netzwerk wie dem Internet nicht immer der Fall ist, kann man von dieser Lösung nur abraten.

Eleganter und auch Grundlage für unser Beispiel ist die dynamische Produktion von XML-Code, der die Daten aus der Datenbank spiegelt und an den Partner weiterleitet. Die Daten werden als einfaches Textformat via HTTP, FTP oder in einem anderen Format übergeben und dann vom Empfänger geparst. Speicherung, Darstellung und Weitergabe an den Enduser sind so völlig frei und flexibel.

Anhand des oben erarbeiteten statischen Beispiels werden wir nun ein Tool entwickeln, das in der Lage ist, Daten aus einem Datenbanksystem in XML zu konvertieren. Grundlage ist eine MySQL-Datenbank, die im Internet recht weit verbreitet ist. Allerdings ist das nicht zwingend, da die Abfragen via SQL auf jede beliebige relationale Datenbank übertragen werden können, und deshalb im Prinzip keine Anahme getroffen werden muss.

Ziel dieses zweiten Teils des Kapitels ist es also, dynamisch XML-Code zu erzeugen, der die Daten aus einer Datenbank spiegelt. Was dann mit diesem XML-Code passiert, wird später entschieden. Allerdings liegt die Vermutung nahe, dass er über ein Netzwerk zu Partner geschickt wird, um Daten auszutauschen. Doch dazu später mehr.

5.4.1 XML-Strings

Wie wir schon öfter festgestellt haben, ist ein XML-Dokument in erster Linie eine Textdatei, die von jedem Computersystem gelesen und verstanden werden kann. Wenn Sie also eine XML-Datei erstellen wollen, brauchen Sie lediglich einen Texteditor, und schon können Sie loslegen. Ähnlich verhält es sich nun auch bei der Erstellung von dynamischen XML-Dokumenten, da auch hier die Daten aus der Datenbank einfach als Text behandelt werden, der von einem Programm in XML umgeformt werden muss.

Auch wenn es Programme und Möglichkeiten gibt, XML-Code über ein Speichermodell zu generieren (siehe Kapitel über das *Document Object Model*), ist gerade bei kleinen Dokumenten, die von Grund auf neu erstellt werden, die einfachste und schnellste Möglichkeit das Erstellen von Zeichenketten oder Textdateien. Die Daten aus der Datenbank, die beispielsweise mit einem SQL-Befehl gezogen werden, sind die konkreten

Daten des XML-Modells, die mit der XML-Struktur in ein verständliches Format gebracht werden.

Wenn man das obere Beispiel betrachtet, müssen die folgenden Daten für das erste Produkt in XML gesetzt werden:

Tabelle 5.2 Produktdaten aus der Datenbank

Bezeichnung	Wert
id	1
last_update	2003-07-24
kategorie	Möbel
bezeichnung	Korbstuhl
beschreibung	Maße ca. 45cm x 120cm x 60cm. Rund mit Sitzkissen.
marke	Korbwaren GmbH
teaser	Ein eleganter Korbstuhl im häuslichen Design. Ideal für einen gemütlichen Abend vorm Fernseher.
bilder_anzahl	3
bild_url_1	http://www.server.de/img/p_1_50x60.gif
bild_url_2	http://www.server.de/img/p_1_200x300.gif
bild_url_3	http://www.server.de/img/p_1_500x600.gif
uvp	599
preis	549
preis_reduziert	399
preis_währung	EUR
mwst	16%
lieferzeit	2 Wochen
lagerbestand	126

Da wir wissen, wie die XML-Datei aussehen soll, ist es nun ein Leichtes, die Daten zu integrieren. Entweder, Sie schreiben ein Programm, das mit Hilfe eines „Copy&Paste"-Verfahrens die konkreten Daten an die richtige Stelle eines XML-Templates setzt, oder Sie setzten das komplette Dokument einfach Schritt für Schritt zusammen. In der Regel werden beiden Varianten kombiniert, um ein optimales Ergebnis zu erzielen. Die folgenden Grafiken zeigen, wie ein solches Programm arbeiten sollte.

5.4 XML dynamisch erstellen

```xml
<?xml version="1.0" encoding="ISO-8859-1" ?>
<element attribut="PLATZHALTER1">
  <data>
    PLATZHALTER2
  </data>
</element>
```

Wird durch den Wert aus der Datenbank ersetzt, der mit dem Platzhalter 1 korrespondiert!

Wird durch den Wert aus der Datenbank ersetzt der mit dem Platzhalter 2 korrespondiert!

Abbildung 5.7 Platzhalter werden durch konkrete Daten ersetzt

Bei dieser Methode liegt eine Art XML-Template (also eine Art Vorlage) vor, das schon über die komplette Struktur des Ausgabe-Dokumentes verfügt. Allerdings enthält dieses Template anstelle von konkreten Daten nur Platzhalter, die anzeigen, an welcher Stelle die Daten aus der Datenbank eingesetzt werden sollen. Diese Struktur wird nun in die Applikation eingelesen und mit einer simplen Suchen-Ersetzen-Funktion verarbeitet. Die Funktion sucht dann beispielsweise nach dem Platzhalter bezeichnung und löscht diese aus dem Template. Anstelle des Platzhalters wird dann der gewünschte Wert aus der Datenbank gesetzt, in diesem Fall die Zeichenfolge Korbstuhl.

Dieser Vorgang wird für alle Platzhalter wiederholt, bis das Template komplett gefüllt ist und ausgegeben werden kann. Auf diese Weise können viele XML-Dokumente vom selben Typ erstellt werden, indem immer wieder dieselbe Vorlage mit unterschiedlichen Daten verarbeitet wird. Individuelle XML-Dokumente können auf diese Weise nicht erstellt werden, genauso wenig wie bestehende XML-Dokumente manipuliert werden können.

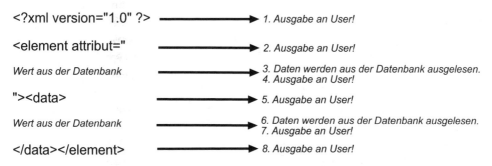

Abbildung 5.8 XML wird aus Strings erstellt

Die zweite Möglichkeit ist relativ simpel, da hier ohne Templates, Suchen und Ersetzen oder anderen Tricks gearbeitet wird. Das Programm speichert einfach alle benötigten XML-Strukturen wie beispielsweise den Header, öffnende und schließende Tags oder Attribute und setzt diese nach einem vorgesehenen Schema zusammen. Beispielsweise wird im ersten Schritt der komplette XML-Code ausgegeben, bis die ersten konkreten Daten benötigt werden. Diese werden dann einfach aus der Datenbank ausgelesen und ebenfalls ausgegeben. Dann folgt wieder XML-Code, bis eine weitere Stelle mit konkreten Daten vorliegt, die aus der Datenbank gefüllt werden muss.

Diese Technik ist immer dann sinnvoll, wenn nur kleine Mengen an XML-Code erstellt werden müssen oder einzelne Bereiche, die nicht wiederholt werden, in das Dokument integriert werden.

Mit diesem Wissen im Hinterkopf ist nun offensichtlich, dass der komplette Prozess zur Erstellung von dynamischem XML-Code auf der Basis einer Datenbankabfrage im Prinzip aus drei Schritten besteht:

1. Die Rohdaten werden aus der Datenbank exportiert und in der Applikation verfügbar gemacht.
2. Die Rohdaten werden in die gewünschte XML-Struktur gebracht.
3. Die Daten werden ausgegeben

Wie die Ausgabe der Daten erfolgt, ist abhängig von der gewünschten Übertragungsweise an den Empfänger. Dazu mehr im folgenden Abschnitt.

5.5 XML exportieren und an den Client senden

XML-Daten zu erstellen ist die eine Sache, die Daten dann an den Client zu senden eine andere. In der Regel erfolgt der Austausch von Daten auf der Basis von bestehenden Protokollen, wie beispielsweise dem HTTP-Protokoll oder einer FTP-Verbindung. Dieser Umstand erleichtert es natürlich, die Daten vom Client zum Server zu transportieren, da auf bestehenden Techniken aufgebaut werden kann.

Auf den folgenden Seiten werde ich an einigen Beispielen zeigen, wie man auf der Grundlage von Kapitel 3.1 Applikationen erstellen kann, die in der Lage sind, die exportierten Daten aus einer Datenbank über das Internet zu transportieren. Dabei werden wir auf Servertechniken zurückgreifen, die es erlauben, mit den Boardmitteln verschiedener Script-Sprachen zu arbeiten. Im ersten Schritt soll aber zunächst eine Applikation geschaffen werden, die zeigt, wie die oben beschriebenen Möglichkeiten einfach, aber dennoch effizient in einem konkreten Beispiel umgesetzt werden können.

Als Einstiegssprache bietet sich hier Perl an, da neben den umfangreichen Möglichkeiten zur Textmanipulation diese Sprache inzwischen auf fast jedem System verfügbar ist. Perl kann sowohl als einfache Applikation genutzt werden, aber auch auf einem Server an der CGI-Webschnittstelle ansetzen. Sie werden hier beide Möglichkeiten kennen lernen. Im zweiten Schritt werden wir auf PHP umsteigen und das Programm mit einer modernen, für das Web optimierten Sprache, realisieren.

Voraussetzung für alle folgenden Beispiele ist eine MySQL-Datenbank, welche alle Daten zur Verfügung stellt. Zu diesem Zweck wird die folgende Datenbank-Tabelle angelegt:

Tabelle 5.3 Tabelle shop

Feldname	Feldtyp
id	int(10)
last_update	date
kategorie	varchar(255)
bezeichnung	varchar(255)
beschreibung	text
marke	varchar(255)
teaser	varchar(255)
bilder_anzahl	int(2)
bild_url_1	varchar(255)
bild_url_2	varchar(255)
bild_url_3	varchar(255)
uvp	varchar(10)
preis	varchar(10)
preis_reduziert	varchar(10)
preis_waehrung	varchar(10)
mwst	varchar(10)
lieferzeit	varchar(255)
lagerbestand	int(5)

Auf der Webseite des Autors kann mit allen hier besprochenen Skripten auch ein SQL-File heruntergeladen werden, das diese Struktur erstellt. Da es sich nur um eine Testtabelle handelt, werden nicht mehr als fünf oder sechs Produkte gespeichert sein.

5.5.1 Lokaler XML-Export mit Perl

Der Export aus einer Datenbank mit Perl ist recht einfach, da der Perl-Interpreter zu den meisten Datenbanktypen ein eigenes Modul zur Verfügung hat. Für unser Beispiel wird der Zugriff auf eine MySQL-Datenbank erfolgen, die im folgenden Skript über das Modul DBI angesprochen wird. In einigen Installationen ist dieses Modul nicht im Standard-Umfang enthalten. Es kann allerdings problemlos über den *Perl Package Manager* nachinstalliert werden. Das Programm lädt die fehlenden Module direkt über das Internet in den Perl-Interpreter.

Sind alle Module vorhanden, ist die letzte Voraussetzung eine MySQL-Datenbank, die entweder lokal oder im Netz vorhanden sein muss. Das Beispiel-Skript greift auf eine Datenbank im Internet zu, die auf dem Server server.de installiert ist. Wenn Sie das Skript nachvollziehen wollen, sind ähnliche Voraussetzungen nötig, wobei die Login-Daten natürlich angepasst werden müssen.

```perl
#Modul wird eingebunden
use DBI;

# Datenbank-Verbindung aufbauen
my $dbh = DBI->connect( "dbi:mysql:database=db;host=server.de;port=3306",
"user", "pass") or die "Kann keine Verbindung zum MySQL-Server
aufbauen!";

#SQL-Anfrage (aktuellstes Produkt zuerst)
$sth = $dbh->prepare("select * from demo_shop order by last_update
desc");
$sth->execute();

#Template-Datei wird geöffnet und Daten werden ausgelesen ($template)
open(TEMPLATE, "produkt_template.xml") or die ("Fehler beim öffnen der
Produkt-Vorlage!");
while(<TEMPLATE>){$template .= $_;}
close(TEMPLATE);

#XML-Header wird in der Ausgabedatei gespeichert
$output = "<?xml version=\"1.0\" encoding=\"ISO-8859-1\" ?>\n\n";

#Auswertung der Abfrage in Zeilen
while (@var = $sth->fetchrow_array)
{
    #Ergebniszähler
    $counter++;

    #Das Datum der ersten Zeile wird gespeichert (aktuellstes Produkte)
    if($counter == 1) {$last_update = $var[1];}

    #Für jedes Produkt wird das Produkt-Template angehangen
    $produkte .= $template;

    #Das Produkt-Template wird mit Daten gefüllt (Suchen & Ersetzen)
    $produkte =~ s/platzhalter_id/$var[0]/g;
    $produkte =~ s/platzhalter_last_update/$var[1]/g;
    $produkte =~ s/platzhalter_kategorie/$var[2]/g;
    $produkte =~ s/platzhalter_bezechnung/$var[3]/g;
    $produkte =~ s/platzhalter_beschreibung/$var[4]/g;
    $produkte =~ s/platzhalter_marke/$var[5]/g;
    $produkte =~ s/platzhalter_teaser/$var[6]/g;
    $produkte =~ s/platzhalter_bild_anzahl/$var[7]/g;
    $produkte =~ s/platzhalter_bild_url_1/$var[8]/g;
    $produkte =~ s/platzhalter_bild_url_2/$var[9]/g;
    $produkte =~ s/platzhalter_bild_url_3/$var[10]/g;
    $produkte =~ s/platzhalter_uvp/$var[11]/g;
    $produkte =~ s/platzhalter_preis/$var[12]/g;
    $produkte =~ s/platzhalter_preis_reduziert/$var[13]/g;
    $produkte =~ s/platzhalter_preis_waehrung/$var[14]/g;
    $produkte =~ s/platzhalter_mwst/$var[15]/g;
    $produkte =~ s/platzhalter_lieferzeit/$var[16]/g;
    $produkte =~ s/platzhalter_lagerbestand/$var[17]/g;
}

#Ergebnis der SQL-Anfrage wird freigegeben
$sth->finish;

# Datenbank-Verbindung beenden
$dbh->disconnect;
```

5.5 XML exportieren und an den Client senden

```
#data-Bereich der Ausgabe wird erstellt
$data = "<data><request></request><last_update>";
$data .= $last_update;
$data .= "</last_update><partner_id>1</partner_id></data>";

#XML-Template wird zusammengesetzt
$output .= "<shop>";
$output .= $data;
$output .= "<produkte anzahl=\"";
$output .= $counter;
$output .= "\">";
$output .= $produkte;
$output .= "</produkte></shop>";

#Ausgabe der XML-Daten
print $output;
```

Listing 5.3 Dynamisches XML mit Perl

Das Programm wird regulär von der Kommandozeile gestartet und gibt nach einem kurzen Request zur Datenbank die empfangenen Daten als komplettes XML-Dokument aus. Der Quelltext ist ausführlich kommentiert, so dass jeder Schritt transparent nachvollzogen werden kann. Interessant ist der Bereich ab Zeile 24, indem das bestehende XML-Template mit einfachen „Suchen und Ersetzen"-Befehlen für jedes Produkt neu angelegt wird. Da die Anzahl der Produkte nicht konstant ist, werden mit einer Schleife alle Informationen verarbeitet und einfach aneinandergehängt. Der „statische" Teil des XML-Dokumentes, also der Bereich, der nur einmal am Anfang des Dokumentes auftaucht, wird mit Hilfe von einfachen String-Funktionen zusammengesetzt.

Die Ausgabe der Daten erfolgt erst ganz am Ende des Programms in Zeile 74 an die Kommandozeile Ihres Rechners. Für einen ersten Test ist das durchaus ausreichend, allerdings ist es für den späteren Einsatz wünschenswert, wenn die Daten beispielsweise in eine Datei umgeleitet werden könnten. Diese könnte dann via FTP auf einem Server zur Verfügung gestellt werden.

Die Lösung dieses Problems ist mit dem oben gezeigten Programm recht einfach, da die Daten im Prinzip schon im richtigen Format vorliegen. Mit den Boardmitteln von Perl reicht der folgende kleine Zusatz am Ende des Programms, um die Daten in eine Datei zu schreiben:

```
#Ausgabe der XML-Daten
#print $output;

#Ausgabe in Datei
open(OUT, ">shop_perl.xml") or die ("XML-Daten konnten nicht geschrieben werden!");
print OUT $output;
close(OUT);
```

Listing 5.4 Ausgabe in eine XML-Datei

Die Ausgabe an die Kommandozeile wurde hier auskommentiert und durch einige Anweisungen ersetzt, die die Daten in eine Datei namens `shop_perl.xml` schreiben. Alternativ kann man auch das erste Programm unverändert nutzen und den Aufruf in der Kommandozeile ein wenig modifizieren:

```
perl xml_export.pl > shop_perl.xml
```

Dieser „Trick" dürfte allen bekannt sein, die unter Windows oder unter Linux ein wenig Erfahrung mit der Kommandozeile haben. Die Ausgabe des Programms wird einfach umgeleitet und in die angegebene Datei geschrieben. Ist die Datei nicht vorhanden, dann wird sie neu angelegt.

Das Ergebnis kann nun im Internet Explorer betrachtet werden und stellt sich in der gewohnten Weise dar:

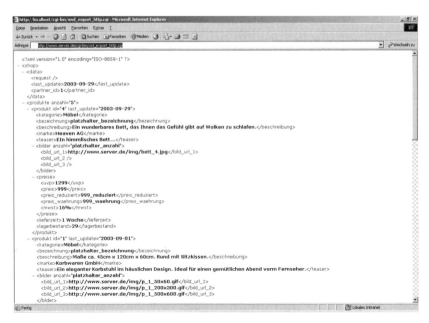

Abbildung 5.9 Die Shopdaten dynamisch generiert

5.5.2 XML-Export via HTTP

Der Datenexport aus der Datenbank mit XML ist nun so weit geklärt. Allerdings ist die Ausgabe an die Kommandozeile oder in eine Datei nicht unbedingt die optimale Lösung für den Transfer über ein Netzwerk. Der Transfer mit FTP ist zwar möglich, doch nur beschränkt für Echtzeitsysteme einsetzbar. Als Alternative bietet sich hier die Übertragung mit dem *Hypertext Transfer Protocol* an, kurz HTTP.

5.5 XML exportieren und an den Client senden

Das Hypertext Transfer Protocol gehört zu den großen Standards im Internet und wird für beinahe jede Art von Datenaustausch zwischen Servern und Webbrowsern verwendet, die auf Internetseiten zugreifen. Wenn Sie also die Seite http://www.lastcode.com besuchen, dann verwenden Sie das HTT-Protokoll, wie das Kürzel am Anfang der Adresse andeutet. Da im Prinzip jeder Server dieses Protokoll verwendet, wird es von fast allen Web-Sprachen und webnahen Sprachen implementiert und kann ohne große Kenntnisse der Struktur und des Aufbaus von HTTP verwendet werden.

Diese Eigenschaft machen wir uns zunutze und erweitern das oben geschriebene Programm ein wenig, um den Datentransfer über das Internet mit Perl und dem HTT-Protokoll zu ermöglichen. Dazu ist es nötig, das Perl-Programm ein wenig zu verändern, damit es auf einem Webserver funktioniert und die Anfragen über das *Common Gateway Interface* (CGI) bearbeiten kann. Als Referenz nehme ich den Apache-Server, der auf den meisten Webservern installiert ist.

Konfiguration des Servers

In der Regel ist der Apache-Server so konfiguriert, dass Perl-Scripte und auch andere Programme ohne Probleme über eine HTTP-Anfrage ausgeführt werden können. Der Datenaustausch zwischen dem Server, der die Anfrage empfängt, verarbeitet und weiterleitet, und dem eigentlichen Programm erfolgt über das Common Gateway Interface. Diese Schnittstelle erlaubt es, die Request-Informationen des Servers in einem Programm zu verarbeiten und dynamische Inhalte zu generieren.

In der Standard-Installation existiert ein Verzeichnis auf dem Server, das speziell für die Ausführung solcher Scripte eingerichtet worden ist und normalerweise `cgi-bin` oder nur `cgi` heißt. Genaue Informationen dazu finden Sie in der Konfigurationsdatei des Apache-Servers mit dem Namen `httpd.conf`. Folgende Zeilen müssen enthalten sein, damit CGI-Scripte ausgeführt werden können:

```
DocumentRoot "/usr/local/apache/htdocs"
ScriptAlias /cgi-bin/ "/usr/local/apache/cgi-bin/"
AddHandler cgi-script .cgi .pl
```

Sollte das nicht der Fall sein, dann könnte es zu Problemen kommen, das Beispielprogramm zu testen. Die angegebenen Pfade können sich natürlich abhängig vom Betriebssystem.

Das Programm

Die nötigen Änderungen im Programm sind klein, aber doch wirksam: Wesentlich ist die neue erste Zeile des Programms, die einem Webserver zeigt, wo der Perl-Interpreter auf dem System zu finden ist. Hier muss der absolute Pfad angegeben werden, der in das Perlverzeichnis zeigt. Als zweite Änderung fällt die zweite Zeile ins Auge, die für die Ausgabe des *Headers* verantwortlich ist. Dieser Text wird zwar an den Client gesendet, aber nicht als eigentlicher Teil des Dokumentes gesehen. Damit wird dem Browser mitgeteilt, dass die folgenden Informationen nicht im HTML-Format angegeben sind, sondern in XML. Dieser Header darf nicht mit dem XML-Header verwechselt werden, der in der Pseudo-Processing-Instruction `<?xml... ?>` angegeben ist.

```
#!C:\perl\bin\perl.exe

#XML-Header wird ausgegeben
print "Content-Type: text/xml\n\n";
...
```

Listing 5.5 XML-Export über http mit Perl

Der Rest des Programms kommt ohne weitere Änderungen aus und kann direkt übernommen werden.

Der Aufruf des Programms erfolgt über einen Browser, der die HTTP-Anfrage an den Server stellt. Dieser startet dann das Perl-Script und leitet das Ergebnis wieder zurück an den Browser. Das Ergebnis unterscheidet sich nicht von den bisherigen XML-Ausgaben, mit dem feinen Unterschied, dass die Daten diesmal nicht lokal vorliegen, sondern über ein Netzwerk transportiert wurden.

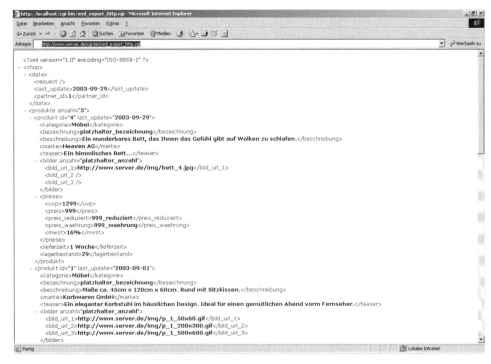

Abbildung 5.10 Das Perl-CGI-Script in Aktion

5.5.3 XML-Export mit PHP

Im Gegensatz zu Perl, das für die Beispiele auf den letzten Seiten die Grundlage war, ist PHP ausschließlich für die Programmierung von dynamischen Webinhalten auf Servern entwickelt worden. Die Abkürzung steht für den Zungenbrecher Hypertext Präprozessor, welche die Aufgabe dieser Sprache schon recht gut umschreibt. Hypertexte, also in erster Linie HTML-Dateien, sollen serverseitig generiert werden, bevor sie zum anfragenden Client zurückgeschickt werden.

Es liegt nahe, die Möglichkeiten von PHP auch für den Transfer von XML zu verwenden. Für PHP spielt es letztendlich keine Rolle, ob das Ausgabeformat nun ein XML-Stream ist oder eine einfache HTML Datei. Der Ablauf ist immer der gleiche:

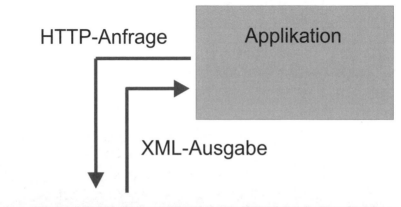

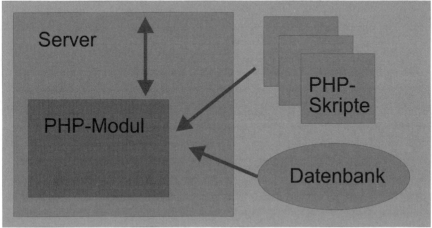

Abbildung 5.11 XML-Ausgabe mit PHP

Die Grafik zeigt die Zusammenarbeit der verschiedenen Komponenten auf Server. Die Ausgabe erfolgt als XML-File, das an die anfordernde Applikation zurückgeschickt wird.

Konfiguration des Servers

Um PHP-Skripte auf einem Apache-Server ausführen zu können, muss das PHP-Modul installiert sein. Bei den meisten Servern ist das heute der Fall, da PHP in der Linux-Welt in Kombination mit dem Apache-Server zu den großen Standards im Web gehört. Wenn Sie sich nicht sicher sind, ob dies bei Ihrem Server auch der Fall ist, fragen Sie den Systemadministrator, oder versuchen Sie, das folgende kleine Skript auszuführen:

```
<?
phpinfo();
?>
```

Listing 5.6 Informationen über PHP

Laden Sie die Datei in ein beliebiges Webverzeichnis auf Ihrem Server und versuchen Sie es in einem Browser zu laden:

```
http://www.server.de/phpinfo.php
```

Wenn PHP korrekt installiert wurde, dann sollte sich folgende Webseite im Browser öffnen:

Abbildung 5.12 Ausgabe von phpinfo()

5.5 XML exportieren und an den Client senden

Sollte dies nicht der Fall sein, dann überprüfen Sie die `httpd.conf`-Datei des Apache-Servers auf die folgenden Einträge:

```
ScriptAlias /php/ "/usr/local/bin/php"
AddType application/x-httpd-php .php
Action application/x-httpd-php "/php/php.exe"
```

In der Regel sollten diese Einträge schon auskommentiert in der Konfigurationsdatei vorhanden sein. Wenn nicht, dann tragen Sie diese Zeilen nach und vergewissern Sie sich, dass PHP auch in dem angegebenen Verzeichnis installiert ist. Weitere Informationen finden Sie im Internet unter der folgenden Adresse:

http://www.zend.com

 Änderungen an der Konfigurationsdatei vom Apache-Server werden erst wirksam, wenn der Server neu gestartet worden ist!

Das Programm

Das Skript ist den Grundlagen unseres Perl-Skriptes recht nahe, obwohl die Syntax nun PHP-konform geschrieben ist:

```
<?
//Datenbankverbindung wird erstellt
$server = "server.de";
$user = "user";
$pw = "passwort";
$db = "shop_demo";
$dbh = mysql_connect($server, $user, $pw);
mysql_select_db($db);

//Daten werden abgefragt
$query="select * from demo_shop order by last_update desc";
$erg = mysql_query($query);

//Verbindung wird geschlossen
mysql_close($dbh);

//Template-Datei wird geöffnet und ausgelesen
$template = implode("", file("produkt_template.xml"));

//XML-Header wird in der Ausgabedatei gespeichert
$output = "<?xml version=\"1.0\" encoding=\"ISO-8859-1\" ?>\n\n";

//Auswertung der Abfrage in Zeilen
while($var = mysql_fetch_array($erg))
{
    //Ergebniszähler
    $counter++;

    //Das Datum der ersten Zeile wird gespeichert (aktuellstes Produkte)
    if($counter == 1) {$last_update = $var[1];}

    //Für jedes Produkt wird das Produkt-Template angehangen
    $produkte .= $template;
```

```php
    //Das Produkt-Template wird mit Daten gefüllt (Suchen & Ersetzen)
    $produkte = str_replace("platzhalter_id", $var[0], $produkte);
    $produkte = str_replace("platzhalter_last_update", $var[1],
$produkte);
    $produkte = str_replace("platzhalter_kategorie", $var[2], $produkte);
    $produkte = str_replace("platzhalter_bezeichnung", $var[3],
$produkte);
    $produkte = str_replace("platzhalter_beschreibung", $var[4],
$produkte);
    $produkte = str_replace("platzhalter_marke", $var[5], $produkte);
    $produkte = str_replace("platzhalter_teaser", $var[6], $produkte);
    $produkte = str_replace("platzhalter_bild_anzahl", $var[7],
$produkte);
    $produkte = str_replace("platzhalter_bild_url_1", $var[8], $produkte);
    $produkte = str_replace("platzhalter_bild_url_2", $var[9], $produkte);
    $produkte = str_replace("platzhalter_bild_url_3", $var[10],
$produkte);
    $produkte = str_replace("platzhalter_uvp", $var[11], $produkte);
    $produkte = str_replace("platzhalter_preis", $var[12], $produkte);
    $produkte = str_replace("platzhalter_preis_reduziert", $var[13],
$produkte);
    $produkte = str_replace("platzhalter_preis_waehrung", $var[14],
$produkte);
    $produkte = str_replace("platzhalter_mwst", $var[15], $produkte);
    $produkte = str_replace("platzhalter_lieferzeit", $var[16],
$produkte);
    $produkte = str_replace("platzhalter_lagerbestand", $var[17],
$produkte);
}

//data-Bereich des Ausgabe wird erstellt
$data  = "<data><request></request><last_update>";
$data .= $last_update;
$data .= "</last_update><partner_id>1</partner_id></data>";

//XML-Template wird zusammengesetzt
$output .= "<shop>";
$output .= $data;
$output .= "<produkte anzahl=\"";
$output .= $counter;
$output .= "\">";
$output .= $produkte;
$output .= "</produkte></shop>";

//XML-Header wird ausgegeben
header("Content-type: text/xml");

//Ausgabe der XML-Daten
echo $output;
?>
```

Listing 5.7 Dynamisches XML mit PHP

5.5.4 XML anhand von Suchanfragen erstellen

Die Beispiele auf den letzten Seiten haben gezeigt, wie XML dynamisch anhand einer Datenbank erstellt werden kann. Sie haben gesehen, wie man mit unterschiedlichen Werkzeugen die Daten in verschiedenen Formaten und auf verschiedenen Wegen vom Client zum Server transportiert. Die große Gemeinsamkeit, die sich durch alle Beispiele zieht, ist die Form der Anfrage an die Datenbank, um die Daten zu exportieren. Bisher wurden einfach alle Daten aus der Datenbanktabelle auf einmal exportiert, ohne dass es eine Möglichkeit gab, schon während der Anfrage Einschränkungen zu übergeben.

5.5 XML exportieren und an den Client senden

Mit anderen Worten soll nun die Anfrage an den Server individuell gestaltet werden können, so dass nur die Daten in XML übertragen werden, die auch wirklich gewünscht werden. Ein Webseite, die beispielsweise nur einen bestimmten Bereich eines Online-Shops übernehmen möchte, könnte so eine Vorauswahl treffen. Damit wird nicht nur später Sortierarbeit eingespart, sondern auch Transfervolumen, da nicht immer der komplette Datensatz ausgetauscht wird.

Das oben gezeigte PHP-Programm muss zu diesem Zweck nur geringfügig modifiziert werden, da lediglich die Anfrage an die Datenbank anzupassen ist. Anstatt wie zuvor mit einer allgemeinen Anfrage alle Daten aus der Tabelle zu holen, werden nun Kriterien übergeben, die das Ergebnis einschränken. Genauer gesagt, soll nun nach bestimmten Stichworten gesucht werden, die dem Skript über den HTTP-Request mitgegeben werden. Ist eine Übereinstimmung vorhanden, dann wird das Produkt exportiert, ansonsten nicht.

Der HTTP-Request, der zur Zeit noch über den Browser simuliert wird, wird nun um einen Parameter erweitert. Anstatt das Skript also einfach über die URL aufzurufen, wird nun der gewünschte Suchbegriff übergeben:

```
http://www.server.de/xml_export_http_query.php?query=SUCHWORT
```

Der durch das Fragezeichen abgetrennte Bereich der URL dient zur Parameterübergabe an das PHP-Skript. Die übergebenen Parameter stehen dann automatisch als Variablen im PHP-Skript zur Verfügung und können weiterverarbeitet werden. Die Änderungen des Skriptes beziehen sich demnach nur auf den ersten Teil der Datei:

```php
<?
//Übergabe-Parameter wird ausgelesen
$query = $HTTP_GET_VARS["query"];

//Datenbankverbindung wird erstellt
$server = "server.de";
$user = "user";
$pw = "passwort";
$db = "test_shop";
$dbh = mysql_connect($server, $user, $pw);
mysql_select_db($db);

//Daten werden abgefragt
$query="select * from demo_shop  where locate('$query', kategorie) or locate('$query',
bezeichnung) or locate('$query', beschreibung) order by last_update desc";
$erg = mysql_query($query);
...
```

Listing 5.8 Bedingter XML-Export mit PHP

Den eigentlichen Abgleich der übergebenen Suchbegriffe überlassen wir der MySQL-Datenbank, die über die SQL-Anfrage die Konditionen übergeben bekommen hat. Im Gegensatz zum letzten Skript wird die SQL-Anfrage nun ein ganzes Stück länger, da die Bereiche `kategorie`, `bezeichnung` und `beschreibung` mit dem übergebenen Wert abgeglichen werden müssen. Die Variable `$query` wird dazu einfach in den SQL-String eingefügt.

Das Ergebnis kann sich sehen lassen, wie der folgende HTTP-Request beweist:

```
http://www.server.de/xml_export_http_query.php?query=DVD
```

Das Ergebnis ist eine XML-Datei, die nur zwei Produkte enthält, nämlich die beiden, die als Kategorie DVD angegeben haben.

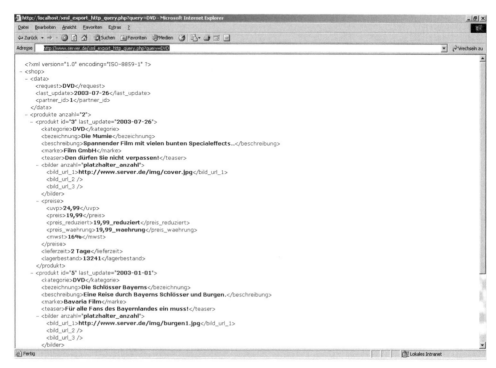

Abbildung 5.13 Eingeschränkte Ergebnismenge in XML

An dieser Stelle wird auch der Sinn des data-Abschnittes noch einmal deutlich, da hier der Request-Parameter wiederholt wird. Die Empfänger-Applikation kann so die Daten genau zuordnen. Die Partner-ID, die bisher immer hartkodiert den Wert 1 hatte, könnte dazu verwendet werden, einem anfragenden User seine ID zu übergeben. Eventuelle Verkäufe über den Shop werden auf diese Weise zugeordnet.

5.5.5 Push und Pull Transfer

Wenn Daten über das Netz transportiert werden, kann man grundsätzlich zwischen zwei Varianten des Transfers unterscheiden, unabhängig, in welcher Form und über welches Protokoll die Daten geliefert werden. Ausschlaggebend für die Unterscheidung ist die Definition des aktiven Parts in der Kommunikation, also die Seite, die den Transfer letztendlich initiiert. Auf der einen Seite kann dies der Server sein, der die Daten zur Verfügung stellt, und auf der anderen Seite der Client, der die Daten empfängt.

In den vorhergehenden Beispielen war der Client immer der aktive Part, da er in jedem Fall als Erster den Server zum Transfer aufgefordert hat. Bildlich kann man sich die Sache so vorstellen, dass der Client mittels eines HTTP oder eines FTP Requests beim Server „anklopft" und darum bittet, die (im Request definierten Daten) an ihn zu übermitteln. In diesem Zusammenhang spricht man auch von einem Pull-Transfer, da der Client die Daten vom Server „herunterzieht".

Dieser Vorgang kann automatisch erfolgen, beispielsweise von bestimmten Zeitplänen gesteuert („immer Montags um 00.00 Uhr"), oder manuell und auf Knopfdruck, wenn beispielsweise der Administrator seine Daten aktualisieren möchte. Oft ist es aber auch der einfache Surfer, der diesen Request anstößt, indem er auf eine bestimmte Seite surft oder eine Suchmaschine benutzt. Der Datentransfer von Shoppingscout24 beispielsweise wird bei jeder Suchanfrage und für jeden User in Echtzeit übertragen.

Demgegenüber steht die Möglichkeit des Push-Transfers, also des Datenaustauschs, der vom Datenlieferanten angestoßen wird. Mit anderen Worten, klopft diesmal nicht der Client beim Server an, sondern der Server beim Client und sagt: „Entschuldigung, ich hätte hier was für Sie". Im einfachsten Fall kann das eine automatisch generierte eMail sein, die zu einem bestimmten Zeitpunkt ein ganzes Paket XML-Dateien beim Client abliefert.

Andere Beispiele zeigen, dass der Server auch automatisch FTP-Uploads generieren kann oder einen XML-Stream an eine wartende Applikation schickt. Die Möglichkeiten sind hier genauso vielfältig wie beim Pull-Transfer, obwohl meiner Erfahrung nach dieser Weg des Datenaustausches nicht so verbreitet ist. In der Regel wird also der Client die Daten beim Server anfragen, wie es generell im Internet üblich ist.

Für die kommenden Beispiele werde ich also die Daten weiter vom Server ziehen, auch wenn Sie im Hinterkopf die Information haben, dass es nicht so sein muss.

5.6 Quintessenz aus diesem Kapitel

Alle Möglichkeiten und Techniken in diesem Kapitel dienen in erster Linie zum Datenaustausch zwischen zwei Applikationen und sind nicht direkt für das menschliche Auge bestimmt. Auch wenn bei einigen Beispielen der Eindruck entstanden sein könnte, dass die beschriebenen Schnittstellen auch manuell nutzbar sind, so ist doch klar, dass die Darstellung im Browser oder in einer heruntergeladenen Datei nicht unbedingt optimal ist, um einem User ungefiltert präsentiert zu werden.

Der Internet Explorer von Microsoft ist zwar in der Lage, eine interaktive Struktur aus den XML-Daten zu erstellen, doch dieses Verhalten ist bei weitem nicht jedem Browser nachzusagen. Sie können also nicht mit Sicherheit sagen, wie der User den empfangenen XML-Code zu sehen bekommt oder was damit geschieht, wenn er versucht, ihn als HTML-Code zu interpretieren. In der Regel sind die Daten einfach aneinander gestellte Buchstabenreihen der konkreten Daten ohne jegliche Formatierung.

Eine Applikation, die speziell für den Datentransfer mit XML angelegt wurde, hat diese Probleme natürlich nicht. Wie eine solche Applikation aufgebaut ist und wie man XML-Code interpretiert, werden wir in einem der folgenden Kapitel besprechen.

Die Ausgabe der Daten für ein menschliches Auge ist ebenfalls ein Thema, das wir später besprechen werden, wenn die Verwendung von Stylesheets und XML-Transformation interessant wird.

6

Document Type Definition

6 Document Type Definition

Alle bisherigen Beispiele in diesem Buch haben die Gemeinsamkeit, dass sie der formalen Struktur von XML folgen, also wohlgeformt sind, aber kein grundlegendes Regelwerk haben. Alle Dokumente konnten bisher beliebige Elemente mit beliebigen Attributen verwenden, ohne dass der analysierende Parser irgendwelche Einschränkungen gemacht hätte. Mit anderen Worten: Die bisherigen XML-Daten waren frei von irgendwelchen Vorschriften, die Aufbau oder Struktur geregelt hätten.

Dieses Vorgehen ist zwar ohne weiteres möglich, wie die letzten Seiten gezeigt haben, aber nicht immer empfehlenswert. XML bietet, genau wie SGML die Möglichkeit, eine so genannte Grammatik zu definieren, die es erlaubt, exakt festzulegen, welche Elemente und welche Struktur ein XML-Dokument haben darf. Wenn ein Dokument diese Angaben erfüllt, spicht man von einem gültigen Dokument. Eine XML-Grammatik, oder auch Document Type Definition, beantwortet die folgenden Fragen an ein XML-Dokument:

- Welche Elemente sind erlaubt?
- In welcher Reihenfolge sind Elemente erlaubt?
- Wie viele Elemente eines bestimmten Typs sind erlaubt?
- Welches Element darf welche Daten oder Elemente enthalten?
- Welche Attribute darf ein Element haben?
- Ist das Attribut verpflichtend anzugeben oder optional?
- Und so weiter...

Dieses Kapitel wird Sie Schritt für Schritt in die Möglichkeiten und Vorteile der Document Type Definition, kurz der DTDs, einführen. Alle wichtigen Punkte werden besprochen und im Kontext einiger Beispiele genau beleuchtet. Wenn Sie dieses Kapitel gelesen haben, werden Sie eine DTD lesen, gültige XML-Dokumente erstellen und eigene XML-Grammtiken definieren können.

6.1 Warum das Ganze?

Die Frage ist durchaus berechtigt, denn die letzten Kapitel haben auf den ersten Blick nicht den Eindruck erweckt, als würde etwas Bestimmtes fehlen. In der Tat ist es auch so, dass XML ohne eine Grammatik stehen und für sich alleine genommen Informationen speichern und weitergeben kann. In Kapitel 5 haben Sie gesehen, dass dies auf unterschiedliche Weise möglich ist, ohne dass eine einschränkende Grammatik nötig gewesen wäre.

Mit anderen Worten: Dem Entwickler wird frei gestellt, inwieweit er seine Daten strukturieren möchte und einen festen Regelwerk unterwirft. Man spricht in diesem

Zusammenhang auch von semistrukturierten Daten. Im Gegensatz dazu besteht SGML auf einer Grammatik, um Dokumente zu definieren. Ein SGML-Parser kann nicht ohne eine DTD arbeiten.

Der Gedanke, der hinter einer Grammatik steckt, ist recht einfach nachvollziehbar, da es um die Standardisierung von Daten geht. Solange ein Dokument nicht von einem Regelwerk in eine bestimmte Form gebracht wird, kann es jeden beliebigen Aufbau und jedes beliebige Element oder Attribut haben. Dieser Zustand wird dann problematisch, wenn mehrere Applikationen XML-Code schaffen oder interpretieren und alle Seiten sich gegenseitig verstehen müssen. Die Situation ist vergleichbar mit der Kommunikation der Menschen untereinander auf dieser Erde, die sich einer ganzen Menge unterschiedlicher Sprachen bedient.

Auf den ersten Blick ist die einzige große Gemeinsamkeit aller Menschen die Fähigkeit eine ganze Menge verschiedener Laute von sich zu geben, die eine verbale Kommunikation grundsätzlich erst ermöglicht. Darüber hinaus fehlt es erst einmal an weiteren Konventionen, die eine Verständigung erlauben würden. Zwei Menschen, die aufeinander stoßen und sich nicht derselben Sprachen bedienen können, müssten sich also erst eine Art Laute- oder Sprachkatalog erschaffen, der für beide Seiten gültig ist. Im einfachsten Fall würde so eine Situation vermutlich nach dem folgenden Schema ablaufen:

1. Person A zeigt auf Gegenstand 1 und gibt einen Laut von sich („Brumm").
2. Person B wiederholt diesen Laut („Brumm").
3. Beide Personen legen damit fest, dass Gegenstand 1 ab sofort mit „Brumm" bezeichnet wird. In Zukunft ist also die Verständigung über diesen Gegenstand möglich, ohne das auf diesen gedeutet wird. Gegenstand 1 wurde also in Lautsprache abstrahiert.
4. Person A zeigt auf einen weiteren Gegenstand (2) und gibt einen neuen Laut von sich („Quick").
5. Person B wiederholt diesen Laut („Quick").
6. Gegenstand 2 wird damit ebenfalls in Lautsprache abstrahiert, und der gemeinsame Sprachkatalog umfasst nun zwei Vokabeln.

Dieser Vorgang wird sich so lange wiederholen, bis eine ausreichend große Anzahl von Begriffen definiert wurde, die eine Kommunikation ermöglichen.

Abbildung 6.1 Kommunikation

Konsequent fortgesetzt, würde ein solcher Sprachkatalog früher oder später in eine komplexe Sprache münden, wie wir sie heute als Englisch, Französisch oder Deutsch kennen. Eine DTD übernimmt dieselbe Aufgabe, wie ein solcher Sprachkatalog, indem festgelegt wird, wie ein gemeinsamer Standard aussieht. Es geht also um die Portabilität von Daten, die wesentlich für den Einsatz in einem Netzwerk ist.

Eine DTD löst dieses Problem auf der Ebene von Dokumenten, indem eine Struktur festgelegt wird, die ganz genau bestimmt, was erlaubt ist und welchen Aufbau ein Dokument haben darf. Eine DTD legt dabei nur den Aufbau des Dokumentes fest, nicht aber den möglichen Inhalt. Es findet also eine Art Typisierung statt, die bestimmte Dokumententypen festlegt und von anderen Daten abgrenzt. Jedes Dokument, das sich an diesen Aufbau der DTD XYZ hält, ist ein Dokument vom Typ XYZ.

Eine ganz ähnliche Beziehung ist aus der objektorientierten Programmierung bekannt: Auch hier werden bestimmte Datentypen definiert, indem Klassen angelegt werden. Dabei handelt es sich um abstrakte Vorlagen für Daten ohne Inhalt. Erst wenn man ein Objekt auf der Basis einer Klasse erstellt, werden Daten nach der Vorlage dieses Typs angelegt und gespeichert. Es gibt immer nur einen Klassentyp, der allerdings beliebig viele Objekte erstellen kann. Genauso verhält es sich bei einer Grammatik für XML, die als Datenvorlage für XML-Dokumente dient.

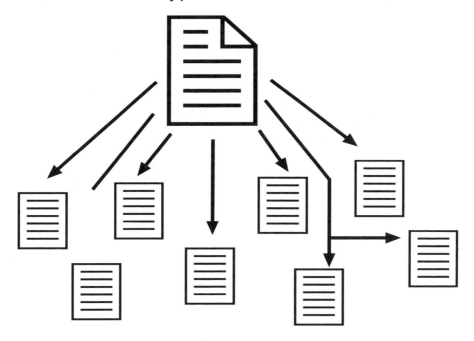

Abbildung 6.2 Der Zusammenhang zwischen einer DTD und XML-Dokumenten

Die DTD für einen bestimmten Typ von XML-Dokumenten wird nicht (wie man vielleicht erwarten könnte) ebenfalls als XML-Dokument abgespeichert, sondern in einer eigenen Syntax, die allerdings auch in einer einfachen Textdatei angelegt ist. Genau wie bei XML-Dokumenten ist ein wesentlicher Aspekt der Grammatik die Möglichkeit des systemübergreifenden Austausches, die bei einer Textdatei gegeben ist. Eine DTD ist plattformunabhängig, genau wie XML, und wird von jedem Computersystem gelesen.

Der Sinn einer DTD, also eines geschlossenen Regelwerkes, das Dokumente eines bestimmten Types in XML oder SGML definiert, wird besonders deutlich, wenn man einen Blick auf die bekanntesten Dokumententypen von SGML beziehungsweise XML wirft. In einem der vorhergehenden Kapitel habe ich bereits auf die Verwandtschaft von SGML, HTML, XML und XHTML hingewiesen. Bei HTML handelt es sich um nichts anderes als um einen Dokumententyp, der anhand einer DTD für SGML definiert worden ist. Mit anderen Worten: SGML wurde über eine Grammatik eingeschränkt, die genau definiert, welche Elemente mit welchen Attributen gültig sind, um die begrenzte Elementmenge von HTML zu beschreiben.

Das ist auch nötig, denn ohne diese Einschränkung würde jeder Browser bei der Interpretation und Darstellung von HTML-Seiten massive Probleme haben, da die Daten in keinem einheitlichen Format erscheinen würden. Der Parser im Browser wüsste nicht, welche Elemente erlaubt sind, und so auch nicht, wie sie sich auf die Darstellung der Webseite auswirken.

Sie sehen, wie wichtig in einem solchen Fall feste Vereinbarungen sind, die in einer DTD getroffen werden. Ein einheitlicher Standard ist nötig, damit alle Browser und alle HTML-Programmierer dieser Welt eine einheitliche Sprache sprechen und die Seite immer so aussieht, wie es gedacht war. Die aktuelle Version von HTML ist 4.0. Die dazugehörige DTD kann im Netz unter der folgenden URL studiert werden:

http://www.w3.org/TR/REC-html40/sgml/dtd.html

Eine kommentierte Version, die das Lesen der DTD ein wenig erleichtert und mit einem Tutorial verbindet, ist ebenfalls im Internet zu finden:

http://www.w3.org/TR/REC-html40/intro/sgmltut.html

XHTML ist für XML das Gleiche, was HTML für SGML darstellt, nämlich ein weiterer Dokumententyp, der eine neue Version von HTML definiert. Anstatt auf die sehr viel breitere Syntax von SGML zurückzugreifen, wurde nun XML verwendet, um eine genauer definierte und vor allem schlankere Variante von HTML zu erhalten. XHTML liegt zur Zeit in der Version 1.0 (zweite Edition) vor. Sie finden die komplette DTD im Netz ebenfalls auf den Seiten des W3C:

http://www.w3.org/TR/xhtml-modularization/dtd_module_defs.html

Alle hier aufgezeigten Links verweisen auf DTDs, die in ihrer Struktur sehr komplex sind. Bevor Sie also versuchen, den Aufbau zu verstehen, sollten Sie das folgende Kapitel gelesen und auch verstanden haben.

6.2 Definition: Gültige Dokumente

Vor einigen Kapiteln habe ich die Definition des wohlgeformten Dokumentes eingeführt. Dokumente sind immer dann wohlgeformt, wenn sie der bestehenden XML-Syntax gehorchen, also beispielsweise alle Elemente richtig abschließen, Groß- und Kleinschreibung beachten oder den richtigen Zeichensatz verwenden. Wohlgeformtheit ist die Grundvoraussetzung für ein XML-Dokument, um verarbeitet werden zu können.

Die Bezeichnung des gültigen Dokumentes geht einen Schritt weiter. Ein gültiges Dokument muss nicht nur der allgemeinen XML-Syntax gehorchen, sondern darüber hinaus sich den speziellen Regeln einer definierten *Document Type Definition* unterwerfen. Implizit ist jedes gültige Dokument auch ein wohlgeformtes Dokument. Umgekehrt gilt diese Annahme allerdings nicht.

Da DTDs sehr unterschiedlich ausfallen können und im Gegensatz zur allgemeinen Syntax von XML nicht automatisch für alle XML-Dokumente angenommen werden können, sind gültige Dokumente nicht direkt vergleichbar. Eine Dokument kann sehr wohl für eine

DTD gültig sein, auf der anderen Seite für eine andere DTD nicht. Gültigkeit bezieht sich also immer auf die dazugehörige Grammatik und kann nicht für sich alleine stehen.

6.3 DTDs erstellen

Auf den folgenden Seiten werden Sie Schritt für Schritt alle Bestandteile einer DTD kennen lernen. Da eine DTD die Bestandteile eines XML-Dokumentes definiert, werden Sie auf wenig neue Begriffe stoßen, doch dafür die schon bestehenden Möglichkeiten eines XML-Dokumentes von einer neuen Seite kennen lernen. Sie schreiben also nun nicht mehr direkt XML, sondern legen die Struktur für XML-Dokumente fest, die für einen bestimmten Typ Gültigkeit besitzt.

6.3.1 DTD im XML-Dokument

Die *Document Type Definition* hat die Aufgabe, einen Dokumententyp zu definieren, wie die Bezeichnung frei übersetzt zu verstehen gibt. Jedes Element, jedes Attribut und jeder mögliche Attributwert muss festgelegt werden, wenn er in einem XML-Dokument verwendet werden soll. Darüber hinaus wird die Struktur, also die Verschachtelung und die erlaubte Anzahl der Elemente, in einem Containerelement festgelegt.

Damit ein Parser die Einschränkungen einer Grammatik auf ein Dokument beziehen kann, ist es notwendig, dass die Daten vor dem eigentlichen XML-Dokument erscheinen. Eine DTD wird über das DOCTYPE-Element in eine XML-Datei integriert. Der Aufbau ist immer derselbe: Wie jedes Element beginnt die Definition mit einer spitzen Klammer, der allerdings ein Ausrufezeichen und das Schlüsselwort DOCTYPE folgen. Nach diesem Einführungsprocedere folgt der Name der DTD und ein Paar eckige Klammern, welche die eigentliche Grammatik enthalten. Den Abschluss bildet eine weitere spitze Klammer, die das DOCTYPE-Element wieder schließt.

```
<!DOCTYPE name [
...
]>
```

Listing 6.1 DOCTYPE-Element

Dieses Element muss am Anfang des XML-Dokuments integriert werden, direkt nach dem einleitenden `<?xml... ?>`-Element. Danach folgen erst die eigentlichen XML-Daten, wie Sie es in den letzten Kapiteln gesehen haben. Logischweise darf pro Dokument nur eine DTD integriert werden, also ist auch nur ein DOCTYPE-Element erlaubt. Der Name der DTD darf frei gewählt werden und darf sich aus Buchstaben und Zahlen zusammensetzen.

Am Anfang dieses Buches habe ich bereits auf die Verwendung von DTDs hingewiesen und als Beispiel folgende DOCTYPE-Definition genannt:

```
<!DOCTYPE html public "-//W3C//DTD HTML 4.0 //EN">
```
Listing 6.2 HTML-DOCTYPE-Definition

Dabei handelt es sich ganz offensichtlich um die DTD des SGML-Dokumententyps für HTML 4.0. Im Gegensatz zu unserem aktuellen Beispiel handelt es sich hier um eine externe DTD, also um einen Verweis auf ein global definiertes Regelwerk. Da jede HTML-Datei ein SGML-Dokument vom Typ `html` ist, wird dieser Verweis von vielen HTML-Editoren eingefügt.

Die DTD im Browser

Der Internet Explorer unterstützt den Einsatz von DTDs im Quelltext einer XML-Datei. Wenn Sie das folgende Beispiel, das aus einem der ersten Kapitel dieses Buches genommen ist, mit einer DTD erweitern, stellt sich das Ergebnis im Browser wie im folgenden Bild dar.

```
<?xml version="1.0" encoding="ISO-8859-1" ?>
<!DOCTYPE  name [
]>
<personen anzahl="2">
  <person geschlecht="m">
   <vorname>Dirk</vorname>
   <nachname>Ammelburger</nachname>
   <geburtstag>30.11.1978</geburtstag>
   <beruf>Autor</beruf>
  </person>
  <person geschlecht="w">
   <vorname>Miriam</vorname>
   <nachname>Messerschmitt</nachname>
   <geburtstag>22.09.1984</geburtstag>
   <beruf>Hotelfachfrau</beruf>
  </person>
</personen>
```
Listing 6.3 XML-Dokument mit interner DTD

6.3 DTDs erstellen

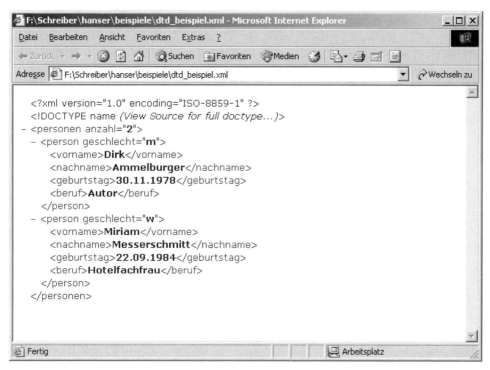

Abbildung 6.3 Die DTD im Internet Explorer

Die eingefügte DTD ist noch leer und besteht nur aus einer formalen Definition ohne Inhalt. Es werden also noch keine Regeln festgelegt, die das Dokument beschränken könnten. Die Darstellung im Browser ändert sich dadurch nicht, da der Internet Explorer immer auf den Quelltext verweist, ohne die komplette DTD anzuzeigen.

Der Browser von Mozilla weist überhaupt nicht auf die Existenz einer DTD hin, sondern gibt das Dokument ohne weiteren Kommentar aus:

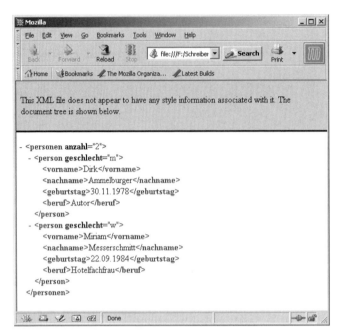

Abbildung 6.4 Dokument mit einer DTD im Mozilla

6.3.2 Elemente definieren

Die Daten in einem XML-Dokument können in zwei verschiedene Bereiche aufgeteilt werden: Auf der einen Seite stehen die konkreten Daten, die in diesem XML-Dokument strukturiert werden sollen, und auf der anderen Seite stehen die Elemente, die für diese Struktur verantwortlich sind. Bekanntlich müssen die konkreten Daten von Elementen umschlossen werden, damit sie in der Struktur des Dokumentes eingebettet sind. Ist das nicht der Fall, kann das Dokument nicht analysiert werden, da es nicht mehr wohlgeformt ist. Neben konkreten Daten können auch weitere Elemente von Elementen umschlossen werden, um auf diese Weise eine Art Baumstruktur zu realisieren. Ein Dokument kann so in beliebig viele Ebenen aufgeteilt werden, die eine sehr detaillierte Strukturierung zulassen.

Auf diese Weise können zwei Typen von Elementen unterschieden werden:

- Datenelemente, die abstrakte Daten enthalten
- Containerelemente, die weitere Elemente enthalten

Dieses Hintergrundwissen ist notwendig, um die Definition von Elementen in einer DTD zu verstehen. Darüber hinaus müssen Sie sich Folgendes vor Augen halten: Sobald ein XML-Dokument eine DTD enthält oder auf eine externe DTD verweist (dazu später mehr), gibt es eine Art „Tabula Rasa", die erst einmal alles verbietet. Mit anderen Worten ist eine leere DTD, wie wir sie oben definiert haben, ein absolutes Verbot, das keine Elemente,

6.3 DTDs erstellen

keine Attribute und erst recht keine konkreten Daten zulässt. Genau genommen ist unser Beispiel oben ein nicht gültiges Dokument.

Um nun in diesem „leeren" Raum wieder Substanz zu schaffen, müssen einzelne Bestandteile explizit erlaubt werden. Sie müssen also beginnen, auf der „leeren Tafel" die Dinge niederzuschreiben, die für diesen speziellen Dokumententyp erlaubt sein sollen. Im ersten Schritt werden das natürlich jene Elemente sein, die Sie verwenden möchten und die einmal oder mehrmals in einem Dokument auftauchen sollen. Jedes Element wird dabei einzeln innerhalb des DOCTYPE-Elements angegeben, und zwar über die folgende Deklaration:

```
<!ELEMENT name (type)>
```

Genau wie in der DOCTYPE-Deklaration wird eine Element-Deklaration mit einer spitzen Klammer und einem Ausrufezeichen eingeleitet. Dann folgt der Name des Elements und ein Paar runde Klammern, die den Typ des neuen Elements enthalten. Die Typangabe ist der wichtigste Bestandteil der Elementendeklaration, da hier festgelegt wird, ob es sich um ein Container- oder ein Datenelement handelt. Je nachdem, was hier angegeben wird, kann man innerhalb dieses Elements konkrete Daten oder weitere Elemente anlegen. Es existieren eine Handvoll Schlüsselwörter, die in der Klammer bei type angegeben werden können:

Tabelle 6.1 Elementtypen

Schlüsselwort	Beschreibung
ANY	„Alles" ist erlaubt. Es können sowohl konkrete Daten aber auch weitere Elemente angegeben werden.
#PCDATA	Nur konkrete Daten sind erlaubt.
EMPTY	Es handelt sich um ein Leerelement, da weder konkrete Daten oder weitere Elemente erlaubt sind.
Name eines Kindelementes	Kindelemente des angegebenen Typs sind erlaubt.

Das erste Schlüsselwort ist die einfachste Möglichkeit, ein Element zu definieren, und gleichzeitig auch die schwammigste. Im Prinzip wird damit auch keine Einschränkung bezüglich dieses Elementes getroffen, da, wie schon gesagt, alles erlaubt ist. Es können sowohl beliebige Elemente als auch konkrete Daten abgelegt werden, ohne dass sich die DTD darum kümmert. Dieses Mischelement sollte nach Möglichkeit nicht so häufig verwendet werden, da ein Regelwerk auf dieser Basis eher zu einer Richtlinie verkommt, die keine wirkliche Bedeutung hat. Einzige Ausnahme ist ein Element, das konkrete Daten und Elemente gleichzeitig enthalten muss. Es muss mit ANY definiert werden, um diese Konstruktion zu ermöglichen.

```
<!ELEMENT wurzelelement (ANY)>
```

Diese Definition würde beispielsweise das folgende Element beschreiben:

```
<wurzelelement>
   <element>Das ist ein Element</element>
    Das ist konkrete Daten!
</wurzelelement>
```

Das zweite Schlüsselwort #PCDATA steht für *Parsed Character Data* und wird immer dann eingesetzt, wenn es sich um ein Datenelement handelt. In diesem Element ist also nur der Einsatz von konkreten Daten erlaubt. Die Verschachtelung von weiteren Elementen ist im Gegensatz zu ANY nicht erlaubt.

```
<!ELEMENT name (#PCDATA)>
```

Das Element name könnte wie folgt aussehen:

```
<name>Dirk Ammelburger</name>
```

Das nächste Schlüsselwort für einen Elementtyp spricht eigentlich schon für sich, da mit EMPTY schlicht und einfach leere Elemente definiert werden. Es ist nicht möglich, konkrete Daten hier unterzubringen, und gleichzeitig verboten, weitere Elemente anzugeben. Die einzige Möglichkeit für ein als EMTPY definiertes Element, Daten zu transportieren, ist über ein oder mehrere Attribute.

```
<!ELEMENT nix (EMPTY)>
```

Ein typisches Leerelement mit Attribut:

```
<nix wert="daten" />
```

Der letzte Elementtyp in der Tabelle besteht aus keinem Schlüsselwort, wie die vorhergehenden Beispiele, sondern ist nur ein Verweis auf die Möglichkeit, einen Typen anzulegen. Konkret bedeutet das nichts anderes, als anstelle eines Schlüsselwortes einen konkreten Elementnamen anzugeben, der als Kindelement in diesem Containerelement eingesetzt werden darf. Dieses Element muss natürlich ebenfalls definiert werden.

```
<!ELEMENT name (#PCDATA)>
<!ELEMENT wurzelelement (name)>
```

Das Beispiel zeigt die Definition von zwei Elementen, wobei das erste Element vom Typ #PCDATA ist. Das zweite Element gibt als Typus einen Verweis auf das erste Element an und legt damit fest, dass nur ein Element vom Typ name hier eingesetzt werden darf:

```
<wurzelement>
   <name>Dirk Ammelburger</name>
</wurzelelement>
```

6.3 DTDs erstellen

Natürlich kann das untergeordnete Element wiederum ein Containerelement sein und auf weitere Kindelemente verweisen. Auf diese Weise lässt sich eine eindeutige Verschachtelung festgelegt, die in einem XML-Dokument bestehen muss. Das Schlüsselwort ANY kann zwar genauso eingesetzt werden, ist aber von der Eindeutigkeit der Anweisung nicht vergleichbar.

6.3.3 Mehrere Kindelemente festlegen

Oft ist es notwendig, ein Containerelement so zu definieren, dass mehrere unterschiedliche Kindelemente möglich sind. Mit den bisherigen Angaben ist das nicht möglich, da wir immer nur einen Kindelementtyp angegeben haben. Ein typisches Beispiel für eine solche Situation ist das folgende XML-Dokument:

```
<?xml version="1.0" encoding="ISO-8859-1" ?>
<person>
   <name>Ammelburger</name>
   <vorname>Dirk</vorname>
   <email>dirk@ammelburger.de</email>
   <web>http://www.lastcode.com</web>
</person>
```

Das Element `person` enthält vier Kindelemente, die nebeneinander gleichberechtigt existieren. Es ist offensichtlich, dass ein einzelner Elementtyp hier nicht ausreicht, um dieses Dokument zu beschreiben.

Die Lösung für diese Situation ist natürlich recht einfach, da es sich um eine „alltägliche" Situation für XML-Dokumente handelt. Kaum eine XML-Datenstruktur kommt mit einem Element pro Containerelement aus, darum ist es ohne weiteres möglich, alle benötigten Typen innerhalb der Typdeklaration anzugeben. Sie müssen lediglich durch ein Komma voneinander getrennt sein:

```
<!ELEMENT name (typ1, typ2, typ3, typ4 ...) >
```

Für unser Beispiel müssen einfach alle Kindelemente von `person` aufgelistet werden, und zwar in der Reihenfolge, wie sie im XML-Dokument erscheinen sollen. Natürlich ist es auch möglich neben selbst definierten Elementtypen auch die bestehenden Schlüsselworte zu verwenden, um beispielsweise den Einsatz von konkreten Daten zu erlauben.

```
<!ELEMENT name (typ1, typ2, typ3, typ4, #PCDATA) >
```

So wird ein Mischelement ähnlich zu ANY erzeugt, allerdings weit enger gefasst, was die zulässigen Elemente angeht.

Diese neuen Informationen erlauben es uns, das weiter oben gemachte Beispiel in ein Regelwerk zu fassen. Das folgende XML-Dokument mit interner DTD zeigt eine völlig gültige XML-Struktur:

```xml
<?xml version="1.0" encoding="ISO-8859-1" ?>

<!DOCTYPE  name [

<!ELEMENT person (name,vorname, email, web)>
<!ELEMENT name (#PCDATA)>
<!ELEMENT vorname (#PCDATA)>
<!ELEMENT email (#PCDATA)>
<!ELEMENT web (#PCDATA)>

]>

<person>
   <name>Ammelburger</name>
   <vorname>Dirk</vorname>
   <email>dirk@ammelburger.de</email>
   <web>http://www.lastcode.com</web>
</person>
```

Listing 6.4 Ein XML-Dokument mit DTD

Der Internet Explorer zeigt die DTD unverändert, lediglich als Verweis auf den Quelltext:

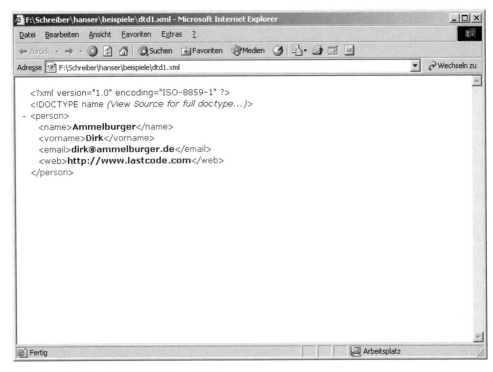

Abbildung 6.5 Das Beispiel im Internet Explorer

6.3 DTDs erstellen

Anhand dieser DTD kann ein Parser nun genau feststellen, ob es sich bei einem XML-Dokument um einen gültigen Typ handelt, der sich an das Regelwerk hält, oder ob es sich um „willkürliche" XML-Daten handelt. Beachten Sie bitte, dass durch die Syntax mit den Kommata die genaue Reihenfolge der Elemente festgelegt wird. Wenn im oben gezeigten XML-Dokument beispielsweise die eMail-Adresse vor den Namen erscheinen würde, wäre das Dokument nicht gültig.

Exkurs: Elementtypen und Parser

An dieser Stelle möchte ich ein wenig vorgreifen und auf die Bedeutung der verschiedenen Elementtypen für die Analyse eines Dokumentes eingehen. In einem der folgenden Kapitel werden Sie die Möglichkeit kennen lernen, mit einer Software ein XML-Dokument zu interpretieren und die darin gespeicherten Daten abzurufen. Dieser Vorgang wird *Parsen* genannt, und die Software, die für diesen Vorgang verantwortlich ist, *Parser*. Dabei wird grundsätzlich zwischen Typen von Parsern unterschieden, auf der einen Seite die Parser, die eine DTD ignorieren, und auf der anderen Seite die Parser, die eine DTD in die Analyse des Dokumentes mit einbeziehen. In diesem Zusammenhang spricht man auch von validierenden Parsern.

Neben dem erwarteten und bekannten Effekt, dass der Parser über die Gültigkeit des Dokumentes anhand der Grammatik entscheidet, wird durch eine DTD auch ein weiterer Vorgang angestoßen, der oft nicht bemerkt wird. Die oben besprochene Typisierung von Elementen erlaubt es einem Parser, die Daten innerhalb eines Elementes unterschiedlich zu werten, da bestimmte Annahmen über die gespeicherten Stringfolgen getroffen werden können.

Betrachten Sie das folgende Beispiel noch einmal ohne die DTD:

```xml
<?xml version="1.0" encoding="ISO-8859-1" ?>

<person>
    <name>Ammelburger</name>
    <vorname>Dirk</vorname>
    <email>dirk@ammelburger.de</email>
    <web>http://www.lastcode.com</web>
</person>
```

Listing 6.5 Leerzeichen und Zellenumbrüche im XML-Dokument

Ein Programm, das diese Daten lesen sollte, würde zwangsläufig mit einem Problem konfrontiert werden, das auf den ersten Blick für das menschliche Auge nicht nachvollziehbar ist. Der XML-Code enthält neben den gewollten konkreten Daten auch einige unsichtbare Zeichen, die für die bessere Lesbarkeit in das Dokument eingefügt wurden. Ich rede hierbei von Zeilenumbrüchen und Leerzeichen, die die Formatierung der Daten besser erkennbar machen. Nach jedem Element ist beispielsweise ein Zeilenumbruch eingefügt, der das nächste Element abgrenzt. Darüber hinaus sind alle Elemente innerhalb von person durch Leerzeichen eingerückt, die die Unterordnung deutlich machen.

Auch wenn für das menschliche Auge auf den ersten Blick klar ist, dass diese Daten nicht in das Dokument gehören, kann ein Computerprogramm hier keine Unterscheidung treffen. Für den Parser sind alle Leerzeichen und alle Zeilenumbrüche (auch Whitespaces genannt) konkrete Daten, die verarbeitet werden müssen. Später werden Sie sehen, wie sich diese Tatsache in einem Programm auswirkt.

Trifft ein validierender Parser nun auf eine DTD, kann er anhand der hier gemachten Angaben einige Schlüsse auf die Verwendung von Whitespaces in der Datei ziehen. Wird ein Element beispielsweise als EMPTY definiert, kann der Parser davon ausgehen, dass alle Whitespaces innerhalb dieses Elementes nur zur besseren Lesbarkeit halber eingefügt worden sind, und ignoriert sie. Dasselbe trifft zu, wenn ein Element als reines Containerelement definiert wurde und nur Kindelemente in der DTD als erlaubt gekennzeichnet sind.

Dagegen sind Elementtypen wie #PCDATA oder ANY nicht so eindeutig einzugrenzen, da die Leerzeichen und Zeilenumbrüche durchaus als gewollt eingestuft werden müssen. Der Parser darf also nicht, wie bei EMPTY oder Containerelemente, diese Daten ignorieren. Die folgende Tabelle zeigt den Umgang mit Whitespaces noch einmal im Überblick:

Tabelle 6.2 Elementtypen und Parser

Elementtyp	Behandlung von Whitespaces
EMPTY	Whitespaces werden ignoriert
ANY	Whitespaces werden gewertet
#PCDATA	Whitespaces werden gewertet
Containerelement	Whitespaces werden ignoriert

Im Kapitel über Parser werden wir dieses Thema noch einmal aufgreifen.

6.3.4 Operatoren für Elemente

Nach diesem kurzen Ausflug in die Welt der Parser und die weiteren Bedeutungen einer DTD kehren wir nun zurück zu den eigentlichen Aufgaben einer Grammatik, nämlich der Festlegung von Regeln. Alle Einschränkungen, die bisher getroffen wurden, haben nur den Typ des Elementes betroffen, nicht aber die gewünschte Häufigkeit des Elementes. Wenn Sie das weiter oben gemachte Beispiel ein wenig erweitern, werden Sie feststellen, dass noch einige offene Fragen in der DTD zu beantworten sind:

```
<?xml version="1.0" encoding="ISO-8859-1" ?>

<personen>
   <person>
      <name>Ammelburger</name>
      <vorname>Dirk</vorname>
      <email>dirk@ammelburger.de</email>
      <web>http://www.lastcode.com</web>
```

```
      </person>
      <person>
         <name>Müller</name>
         <vorname>Hans</vorname>
         <email>hans@mueller.de</email>
      </person>
</personen>
```
Listing 6.6 Operatoren

Neben dem neuen Element `personen`, das nun das Wurzelement im Beispiel darstellt, fällt besonders eine Änderung ins Auge: Das Element `person` ist nun zweimal vorhanden. Was bedeutet das für die DTD? Nun, in erster Linie natürlich, dass ein Mechanismus eingeführt werden muss, der die Häufigkeit von Elementen definiert und beschränkt. Mit anderen Worten: Der Typ eines Elements muss um eine Information erweitert werden, nämlich die Anzahl, wie oft dieser Typ auftauchen darf.

Dazu bedienen wir uns einiger Operatoren, die Ihnen vielleicht aus dem Umgang mit regulären Ausdrücken bekannt sein könnten. Mit diesen Operatoren ist es ohne weiteres möglich anzugeben, ob ein Element einmal, keinmal oder beliebig oft verwendet werden darf. Eine genauere Festlegung ist in einer DTD nicht möglich. Die folgenden Operatoren stehen uns zur Verfügung:

Tabelle 6.3 Operatoren für Elemente

Operator	Beschreibung
+	Das Element muss mindestens einmal oder beliebig oft verwendet werden.
*	Das Element kann keinmal oder beliebig oft verwendet werden.
?	Das Element darf genau einmal oder keinmal verwendet werden.

Wird keiner dieser Operatoren verwendet, gilt die Default-Eigenschaft „Genau einmal!". Wird das Element also öfter oder gar nicht verwendet, dann wird das Dokument ungültig. Damit ist die Default-Eigenschaft auch gleichzeitig die restriktivste Einschränkung, da am wenigsten Spielraum gelassen wird.

Die Anwendung der Operatoren findet, wie schon gesagt, direkt am Elementtyp statt und ist aus naheliegen Gründen nur bei Containerelementen sinnvoll einsetzbar. Schlüsselworte wie `EMPTY` oder `ANY` können natürlich nicht mit einem Operator gekennzeichnet werden, da genau wie bei `#PCDATA` eine Angabe sinnlos ist. Das folgende Beispiel zeigt einige Möglichkeiten von Elementdefinitionen:

```
<!ELEMENT head (title?) >
<!ELEMENT wurzelelement (datenelement+, metadaten?)>
<!ELEMENT name (vorname*, nachname+)>
```

Wiederholungsoperatoren sind beliebig mit Elementen kombinierbar und können für jedes Kindelement eines Containerelementes gesetzt werden. Eine kleine Änderung an einer DTD genügt, um relativ kleine Datenkonstruktionen fast beliebig erweiterbar zu machen.

Das folgende Beispiel zeigt die neue DTD des oben erweiterten Beispiels:

```
<?xml version="1.0" encoding="ISO-8859-1" ?>
<!DOCTYPE  name [

<!ELEMENT personen (person*)>
<!ELEMENT person (name,vorname+, email, web?)>
<!ELEMENT name (#PCDATA)>
<!ELEMENT vorname (#PCDATA)>
<!ELEMENT email (#PCDATA)>
<!ELEMENT web (#PCDATA)>

]>

<personen>
   <person>
      <name>Ammelburger</name>
      <vorname>Dirk</vorname>
      <email>dirk@ammelburger.de</email>
      <web>http://www.lastcode.com</web>
   </person>
   <person>
      <name>Müller</name>
      <vorname>Hans</vorname>
      <email>hans@mueller.de</email>
   </person>
</personen>
```

Listing 6.7 Element-Operatoren

Die neue DTD wurde um einen Elementtyp und eine Reihe von Operatoren erweitert. Unter anderem wurde nun festgelegt, dass das Element web nicht verpflichtend angegeben werden muss, sondern nur optional ist. Darüber hinaus ist es nun möglich, mehrere Vornamen anzugeben, wobei mindestens einer nötig ist. Die Anzahl der person-Elemente innerhalb des personen-Elements ist nun auch beliebig, wobei es sogar möglich ist, kein Element anzugeben. Die passende Beschreibung für einen leeren Hörsaal.

6.3.5 Elementgruppen und Operatoren

Die DTD bietet neben der herkömmlichen Methode einzelne Elementtypen in der Elementendeklaration anzusprechen, auch die Möglichkeit, Elementtypen in Gruppen zusammenzufassen und als eine komplexe Einheit zu behandeln. Wiederholungsoperatoren oder Konjunktoren, die wir im nächsten Abschnitt kennen lernen werden, gelten dann nicht nur für einen einzelnen Elementtyp, sondern für die komplette Gruppe.

Syntaktisch gesehen, ist eine Elementgruppe nichts Neues, da Sie bereits in den letzten Beispielen damit konfrontiert worden sind. Bisher haben wir schlicht und einfach nur mit einer einzigen Elementgruppe gearbeitet, die einfach in runden Klammern am Ende des ELEMENT-Tags angegeben wurde.

```
<!ELEMENT person (name, vorname, email, web)>
```

6.3 DTDs erstellen

Die einzelnen Elemente können nun direkt mit Wiederholungsoperatoren gekennzeichnet werden. Alternativ haben Sie allerdings auch die Möglichkeit, die komplette Gruppe als einzelnes Element zu sehen und entsprechend zu behandeln:

```
<!ELEMENT person (name, vorname, email, web)*>
```

Diese Definition sagt, dass die Elementgruppe `name`, `vorname`, `email`, `web` keinmal, einmal oder beliebig häufig und genau in dieser Reihenfolge im Element `person` auftreten darf. Möchten Sie nun innerhalb dieser Gruppe weitere Gruppen definieren, können Sie dies mit weiteren runden Klammern tun:

```
<!ELEMENT person (name, vorname, (email, web?)+)>
```

Diese Definition legt fest, dass im Element person die Elemente `name`, `vorname`, `email` und `web` erscheinen dürfen, wobei Vor- und Nachname genau einmal zulässig sind. Demgegenüber darf die Elementgruppe `email` und `web` mindestens einmal vorkommen, wobei das Element `web` nur optional ist.

Sie sehen, dass die Gruppierung von Elementen in Kombination mit Wiederholungsoperatoren recht schnell sehr komplexe Anweisungen ermöglichen, die nicht immer auf den ersten Blick zu erfassen sind. Im nächsten Abschnitt werden wir noch Konjunktoren hinzufügen, die eine DTD noch eine Spur komplexer machen.

6.3.6 Elementgruppen und Konjunktoren

Konjunktoren werden für die Verknüpfung von Elementtypen verwendet und legen die Reihenfolge von Elementen fest. Einen Konjunktor haben Sie bereits kennen gelernt, nämlich das Komma. Neben dem Komma kennt XML noch zwei weitere Konjunktoren, die es erlauben, Elementtypen flexibel zu kombinieren:

Tabelle 6.4 Konjunktoren

Konjunktor	Beschreibung
,	Erzwingt eine Reihenfolge von Elementen
|	Entweder-oder-Verknüpfung
&	Und-Verknüpfung (SGML)

Der erste Konjunktor ist das Komma, der genau zwei Eigenschaften für ein Element festlegt. Als Erstes wird bestimmt, dass alle Elemente, die über ein Komma verbunden sind, genau einmal auftreten dürfen, nicht mehr und nicht weniger. Diese Eigenschaft lässt sich allerdings mit einem Wiederholungsoperator elegant modifizieren. Die andere Eigenschaft des Komma-Konjunktors ist die definite Reihenfolge der Elemente im

Containerelement: Alle Elemente müssen in genau jener Reihenfolge erscheinen, wie es die DTD vorgibt:

```
<!ELEMENT sieger (erster, zweiter, dritter)>
```

Diese Elementdefinition ist nur dann erfüllt, wenn die Kindelemente erster, zweiter und dritter Generation auch in der Reihenfolge im XML-Dokument auftauchen. Ansonsten liegt ein Fehler vor.

Neben dem Komma und als erster neuer Konjunktor können Sie das Pipe-Symbol verwenden, um Elementtypen zu verknüpfen. Hierbei werden die Elemente als Alternativen verknüpft, so dass bei der Erschaffung des XML-Dokumentes gewählt werden kann, welche der beiden Elemente man verwenden möchte:

```
<!ELEMENT bestellung (kundennummer | adresse), waren)>
```

Der Applikation oder dem User wird freigestellt, welche der beiden Elemente verwendet werden sollen, beziehungsweise welche Daten man angeben möchte. Im Beispiel wird ein rudimentärer Bestellvorgang definiert, der zusammen mit den Waren auch Kundendaten abgefragt. Falls der Kunde schon registriert ist, kann er seine Kundennummer angeben, die ihn eindeutig identifiziert und es ermöglicht, auf seine Kundendaten zuzugreifen. Alternativ kann er auch seine Adresse angeben. Pflichteintrag sind in jedem Fall die Waren, die bestellt werden sollen.

Eine weitere Möglichkeit des Entweder-oder-Konjunktors ist die freie Entscheidung zwischen verschiedenen Elementen in beliebiger Reihenfolge und Häufigkeit. In Kombination mit einem Wiederholungsoperator kann fast jede Situation beschrieben werden:

```
<!ELEMENT element (A | B | C)*>
```

Diese Definition muss man sich einen Augenblick auf der Zunge zergehen lassen, um zu verstehen, was hier ermöglicht wird. Dieser Teil einer DTD erlaubt es, innerhalb des Elementes element die Kindelemente beliebig oft, in jeder beliebigen Kombination und Reihenfolge, zu verwenden. Der Wiederholungsoperator umgeht die Entweder-oder-Eigenschaft einfach, indem er dieselbe Wahl immer wieder ermöglicht und so eine sehr große Freiheit gewährt. Die Frage ist hierbei nicht, inwieweit eine solche Kombination sinnvoll ist (wer weiß, welche Dokumente Sie entwickeln werden ☺), sondern vielmehr, dass es generell möglich ist, so etwas in einer DTD zu definieren. Die Möglichkeit liegt immer im Detail und in der geschickten Kombination aller bestehenden Regeln.

Der letzte Konjunktor in der Tabelle beschreibt eine Und-Verknüpfung zwischen Elementen und wird durch das kaufmännische UND-Zeichen & dargestellt. Hierbei handelt es sich allerdings nicht um eine offizielle Möglichkeit von XML, sondern um ein Relikt aus der SGML-Vergangenheit. Dieser Konjunktor erlaubt es, eine Reihe von

Elementen zu verknüpfen, ohne eine bestimmte Reihenfolge vorzugeben. Sie sollten diesen Konjunktor in XML allerdings nicht verwenden, sondern versuchen, mit den bestehenden Boardmitteln nachzubauen, wie das folgende Beispiel zeigt:

```
<!ELEMENT element ((A, B) | (B, A))>
```

Die Elemente A und B sind hier in beiden möglichen Reihenfolgen durch ein Entweder-oder-Konjunktor verknüpft, so dass der User oder eine Applikation die freie Wahl hat. Das Beispiel zeigt gleichzeitig, wie Elementgruppen mit Konjunktoren verknüpft werden. Exakt so, wie Sie es vermutlich erwartet haben.

6.4 Attribute in einer DTD

Genau wie Elemente müssen auch Attribute in einer DTD definiert werden, wenn sie in einem XML-Dokument verwendet werden sollen. Nachdem Sie nun alle Möglichkeiten der Elementdefinition in einer DTD kennen gelernt haben, können wir uns ausführlich der Attributdefinition widmen. Gleich vorweg kann ich Ihnen versichern, dass Attribute ein ganzes Stück einfacher zu definieren sind, da es glücklicherweise nicht die Möglichkeit von komplexen Verschachtelungen und Wiederholungen gibt wie bei Elementen.

6.4.1 Aufbau einer Attributdefinition

Ähnlich wie bei einem Element hat auch eine Attributdefinition einen festen Aufbau, der beachtet werden muss. Die Syntax ist sogar relativ ähnlich, wobei das Schlüsselwort ATTLIST verwendet werden muss:

```
<!ATTLIST element_name
    attribut_name typ modifikator
>
```

Listing 6.8 Attributdefinition

Das verwendete Schlüsselwort ATTLIST deutet an, dass es sich bei dieser Definition um kein einzelnes Attribut handelt, sondern um eine ganze Liste, die einem bestimmten Element zugeordnet wird. Darum ist der erste Wert, der angegeben werden muss, auch der Elementname, für den diese Liste gültig sein soll. Es versteht sich, dass das Element natürlich zuvor definiert worden sein muss. Die folgenden Angaben betreffen dann jeweils ein einzelnes Attribut und müssen für jedes Attribut erneut angegeben werden.

Sind also mehrere Attribute für ein Element nötig, kann die Definition für diese Attributliste so aussehen:

```
<!ATTLIST element_name
    attribut_name1 typ modifikator
    attribut_name2 typ modifikator
    attribut_name3 typ modifikator
```

```
        attribut_name4 typ modifikator
        attribut_name5 typ modifikator
>
```

Listing 6.9 Mehrere Attribute für ein Element

Der Elementname muss logischerweise nur einmal erscheinen, alle anderen Angaben mehrmals, da sie für jedes Attribut erneut gemacht werden müssen. Die hier vorgeschlagene Schreibweise der Syntax ist natürlich nicht verpflichtend, allerdings bietet sie doch die bestmögliche Übersicht über die Attributliste.

Ein einzelnes Attribut benötigt drei Angaben in der DTD, nämlich einen Namen, eine Typangabe und letztendlich noch einen Modifikator. Der Name ist soweit selbsterklärend, da es sich hierbei um die Bezeichnung handelt, die später im XML-Dokument für das Attribut verwendet werden soll. Es gelten dieselben Regeln wie für die Namensgebung der Elementnamen. Der Typ eines Attributes ist vergleichbar mit dem Typ eines Elementes, wobei die einzelnen Typen auf den nächsten Seiten genau besprochen werden. Der Modifikator eines Attributes legt fest, welchen Status das Attribut haben soll. Hierzu stehen eine Reihe von Schlüsselwörtern zur Verfügung, die unterschiedliche Charakteristiken festlegen.

6.4.2 Attributtypen

Eine DTD für XML-Dokumenttypen unterscheidet drei verschiedene Attributtypen, die unterschiedlich behandelt werden müssen. Die folgende Tabelle zeigt, welche Möglichkeiten Sie haben:

Tabelle 6.5 Attributtypen

Attributtyp	Schlüsselwort	Beschreibung
Stringtypen	CDATA	Beliebige Textdaten
Aufzählungstypen	Werteliste	Einschränkung der möglichen Werte auf den Inhalt der Liste
Standardtypen	ID IDREF ENTITY	Festgelegte Wertverknüpfungen

Die erste Möglichkeit dieser Tabelle ist gleichzeitig die einfachste Möglichkeit, den Wertebereich eines Attributes festzulegen. Wenn für den Typ das Schlüsselwort CDATA angegeben wird, dann bedeutet dies, dass im XML-Dokument jede beliebige Zeichenkette verwendet werden darf. CDATA steht demnach auch für *Character Data*, als schlichte Zeichenketten. Ein validierender Parser wird den Inhalt eines solchen Attributes nicht weiter kontrollieren, da er keine weiteren Angaben im Regelwerk bekommen hat.

CDATA ist damit der schwammigste Datentyp für Attribute, da schlicht alle Daten zugelassen sind, die mit der allgemeinen Syntax eines XML-Dokumentes konform gehen. Verwenden Sie CDATA deshalb nur, wenn das Attribut nicht näher beschreibar ist und Sie nicht wissen, welche Daten übergeben werden können. Typisches Beispiel wäre die Angabe von Kalenderdaten als Attribut.

```
<!ATTLIST bestellung
    datum CDATA modifikator
>
```

Eine wesentlich genauere Möglichkeit der Attributdefinition ist die Festlegung von genau definierten Werten in so genannten Aufzählungstypen. Die möglichen Werte eines Attributes werden damit auf eine überschaubare Liste reduziert, die eine genaue Kontrolle durch einen Parser zulassen.

Die möglichen Werte werden anstelle eines Schlüsselwortes in runden Klammern aufgelistet und jeweils durch ein Pipe-Symbol voneinander getrennt. Wenn Sie sich an die Elementdefinition erinnern, ist diese Syntax einleuchtend, da die Möglichkeiten durch ein ODER-Symbol getrennt werden. Sie haben also die freie Wahl, einen dieser Werte zu übernehmen. Jeder andere hier nicht aufgeführte Wert würde dazu führen, dass das Dokument ungültig wird.

```
<!ATTLIST kunde
    neukunde (JA | NEIN) modifikator
>
```

Es können auf diesem Wege beliebig viele Alternativen angegeben werden. Beachten Sie, dass ein Parser auch die Schreibweise validiert, darum sollten Sie die Groß- und Kleinschreibung berücksichtigen.

6.4.3 ID, IDREF, ENTITY

Die letzte Gruppe der Attributtypen besteht aus einer Handvoll Standardtypen, die in der DTD festgelegt sind. Im Gegensatz zu den oben besprochenen Attributtypen haben diese Typen die Besonderheit, dass sie über das betroffene Attribut hinaus auf das XML-Dokument Einfluss haben. Auch wenn sie bei weitem nicht so häufig eingesetzt werden, sind sie dennoch wichtig, da sehr wesentliche Angaben gemacht werden können.

Der erste Attributtyp ist mit dem Schlüsselwort ID gekennzeichnet und hat die Aufgabe, dem betroffenen Attribut und damit auch dem betroffenen Element in einem XML-Dokument einen eindeutigen Wert zu garantieren. Mit anderen Worten darf der Wert des Attributes, das den Typ ID zugewiesen bekommen hat, in keinem anderen Attribut des Types ID wieder auftauchen. Dabei spielt es keine Rolle, welchen Bezeichner das Attribut hat, da hier nur auf den Typ geachtet wird. Diese Technik ist aus dem Bereich der Datenbank mit dem Begriff eindeutiger Schlüssel bekannt und ermöglicht es, „Datensätze" in einem XML-Dokument eindeutig identifizierbar zu machen. In einem späteren Kapitel zum Thema XML-Path werden Sie sehen, welchen Wert diese Maßnahme haben kann.

Betrachten Sie einmal das folgende Beispiel, das ich leicht modifiziert aus einem der vorhergehenden Abschnitte übernommen habe:

```xml
<?xml version="1.0" encoding="ISO-8859-1" ?>

<personen>
   <person personalnummer="DA-301178">
      <name>Ammelburger</name>
      <vorname>Dirk</vorname>
      <email>dirk@ammelburger.de</email>
      <web>http://www.lastcode.com</web>
   </person>
   <person personalnummer="HM-170945">
      <name>Müller</name>
      <vorname>Hans</vorname>
      <email>hans@mueller.de</email>
   </person>
</personen>
```

Listing 6.10 XML mit IDs

Das XML-Dokument zeigt die schon bekannte Liste mit Personen, die um das Attribut `personalnummer` erweitert wurde. Jedes Element `person` hat nun einen zusätzlichen Wert, der es erlaubt, einen Menschen in dieser Liste genau zu identifizieren. Auch wenn es in einer großen Firma vorkommen kann, dass es mehrere Personen mit dem Namen Hans Müller gibt, garantiert doch die Personalnummer, dass jeder vom anderen unterschieden werden kann. So weit so gut, doch was hindert uns im Moment daran, zweimal die gleiche Nummer zu vergeben? Zur Zeit nichts! Es wäre also ohne weiteres möglich, beiden Personen die Nummer `DA-301178` zu geben, was dazu führt, dass die Personalnummer nicht mehr eindeutig ist. Katastrophe! Erst eine DTD in Verbindung mit einem validierenden Parser sorgt dafür, dass so etwas nicht passieren kann. Wenn das Attribut `personalnummer` wie folgt definiert würde, dann wäre man auf der sicheren Seite:

```
<!ATTLIST person
personalnummer    ID modifikator
>
```

Listing 6.11 ID-Definition

Ein validierender Parser würde nun darauf achten, dass kein weiteres Attribut vom Typ `ID` denselben Wert zugewiesen bekommt. Wäre das der Fall, würde es bei einer Validierung sofort auffallen und das Dokument ungültig machen.

Neben dem Typ `ID` gibt es einen korrespondierenden Typen mit der Bezeichnung `IDREF`, der sich auf Attribute mit dem Typ `ID` bezieht. Dieser Attributtyp gibt Ihnen die Möglichkeit, Datensätze aufeinander zu beziehen, da durch den Typ `ID` sichergestellt ist, dass keine Überschneidungen möglich sind. `IDREF` ist also nichts anderes als eine Referenz auf eine bestehende `ID` in ein Dokument, die ähnlich wie ein Link von einem Datensatz auf den nächsten verweist.

Wenn wir das Beispiel noch ein wenig erweitern, wird deutlich, welchen Zweck eine solche Konstruktion haben kann:

```xml
<?xml version="1.0" encoding="ISO-8859-1" ?>

<personen>
   <person personalnummer="DA-301178" vorgesetzer="VE-152812">
      <name>Ammelburger</name>
      <vorname>Dirk</vorname>
```

6.4 Attribute in einer DTD

```
            <email>dirk@ammelburger.de</email>
            <web>http://www.lastcode.com</web>
        </person>
        <person personalnummer="HM-170945" vorgesetzter="DA-301178">
            <name>Müller</name>
            <vorname>Hans</vorname>
            <email>hans@mueller.de</email>
        </person>
        <person personalnummer="VM-454311" vorgesetzter="DA-301178">
            <name>Meier</name>
            <vorname>Volker</vorname>
            <email>Volker@meier.de</email>
        </person>
    </personen>
```

Listing 6.12 XML mit IDREF

Dieses neue XML-Dokument zeigt wieder die bekannte Personenliste, die diesmal um einen Datensatz erweitert wurde. Darüber hinaus gibt es nun das Attribut vorgesetzter, das auf eine personalnummer verweist. Der Zweck ist klar, da mit dieser Verknüpfung die jeweilige Rangordnung angegeben wird und welche Person für welchen Angestellten verantwortlich ist. In der DTD bietet das Schlüsselwort IDREF nun die Möglichkeit, diese Tatsache zu verankern und mit einer Regel zu beschreiben:

```
<!ATTLIST person
    personalnummer    ID modifikator
    vorgesetzter IDREF modifikator
>
```

Listing 6.13 IDREF-Definition

Dieser Ausschnitt aus der DTD zeigt, wie IDREF in unserem Beispiel verwendet wird. Jedes person-Element verweist nun auf ein anderes person-Element, indem der Attributtyp als ID-Referenz angegeben wurde. Es entsteht eine Art Verknüpfungsnetz, das mit steigender Anzahl von Datensätzen immer komplexer wird. Der dritte Datensatz im Beispiel zeigt, dass es durchaus möglich ist, aus verschiedenen Datensätzen auf dieselbe Person zu zeigen, da die Eindeutigkeit trotzdem gewahrt bleibt. Es ist also möglich, dass ein Vorgesetzter mehrere Untergebene hat. Allerdings kann jeder Angestellte bisher nur einen Chef haben.

Der letzte Typ, den ich an dieser Stelle vorstellen möchte, ist mit dem Schlüsselwort ENTITY gekennzeichnet. Auf den ersten Blick hat ein ENTITY-Attribut eine ganz ähnliche Aufgabe wie ein IDREF-Attribut, nämlich den Querverweis auf einen anderen Datensatz darzustellen. Allerdings ist eine ENTITY kein Verweis auf einen eindeutigen Datensatz, sondern lediglich ein einfacher Querverweis auf Daten, die unter einem bestimmten Bezeichner in der DTD definiert worden sind.

```
<!ATTLIST element
    attribut ENTITY modifikator
>
```

Listing 6.14 ENTITY-Definition

Entities werden wir im Laufe dieses Kapitels noch genauer unter die Lupe nehmen und dabei auch diesen speziellen Attributtyp genauer beleuchten.

6.4.4 Plural-Typen für Attribute

Die DTD eines XML-Dokumentes unterstützt die Möglichkeit, dass einige der oben besprochenen Spezialtypen auch in einer „Plural"-Form angewendet werden können. Praktisch gesehen, bedeutet dies, dass anstelle eines einzelnen Wertes mehrere Werte desselben Types gleichzeitig in einem Attribut angegeben werden können. Die betroffenen Schlüsselwörter sind IDREF und ENTITY, die einfach in den englischen Plural übertragen werden:

Tabelle 6.6 Plural-Typen

Singular-Typ	Plural-Typ
IDREF	IDREFS
ENTITY	ENTITIES

Der Typ ID kann nicht im Plural verwendet werden, da die Zuweisung mehrerer IDs nicht sinnvoll ist und den Zweck dieses Attributes aushebeln würde. Doch warum Pluraltypen? Welchen Sinn hat die Anwendung dieser Möglichkeit? Das folgende Beispiel zeigt, welche Informationen auf diese Weise festgelegt werden können.

```xml
<?xml version="1.0" encoding="ISO-8859-1" ?>

<personen>
   <person personalnummer="DA-301178" vorgesetzer="VE-152812"
untergebene="HM-170945 VM-454311">
      <name>Ammelburger</name>
      <vorname>Dirk</vorname>
      <email>dirk@ammelburger.de</email>
      <web>http://www.lastcode.com</web>
   </person>
   <person personalnummer="HM-170945" vorgesetzter="DA-301178"
untergebene="">
      <name>Müller</name>
      <vorname>Hans</vorname>
      <email>hans@mueller.de</email>
   </person>
   <person personalnummer="VM-454311" vorgesetzter="DA-301178"
untergebene="">
      <name>Meier</name>
      <vorname>Volker</vorname>
      <email>Volker@meier.de</email>
   </person>
</personen>
```

Listing 6.15 Pluraltypen

Das Element `person` wurde nun um ein neues Attribut mit dem Namen `untergebene` erweitert. Der Zweck ist der Rückverweis auf alle Datensätze, die dieser Person untergeordnet sind, also welchen Personen er oder sie vorgesetzt ist. Da das in der Regel mehr als eine Person sein kann, muss hier eine ganze Reihe von IDs angegeben werden. Die einzelnen IDs werden in diesem Fall durch einfache Leerzeichen voneinander getrennt. In der DTD sieht die Definition des neuen Attributes wie folgt aus:

```
<!ATTLIST person
    personalnummer   ID modifikator
    vorgesetzter IDREF modifikator
    untergebene IDREFS modifikator
>
```

Listing 6.16 Pluraltypen

Es kommt der neue Pluraltyp zum Einsatz, der einem validierenden Parser mitteilt, dass an dieser Stelle eine Reihe von Verweisen auf andere IDs möglich sind. Die Trennung der IDs durch Leerzeichen ist dabei eine vorgeschriebene Syntax, die in jedem Fall eingehalten werden muss. Sollte es in der Hierarchie des Unternehmens möglich sein, dass eine Person mehrere Vorgesetzte hat (z.B. Matrixorganisiation), dann muss das Attribut `vorgesetzter` natürlich auch vom Typ `IDREFS` sein.

Der Pluraltyp `ENTITIES` funktioniert nach demselben Schema: Anstelle einer einzelnen Entity können bei diesem Pluraltyp nun eine ganze Reihe von Verweisen erfolgen, die durch Leerzeichen voneinander getrennt werden müssen. Mehr dazu in einem der folgenden Abschnitte über die Verwendung von Entities.

6.4.5 Modifikatoren für Attribute

In allen vorhergehenden Beispielen haben wir in den Attributdefinitionen an der Stelle des Modifikators immer den Platzhalter `modifikator` belassen, was syntaktisch natürlich nicht korrekt ist. Diese Lücke soll nun geschlossen werden. Grundsätzlich entscheidet ein Modifikator darüber, ob ein Attribut in einem XML-Dokument eingesetzt werden muss, oder ob der Einsatz freigestellt wird. Zu diesem Zweck stehen drei verschiedene Schlüsselworte zur Verfügung, die in der folgenden Tabelle aufgelistet werden:

Tabelle 6.7 Modifikatoren für Attribute

Schlüsselwort	Beschreibung
#IMPLIED	Einsatz des Attributes ist optional.
#REQUIRED	Das Attribut muss gesetzt werden.
#FIXED	Das Attribut hat einen konstanten Wert und kann nicht verändert werden.

Das erste Schlüsselwort signalisiert einem validierenden Parser, dass das Attribut nicht gesetzt werden muss, sondern der Einsatz optional ist. Bei der Erstellung des XML-

Dokumentes kann der Autor also entscheiden, ob das Attribut für ihn sinnvoll ist. Das Schlüsselwort #IMPLIED wird fast immer im Zusammenhang mit einem Default-Wert verwendet, den wir im nächsten Abschnitt besprechen werden.

```
<!ATTLIST person
    personalnummer   ID modifikator
    vorgesetzter IDREF #IMPLIED
    untergebene IDREFS #IMPLIED
>
```

Listing 6.17 Attribute mit Modifikatoren

Im Beispiel wurden die Attribute vorgesetzer und untergebene als #IMPLIED gekennzeichnet. Das ist insofern sinnvoll, als der Geschäftsführer eines Unternehmens keine eigentlichen Vorgesetzten mehr hat (von den Shareholdern mal abgesehen). Auf der anderen Seite ist auch der Praktikant in der Regel niemandem mehr vorgesetzt, so dass es nicht sinnvoll ist, an dieser Stelle einen Wert zu erzwingen. Als Default-Wert kann hier eine Leerstelle definiert werden.

Im Gegensatz zum Schlüsselwort #IMPLIED sorgt das Schlüsselwort #REQUIRED dafür, dass in jedem Fall das Attribut gesetzt werden muss. Es sind weder Default-Werte möglich, noch steht es dem Autor frei, dieses Attribut nicht zu setzen.

```
<!ATTLIST person
    personalnummer   ID #REQUIRED
    vorgesetzter IDREF #IMPLIED
    untergebene IDREFS #IMPLIED
>
```

Listing 6.18 Noch mehr Modifikatoren

Dieses Schlüsselwort sollte immer dann gesetzt werden, wenn auf jeden Fall sichergestellt werden muss, dass ein gültiger Wert für dieses Attribut existiert. In unserem Beispiel ist das bei der Personalnummer der Fall, die als eindeutige ID immer notwendig ist. Wird das Attribut nicht gesetzt, dann ist das komplette Dokument ungültig.

Das letzte Schlüsselwort #FIXED definiert ein konstantes Attribut, das einen festen Wert zugewiesen bekommt, der nicht mehr veränderbar ist. Auch wenn dieses Schlüsselwort nicht so häufig wie die anderen beiden Möglichkeiten verwendet wird, gibt es doch hin und wieder einige Stellen, an denen #FIXED sinnvoll ist. Der feste Wert wird nach dem Schlüsselwort in Anführungszeichen angegeben:

```
<!ATTLIST person
    personalnummer   ID #REQUIRED
    vorgesetzter IDREF #IMPLIED
    untergebene IDREFS #IMPLIED
    firma CDATA #FIXED "LastCode AG"
>
```

Listing 6.19 Konstante Attribute

Wenn Sie nun ein XML-Dokument erstellen, das mit diesem Ausschnitt der DTD konform gehen soll, müssen Sie im Element personalnummer das Attribut firma mit dem Wert LastCode AG angeben, sonst ist das Dokument ungültig. Alternativ können Sie das

Attribut auch komplett weglassen. Es wird durch einen validierenden Parser automatisch mit dem angegebenen Wert eingesetzt.

Die Kombination des Attributtyps ID ist aus naheliegenden Gründen nicht mit dem Modifikator #FIXED verwendbar. Eine eindeutige ID konstant zu definieren, wird spätestens dann kritisch, wenn mehrere Datensätze mit demselben Element auftauchen.

6.4.6 Default-Werte für Attribute

In einer DTD ist es möglich, bei der Definition von Attributen für ein bestimmtes Element so genannte Default-Werte festzulegen. Diese Werte werden vom Parser angenommen, wenn dieses Attribut nicht explizit im XML-Dokument angegeben wurde und mit einem eigenen Wert überschrieben worden ist. Es gibt zwei Möglichkeiten, wo ein Default-Wert in einer DTD Sinn macht:

- Bei optionalen Attributen (#IMPLIED)
- Bei konstanten Attributen (#FIXED)

Die erste Gruppe dieser Attribute wird in der Regel mit einem Default-Wert definiert. So ist sichergestellt, dass das Attribut in jedem Fall einen Wert hat, auch wenn vom User das Attrtibut nicht explizit gesetzt worden ist. Ein Attribut, das über die DTD mit einem Default-Wert besetzt worden ist, wird von einem validierenden Parser so gewertet, wie es vom User mit diesem Wert in das Dokument eingetragen worden ist.

Die Syntax ist dabei recht einfach und schon aus dem letzten Abschnitt bekannt:

```
<!ATTLIST element_name
    attribut_name typ "default_wert"
>
```

Im Gegensatz zu #FIXED muss bei einem Default-Wert kein Modifikator angegeben werden, da #IMPLIED angenommen werden kann. Anstelle des Modifikators wird einfach der gewünschte Wert in Anführungszeichen angegeben. Der Typ ist freigestellt, da für jeden möglichen Typen ein Default-Wert verwendet werden kann. Beachten Sie allerdings, dass der übergebene Default-Wert sich mit den Voraussetzungen des Typs deckt. Folgendes Experiment mit einem Aufzählungstyp ist natürlich nicht möglich:

```
<!ATTLIST element_name
    attribut_name (A | B) "C"
>
```

Da der Wert C nicht in der vorgegebenen Liste existiert, ist das Dokument in jedem Fall fehlerhaft. Der folgende Quelltext zeigt noch einmal die komplette DTD der Personendaten mit einem gültigen XML-Dokument.

```xml
<?xml version="1.0" encoding="ISO-8859-1" ?>
<!DOCTYPE  name [

<!ELEMENT personen (person*)>
<!ELEMENT person (name,vorname+, email, web?)>

<!ATTLIST person
   personalnummer   ID #REQUIRED
   vorgesetzter IDREF #IMPLIED
   untergebene IDREFS "niemand"
   firma CDATA #FIXED "LastCode AG"
>

<!ELEMENT name (#PCDATA)>
<!ELEMENT vorname (#PCDATA)>
<!ELEMENT email (#PCDATA)>
<!ELEMENT web (#PCDATA)>

]>

<personen>
   <person personalnummer="DA-301178" vorgesetzer="VE-152812" untergebene="HM-70945 VM-454311">
      <name>Ammelburger</name>
      <vorname>Dirk</vorname>
      <email>dirk@ammelburger.de</email>
      <web>http://www.lastcode.com</web>
   </person>
   <person personalnummer="HM-170945" vorgesetzer="DA-301178">
      <name>Müller</name>
      <vorname>Hans</vorname>
      <email>hans@mueller.de</email>
   </person>
   <person personalnummer="VM-454311" vorgesetzer="DA-301178">
      <name>Meier</name>
      <vorname>Volker</vorname>
      <email>Volker@meier.de</email>
   </person>
</personen>
```

Listing 6.20 Beispiel mit DTD

Der Einsatz der Default-Werte wird schön sichtbar, wenn man das Dokument im Internet Explorer betrachtet. Auch wenn die Attribute untergebene für die beiden unteren Personen nicht gesetzt worden sind, erscheinen sie im Internet Explorer mit dem Default-Wert „niemand".

6.5 Entities

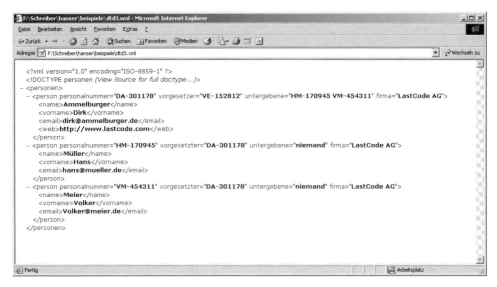

Abbildung 6.6 Das Beispiel im Explorer

Der integrierte Parser setzt die Werte also einfach ein, wenn sie nicht vom User selbst gesetzt worden sind.

6.5 Entities

Die wesentlichen Bestandteile einer DTD sind nun besprochen worden, und Sie können nun ohne weiteres eine DTD entwerfen, die sowohl Elemente als auch Attribute beschreibt. Nun können wir uns einem Thema widmen, das die Möglichkeiten der DTD gewaltig erweitert und das Erstellen von XML-Dokumenten in ein neues Licht rückt. Ich spreche vom Einsatz so genannter Entities. In den letzten Kapiteln habe ich schon an verschiedenen Stellen auf diese Möglichkeit hingewiesen, ohne jedoch tiefer in das Thema einzutauchen. Das soll sich nun ändern.

6.5.1 Feste Entities

Die simpelste Form der Entities habe ich bereits am Anfang dieses Buches besprochen, als es um den Einsatz von XML-spezifischen Sonderzeichen in Dokumenten ging. XML definiert selbst fünf feste Entities, die dazu dienen, Sonderzeichen zu maskieren, die in XML eine syntaktische Bedeutung haben. So ist es möglich, Sonderzeichen wie spitze Klammern, Anführungszeichen oder das kaufmännische & in konkreten Daten zu verwenden, ohne dabei den Parser aus dem Konzept zu bringen. Die folgende Tabelle zeigt noch einmal diese Entities:

Tabelle 6.8 Feste Entities

Entity	Maskiertes Zeichen
&lt;	<
&gt;	>
&quot;	"
&apos;	'
&amp;	&

Diese Entities müssen nicht extra deklariert werden, da sie automatisch in jedem XML-Dokument zur Verfügung stehen und von einem Parser entsprechend verstanden werden.

Das folgende Beispiel demonstriert den Einsatz der festen Entities:

```
<?xml version="1.0" ?>
<formel>
<data>wert1 &lt; wert2 =&gt; wert2 &gt; wert1</data>
</formel>
```

Listing 6.21 Feste Entities

Das Ergebnis sieht im Internet Explorer so aus:

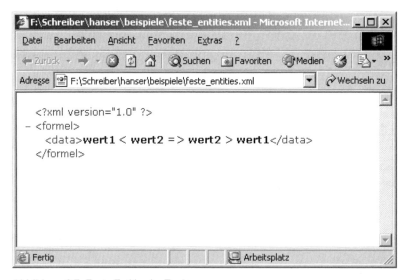

Abbildung 6.7 Feste Entities im Explorer

Die Entities wurde automatisch durch die korrekte Darstellungsweise ersetzt, so dass der Code problemlos lesbar wird.

6.5.2 Eigene Entities

Neben der Möglichkeit, feste Entities als Maskierungszeichen zu verwenden, bietet XML noch eine ganze Menge mehr rund um diese unscheinbaren Abkürzungen. Der wahre Wert von Entities liegt natürlich nicht im Einsatz der bestehenden Maskierungszeichen, sondern in der Möglichkeit, selbst Entities zu definieren. Sollen also eigene Entities in einem Dokument ermöglicht werden, müssen diese ähnlich wie Elemente und Attribute in der DTD definiert werden.

Das ist allerdings sehr schnell passiert:

```
<!ENTITY name "wert">
```

Wie erwartet, ist das Schlüsselwort für die Definition einer Entity natürlich ENTITY, gefolgt vom Namen der Entity und dem eigentlichen Wert in Anführungszeichen. Ein validierender Parser wird an dieser Stelle den Namen der Entity mit dem dahinter angegebenen Wert verbinden und im kompletten Dokument wie gewohnt verwenden. Der Einsatz der Entity im Dokument erfolgt genau wie bei den festen Entities:

```
&name;
```

Immer wenn der Parser auf eine Abkürzung wie diese stößt, wird er sie durch den Wert der Entity ersetzen. Existiert keine entsprechende Entity dieses Namens, dann liegt ein Fehler vor, und das Dokument ist ungültig. Es ist also ohne weiteres möglich, Abkürzungen für oft wiederkehrende Strings zu definieren und so eine Menge Schreibarbeit zu sparen.

```
<?xml version="1.0" encoding="ISO-8859-1" ?>
<!DOCTYPE   demo [
<!ELEMENT element (data)>
<!ELEMENT data (#PCDATA)>
<!ENTITY test "Das ist eine Entity!">
]>
<element>
   <data>&test;</data>
</element>
```

Listing 6.22 Eigene Entities

Dieses sehr einfache Beispiel zeigt, wie eine eigene Entity definiert und dann im XML-Quelltext eingesetzt wird. Wenn Sie das Beispiel im Browser laden, zeigt sich das folgende Bild:

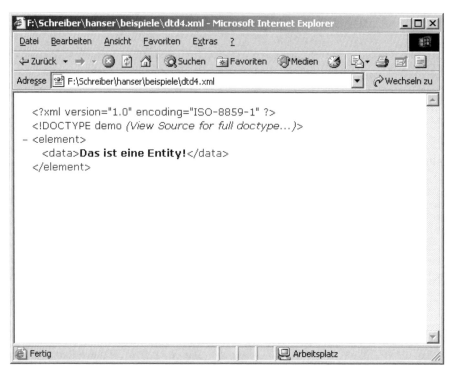

Abbildung 6.8 Eigene Entities im Browser

Der Parser hat genau wie bei den festen Entities die Abkürzung durch den dafür definierten Wert ersetzt. Auch wenn die DTD nicht komplett angezeigt wird, erscheint doch der String „Das ist eine Entity!" im data-Element.

Verschachtelte Entities

Eine wichtige Eigenschaft von Entities ist die Tatsache, dass der definierte Wert für die Abkürzung vom Typ PCDATA ist. Mit anderen Worten: Der Parser muss diese Daten nicht nur an die Stelle der Abkürzung im Quelltext platzieren, sondern zuvor auch als vollwertigen XML-Quelltext interpretieren. So ist es beispielsweise möglich, Entities ineinander zu verschachteln und in einer Abkürzung eine weitere zu verwenden. Neue Entities können so auf der Basis bestehender Entities definiert werden. Das folgende Beispiel zeigt, wie die Sache funktioniert:

```
<?xml version="1.0" encoding="ISO-8859-1" ?>

<!DOCTYPE demo [

<!ELEMENT element (data)>
<!ELEMENT data (#PCDATA)>

<!ENTITY include "verschachtelte">
<!ENTITY test "Das ist eine &include; Entity!">

]>
```

```
<element>
   <data>&test;</data>
</element>
```
Listing 6.23 Verschachtelte Entities

Das Beispiel von oben wurde ein wenig erweitert und eine neue Entity-Definition angelegt. Das Besondere ist nun, dass diese Entity in der zweiten Entity-Definition verwendet wird. Der Internet Explorer reagiert wie erwartet auf die neue Situation und modifiziert die Ausgabe des Beispiels ein wenig:

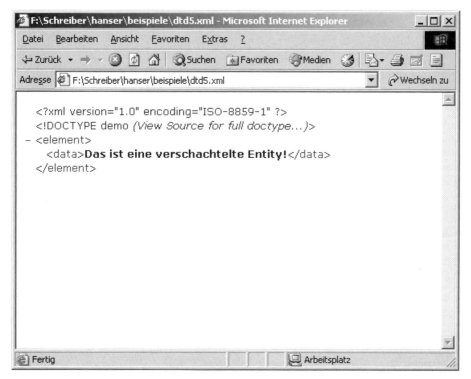

Abbildung 6.9 Verschachtelte Entities im Browser

6.5.3 Parameter Entities

Nachdem Sie nun einen ausführlichen Blick auf die Möglichkeiten der Entities geworfen haben, können wir ein wenig ins Detail gehen und eine weitere Unterscheidung treffen. Bisher haben wir nur von den allgemeinen Entities gesprochen, die als Abkürzungen oder Stellvertreter für bestimmte Daten im eigentlichen XML-Dokument definiert werden. Die Definition erfolgt nach wie vor in der DTD auf die gewohnte Art und Weise:

```
<!ENTITY test "Das ist eine Entity!">
```

Demgegenüber stehen so genannte Parameter Entities, die im Gegensatz zu den allgemeinen Entities nicht für den direkten Einsatz im XML-Dokument vorgesehen sind. Parameter-Entities haben die Aufgabe, eine DTD zu erweitern oder zu modulieren, indem sie dort eingesetzt werden. Die folgende Tabelle grenzt die beiden Entity-Typen voneinander ab:

Tabelle 6.9 Entity Typen

Entity	Beschreibung
Allgemeine Entity	Einsatz im XML-Dokument
Parameter Entity	Einsatz in der DTD

Parameter Entities sind also Abkürzungen, die Teile einer DTD enthalten können, die an beliebigen Stellen der Grammatik eingesetzt werden. Es ist also möglich, oft wiederkehrende Abschnitte der DTD, wie beispielsweise bestimmte Elemente oder Attributdeklarationen, in eine Parameter-Entity zu stecken, um so Platz und auch Schreibarbeit zu sparen.

Der Aufbau einer Parameter Entity Definition in der DTD unterscheidet sich ein wenig von einer allgemeinen Entity-Definition. Beide Varianten werden zwar über das Schlüsselwort ENTITY eingeleitet, aber die Parameter Entity wird mit einem zusätzlichen Prozentzeichen markiert, das zwischen das Schlüsselwort und den Namen der Entity geschoben wird:

```
<!ENTITY test "Das ist eine Entity!">
<!ENTITY % dtd "...Grammatik...">
```

Derselbe Unterschied ist auch bei der Verwendung der Entities wieder einzusetzen, da im Gegensatz zu den allgemeinen Entities bei einer Parameter Entity das Prozentzeichen anstelle des kaufmännischen Und gesetzt werden muss.

```
&test;
%grammatik;
```

Da Parameter Entities in der DTD verwendet und dort auch aufgelöst werden, müssen sie natürlich Daten enthalten, die der Syntax der DTD gehorchen. Das Beispiel Grammatik würde sicher zu einem Fehler führen, da es keine DTD-konforme Syntax wiedergibt.

Es ist nicht zulässig, eine Parameter Entity im XML-Dokument zu verwenden. Umgekehrt ist es allerdings möglich, eine herkömmliche Entity in der DTD einzusetzen, um beispielsweise eine weitere Entity zu definieren. Wie das funktioniert, haben wir bereits im letzten Abschnitt gesehen:

6.5 Entities

```
<!DOCTYPE demo [

<!ELEMENT element (data)>
<!ELEMENT data (#PCDATA)>

<!ENTITY include "verschachtelte">
<!ENTITY test "Das ist eine &include; Entity!">

]>
```

Listing 6.24 Beispiel mit allen Entity-Typen

Seien Sie sich dieser Unterscheidung immer bewusst, um Fehler zu vermeiden. Eine Parameter-Entity im regulären XML-Dokument würde zu einer Parsermeldung führen, da das Dokument nicht mehr gültig ist. Allgemeine Entities in der DTD sind kein Problem, da die Auflösung der Referenz erst im eigentlichen Dokument erfolgt und nicht, wie man vielleicht annehmen könnte, schon in der DTD.

Hier ein Beispiel für den Einsatz beider Entity-Varianten in einem XML-Dokument:

```
<?xml version="1.0" encoding="ISO-8859-1" ?>

<!DOCTYPE demo [

<!ENTITY %  elemente
"<!ELEMENT element (data)><!ELEMENT data (#PCDATA)>">
<!ENTITY test "Das ist eine Entity!">

%elemente;

]>

<element>
   <data>&test;</data>
</element>
```

Listing 6.25 XML-Dokument mit beiden Entity-Typen

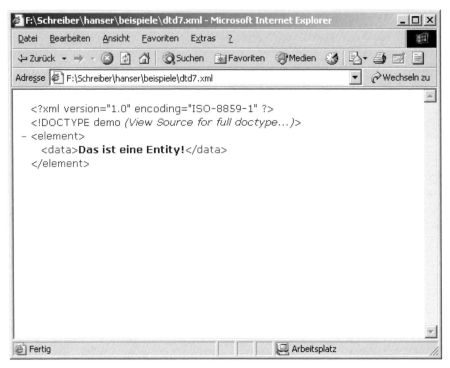

Abbildung 6.10 Das Beispiel im Browser

Denken Sie daran, Entities erst zu benutzen, wenn sie auch in der DTD deklariert worden sind. Ein Parser verarbeitet ein Dokument von oben nach unten - wenn Sie also eine Entity verwenden, die erst einige Zeilen später definiert worden ist, wird das natürlich nicht funktionieren.

6.5.4 Externe Entities

Sowohl allgemeine wie auch Parameter-Entities sind vom Prinzip her einfache Strings, die durch Abkürzungen an bestimmten Stellen des Dokumentes eingesetzt werden. Bisher haben wir die verwendeten Strings immer direkt in der DTD, also in derselben Datei wie die Grammatik definiert.

```
<!ENTITY test "Das ist eine Entity!">
```

Demgegenüber steht die weit verbreitete Variante, eine Entity außerhalb der eigentlichen Grammatik zu definieren und dann mit einem Verweis auf die entsprechende Datei einzubinden. Das ist sowohl für allgemeine Entities möglich als auch für Parameter-Entities, die eine Grammatik enthalten können.

Der Vorteil liegt bei beiden Entity-Varianten auf der Hand: Auf der einen Seite kann man mit einer externen Entity große Textmengen auslagern und durch einen einfachen Verweis in die Datei einlesen. Das macht die eigentliche Grammatik wesentlich leichter lesbar und

6.5 Entities

würde den Text der Entity davon separieren, der in einer Grammatik eigentlich nichts zu suchen hat. Auf der anderen Seite kann man durch externe Parameter-Entities Teile der Grammatik auslagern und durch ein modulares System zu einer Grammatik zusammensetzen. Ein DTD-Teil wäre damit sogar wiederverwendbar, da er gleichzeitig von anderen DTDs eingelesen und verwendet werden kann.

Die Definition einer externen Entity erfolgt genau wie bisher in der DTD mit einem leicht abgewandelten ENTITY-Element:

```
<!ENTITY % elemente SYSTEM "parameter_entity.dtd">
<!ENTITY test SYSTEM "text.txt">
```

Nach dem Namen der Entity folgt das Schlüsselwort SYSTEM mit dem Namen der eigentlichen Datei in Anführungszeichen. Sowohl die Parameter Entity als auch die allgemeine DTD werden auf diese Weise definiert, mit dem Unterschied, dass das bekannte %-Zeichen zur Unterscheidung verwendet werden muss. Das folgende Beispiel zeigt beide Entity-Varianten als externe Entities in einem Beispiel. Grundlage sind zwei externe Dateien, auf die über die Entity-Definitionen zugegriffen wird. Die erste Datei ist eine einfache Textdatei mit folgendem Inhalt:

```
Das ist eine externe Entity, die aus einer Textdatei ausgelesen wurde!
```

Die externe Parameter Entity besteht aus folgendem Inhalt:

```
<!ELEMENT element (data)>
<!ELEMENT data (#PCDATA)>
```

Das komplette Beispiel liest beide Dateien aus und kombiniert sie in einer einzigen Datei. Durch die externe Parameter-Entity wird das Dokument gültig, während die externe allgemeine Entity den Inhalt des Dokumentes speichert.

```
<?xml version="1.0" encoding="ISO-8859-1" ?>

<!DOCTYPE demo [

<!ENTITY % elemente SYSTEM "parameter_entity.dtd">
<!ENTITY test SYSTEM "text.txt">

%elemente;

]>

<element>
   <data>&test;</data>
</element>
```

Listing 6.26 Alle Entities in einem Beispiel

Das Ergebnis im Browser fällt wie erwartet spektakulär aus:

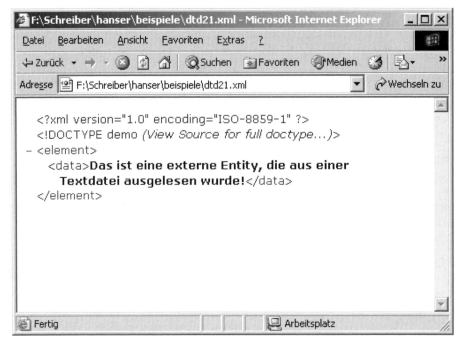

Abbildung 6.11 Das Ergebnis im Internet Explorer

Globale Entities

Ähnliche wie öffentliche DTDs (siehe weiter unten in diesem Kapitel) gibt es auch die Möglichkeit, öffentliche Entities zu verwenden, die zentral definiert worden sind. Auf diese Weise ist es möglich, weit verbreitete Standards zu verwenden, ohne diese selbst zu definieren oder gar mit eigenen Ergänzungen zu überschreiben.

Die Verwendung von öffentlichen Entities erfolgt über so genannte öffentliche Verweise, die im Gegensatz zu systemspezifischen Bezeichnern mit dem Schlüsselwort PUBLIC gekennzeichnet sind.

```
<!ENTITY name PUBLIC "FPI">
```

Nähere Hinweise zur Verwendung von öffentlichen Verweisen finden Sie weiter unten in diesem Kapitel im Abschnitt über die Verwendung von externen DTDs.

6.5.5 Die Attributtypen ENTITY und ENTITIES

Am Anfang dieses Kapitels haben wir die Definition von Attributen in einer DTD besprochen und dabei die verschiedenen Attributtypen kennen gelernt. Einer der verwendeten Typen ist ENTITY beziehungsweise der Pluraltyp ENTITIES, der, wie wir jetzt wissen, für die Verweise auf interne oder externe Daten in der DTD verwendet wird. Wenn Sie also ein Attribut als ENTITY oder als ENTITIES definieren, muss innerhalb

6.5 Entities 173

dieses Produktes eine einzelne Entity oder eine Liste von Entities (durch Leerzeichen getrennt) verwendet werden.

Das folgende Beispiel zeigt die Verwendung dieser Attributtypen:

```
<?xml version="1.0" encoding="ISO-8859-1" ?>
<!DOCTYPE demo [
<!ELEMENT element (data)>
<!ELEMENT data (#PCDATA)>
<!ATTLIST data attr ENTITY #REQUIRED>
<!ENTITY name "wert">
]>
<element>
   <data attr="&name;" />
</element>
```

Listing 6.27 Attribute und Entities

Der Internet Explorer zeigt das erwartete Bild dieses XML-Dokumentes:

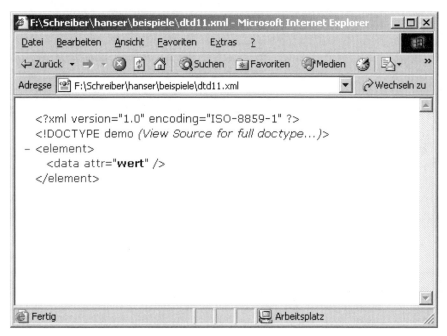

Abbildung 6.12 Das Beispiel im Browser

6.6 Parser und die DTD

Auch wenn das eigentliche Kapitel zum Thema Parser und Dokumentenanalyse noch folgt, haben Sie in diesem Kapitel schon einiges dazu gehört. Vor allem der Unterschied zwischen validierenden und nicht validierenden Parsern im Umgang mit einer *Document Type Defintion* wurde hier ausführlich beleuchtet, da eine DTD großen Einfluss auf den Umgang mit den Daten hat.

Die Vermutung liegt nahe, dass gerade nicht validierende Parser eine DTD komplett ignorieren, da ein nicht validierender Parser die Einhaltung der DTD nicht kontrollieren muss. Nichtsdestotrotz gibt es einige Gründe, die auch einen nicht validierenden Parser dazu bewegen, einen Blick in eine DTD zu werfen:

- Festlegung der Leerzeichenbehandlung
- Interpretation von selbst definierten Entities
- Ausgabe von Default-Attributwerten

Den ersten Punkt dieser Liste haben wir schon am Anfang dieses Kapitels beleuchtet. Anhand einer DTD kann ein Parser Rückschlüsse auf die Verwendung von Whitespaces in einem XML-Dokument ziehen, auch wenn er die Struktur des Dokumentes nicht überprüft. Dasselbe gilt für Entities oder Default-Werte in einem Dokument, die ohne eine DTD völlig sinnlos im Raum stehen würden.

Laut den Empfehlungen der W3C muss ein Parser, auch wenn er kein validierender Parser ist, die DTD lesen und die darin vorgenommenen Angaben zu Entities und Default-Werten interpretieren. Ein Grenzfall ist die Verwendung von externen DTDs oder externen Entities, doch dazu werden wir im Kapitel zu den Parsern mehr erfahren.

Hinweise zum Microsoft Internet Explorer und Mozilla

Der einzige Parser, den ich Ihnen bisher vorgestellt habe, war der Microsoft Internet Explorer beziehungsweise Mozilla und Netscape. Beide Browser haben einen internen XML-Parser, der die übergebenen Daten ausliest und interpretiert. Es stellt sich hier natürlich die Frage, ob es sich bei diesen Parsern um validierende Programme handelt oder nicht.

Ein kurzer Test zeigt, dass der Internet Explorer zwar die syntaktische Korrektheit der Dokumente kontrolliert, aber die Einhaltung der DTD darüber hinaus nicht mehr nachvollzieht. Mit anderen Worten: Man kann sagen, dass jedes wohlgeformte Dokument dargestellt wird, ohne Rücksicht auf eine vielleicht vorhandene DTD zu nehmen. Das bedeutet allerdings nicht, dass die Browser die DTD völlig ignorieren, ganz im Gegenteil: Genau wie im vorigen Abschnitt beschrieben wurde, greift der Internet Explorer auf die Daten der Grammatik zurück, um Default-Attributwerte oder Entities aufzulösen.

Darüber hinaus besitzt der Internet Explorer einen XSLT-Prozessor, der in der Lage ist, XSL-Stylesheets zu interpretieren und darzustellen, wie wir in einem der folgenden Kapitel noch sehen werden. Diese Verteilung der Fähigkeiten ist nachvollziehbar, da der

6.7 Interne und externe DTDs

Internet Explorer in erster Linie für die Darstellung von Daten entworfen wurde, nicht für die Validierung von Dokumenten.

 Falls Sie den Internet Explorer der Version 5 nutzen, empfehle ich Ihnen, ein Update zu machen, da ein Bug in den frühen Version des Internet Explorers dafür sorgt, dass XML-Dokumente mit einer DTD nicht immer dargestellt werden können. Wenn Sie beispielsweise das Schlüsselwort #REQUIRED und #IMPLIED gleichzeitig verwenden, wird ein Fehler ausgeworfen, obwohl korrektes XML vorliegt.

Für den Mozilla Browser beziehungsweise für den Netscape gilt diese Tatsache genauso, wobei Mozilla nicht in der Lage ist, externe Dateien zu lesen. Das ist sowohl für externe Entities als auch für externe DTDs der Fall, die wir im folgenden Abschnitt besprechen werden. Interne DTDs und Entities werden vom Mozilla/Netscape korrekt dargestellt, wie das folgende Bild beweist:

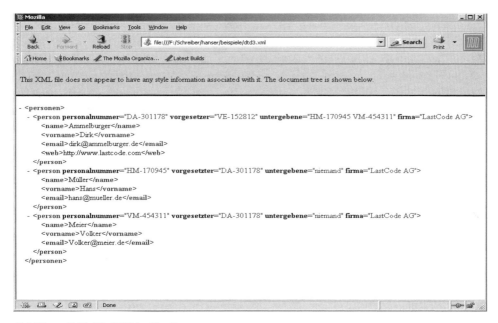

Abbildung 6.13 Die DTD im Mozilla

6.7 Interne und externe DTDs

Am Anfang dieses Kapitels wurden Sinn und Zweck einer DTD definiert, indem gesagt wurde, dass über eine *Document Type Definition* ein bestimmte Dokumententyp definiert wird. Ein Dokumententyp unterscheidet sich von einem Dokument dahingehend, dass in einer Typdefinition nur eine leere Struktur festgelegt wird, die erst durch ein Dokument mit Inhalt gefüllt wird.

Ein Dokumententyp kann als Vorlage für eine beliebige Anzahl von unterschiedlichen Dokumenten dienen. Allerdings kollidiert diese Vorstellung mit der Tatsache, dass wir die DTD bisher immer innerhalb des XML-Dokumentes angelegt haben und so andere Dokumente vom Zugriff auf dieses Regelwerk ausgeschlossen haben. Diese so genannte interne DTD ist damit zwangsläufig nur für einen sehr kleinen Teil von Dokumenten zugänglich, wenn man die Möglichkeit berücksichtigt, dass man sie manuell in den Kopf verschiedener Dokumente transferieren kann.

Für eine kleine Anzahl von Dokumenten ist diese Möglichkeit sicher legitim, allerdings werden Sie mir zustimmen, dass bei einem sehr weitläufigen oder sogar globalen Einsatz einer Grammatik hier sehr schnell Grenzen gezogen werden. Stellen Sie sich allein den Aufwand vor, ein HTML-Dokument jedes Mal mit der HTML-DTD im Kopf auszuliefern, wenn Sie eine Webseite übertragen. Von der riesigen Datenmenge einmal abgesehen, die sicher in keinerlei Verhältnis zu den übertragenen relevanten Daten steht, würde ein Dokument sicher nicht an Lesbarkeit gewinnen.

Die Lösung für dieses Problem ist klar, die Grammatik für den Dokumententyp muss in einer externen DTD angelegt werden, auf das dann alle XML-Dokumente verweisen, die diesen Typ verwenden wollen. Damit ein Parser die externe DTD auch findet, muss notwendigerweise eine recht genaue Angabe in der XML-Datei zu finden sein, die auf die DTD-Datei verweist. Dabei handelt es sich um dasselbe Element wie für die interne DTD, nämlich DOCTYPE. Anstelle der kompletten DTD, die bisher in eckigen Klammern angegeben wurde, wird nun eine genaue Position angegeben (externer Bezeichner).

```
<!DOCTYPE name SYSTEM position>
```

Nach dem bekannten Schlüsselwort DOCTYPE folgt der Name der DTD so wie bisher. Dann kommt allerdings die erste Neuerung, denn nun erscheint das Schlüsselwort SYSTEM, das dem Parser anzeigt, dass es sich um einen systeminterne DTD handelt. Anders ausgedrückt, wird so zugesichert, dass die DTD auf dem lokalen Rechner liegt oder aus dem erreichbaren Netzwerk gezogen werden kann. Der letzte Teil des DOCTYPE-Elements gibt die eigentliche Position der Grammatik an, die entweder aus einer simplen Pfadangabe besteht oder einer URL.

```
<!DOCTYPE name SYSTEM "c:\dtds\grammatik.dtd">
<!DOCTYPE name SYSTEM "personen.dtd">
<!DOCTYPE name SYSTEM "http://www.server.de/xml/dtd/datei.dtd">
<!DOCTYPE name SYSTEM "/usr/home/xml/dtd/grammatik.dtd">
```

Es können sowohl absolute wie auch relative Pfade angegeben werden, wobei sich der Parser immer an der aktuellen Position der zugrunde liegenden XML-Datei orientiert. Je nachdem, auf welchem System die XML-Datei liegt, muss die Pfadangabe entsprechend gestaltet sein. Wird kein Pfad angegeben, muss die Datei im selben Verzeichnis wie die XML-Datei liegen.

6.7.1 Öffentliche DTDs

An dieser Stelle wird mehr oder weniger deutlich, worin die Schwäche externer DTDs besteht, die mit einer systemspezifischen Angabe in einer XML-Datei referenziert werden. Wird die XML-Datei verschoben oder gibt es ein Netzwerkproblem, dann kann kein Zugriff mehr auf die Grammatik erfolgen. Die Validierung des Dokumentes kann nicht funktionieren. Bei kleinen Projekten ist das kein Problem, weil auf solche Verschiebungen schnell reagiert werden kann. Allerdings wird die Sache wesentlich komplizierter, wenn man an Dokumenttypen wie HTML oder XHTML denkt.

Zur Lösung dieses Problems wurden so genannte öffentliche Bezeichner entwickelt, die sich mit einem eigenen Schlüsselwort von den systemspezifischen Bezeichnern (SYSTEM) absetzen. Öffentliche Bezeichner haben die Eigenschaft, unabhängig von der physikalischen Veränderung oder Bewegung von Daten gültig zu sein und auf eine konstante Ressource zu deuten. Darum wird ein öffentlicher Bezeichner mit dem Schlüsselwort PUBLIC definiert.

```
<!DOCTYPE name PUBLIC FPI position>
```

Anstelle einer genauen Position rückt nun eine formale, öffentliche ID, auch FPI (*Formal Public Identifier*) genannt, der diese DTD in einem öffentlichen Register eindeutig identifiziert. Optional kann dahinter noch ein systemspezifischer Bezeichner erscheinen, der auf eine Kopie dieser Grammatik verweist, die lokal auf dem System zu finden ist. Das folgende Beispiel zeigt den Verweis auf die DTD von HTML 4.0, wie wir sie schon öfter in diesem Buch als Beispiel gesehen haben:

```
<!DOCTYPE html public "-//W3C//DTD HTML 4.0 //EN">
```

An dieser Stelle können wir einen genaueren Blick darauf werfen und die einzelnen Bestandteile analysieren. Als Erstes steht fest, dass es sich um eine externe DTD handelt, die den Namen html trägt. Darüber hinaus ist es eine öffentliche DTD, wie uns das Schlüsselwort public verrät. Danach folgt der FPI, den wir nun genauer anschauen werden. Auf einen lokalen oder systemspezifischen Bezeichner wurde verzichtet.

Der FPI innerhalb der Anführungszeichen besteht aus vier Bestandteilen, die wir unterscheiden müssen. Die einzelnen Bestandteile sind durch doppelte Slash-Striche voneinander getrennt. Die erste Information ist eine allgemeine Charakterisierung des Dokumentes. Insgesamt wird zwischen drei Zuständen unterschieden:

- ISO für alle ISO-Dokumente
- + für alle Dokumente, die einer Standardisierung unterliegen
- - für alle anderen Dokumente

Interessanterweise gibt das W3C für alle Dokumente, die von ihnen definiert worden sind, ein – an, so auch für HTML.

Der zweite Teil des FPI gibt einen Hinweis auf den Herausgeber der Grammatik, in unserem Fall also das W3C. Der dritte Teil gibt den Titel des Dokumentes an, wobei hier schlicht und einfach „DTD HTML 4.0" angegeben ist. Der letzte Teil ist die Angabe der

Sprache, die diesem Dokument zugrunde liegt. In der Regel wird hier ein zweibuchstabiger Code verwendet, der das Kürzel in einer ISO-Norm anzeigt. EN steht dabei für Englisch, DE würde für Deutsch stehen und so weiter.

Damit die ganze Sache rund um öffentliche Bezeichner auch funktioniert, muss es eine Art Zentrale geben, die für die Verwaltung und Aktualisierung von Standards verantwortlich ist, auf die mit einem solchen öffentlichen Bezeichner verwiesen wird. Die zentrale Organisation für SGML und XML ist OASIS oder auch *Organization for Advancement of Structured Information Standards*. Sie finden sie im Internet unter der folgenden URL:

http://www.oasis-open.org

Neben vielen DTDs werden hier auch öffentliche Entities gepflegt, wie wir sie weiter oben schon besprochen haben.

6.7.2 Aufbau einer externen DTD

Der Aufbau einer externen DTD unterscheidet sich kaum von einer internen DTD, mit der Ausnahme, dass das DOCTYPE-Element nicht mehr verwendet wird, da dieses schon im Verweis auf die externe DTD angegeben wurde. Ansonsten arbeitet die Grammatik mit denselben Schlüsselwörtern und hat denselben Aufbau wie eine interne DTD, die wir bisher verwendet haben. Das folgende Beispiel zeigt eine DTD, die in einer externen Datei abgespeichert wurde. Als Dateiendung für externe DTD-Dateien empfehle ich sinnvollerweise .dtd. Das Beispiel wird Ihnen vom Anfang dieses Kapitels sicher noch geläufig sein:

```
<!ELEMENT personen (person*)>
<!ELEMENT person (name,vorname+, email, web?)>

<!ATTLIST person
   personalnummer  ID #REQUIRED
   vorgesetzter IDREF #IMPLIED
   untergebene IDREFS "niemand"
   firma CDATA #FIXED "LastCode AG"
>

<!ELEMENT name (#PCDATA)>
<!ELEMENT vorname (#PCDATA)>
<!ELEMENT email (#PCDATA)>
<!ELEMENT web (#PCDATA)>
```

Listing 6.28 Eine externe DTD

Diese Grammatik ist wie besprochen über das DOCTYPE-Element in die eigentliche XML-Datei eingebunden. Das Ergebnis ist das gewohnte Bild im Browser:

6.7 Interne und externe DTDs

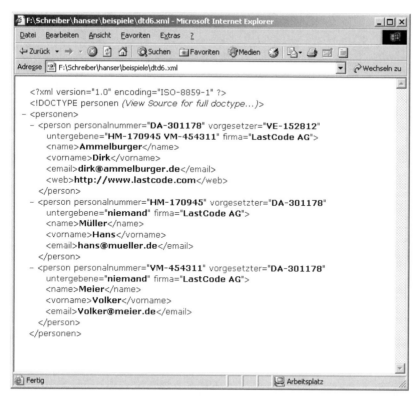

Abbildung 6.14 Eine externe DTD im Browser

Einige Seiten zuvor haben wir über die Natur des Parsers im Internet Explorer spekuliert und festgestellt, dass es kein validierender Parser ist. Dass trotzdem ein Zugriff auf die DTD erfolgt, hat man daran erkannt, dass Entities und Default-Werte von Attributen aufgelöst wurden. Dieses Beispiel beweist, dass darüber hinaus auch externe Quellen ausgelesen werden, da trotz der neuen Situation und einer externen DTD in einer eigenen Datei die Entities und die Default-Werte der Attribute aufgelöst werden.

Darüber hinaus beweist ein kleines Experiment, dass auch die Syntax der externen DTD kontrolliert wird:

Abbildung 6.15 Eine externe DTD mit Fehlern

Der Browser bemängelt pflichtbewusst den fehlenden Buchstaben im Schlüsselwort. Die Syntaxkontrolle der externen DTD ist also sicher. Leider funktioniert die Analyse externer Dateien nur mit dem Internet Explorer, da der Mozilla beziehungsweise der Netscape Browser keine externen Dateien ausliest.

6.8 DTD und Namensräume

Namensräume wurden am Anfang dieses Buches eingeführt, um die Kollision von Elementen verschiedener Herkunft zu verhindern. Wenn Sie sich an folgendes Beispiel zurückerinnern, werden Sie mir sicher zustimmen, dass Namensräume eine wirklich gute Sache sind.

```
<?xml version="1.0" encoding="ISO-8859-1" ?>

<beispiel:data
xmlns:beispiel="http://www.lastcode.com/lastcode/beispiel">

    <beispiel:value>Dieses Element gehört zum Namensraum
beispiel.</beispiel:value>
```

6.8 DTD und Namensräume

```
       <more_data
xmlns:beispiel2="http://www.lastcode.com/lastcode/beispiel2">
          <beispiel2:value>
             Dieses Element gehört zum Namensraum beispiel2.
          </beispiel2:value>
          <value>Dieses Element gehört in keinen Namensraum.</value>
       </more_data>
</beispiel:data>
```
Listing 6.29 XML mit Namensräumen

Das Beispiel zeigt ein Dokument mit mehreren Namensräumen, die durch unterschiedliche Vorsilben und damit assoziierte URIs voneinander abgegrenzt sind.

An dieser Stelle stellt sich natürlich die Frage, wie Namensräume in der DTD dargestellt werden, da die neue Vorsilbe in irgendeiner Form berücksichtigt werden muss. Leider muss ich Ihnen sagen, dass dies der Punkt ist, an dem wir auf eines der größten Probleme der DTD stoßen, da die Document Type Definition keinen Mechanismus kennt, um einen Namensraum darzustellen. Eine DTD weiß schlicht nicht, dass es so etwas wie einen Namensraum gibt.

Sie können sich sicher vorstellen, was das für Konsequenzen hat: Ein validierender Parser, der ein Dokument auf Gültigkeit überprüft, achtet nicht auf die Vorsilbe eines Elementes, sondern zählt sie schlicht zum Elementnamen dazu. Mit anderen Worten: Der Elementbezeichner `name` hat nichts mit dem Elementbezeichner `vorsilbe:name` zu schaffen. Für eine DTD sind das zwei völlig verschiedene Elemente. Wenn Sie also in einer DTD das Element `name` definieren und dann ein XML-Dokument mit einem Namensraum erstellen, wird der validierende Parser es für ungültig erklären.

Der einzige Ausweg aus dieser Sackgasse besteht darin, die verwendeten Namensräume im XML-Dokument für alle Elemente anzugeben:

```
<!ELEMENT vorsilbe:name (vorsilbe:element)>
<!ELEMENT vorsilbe:element (#PCDATA)>
```

Es ist offensichtlich, dass diese Lösung nur beschränkt praxisorientiert ist, da für jeden neuen Namensraum das Element neu definiert werden muss. Darüber hinaus interpretiert die DTD beziehungsweise der validierende Parser die Vorsilbe nur als String und assoziiert sie nicht mit einer URI (wie eigentlich vorgesehen ist), was den Sinn der Namensräume ein wenig strapaziert. Erst wenn die Validierung abgeschlossen sind, und der wirkliche Inhalt der XML-Dokumente geparst wurde, wird die Vorsilbe aufgelöst.

An dieser Stelle unterscheidet man also zwischen zwei Sichtweisen:

- die Perspektive der Namensräume, also die Auflösung zur URI etc.,
- die Perspektive der DTD, die die Vorsilbe nur als String sieht.

Beide Perspektiven müssen bei der Erstellung eines XML-Dokumentes berücksichtigt werden, da ein validierender Parser zuerst das Dokument auf Gültigkeit überprüft und dann erst die Daten interpretiert, die im Dokument abgelegt worden sind.

Ein wichtiger Punkt, der an dieser Stelle auf jeden Fall erwähnt werden muss, ist die Tatsache, dass das Attribut `xmlns` in einer DTD als gültiges Attribut definiert werden muss. Wenn Sie es also verwenden wollen, muss es zusammen mit dem *Namespace-Kürzel* als Attribut des entsprechenden Elementes auftauchen:

```
<!ATTLIST vorsilbe:name
    xmlns:vorsilbe CDATA #REQUIRED
>
```

Es besteht natürlich die Möglichkeit, an dieser Stelle mit einem Default-Wert oder sogar dem Schlüsselwort `#FIXED` den Namensraum vorzugeben. Der Parser wird dann die richtige URI einsetzen, ohne dass sich der User darum kümmern muss. Voraussetzung ist allerdings, dass Sie den Namensraum kennen und er sich nicht verändert.

Diese offensichtliche Lücke in der DTD werden wir im folgenden Kapitel noch einmal aufgreifen, wenn es um XML-Schema geht, eine Alternative zur DTD. XML-Schema schließt diese Lücke und bietet darüber hinaus noch einige Vorteile gegenüber der DTD. Doch dazu gleich mehr.

7

XML-Schema

7 XML-Schema

„Warum das?", werden Sie sich jetzt sicher fragen. Nachdem Sie nun ein komplettes Kapitel mit den Anwendungsmöglichkeiten der DTD verbracht haben, sollte man meinen, dass diese Methode der grammatikalischen Strukturierung mehr als ausreicht. Das ist auch richtig, denn die DTD ist nach wie vor eine der besten und vor allem einfachsten Möglichkeiten, ein XML-Dokument zu beschränken. Sie brauchen also keine Angst zu haben, dass das Gelernte der letzten Seiten in absehbarer Zukunft nicht mehr aktuell sein könnte. Ganz im Gegenteil: Die DTD ist und bleibt eine gute Sache, die nicht umsonst aus der Welt von SGML übernommen wurde.

Trotzdem gibt es einige Punkte, die verschiedene Leute – teilweise zu Recht – an einer DTD kritisieren. Auf der einen Seite fällt jedem XML-Kundigen die offensichtliche Tatsache ins Auge, dass eine DTD kein XML-Dokument ist. Jeder, der XML-Dokumente beschränken möchte, um eigene Dokumenttypen zu entwerfen, wird nicht darum herumkommen, die Syntax der DTD zu lernen. Auch wenn es auf den ersten Blick nicht so schwierig aussieht, ist es dennoch ein eigenes Kapitel, für das wir circa 50 Seiten dieses Buches gebraucht haben.

Ein anderer Kritikpunkt, der häufig laut wird, ist die Tatsache, dass eine DTD in vielen Punkten nur sehr schwammige Aussagen treffen kann. So ist es beispielsweise nicht möglich, eine genaue Anzahl von Elementen zu definieren, die in einem Dokument vorkommen dürfen. Es ist nur möglich, 0, 1 oder *beliebig viele* anzugeben. Darüber hinaus gibt es keine Möglichkeit, Datentypen zu definieren, die über die DTD-eigenen Typen wie PCDATA oder CDATA hinausgehen. Einschränkungen wie beispielsweise nur Zahlen (Gleitkommazahlen, Ganzzahlen etc.) oder komplexe Datentypen wie eine Uhrzeit oder Binärcode lassen sich weder erzwingen noch kontrollieren.

Ein wesentlicher Kritikpunkt ist sicher auch der sträfliche Umgang mit Namensräumen, die über eine DTD so gut wie gar nicht abgebildet werden können. Es besteht so gut wie keine Möglichkeit, eine DTD so flexibel zu gestalten, dass ein souveräner Umgang mit Namensräumen ermöglicht wird. Ein globaler Austausch der Daten ist damit nur begrenzt möglich (sofern man Namensräume verwenden möchte).

Diese Kritikpunkte sind schon seit einer ganzen Weile bekannt, und es gibt eine Initiative, die eine Alternative zur DTD entwickelt, die all diese genannten Schwachpunkte gezielt in eigene Stärken umsetzt. Der Name ist XML-Schema. Diese neue Idee wurde 1999 in einer Notiz des W3C zum ersten Mal komplett beschrieben. Folgende Eigenschaften wurden als Ziele festgelegt:

- XML-Schema soll komplett in XML ausgedrückt werden können.
- XML-Schema soll ausdrucksstärker als eine DTD sein.
- XML-Schema soll sich selbst dokumentieren.
- XML-Schema soll netzwerkfähig sein.

- XML-Schema soll von einem XML-Parser verstanden werden.
- XML-Schema soll vom Menschen lesbar sein.
- XML-Schema soll zu anderen XML-Spezifikationen kompatibel sein.

Diese Notiz ist online nachzulesen auf der folgenden URL, unter der das Dokument vom 15. Februar 1999 abzurufen ist:

http://www.w3.org/TR/NOTE-xml-schema-req

Die folgenden Seiten sollen Ihnen einen Überblick über das Thema XML-Schema geben, so dass Sie sich selbst ein Urteil von den Möglichkeiten und Unterschieden gegenüber der DTD machen können. XML-Schema ist ein sehr komplexes Thema, das für sich alleine schon in der Lage ist, Bücher zu füllen. Darum kann diese Einführung natürlich vollständig sein. Die aktuelle Entwicklung rund um XML-Schema können Sie im Netz auf den Seiten des W3C verfolgen:

http://www.w3.org/XML/Schema

Die aktuelle Version von XML-Schema liegt nach wie vor als 1.0 vor, die am 2. Mai 2001 herausgegeben wurde. Inzwischen ist XML-Schema 1.1 in Planung, aber noch nicht vollständig. Auf der Seite des W3C wird zur Zeit um Vorschläge und Kommentare gebeten:

The XML Schema WG is currently working to develop a set of requirements for XML Schema 1.1, which is intended to be mostly compatible with XML Schema 1.0 and to have approximately the same scope, but also to fix bugs and make whatever improvements we can, consistent with the constraints on scope and compatibility.

Alles, was Sie in diesem Kapitel über XML-Schema erfahren werden, ist mit großer Wahrscheinlichkeit auch für XML-Schema 1.1 gültig. Darüber hinaus werden eine Reihe von Verbesserungen und vor allem ein Debugging versprochen. Wir dürfen also gespannt sein, was uns erwartet.

7.1 Einige grundsätzliche Dinge zu XML-Schema

Bevor wir uns mit den neuen Möglichkeiten von XML-Schema beschäftigen und ins Detail gehen, möchte ich an dieser Stelle noch einige grundsätzliche Bemerkungen zu diesem Thema vorbringen. Sie werden Ihnen mit Sicherheit helfen, das Folgende besser zu verstehen. Hier also noch einmal einige konkrete Fragen, die Ihnen unter Umständen auf der Zunge brennen.

7.1.1 Wie wird XML-Schema aufgebaut?

Im Prinzip ist XML-Schema dasselbe wie eine DTD. Es handelt sich um eine Grammatik, die XML-Dokumente beschränkt und somit typisiert. Dabei werden genau wie in DTD

Elemente und Attribute definiert, die für ein Dokument gültig sein sollen. Man spricht in diesem Zusammenhang von Schema-gültigen Dokumenten.

Da XML-Schema nicht wie eine DTD in einer eigenen Syntax geschrieben wird, sondern ebenfalls ein XML-Dokument ist, müssen Sie natürlich ein wenig umdenken und die Grammatik von einem neuen Standpunkt aus sehen. Der genaue Aufbau und die benötigten Elemente werden wir in diesem Kapitel Stück für Stück besprechen. Da sich ein XML-Dokument bekanntlich als Baumstruktur darstellen lässt, wird sich auch ein XML-Schema-Dokument, ganz im Gegensatz zu einer DTD, aus einer Menge von verschachtelten Elementen zusammensetzen. Die Struktur eines XML-Schema-Dokumentes ist im Übrigen ebenfalls durch eine Grammatik vorgegeben.

7.1.2 Wie arbeitet XML-Schema?

Jeder Parser, der XML-Schema unterstützt, verfügt über einen so genannten Schema-Validator. Dabei handelt es sich um nichts anderes als um einen XML-Parser, der speziell für die Analyse von XML-Schema-Dokumenten entwickelt wurde und in der Lage ist, XML-Dokumente auf die Einhaltung der vorgegebenen Syntax dieser Grammatik hin zu prüfen. Er vergleicht also die Vorgaben des Schemas mit der Struktur des XML-Dokumentes und entscheidet dann, ob es sich um ein Schema-gültiges Dokument handelt oder nicht:

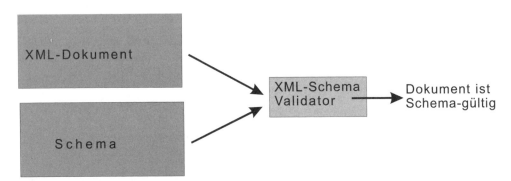

Abbildung 7.1 Arbeitsweise eines Schema-Validators

7.1.3 Sind Schema-gültige Dokumente auch gültige Dokumente?

Der Unterschied zwischen einem gültigen und einem Schema-gültigen Dokument liegt auf der Hand: Das eine Dokument gehorcht einer herkömmlichen DTD, während das andere Dokument von einem Schema beschränkt wird. Formal ist diese Unterscheidung sehr wichtig, da XML-Schema kein Bestandteil der XML 1.0 Empfehlung ist. Syntaktisch gesehen ist ein Schema-gültiges Dokument also kein gültiges Dokument.

Diese Tatsache ist allerdings nur in der Theorie wirklich interessant, da es in der Praxis in erster Linie darauf ankommt, ob ein Dokument die vorgegebene Grammatik einhält oder nicht. Ob diese Grammatik nun ein XML-Schema ist oder eine DTD, ist nicht wirklich wichtig. Es muss lediglich der entsprechende Parser vorhanden sein, der die Einhaltung der Grammatik kontrolliert.

7.2 Aufbau eines XML-Schema-Dokumentes

Nach so viel Vorrede kommen wir nun zum Wesentlichen dieses Kapitels. Auf den folgenden Seiten werden Sie Schritt für Schritt Aufbau und Umgang mit XML-Schema-Dokumenten lernen. Der erste Unterschied zur DTD ist gleich im ersten Schritt zu bemerken. Immer wenn Sie eine Schema-Grammatik erstellen, müssen Sie eine neue Datei erstellen. Es ist nicht möglich, eine „interne" XML-Schema-Grammatik in ein XML-Dokument zu integrieren.

Da es sich bei dem neuen Dokument auch um ein XML-Dokument handelt, muss die erste Zeile natürlich auch einen entsprechenden Hinweis enthalten. Legen Sie also eine Datei mit der Endung `.xml` (alternativ können Sie auch `.xsd` wählen) an und schreiben Sie in die erste Zeile die bekannte Pseudo-Processing-Instruction, die Hinweis auf den Typ und die Version des Dokumentes gibt:

```
<?xml version="1.0" ?>
```

Danach geht es auf bekanntem Wege weiter, wir brauchen ein Wurzelelement, welches das komplette Schema umschließt. Was liegt an dieser Stelle näher, als das Element Schema zu nennen? Das ist aber noch nicht alles, da die komplette Grammatik in einem eigenen Namensraum definiert ist, der das Kürzel xsd hat. Da der Namensraum direkt im Wurzelelement definiert werden muss, sieht das erste Element wie folgt aus:

```
<xsd:schema xmlns:xsd = "http://www.w3.org/2001/XMLSchema">
</xsd:schema>
```

Im Gegensatz zu einer DTD ist der Umgang mit Namensräumen in XML-Schema ein zentraler Aspekt. Mit dieser Definition werden alle Elemente mit der Vorsilbe xsd (XML Schema Definition) immer dem Namensraum http://www.w3.org/2001/XMLSchema zugeordnet.

Damit aber noch nicht genug: Alle XML-Schema-Elemente, die durch den Namensraum xsd geordnet werden, dienen dazu, weitere Elemente und Attribute zu definieren, die in einem eigenen XML-Dokument mit einem eigenen Namensraum verwendet werden sollen. Um diese Unterscheidung zu repräsentieren, muss ein weiterer Namensraum angelegt werden, der den Namensraum aller anderen Elemente und Attribute definiert:

```
<xsd:schema
    xmlns:xsd = "http://www.w3.org/2001/XMLSchema"
    xmlns    = "http://www.lastcode.com/xml_schema"
```

```
      >
   </xsd:schema>
```

Dieser zweite Namensraum wurde in diesem Fall als Default-Namensraum angelegt, der die Sache ein wenig einfacher macht. Damit werden alle Elemente und Attribute, die nicht explizit die Vorsilbe `xsd` aufweisen, automatisch dem neuen Namensraum zugewiesen. Um dem Schema-Validator, der später diese Grammatik studieren wird, darauf hinzuweisen, müssen noch zwei weitere Attribute eingesetzt werden:

```
   <xsd:schema
      xmlns:xsd            = "http://www.w3.org/2001/XMLSchema"
      xmlns                = "http://www.lastcode.com/xml_schema"
      elementFormDefault   = "qualified"
      attributeFormDefault = "qualified"
   >

   </xsd:schema>
```

Diese beiden Attribute teilen dem Schema-Validator mit, dass sowohl alle Elemente als auch alle Attribute einem qualifizierten Namensraum angehören. Diese Angabe könnte man weglassen, wenn die Elemente und Attribute des Zieldokumentes, also der XML-Datei, die durch dieses Schema beschränkt wird, keinem qualifizierten Namensraum angehören. Da wir in unserem Beispiel erst einmal nicht davon ausgehen wollen, lassen wir diese Angaben bestehen.

Als letztes Attribut für das `schema`-Element wird noch ein Hinweis auf den qualifizierten Namensraum des Zieldokumentes gegeben. Mit dem Attribut `targetNamespace` bekommt der Schema-Validator mitgeteilt, welchem Namensraum das Zieldokument angehört:

```
   <xsd:schema
      xmlns:xsd            = "http://www.w3.org/2001/XMLSchema"
      xmlns                = "http://www.lastcode.com/xml_schema"
      elementFormDefault   = "qualified"
      attributeFormDefault = "qualified"
      targetNamespace      = "http://www.lastcode.com/xml_schema"
   >

   </xsd:schema>
```

In unserem Beispiel ist die Angabe natürlich identisch mit dem Default-Namensraum, da dieser ebenfalls allen Nicht-`xsd`-Elementen und -Attributen zugeordnet ist. Mit diesem Attribut ist das Wurzelelement für das Schema fertig, und wir können nun anfangen, den eigentlichen Dokumententyp zu definieren.

7.2.1 Elemente definieren

Nachdem wir nun die einleitenden Formalitäten des Schemas geklärt haben, können wir damit beginnen, die eigentliche Struktur des XML-Dokumentes abzubilden. Grundlage für diese Struktur sind, wie sollte es anders sein, natürlich Elemente. Eine Elementdefinition geschieht natürlich ebenfalls über ein Element, und zwar mit dem Bezeichner `element`. So viele Elemente verwirren, darum gleich ein Beispiel:

7.2 Aufbau eines XML-Schema-Dokumentes

```
<xsd:element name="name" type="type" />
```

Die Struktur ist logisch und sollte jedem XML-Kundigen auf den ersten Blick einleuchten. Das Attribut `name` gibt den Bezeichner des zukünftiges Elementes im XML-Dokument an, während das Attribut `type` den Elementtyp angibt. Die Angaben sind alle schon aus der DTD bekannt und sollten keine Probleme bereiten. Wichtig ist, dass bei der Defintion des Elementbezeichners kein Namensraum angegeben wird, da dieser schon im Wurzelelement des Schemas explizit angegeben wurde. Das Attribut `name` übernimmt also wirklich nur den lokalen Bezeichner.

Im Gegensatz zur DTD bietet ein Schema eine viel größere Zahl an unterschiedlichen Elementtypen, die für das zweite Attribut verwendet werden können. Die folgende Tabelle zeigt die wichtigsten Standardtypen und deren Funktion.

Tabelle 7.1 Elementtypen im XML-Schema

Typ	Beschreibung
string	Texte aus beliebigen Zeichen
boolean	TRUE oder FALSE
int	Ganzzahl
decimal	Dezimalzahl
float	Kommazahl
double	genauere Kommazahl
time	Zeitpunkt
date	Datum
anyURI	eine URI

Die meisten Typen verfügen über eine Reihe von Untertypen, die den Wertebereich des Elements noch weiter einschränken. Für unsere Zwecke werden die angegebenen Typen allerdings reichen, darum möchte ich nicht weiter darauf eingehen. Alle weiterführenden Informationen finden Sie auf den oben angegebenen Internetseiten.

Alternativ zu diesen Standardtypen ist es möglich, eigene Datentypen zu definieren. Dazu kommen wir später, wenn wir komplexe Datentypen benötigen. Die folgenden Zeilen zeigen Ihnen einige häufig vorkommende Elementdefinitionen in einem XML-Schema-Dokument:

```
<xsd:element name="uhrzeit" type="xsd:time" />
<xsd:element name="geburtstag" type="xsd:date" />
<xsd:element name="alter" type="xsd:int" />
<xsd:element name="web" type="xsd:anyURI" />
<xsd:element name="vorname" type="xsd:string" />
<xsd:element name="nachname" type="xsd:string" />
```

Listing 7.1 Elementdefinitionen

Alle diese Elemente sind einfache Datentypen, also Elemente, die keine weiteren Kindelemente mehr haben. Die Definition von Containerelementen werden wir später besprechen, wenn es um komplexe Datentypen geht. Da es sich bei den angegebenen Typen der Elemente um Typen aus dem Namensraum von XML-Schema handelt, müssen sie an dieser Stelle auch mit der Vorsilbe xsi angegeben werden. Bei der Definition von eigenen (komplexen) Datentypen wird darauf verzichtet, weil diese in einem eigenen Namensraum stehen.

7.2.2 Komplexe Datentypen

Bisher haben Sie nur Elemente für konkrete Daten definiert, die keine weiteren Kindelemente besitzen dürfen. Darüber hinaus dürfen alle bisher definierten Elemente keine Attribute verwenden, da diese bisher auch nicht angegeben werden konnten. Da XML nicht nur aus einzelnen und attributlosen Elementen besteht, müssen wir jetzt einen Schritt weitergehen und uns mit den komplexen Datentypen befassen. An dieser Stelle werden Sie zum ersten Mal einen großen Unterschied zwischen einer DTD und einer XML-Schema-Datei feststellen, da die bisherigen Definitionen doch eher wie ein einfacher Syntaxwechsel ausgesehen haben.

Voraussetzung für diesen Schritt ist das neue Element `complexType`, das für die Definition von komplexen Datentypen verwendet werden muss. Die Definition ist diesmal kein leeres Element, sondern setzt sich aus zwei Tags zusammen, die alle weiteren Informationen einschließen:

```
<xsd:complexType name="TypName">
...
</xsd:complexType>
```
Listing 7.2 Definition eines komplexen Types

Wie der Name schon sagt, wird an dieser Stelle kein eigentliches Element definiert, sondern nur ein abstrakter Datentyp, der für die weitere Deklaration von Elementen verwendet werden kann. Dieser Typ ist vergleichbar mit den einfachen Datentypen (`string`, `int` etc.), die wir oben besprochen haben und die als Wert im `type`-Attribut eingesetzt werden. Diese Unterscheidung ist sehr wichtig, damit keine Missverständnisse auftreten: An dieser Stelle definieren wir „nur" einen Typen, der später mit dem `element`-Element verwendet werden muss.

Der neue Name des Typs wird im Attribut `name` des Elementes `complexType` eingesetzt und steht nach der Definition für jede weitere Elementdeklaration zur Verfügung. Sie merken an dieser Stelle sicher, worauf ich hinaus will: Auf diese Weise entstehen neue wiederverwendbare Datentypen, die beliebig oft in einem Schema eingesetzt werden können. Ein Vergleich mit der Definition von Klassen oder komplexen Strukturen in modernen Programmiersprachen ist durchaus zulässig, da es sich hier auch um die Erstellung von speziellen Wertebereichen handelt. Eine Möglichkeit, von der eine DTD sicher nur träumen kann.

7.2 Aufbau eines XML-Schema-Dokumentes

Bevor wir aber soweit sind, müssen wir den neuen Datentyp noch mit Inhalt füllen, damit der Schema-Validator auch weiß, wie der neue Typ aufgebaut ist. Grundsätzlich ist es so, dass ein neuer komplexer Datentyp in einem Schema aus zwei Bereichen bestehen kann:

- Attribute
- Kindelemente

Soll ein Element also Attribute besitzen oder weitere Kindelemente zulassen, müssen Sie diese zuerst in einem komplexen Datentyp definieren und dann auf ein konkreten Element mit dem `element`-Element anwenden. Zu den Attributen kommen wir später, darum wollen wir uns zuerst um die Definition von Kindelementen kümmern.

7.2.2.1 Die Reihenfolge festlegen

Im ersten Schritt müssen Sie sich Gedanken um die Reihenfolge der zu definierenden Kindelemente machen. Sie erinnern sich bestimmt an die Möglichkeiten der DTD, durch verschiedene Konjunktoren das Auftreten der Kindelemente beeinflussen zu können. Neben dem Komma standen noch einige weitere Möglichkeiten zur Verfügung, um die Reihenfolge mehr oder weniger variabel zu gestalten. XML-Schema bietet dieselben Möglichkeiten, auch wenn sie völlig anders aufgebaut werden.

XML-Schema bietet drei Steuerelemente, die innerhalb eines komplexen Types eingesetzt werden, um die Reihenfolge der darin definierten Elemente zu bestimmen:

Tabelle 7.2 Steuerelemente für komplexe Datentypen

Element	Beschreibung
sequence	Alle Elemente müssen in der angegebenen Reihenfolge auftreten.
choice	Nur eines der angegebenen Elemente darf verwendet werden.
all	Alle Elemente dürfen in beliebiger Reihenfolge auftreten.

Die drei Möglichkeiten werden Ihnen sicher bekannt vorkommen, aus dem Kapitel über die DTD. Alle drei Möglichkeiten können natürlich nebeneinander stehen und kombiniert werden, um alle Möglichkeiten der Elementverschachtelung zu erlauben. Der grundsätzliche Aufbau eines komplexen Types sieht bis hierher also wie folgt aus:

```
<xsd:complexType name="TypName">
   <xsd:sequence>
      ...
   </xsd:sequence>
</xsd:complexType>
```

Listing 7.3 Definition eines komplexen Types mit sequence

Die eigentliche Definition der untergeordneten Elemente erfolgt jeweils innerhalb des Steuerelementes, für die es gelten soll.

7.2.2.2 Elemente in einem komplexen Typ definieren

Die Definition eines Kindelementes innerhalb eines komplexen Typs unterscheidet sich nicht von der bekannten Elementdefinition. Innerhalb des Steuerelementes wird einfach das neue Kindelement definiert:

```
<xsd:complexType name="TypName">
    <xsd:sequence>
        <xsd:element name="name" type="xsd:string" />
    </xsd:sequence>
</xsd:complexType>
```

Listing 7.4 Ein komplexer Datentyp mit einem Kindelement

Für jedes weitere Kindelement wird einfach ein neues Element angegeben. Dabei ist die Anzahl beliebig festzulegen:

```
<xsd:complexType name="Person">
    <xsd:sequence>
        <xsd:element name="name" type="xsd:string" />
        <xsd:element name="vorname" type="xsd:string" />
        <xsd:element name="email" type="xsd:string" />
        <xsd:element name="web" type="xsd:anyURI" />
    </xsd:sequence>
</xsd:complexType>
```

Listing 7.5 Definition des komplexen Datentyps `Person`

Um nun diesen komplexen Datentyp einem Element zuweisen zu können, genügt es, den Bezeichner bei der Definition des Elements im `type`-Attribut anzugeben:

```
<xsd:element name="person" type="Person" />
```

Natürlich ist es auch ohne weiteres möglich, innerhalb eines komplexen Datentyps zur Definition der Kindelemente weitere komplexe Datentypen anzugeben. Erst durch diese Verschachtelung wird es möglich, die Strukturen eines XML-Baums nachzubilden:

```
<xsd:complexType name="Personen">
    <xsd:sequence>
        <xsd:element name="person" type="Person" />
    </xsd:sequence>
</xsd:complexType>
```

Listing 7.6 Ein komplexer Datentyp für die Definition eines weiteren

Die beiden letzten Beispiele zusammengenommen definieren schon einen zweistufigen Baum, der durchaus noch weitere Ebenen erhalten kann. Wie Sie sehen, wird bei der Definition von selbst angelegten Datentypen auf die Vorsilbe `xsd` verzichtet, ganz im Gegensatz zu den primitiven Datentypen.

7.2.2.3 Elemente in einem komplexen Typ referenzieren

Neben der oben gezeigten Möglichkeit, neue Elemente in einem komplexen Datentyp komplett neu anzulegen, bietet XML-Schema auch die Möglichkeit, mit Referenzen zu arbeiten. Diese Art von Verweis auf einen bestehenden Datentyp wird immer dann angewendet, wenn das zur Definition benötigte Element schon irgendwo im Dokument definiert worden ist.

Denkbar wäre eine Situation, in der Sie ein Element an verschiedenen Stellen in unterschiedlichen Zusammenhängen verwenden möchten. Die grundsätzliche Definition wäre trotz allem immer gleich, da es sich um einen Stringtyp handelt. Es ist also nicht nötig, das gleiche Element mehrmals zu definieren, wenn Sie es mit Referenzen in die jeweilige Situation einbeziehen können. Die Syntax ist denkbar einfach:

```
<element ref="ElementName" />
```

Es wird wieder das Element `element` verwendet, allerdings diesmal mit einem anderen Attribut. Über `ref` kann eine Referenz erzeugt werden, die auf ein bestehendes Element zeigt. Der Wert des Attributes ist dabei einfach der Name des Elements, auf das gezeigt werden soll. Wichtig ist hierbei, dass es sich wirklich um ein Element handeln muss und nicht um einen Elementtyp.

Die folgende Definition des komplexen Datentyps `Person` ist demnach auch Schema-gültig:

```
<xsd:element name="name" type="xsd:string" />
<xsd:element name="vorname" type="xsd:string" />
<xsd:element name="email" type="xsd:string" />
<xsd:element name="web" type="xsd:anyURI" />

<xsd:complexType name="Person">
    <xsd:sequence>

        <xsd:element ref="name" />
        <xsd:element ref="vorname" />
        <xsd:element ref="email" />
        <xsd:element ref="web" />

    </xsd:sequence>
</xsd:complexType>
```

Listing 7.7 Eine Referenz auf Elemente

Diese Art der Elementdefinition ist recht praktikabel, in einer der oben genannten Situationen. Allerdings wird eine Schemadefinition schnell unübersichtlich, wenn man von dieser Möglichkeit unüberlegt Gebrauch macht. Darüber hinaus sollten Sie keine Referenzen benutzen, wenn klar ist, dass die verwendeten Elemente nur einmal in der gesamten Grammatik benutzt werden.

7.2.2.4 Modifikatoren

Der letzte Punkt, den wir an dieser Stelle besprechen müssen, ist die Möglichkeit der Elementwiederholungen in einem Containerelement. Genau wie bei einer DTD ist der Standardwert bei der jetzigen Deklaration genau 1. Jedes der angegebenen Kindelemente dürfte also nur genau einmal erscheinen, nicht mehr und nicht weniger. Dieser Zustand ist allerdings nicht immer erwünscht, wie das folgende Beispiel zeigt:

```xml
<?xml version="1.0" encoding="ISO-8859-1" ?>

<personen>
   <person personalnummer="DA-301178">
      <name>Ammelburger</name>
      <vorname>Dirk</vorname>
      <email>dirk@ammelburger.de</email>
      <web>http://www.lastcode.com</web>
   </person>
   <person personalnummer="HM-170945">
      <name>Müller</name>
      <vorname>Hans</vorname>
      <email>hans@mueller.de</email>
   </person>
   <person personalnummer="VM-454311">
      <name>Meier</name>
      <vorname>Volker</vorname>
      <email>Volker@meier.de</email>
   </person>
</personen>
```
Listing 7.8 Elementwiederholungen

Das Element `person` wird eindeutig mehr als einmal im Containerelement `personen` verwendet. Die oben gemachte Definition ist also nicht Schema-gültig:

```xml
<xsd:complexType name="Personen">
   <xsd:sequence>
      <xsd:element name="person" type="Person" />
   </xsd:sequence>
</xsd:complexType>
```
Listing 7.9 Nur ein Element wird erlaubt!

Um also mehrere Kindelemente zu erlauben, müssen einige Informationen mehr angegeben werden. Im Gegensatz zu einer DTD, die nur Angaben wie „mindestens einmal" ermöglicht hat, bietet XML-Schema viel exaktere Werkzeuge, da es möglich ist, genau anzugeben, wie viele Kindelemente erlaubt sein sollen. Dies geschieht ganz einfach über zwei weitere optionale Attribute:

7.2 Aufbau eines XML-Schema-Dokumentes

```
<xsd:element
    name="name"
    type="type"
    minOccurs="1"
    maxOccurs="100"
/>
```

Listing 7.10 Elementwiederholungen

Die beiden optionalen Attribute `minOccurs` und `maxOccurs` definieren einen genauen Bereich, in dem die Anzahl der Wiederholungen liegen darf. Das Beispiel zeigt einen Wertebereich von 1 bis 100. Soll keine maximale Größe festgelegt werden, dann können Sie mit dem Schlüsselwort `unbounded` eine beliebige Anzahl von Wiederholungen festlegen.

In der kompletten Defintion des Personen-Typs sieht das Beispiel dann so aus:

```
<xsd:complexType name="Personen">
    <xsd:sequence>
        <xsd:element
            name="person"
            type="Person"
            minOccurs="1"
            maxOccurs="unbounded"
        />
    </xsd:sequence>
</xsd:complexType>
```

Listing 7.11 Beliebige Wiederholungen

Sie können natürlich nur eines der beiden Attribute verwenden, da diese in jedem Fall durch den Default-Wert auf 1 gesetzt werden. Das folgende Beispiel drückt genau dasselbe aus wie das Listing 1.11:

```
<xsd:complexType name="Personen">
    <xsd:sequence>
        <xsd:element
            name="person"
            type="Person"
            maxOccurs="unbounded"
        />
    </xsd:sequence>
</xsd:complexType>
```

Listing 7.12 Der Default-Wert wird genutzt

Es werden beliebige Wiederholungen erlaubt, allerdings muss mindestens 1 Element von diesem Typ verwendet werden.

7.2.3 Attribute definieren

Ein Attribut wird in einem XML-Schema mit dem Element `attribute` vorgenommen. Es sind nur jene Attribute Schema-gültig, die auch in einem Schema explizit erlaubt wurden. Die Syntax lautet wie folgt:

```
<attribute name="name" type="typ" />
```

Die Definition gleicht im Prinzip der des Elementes, mit der Ausnahme, dass der Bezeichner nun `attribute` heißt. Ansonsten ist `name` einfach der Bezeichner des Attributes, und das Attribute `type` gibt den Datentyp des Attributes an. An dieser Stelle werden sogar dieselben Datentypen wie für Elemente verwendet, die ein Stück weiter oben schon in einer Tabelle angegeben wurden. Die einzige Ausnahme ist die Tatsache, dass an dieser Stelle nur einfache Datentypen angegeben werden können, da ein Attribut keine komplexen Datentypen für Kindelemente etc. benötigt.

Das `attribute`-Element muss innerhalb eines komplexen Types definiert werden, also innerhalb des `complexType`-Elements. Dieser Datentyp umfasst dann nicht nur die Kindelemente, sondern auch die Attribute des neuen Elementes:

```
<xsd:complexType name="Person">
   <xsd:sequence>
      <xsd:element name="name" type="xsd:string" />
      <xsd:element name="vorname" type="xsd:string" />
      <xsd:element name="email" type="xsd:string" />
      <xsd:element
         name="web"
         type="xsd:anyURI"
         minOccurs="0"
      />
   </xsd:sequence>
   <xsd:attribute name="personalnummer" type="xsd:string" />
</xsd:complexType>
```

Listing 7.13 Attributsdefinition

Das Attribut darf erst nach der Definition der Kindelemente erscheinen, also nach einer `sequence` oder einer anderen Ordnungsstruktur. Mit diesem Beispiel wurde der Elementtyp Person um ein Attribut mit dem Namen `personalnummer` erweitert. Jedes Element, das diesen Typ zugewiesen bekommt, besitzt nun automatisch ein Attribut von diesem Typ.

An dieser Stelle müssen Sie auf eine Besonderheit der Namensräume achten. Ein Attribut wird im Gegensatz zu einem Element nicht automatisch in einen Default-Namensraum gesteckt, sondern immer lokal angesehen. Wenn Sie also in Ihrem Dokument Namensräume verwenden, müssen Sie diese dem Attribut explizit mit einer Vorsilbe zuweisen. Ansonsten wird Ihnen der Schema-Validator einen Fehler auswerfen.

Weitere Möglichkeiten

Das `attribute`-Element erlaubt neben dem Namen und dem Typ des neuen Attributes noch zwei weitere Attribute, die es erlauben, die Charakteristik des Attributes genauer zu definieren. Die folgenden drei Attribute sind möglich:

7.2 Aufbau eines XML-Schema-Dokumentes

Tabelle 7.3 Attribute für Attribute

Attribut	Beschreibung
use	Gibt an, ob das Attribut optional oder verpflichtend ist.
default	Übernimmt einen Defaultwert für das Attribut.
fixed	Übernimmt einen fixen Wert für das Attribut.

Das erste Attribut ist Ihnen sicher noch aus dem DTD-Kapitel bekannt. Darum dürften die drei möglichen Werte für use auch keine Überraschung sein:

- required
- optional
- prohibited

Das Schlüsselwort required wird verwendet, wenn das Attribut in jedem Fall vom User gesetzt werden muss. Das Schlüsselwort optional wird verwendet, wenn das Attribut nicht verpflichtend anzugeben ist. Dies geschieht oft in Verbindung mit einem Default-Wert. Das letzte Schlüsselwort ist neu und wird relativ selten verwendet: Es besagt, dass das Attribut explizit verboten ist und nicht verwendet werden darf. Technisch macht es keinen Unterschied, ob Sie diesen Wert verwenden oder gleich gar nichts angeben. Allerdings besteht so die Möglichkeit, Attribute für die Zukunft zu reservieren, damit sie nicht überschrieben werden.

Das Attribut default wird für die Möglichkeit verwendet, Default-Werte zu setzen, also Werte, die angegeben werden, wenn der User keinen eigenen Wert definiert hat. Die Möglichkeit ist ebenfalls aus der DTD bekannt und sieht in einem Schema so aus:

```
<xsd:attribute
   name="name"
   type="xsd:string"
   use="optional"
   default="wert"
/>
```

Das optionale Attribut wird mit dem Wert wert an den Parser übergeben, wenn der User diesen Wert nicht überschreibt. Möchten Sie ganz ausschließen, dass ein User einen anderen Wert als den im Schema angibt, dann müssen Sie anstelle von default das Attribut fixed verwenden. Hier kann der Wert, der über fixed angegeben wurde, nicht mehr verändert werden.

```
<xsd:attribute
   name="name"
   type="xsd:string"
   use="optional"
   fixed="wert"
/>
```

Auch hier haben Sie einige Beispiele im Kapitel über die DTD kennen gelernt, die hier analog anzuwenden sind.

7.2.4 Eine XML-Datei mit einem Schema verknüpfen

Zum Schluss stellt sich natürlich noch die Frage, wie eine XML-Datei mit einem Schema verknüpft wird. Für eine DTD gibt es das DOCTYPE-Element im Kopf der XML-Datei, das entweder eine interne DTD enthalten hat oder auf eine externe DTD verwies. Für ein XML-Schema-Dokument funktioniert das natürlich nicht, so dass wir eine andere Möglichkeit finden müssen.

Da wir an dieser Stelle mit zwei XML-Dokumenten arbeiten, müssen wir einen anderen Weg gehen: Erstens muss darauf geachtet werden, dass es keinen Namensraumkonflikt gibt, und zum Zweiten muss der Parser darauf hingewiesen werden, dass es sich beim Schema um kein gewöhnliches Dokument handelt. Dazu müssen drei Schritte vollzogen werden:

1. Es wird ein Namensraum für das vorliegende Dokument definiert.
2. Es wird ein Namensraum für die Verknüpfung definiert.
3. Das Schema und das XML-Dokument werden verknüpft.

Das alles passiert im Wurzelelement des XML-Dokumentes und sieht folgendermaßen aus:

```
<wurzelelement
   xmlns="http://www.lastcode.com/xml_schema"
   xmlns:xsi ="http://www.w3.org/2001/XMLSchema-instance"
   xsi:schemaLocation="http://www.lastcode.com/xml_schema schema.xsd"
>
```

Listing 7.14 Verknüpfung zwischen XML-Schema und einem XML-Dokument

Das vorliegende Dokument wird der Einfachheit halber mit einem Default-Namensraum verknüpft, der natürlich mit der Vorgabe aus der Schemadatei übereinstimmen muss. Als Zweites wird ein weiterer Namensraum `xsi` (*XML Schema Instance*) festgelegt, der für das Verknüpfungsattribut `schemaLocation` verwendet wird und dieses vom Rest des Dokumentes differenziert.

Über dieses Attribut wird dann der eigentliche Verweis auf die Schemadatei gelegt: Der Wert dieses Attributes setzt sich aus dem Namensraum des Dokumentes sowie dem Namen der Datei zusammen, in der das Schema abgelegt ist. Danach folgt das eigentliche XML-Dokument mit den hoffentlich Schema-gültigen XML-Daten.

8

Eine Grammatik für den Shop

8 Eine Grammatik für den Shop

Nun folgt wieder ein Praxiskapitel. Das heißt, wir werden auf den folgenden Seiten keinen neuen Stoff besprechen, sondern das neue Wissen der letzten Kapitel an praktischen Beispielen wiederholen und üben. Dieser Teil des Buches knüpft an das erste Tutorial im Kapitel X an und setzt die Lösung unserer Aufgabenstellung fort.

Wie Sie sich bestimmt erinnern werden, ist es das erklärte Ziel, die Grundlagen eines White Label Onlineshops auf der Basis von XML zu entwerfen. Im ersten Teil des Tutorials haben wir die grundlegende Struktur der nötigen XML-Daten definiert und anhand einiger Beispiele dargestellt. Diese XML-Daten können sowohl dynamisch erzeugt werden als auch als statische Textdateien vorliegen – für den verarbeitenden Parser macht das keinen Unterschied. In der Praxis ist allerdings die dynamische Variante vorzuziehen, wie die Beispiele im ersten Praxiskapitel gezeigt haben.

Die endgültige Struktur der Daten wurde von uns so festgelegt, dass beliebig viele Produkte im Shop dargestellt werden können. Darüber hinaus können Meta-Daten über den Shop mit transportiert, sowie einfache Suchanfragen definiert werden. Das folgende Beispiel zeigt, wie diese Struktur exemplarisch aussehen kann:

```xml
<?xml version="1.0" encoding="ISO-8859-1" ?>
<shop>
   <data>
      <request></request>
      <last_update>2003-07-24</last_update>
      <partner_id>1</partner_id>
   </data>
   <produkte anzahl="5">

     <produkt id="1" last_update="2003-07-24">
      <kategorie>Möbel</kategorie>
      <bezeichnung>Korbstuhl</bezeichnung>
      <beschreibung>
          Maße ca. 45cm x 120cm x 60cm. Rund mit Sitzkissen.
      </beschreibung>
      <marke>Korbwaren GmbH</marke>
      <teaser>Ein eleganter Korbstuhl im häuslichen Design. Ideal für einen gemütlichen Abend vor dem Fernseher.</teaser>
       <bilder anzahl="3">
        <bild_url_1>http://www.server.de/img/p_1_50x60.gif</bild_url_1>
        <bild_url_2>http://www.server.de/img/p_1_200x300.gif</bild_url_2>
        <bild_url_3>http://www.server.de/img/p_1_500x600.gif</bild_url_3>
       </bilder>
       <preise>
        <uvp>599</uvp>
        <preis>549</preis>
        <preis_reduziert>399</preis_reduziert>
        <preis_waehrung>EUR</preis_waehrung>
        <mwst>16%</mwst>
       </preise>
       <lieferzeit>2 Wochen</lieferzeit>
       <lagerbestand>126</lagerbestand>
     </produkt>

     <produkt id="2" last_update="2003-07-26">
      <kategorie>DVD</kategorie>
      <bezeichnung>Die Mumie</bezeichnung>
```

8.1 Eine Grammatik mit der DTD

```
            <beschreibung>
                Spannender Film mit vielen bunten Specialeffects...
            </beschreibung>
            <marke>Film GmbH</marke>
            <teaser>Den dürfen Sie nicht verpassen!</teaser>
            <bilder anzahl="1">
                <bild_url_1>http://www.server.de/img/cover.jpg</bild_url_1>
            </bilder>
            <preise>
                <uvp>24,99</uvp>
                <preis>19,99</preis>
                <preis_waehrung>EUR</preis_waehrung>
                <mwst>16%</mwst>
            </preise>
            <lieferzeit>2 Tage</lieferzeit>
            <lagerbestand>13241</lagerbestand>
        </produkt>

        <!-- Hier folgen noch weitere Produkte -->

    </produkte>
</shop>
```
Listing 8.1 XML-Datei für den White-Label-Shop

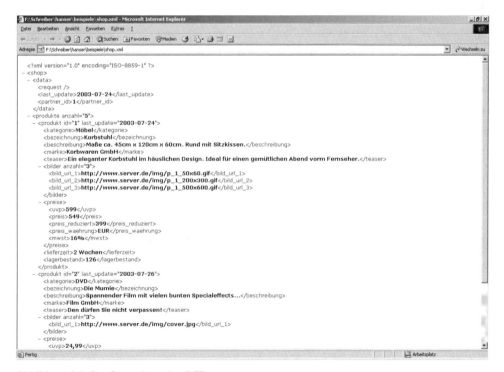

Abbildung 8.1 Der Shop ohne eine DTD

Nachdem Sie die letzten Kapitel über Grammatiken für XML durchgearbeitet haben, werden Sie mir zustimmen, dass die Darstellung einer XML-Struktur anhand eines Beispiels nicht optimal ist. Das Beispiel gibt nur einen Schnappschuss der Möglichkeiten wieder und hat keinerlei Informationen über eventuelle optionale Daten, Datentypen oder andere Merkmale der XML-Struktur.

Das Ziel dieses Tutorials ist damit klar: Wir werden die definierten Regeln für den White Label Shop in einer klar definierten Grammatik zusammenfassen und so ein allgemein gültiges Regelwerk für die Erstellung (Seien es nun dynamische oder statische XML-Files) von XML-Daten errichten. Im ersten Schritt wird dies mit einer *Document Type Definition* geschehen. In einem zweiten werden wir die Daten konkreter erfassen und mit XML-Schema festlegen.

8.1 Eine Grammatik mit der DTD

Nach den letzten Kapiteln ist die Definition einer DTD anhand der bestehenden Vorgaben aus dem letzten Beispielkapitel kein großes Problem mehr. Wir werden alle Punkte einfach Schritt für Schritt durchgehen. Es bietet sich an, die DTD extern zu definieren, da wir davon ausgehen können, dass mehr als eine XML-Datei anhand dieser DTD auf Gültigkeit zu überprüfen sein wird.

Legen Sie also eine Datei mit dem Namen `shop.dtd` an, und öffnen Sie diese in einem Texteditor. Da in einer externen DTD das `DOCTYPE`-Element nicht verwendet wird, können Sie direkt mit der Definition von Elementen und Attributen sowie dem jeweiligem Typ beginnen.

8.1.1 Elemente für den Shop definieren

Die XML-Datei für die Abbildung der unterschiedlichen Produkte besteht aus einer ganzen Menge von Elementen, die alle eine spezifische Aufgabe haben. Die folgende Tabelle zeigt alle Elemente mit einer kurzen Beschreibung noch einmal:

Tabelle 8.1 Elemente für den Shop

Element	Beschreibung
kategorie	Kategorie des Produktes
bezeichnung	Bezeichnung des Produktes
beschreibung	Beschreibung des Produktes
marke	Marke des Herstellers
teaser	Kurze Einführungsworte
bild_url_1	Das erste Bild
bild_url_2	Das zweite Bild
bild_url_3	Das dritte Bild
uvp	Unverbindliche Preisempfehlung des Herstellers
preis	Der eigentliche Preis

8.1 Eine Grammatik mit der DTD

Element	Beschreibung
preis_reduziert	Reduzierter Preis, wenn vorhanden
preis_waehrung	Die Währung des Preises
mwst	Mehrwertsteuer auf dem Preis in Prozent
lieferzeit	Angaben zur Lieferzeit
lagerbestand	Anzahl im Lager
produkt	Definiert ein Produkt
produkte	Umschließt alle Produkte und fasst sie zusammen
data	Metadaten dieser Shopdatei
request	Gibt den Request zurück
last_update	Letzte Aktualisierung der Datei
partner_id	Die Partner-ID
shop	Wurzelelement der Datei
bilder	Fasst alle Bilder zu einem Produkt zusammen
preise	Fasst alle Preise eines Produktes zusammen

Alle diese Elemente müssen nacheinander in der DTD definiert werden, wobei abhängig vom Typ eventuelle Unterelemente mit berücksichtigt werden müssen. Da die meisten der Elemente allerdings konkrete Daten enthalten, ist der erste Schritt für die Erstellung der DTD-Datei sehr einfach:

```
<!ELEMENT kategorie (#PCDATA)>
<!ELEMENT bezeichnung (#PCDATA)>
<!ELEMENT beschreibung (#PCDATA)>
<!ELEMENT marke (#PCDATA)>
<!ELEMENT teaser (#PCDATA)>
<!ELEMENT bild_url_1 (#PCDATA)>
<!ELEMENT bild_url_2 (#PCDATA)>
<!ELEMENT bild_url_3 (#PCDATA)>
<!ELEMENT uvp (#PCDATA)>
<!ELEMENT preis (#PCDATA)>
<!ELEMENT preis_reduziert (#PCDATA)>
<!ELEMENT preis_waehrung (#PCDATA)>
<!ELEMENT mwst (#PCDATA)>
<!ELEMENT lieferzeit (#PCDATA)>
<!ELEMENT lagerbestand (#PCDATA)>
<!ELEMENT request (#PCDATA)>
<!ELEMENT last_update (#PCDATA)>
<!ELEMENT partner_id (#PCDATA)>
```

Listing 8.2 Definition der Datenelemente

Diese Angaben definieren alle Elemente, die für die konkreten Daten im XML-Dokument benötigt werden. Es handelt sich hierbei um alle Datenelemente, die der Shop benötigt.

Im nächsten Schritt müssen die Containerelemente angelegt werden, wobei es hier sehr wichtig ist, die eventuell nötigen Wiederholungsoperatoren korrekt zu setzen. Wie immer gibt es hier mehrere Möglichkeiten, von denen die beste zu finden ist. Die folgenden Zeilen zeigen die Definition aller nötigen Containerelemente.

```
<!ELEMENT data (request, last_update, partner_id)>
```

Das erste Containerelement ist einfach zu definieren, da hier nur fixe Elemente verwendet werden. Es sind also nur solche Elemente, die genau einmal in dieser Reihenfolge auftauchen sollen. Das Element `data` fasst dabei alle Metadaten eines Shop-XML-Dokumentes zusammen.

Das nächste der beiden Containerelemente sind Teile einer Produktangabe und fassen einzelne Bereiche eines Produktes, die in mehrere Elemente aufgeteilt sind, zusammen:

```
<!ELEMENT bilder (bild_url_1,bild_url_2?,bild_url_3?)>
```

Das `bilder`-Element definiert drei Kindelemente, die Verweise auf einzelne Abbildungen des Produktes enthalten. Das erste Element ist verpflichtend, während die beiden folgenden optional angegeben sind. Es ist also mindestens ein Bild notwendig.

```
<!ELEMENT preise (uvp,preis,preis_reduziert?,preis_waehrung,mwst)>
```

Die Containerelementdefinition für `preise` sieht etwas Ähnliches vor, wobei an das Kindelement preis_reduziert an dieser Stelle als einziges Element optional ist. Es kann nicht zwingend vorrausgesetzt werden, dass ein Preis immer reduziert wurde. Alle anderen Angaben hingegen sind verpflichtend.

```
<!ELEMENT produkt (kategorie,bezeichnung,beschreibung,marke,
          teaser,bilder,preise,lieferzeit,lagerbestand)>
```

Die `produkt`-Definition in diesem Containerelement hat die meisten Kindelemente, da an dieser Stelle alle wesentlichen Daten über ein Produkt zusammengefasst werden. Ich habe an dieser Stelle alle Angaben verpflichtend gemacht, wobei es natürlich immer darauf ankommt, inwieweit diese Informationen von einem Lieferanten mitgebracht werden. Hier ist durchaus Platz für Diskussionen, die DTD anzupassen.

```
<!ELEMENT produkte (produkt*)>
```

Diese Definition ist sehr wichtig für die DTD, da an dieser Stelle der Multiplikator für die Produkte „eingebaut" ist. Das Containerelement `produkte` darf nur aus einem Element bestehen, nämlich `produkt`. Dieses Element darf allerdings beliebig oft erscheinen, sogar keinmal, wie der Multiplikator * angibt. Auf den ersten Blick scheint das nicht sehr sinnvoll, da ein Shop mit null Produkten keinen wirklichen Sinn ergibt. Der Multiplikator + ist deshalb vermutlich angemessener.

Soweit stimme ich Ihnen zu, allerdings dürfen Sie das erste Tutorial nicht vergessen, in dem wir eine Schnittstelle zur dynamischen Erstellung von XML entwickelt haben. Ein Feature war unter anderem die Möglichkeit, die Rückgabe des Skriptes durch Suchparameter zu manipulieren. Dieser Umstand schließt natürlich die Möglichkeit mit ein, dass eine Suchanfrage nach einem Produkt kein Ergebnis hervorbringt, schlicht dann, wenn dieses Produkt nicht verkauft wird. Darüber hinaus gibt es immer wieder Scherzbolde, die nach „ajkdfjkeafehjklrjm" suchen, nur um zu sehen, was passiert. An dieser Stelle muss das XML-Dokument in der Lage sein, folgende Antwort zu geben:

8.1 Eine Grammatik mit der DTD

```
<shop>
   <data>
      <request>ajkdfjkeafehjklrjm</request>
      <last_update />
      <partner_id>1</partner_id>
   </data>
   <produkte anzahl="0" />
</shop>
```

Würde die DTD mindestens ein Produkt erzwingen, dann wäre an dieser Stelle ein ungültiges Dokument erstellt worden. Mit einem Sternchen-Multiplikator sind wir immer auf der sicheren Seite.

```
<!ELEMENT shop (data,produkte)>
```

Die letzte Elementdefinition ist für das eigentliche Wurzelelement nötig. Das Containerelement `shop` wird einfach über die Elemente `data` und `produkte` definiert, die jeweils genau einmal auftauchen dürfen.

8.1.2 Attribute für den Shop definieren

So weit, so gut. Die Elemente für den Shop sind definiert. Jetzt fehlt nur noch ein wenig Feinarbeit für die Attribute, dann ist die Grammatik so gut wie fertig. Das erste Attribut, das einem ins Auge fällt, ist `anzahl`, im Element `produkte`. Dieses Attribut gibt einfach die Anzahl aller gefundenen Produkte an und somit auch die Anzahl der verwendeten `produkt`-Elemente:

```
<!ATTLIST produkte
   anzahl CDATA #REQUIRED
>
```

Die Definition stellt sich recht einfach dar, da dieses Attribut einfach Textdaten enthält, die nicht näher definiert werden können. Darüber hinaus ist es nicht optional, sondern immer notwendig. Genauso verhält es sich bei dem Attribut des Elementes `bilder`, das ebenfalls den Bezeichner `anzahl` hat. Hier werden einfach die Anzahl der Bilder übergeben, die zur Verfügung stehen. Die Definition sieht ähnlich aus:

```
<!ATTLIST bilder
   anzahl CDATA #REQUIRED
>
```

Die letzte Attributsliste, die an dieser Stelle definiert werden muss, ist für das Element `produkt`. Hier werden zwei Informationen gespeichert: Einmal eine eindeutige ID, die eine genaue Identifikation des Produktes ermöglicht, und auf der anderen Seite ein Datum, das angibt, wann das Produkt zum letzten Mal aktualisiert wurde:

```
<!ATTLIST produkt
   id          ID     #REQUIRED
   last_update CDATA  #REQUIRED
>
```

Die ID wird über den Attributtyp ID definiert, so dass ein validierender Parser sofort Alarm schlägt, wenn man an dieser Stelle dieselbe ID verwenden würde. Die Angabe des Datums erfolgt wie gewohnt als CDATA.

8.1.3 Die komplette DTD

Mit der Angabe der fehlenden Attribute ist die DTD fertiggestellt und kann nun vollständig zur Beschränkung der shop.xml-Datei dienen. Die komplette DTD sieht wie folgt aus:

```
<!ELEMENT kategorie (#PCDATA)>
<!ELEMENT bezeichnung (#PCDATA)>
<!ELEMENT beschreibung (#PCDATA)>
<!ELEMENT marke (#PCDATA)>
<!ELEMENT teaser (#PCDATA)>
<!ELEMENT bild_url_1 (#PCDATA)>
<!ELEMENT bild_url_2 (#PCDATA)>
<!ELEMENT bild_url_3 (#PCDATA)>
<!ELEMENT uvp (#PCDATA)>
<!ELEMENT preis (#PCDATA)>
<!ELEMENT preis_reduziert (#PCDATA)>
<!ELEMENT preis_waehrung (#PCDATA)>
<!ELEMENT mwst (#PCDATA)>
<!ELEMENT lieferzeit (#PCDATA)>
<!ELEMENT lagerbestand (#PCDATA)>
<!ELEMENT request (#PCDATA)>
<!ELEMENT last_update (#PCDATA)>
<!ELEMENT partner_id (#PCDATA)>

<!ELEMENT data (request, last_update, partner_id)>
<!ELEMENT bilder (bild_url_1,bild_url_2?,bild_url_3?)>
<!ELEMENT preise (uvp,preis,preis_reduziert?,preis_waehrung,mwst)>
<!ELEMENT produkt (kategorie,bezeichnung,beschreibung,marke,teaser,
          bilder,preise,lieferzeit,lagerbestand)>
<!ELEMENT produkte (produkt*)>
<!ELEMENT shop (data,produkte)>

<!ATTLIST produkte
   anzahl CDATA #REQUIRED
>

<!ATTLIST produkt
   id          ID     #REQUIRED
   last_update CDATA #REQUIRED
>

<!ATTLIST bilder
   anzahl CDATA #REQUIRED
>
```

8.1.4 Die DTD in die XML-Datei einfügen

Die fertige DTD liegt nun in einer externen Datei im selben Verzeichnis wie die zu beschränkende XML-Datei. Damit ein Parser nun auch weiß, wo er die externe DTD zu suchen hat, muss ein Verweis in die XML-Datei eingefügt werden. Dieser Verweis erfolgt über das bekannte DOCTYPE-Element:

8.2 Eine Grammatik mit XML-Schema

```
<!DOCTYPE shop SYSTEM "shop.dtd">
```

Damit wird gesagt, dass die verwendete DTD shop heißt und in der Datei shop.dtd zu finden ist. Da keine relativen oder absoluten Verweise angegeben wurden, geht der Parser davon aus, dass diese DTD im SYSTEM (also im aktuellen Rechner/Netzwerk) im selben Verzeichnis zu finden ist.

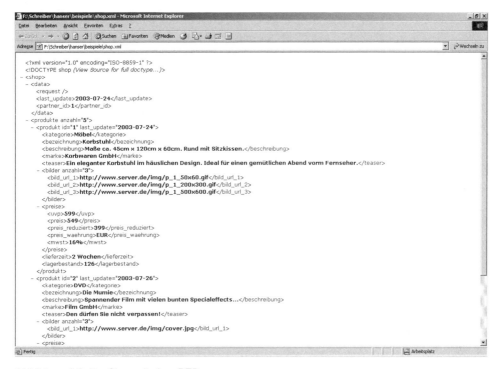

Abbildung 8.2 Der Shop mit einer DTD

Auf diese Weise ist die Shopdatei von einem wohlgeformten zu einem gültigen Dokument geworden. Die nächsten Seiten werden Ihnen zeigen, wie man aus einer wohlgeformten Datei mit Hilfe von XML-Schema eine Schema-gültige Datei macht.

8.2 Eine Grammatik mit XML-Schema

Wie in Kapitel 7 schon besprochen wurde, bietet XML-Schema eine wesentlich genauere Art, Regeln für XML-Dokumente festzulegen. Gegenüber einer herkömmlichen DTD werden beispielsweise auch Datentypen, komplexe Datentypen und einige andere Möglichkeiten mehr unterstützt. Ähnlich wie im ersten Teil dieses Tutorials werden wir auch hier Schritt für Schritt eine Grammatik erstellen, die alle Möglichkeiten der Shop-XML-Dateien abdeckt.

Legen Sie eine neue Datei mit dem Namen `shop_schema.xml` an. Da Schema-Grammatiken ebenfalls XML-Dateien sind, wird hier die Endung `.xml` verwendet (im Gegensatz zu den `.dtd` Dateien aus dem letzten Abschnitt). Alternativ können Sie auch die Endung `.xsd` verwenden, die für die Abkürzung XML Schema Definition steht, die sich allgemein für diese Verwendung durchgesetzt hat. Der Dateiname würde dann `shop_schema.xsd` lauten.

Im Gegensatz zu einer DTD handelt es sich bei XML-Schema um eine Grammatik für ein XML-Dokument, die ebenfalls in XML formuliert werden muss. Darum sieht der formale Rahmen für diese Datei etwas anders aus.

```
<?xml version="1.0" encoding="ISO-8859-1" ?>
```

Nach dem bekannten Kopf für jedes XML-Dokument folgt der eigentliche Rahmen für die Schema-Datei:

```
<xsd:schema
    xmlns:xsd            = "http://www.w3.org/2001/XMLSchema"
    xmlns                = "http://www.lastcode.com/shop"
    elementFormDefault   = "qualified"
    attributeFormDefault = "qualified"
    targetNamespace      = "http://www.lastcode.com/shop"
>
...
</xsd:schema>
```

Innerhalb des `schema`-Elementes werden wir alle weiteren Strukturen definieren, die für die `shop`-XML-Dateien notwendig sind.

8.2.1 Elemente für den Shop definieren

Genau wie bei der DTD ist es notwendig, hier zwischen Datenelementen und Containerelementen zu unterscheiden. Da einfache Datenelemente ohne weiteres mit den einfachen Datentypen des Schema-Namensraumes definiert werden können, fangen wir damit an. Die folgende Tabelle zeigt alle einfachen Datentypen, die definiert werden müssen:

Tabelle 8.2 Datenelemente

Datenelement	Beschreibung
kategorie	Kategorie des Produktes
bezeichnung	Bezeichnung des Produktes
beschreibung	Beschreibung des Produktes
marke	Marke des Herstellers
teaser	Kurze Einführungsworte
bild_url_1	Das erste Bild
bild_url_2	Das zweite Bild
bild_url_3	Das dritte Bild

8.2 Eine Grammatik mit XML-Schema

Datenelement	Beschreibung
uvp	Unverbindliche Preisempfehlung des Herstellers
preis	Der eigentliche Preis
preis_reduziert	Reduzierter Preis, wenn vorhanden
preis_waehrung	Die Währung des Preises
mwst	Mehrwertsteuer auf dem Preis in Prozent
lieferzeit	Angaben zur Lieferzeit
lagerbestand	Anzahl im Lager
request	Gibt den Request zurück
last_update	Letzte Aktualisierung der Datei
partner_id	Die Partner-ID

Die Definition der einzelnen Elemente wird abhängig vom Typ jeweils mit einem `element`-Element vorgenommen. Umgesetzt in einer Schema-XML-Datei sieht das dann so aus:

```xml
<xsd:element name="kategorie" type="xsd:string" />
<xsd:element name="bezeichnung" type="xsd:string" />
<xsd:element name="beschreibung" type="xsd:string" />
<xsd:element name="marke" type="xsd:string" />
<xsd:element name="teaser" type="xsd:string" />
<xsd:element name="bild_url_1" type="xsd:anyURI" />
<xsd:element name="bild_url_2" type="xsd:anyURI" />
<xsd:element name="bild_url_3" type="xsd:anyURI" />
<xsd:element name="uvp" type="xsd:float" />
<xsd:element name="preis" type="xsd:float" />
<xsd:element name="preis_reduziert" type="xsd:float" />
<xsd:element name="preis_waehrung" type="xsd:string" />
<xsd:element name="mwst" type="xsd:float" />
<xsd:element name="lieferzeit" type="xsd:string" />
<xsd:element name="lagerbestand" type="xsd:int" />
<xsd:element name="request" type="xsd:string" />
<xsd:element name="last_update" type="xsd:date" />
<xsd:element name="partner_id" type="xsd:int" />
```

Listing 8.3 Datenelemente werden definiert

Die Angabe der einzelnen Elemente mit den jeweiligen Typen ist nicht weiter schwierig und sollte selbsterklärend sein. Im Gegensatz zur DTD machen wir uns an dieser Stelle die strenge Typisierung der XML-Schema-Vorgaben zunutze, um die zu erwartenden Werte sehr genau zu beschränken. So ist es zum Beispiel nicht mehr möglich, einen String als Wert für den Preis anzugeben. Diesen offensichtlichen Fehler hat ein DTD-Parser nicht finden können.

Im nächsten Schritt werden wir die Containerelemente der XML-Datei definieren, die in einem Schema als komplexe Datentypen anzulegen sind. Dabei arbeiten wir uns idealerweise von innen nach außen vor, so dass das Wurzelelement als Letztes auf der Basis der anderen Elemente definiert wird. Folgende Elemente müssen definiert werden:

Tabelle 8.3 Containerelemente

Containerelement	Beschreibung
preise	Fasst alle Preise zusammen
data	Metadaten des Dokuments
produkt	Fasst ein Produkt zusammen
bilder	Fasst alle Bilder eines Produktes zusammen
produkte	Fasst alle Produkte zusammen
shop	Wurzelelement der Datei

Das erste Element, das hier ins Auge sticht, ist data ganz am Anfang des Dokumentes. Es fasst alle Informationen über diesen Shop-Request zusammen. Der komplexe Datentyp zu diesem Element sieht so aus:

```
<xsd:complexType name="Data">
   <xsd:sequence>
      <xsd:element name="request" type="xsd:string" />
      <xsd:element name="last_update" type="xsd:date" />
      <xsd:element name="partner_id" type="xsd:int" />
   </xsd:sequence>
</xsd:complexType>
```

Listing 8.4 Der komplexe Datentyp `data`

Da die verwendeten Elemente nirgendwo anders mehr gebraucht werden, wird ihre Definition direkt in den komplexen Datentyp verlegt. Dasselbe gilt auch für das nächste Containerelement, das auf der untersten Ebene des Dokumentes liegt. Der Aufbau des komplexen Datentyps für preise sieht dementsprechend ähnlich aus:

```
<xsd:complexType name="Preise">
   <xsd:sequence>
      <xsd:element name="uvp" type="xsd:float" />
      <xsd:element name="preis" type="xsd:float" />
      <xsd:element
         name="preis_reduziert"
         type="xsd:float"
         minOccurs="0"
      />
      <xsd:element name="preis_waehrung" type="xsd:string" />
      <xsd:element name="mwst" type="xsd:float" />
   </xsd:sequence>
</xsd:complexType>
```

Listing 8.5 Der komplexe Datentyp `Preise`

Einziger Unterschied ist diesmal die Angabe der Häufigkeiten. Die Angabe eines reduziertes Preises wird freigestellt, genauso wie es in der entsprechenden DTD geschehen ist.

Der komplexe Datentyp für das Element bilder wird so aufgebaut:

8.2 Eine Grammatik mit XML-Schema

```
<xsd:complexType name="Bilder">
    <xsd:sequence>
        <xsd:element name="bild_url_1" type="xsd:anyURI" />
        <xsd:element
            name="bild_url_2"
            type="xsd:anyURI"
            minOccurs="0"
        />
        <xsd:element
            name="bild_url_3"
            type="xsd:anyURI"
            minOccurs="0"
        />
    </xsd:sequence>
</xsd:complexType>
```

Listing 8.6 Der komplexe Datentyp `Bilder`

Genau wie für Preise werden einige Kindelemente nicht verpflichtend verlangt. Die Angabe des zweiten und dritten Bildes ist damit freigestellt.

An dieser Stelle haben wir den Punkt erreicht, an dem alle fehlenden komplexen Datentypen auf den schon bestehenden aufgebaut werden müssen. Der mit Abstand komplexeste Typ ist mit Sicherheit das Element `produkt`, da hier jede Menge einfache Datentypen mit den schon bestehenden komplexen Datentypen gemischt werden:

```
<xsd:complexType name="Produkt">
    <xsd:sequence>
        <xsd:element name="kategorie" type="xsd:string" />
        <xsd:element name="bezeichnung" type="xsd:string" />
        <xsd:element name="beschreibung" type="xsd:string" />
        <xsd:element name="marke" type="xsd:string" />
        <xsd:element name="teaser" type="xsd:string" />
        <xsd:element name="bilder" type="Bilder" />
        <xsd:element name="preise" type="Preise" />
        <xsd:element name="lieferzeit" type="xsd:string" />
        <xsd:element name="lagerbestand" type="xsd:int" />
    </xsd:sequence>
</xsd:complexType>
```

Listing 8.7 Der komplexe Datentyp `Produkt`

Auch hier wird die Elementdefinition direkt im komplexen Datentyp erstellt. Darüber hinaus ist jedes Kindelement verpflichtend. Ein besonderes Augenmerk verdienen die Elemente `bilder` und `preise`, die über die vorhin definierten Datentypen erstellt wurden.

Der nächste komplexe Datentyp ist wesentlich einfacher aufgebaut, da nur ein Kindelement angegeben wird:

```
<xsd:complexType name="Produkte">
    <xsd:sequence>
        <xsd:element
            name="produkt"
            type="Produkt"
            minOccurs="0"
            maxOccurs="unbounded"
```

```
        />
    </xsd:sequence>
</xsd:complexType>
```
Listing 8.8 Der komplexe Datentyp `Produkte`

Trotz dieses einfachen Aufbaus ist diese Definition doch die wichtigste, da hier der Multiplikator für die verschiedenen Produkte definiert wird. Es ist möglich, zwischen 0 und unendlich vielen Produkten anzugeben.

Der letzte komplexe Datentyp definiert das Wurzelelement des Shops. Hier werden einfach die Kindelemente data und produkte zusammengefasst:

```
<xsd:complexType name="Shop">
    <xsd:sequence>
        <xsd:element name="data" type="Data" />
        <xsd:element name="produkte" type="Produkte" />
    </xsd:sequence>
</xsd:complexType>

<xsd:element name="shop" type="Shop" />
```
Listing 8.9 Das Wurzelelement

Beachten Sie hierbei, dass nach der Definition das Element shop direkt außerhalb eines anderen komplexen Datentyps definiert wird. Alle anderen Elemente werden nacheinander in den anderen komplexen Datentypen angegeben.

8.2.2 Attribute für den Shop definieren

Nachdem der größte Teil der Arbeit schon erledigt ist, wird die Definition der Attribute für den Shop sehr einfach. Im Prinzip müssen Sie nur die komplexen Datentypen ein wenig erweitern, um das gewünschte Resultat zu erzielen. Folgende Attribute müssen noch definiert werden:

Tabelle 8.4 Die Attribute im Shop

Attribut	Beschreibung
`anzahl` im Element `produkte`	Gibt die Anzahl der Produkte wieder
`anzahl` im Elemente `bilder`	Gibt die Anzahl der Bilder wieder
`id` im Element `produkt`	Legt eine eindeutige ID fest
`last_update` im Element `produkt`	Gibt das Datum der letzten Aktualisierung an

Alle vier Attribute sind verpflichtend anzugeben; darum ist die Definition bei allen vier Attributen gleich:

8.2 Eine Grammatik mit XML-Schema

```
<xsd:attribute name="anzahl" type="xsd:int" use="required" />
<xsd:attribute name="id" type="xsd:string" use="required" />
<xsd:attribute name="last_update" type="xsd:date" use="required" />
<xsd:attribute name="anzahl" type="xsd:int" use="required" />
```

Die einzelnen Definitionen müssen nun nur noch in dem jeweiligen komplexen Typ angegeben werden. Wie das genau aussieht, sehen Sie in dem kompletten Beispiel im nächsten Abschnitt.

8.2.3 Die komplette Schema-Datei

Mit der Angabe der fehlenden Attribute ist das Schema fertiggestellt und kann nun vollständig für die Beschränkung der `shop.xml` Datei dienen. Die komplette Datei sieht wie folgt aus:

```xml
<?xml version="1.0" encoding="ISO-8859-1" ?>

<xsd:schema
    xmlns:xsd           = "http://www.w3.org/2001/XMLSchema"
    xmlns               = "http://www.lastcode.com/shop"
    elementFormDefault  = "qualified"
    attributeFormDefault = "qualified"
    targetNamespace     = "http://www.lastcode.com/shop"
>

<xsd:complexType name="Shop">
    <xsd:sequence>
        <xsd:element name="data" type="Data" />
        <xsd:element name="produkte" type="Produkte" />
    </xsd:sequence>
</xsd:complexType>

<xsd:complexType name="Produkte">
    <xsd:sequence>
        <xsd:element
            name="produkt"
            type="Produkt"
            minOccurs="0"
            maxOccurs="unbounded"
        />
    </xsd:sequence>
    <xsd:attribute name="anzahl" type="xsd:int" use="required" />
</xsd:complexType>

<xsd:complexType name="Produkt">
    <xsd:sequence>
        <xsd:element name="kategorie" type="xsd:string" />
        <xsd:element name="bezeichnung" type="xsd:string" />
        <xsd:element name="beschreibung" type="xsd:string" />
        <xsd:element name="marke" type="xsd:string" />
        <xsd:element name="teaser" type="xsd:string" />
        <xsd:element name="bilder" type="Bilder" />
        <xsd:element name="preise" type="Preise" />
```

```
            <xsd:element name="lieferzeit" type="xsd:string" />
            <xsd:element name="lagerbestand" type="xsd:int" />
         </xsd:sequence>
         <xsd:attribute name="id" type="xsd:string" use="required" />
         <xsd:attribute name="last_update" type="xsd:date" use="required" />
      </xsd:complexType>
      <xsd:complexType name="Bilder">
         <xsd:sequence>
            <xsd:element name="bild_url_1" type="xsd:anyURI" />
            <xsd:element
               name="bild_url_2"
               type="xsd:anyURI"
               minOccurs="0"
            />
            <xsd:element
               name="bild_url_3"
               type="xsd:anyURI"
               minOccurs="0"
            />
         </xsd:sequence>
         <xsd:attribute name="anzahl" type="xsd:int" use="required" />
      </xsd:complexType>

      <xsd:complexType name="Preise">
         <xsd:sequence>
            <xsd:element name="uvp" type="xsd:float" />
            <xsd:element name="preis" type="xsd:float" />
            <xsd:element
               name="preis_reduziert"
               type="xsd:float"
               minOccurs="0"
            />
            <xsd:element name="preis_waehrung" type="xsd:string" />
            <xsd:element name="mwst" type="xsd:float" />
         </xsd:sequence>
      </xsd:complexType>

      <xsd:complexType name="Data">
         <xsd:sequence>
            <xsd:element name="request" type="xsd:string" />
            <xsd:element name="last_update" type="xsd:date" />
            <xsd:element name="partner_id" type="xsd:int" />
         </xsd:sequence>
      </xsd:complexType>

      <xsd:element name="shop" type="Shop" />

   </xsd:schema>
```

Listing 8.10 Die komplette Schema-Datei

Das komplette Dokument sieht im Internet Explorer so aus:

8.2 Eine Grammatik mit XML-Schema

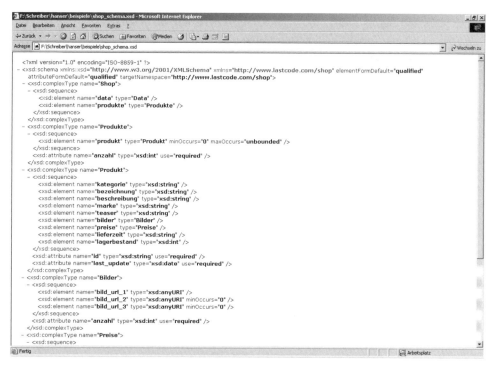

Abbildung 8.3 Die Schema-Datei im Browser

8.2.4 Die Schema-Datei in der XML-Datei einfügen

Da wir an dieser Stelle mit zwei XML-Dokumenten arbeiten, müssen wir darauf achten, dass es keinen Namensraumkonflikt gibt. Die dafür nötigen Schritte haben Sie bereits im letzten Kapitel kennen gelernt, so dass wir auf das folgende Ergebnis kommen:

```
<shop
    xmlns="http://www.lastcode.com/shop"
    xmlns:xsi ="http://www.w3.org/2001/XMLSchema-instance"
    xsi:schemaLocation="http://www.lastcode.com/shop shop.xsd"
>
```
Listing 8.11 Verknüpfung zwischen XML-Schema und XML-Dokument

Das vorliegende Dokument wird der Einfachheit halber mit einem Default-Namensraum verknüpft, der natürlich mit der Vorgabe aus der Schemadatei übereinstimmen muss. Als Zweites wird ein weiterer Namensraum xsi (*XML Schema Instance*) festgelegt, der für das Verknüpfungsattribut schemaLocation verwendet wird und dieses vom Rest des Dokumentes differenziert.

Über dieses Attribut wird dann der eigentliche Verweis auf die Schemadatei gegeben: Der Wert dieses Attributes setzt sich zusammen aus dem Namensraum des Dokumentes sowie dem Namen der Datei, in der das Schema abgelegt ist. Danach folgt das eigentliche XML-Dokument mit den hoffentlich Schema-gültigen XML-Daten.

9

Simple API for XML

9 Simple API for XML

XML hat in den letzten Jahren einen Boom erfahren, den sich mancher Entwickler sicher nicht hätte träumen lassen. Fast jede Software, die irgendwie ernst genommen werden will, bietet nun die Möglichkeit, XML-Daten zu im- und auch zu exportieren, und so gut wie jedes Format kann (oder will) nun auch in XML repräsentiert werden. Diese Entwicklung ist sehr zu begrüßen, da die Vorteile von XML für sich sprechen.

Allerdings wird im ganzen Trubel oft übersehen, dass XML nicht immer die optimale Lösung für die Repräsentation von Daten ist, da der Aufwand für den Zugriff auf XML-Daten im Vergleich zu anderen Formaten sehr hoch ist. In einem der vorhergehenden Kapitel habe ich bereits darauf hingewiesen, dass in einem geschlossenen System relationale Datenbanken (z.B.: MySQL) sicherlich die bessere Wahl sind und XML nur als Exportformat genutzt werden sollte. Der Zugriff ist schneller und auch individueller gestaltbar als der Umgang mit unter Umständen riesigen XML-Dateien.

Auf der anderen Seite eignet sich XML hervorragend dazu, Daten in einem Netzwerk auszutauschen, das aus nicht vorhersehbaren Systemen besteht. Genau wie HTML kann XML von jedem Betriebssystem analysiert werden. Darüber hinaus hat XML die Fähigkeit, fast beliebig wandelbar zu sein, wie Sie in einem späteren Kapitel sehen werden.

XML ist ein Textformat, das sich am besten für die Darstellung von Textdaten eignet. Auch wenn andere Ressourcen durch Links eingebunden werden können, ist doch der natürliche Ursprung von XML die reine Textebene. Die Darstellung von Bildern beispielsweise ist in XML ein fast sinnloses Unterfangen, da die Masse an Daten durch eine ausufernde XML-Struktur fast nicht mehr greifbar wird. Ausnahmen kann es allerdings im Bereich der Vektorgrafiken geben, die durchaus in einigen Bereichen sinnvoll mit XML repräsentiert werden können.

Wenn Sie also überlegen, XML einzusetzen, sollten Sie sich immer diese Punkte vor Augen halten und abwägen, ob XML an diesem Punkt die richtige Wahl ist. Wenn Sie nach diesem Kapitel das Prinzip eines XML-Parsers verstanden haben, werden Sie diese Vorüberlegungen noch besser verstehen.

9.1 XML-Code wird gelesen

Eine XML-Datei besteht, wie wir schon festgestellt haben, aus einem reinen Textformat, das auf jedem System gelesen und verändert werden kann. Der Aufbau der Datei folgt einer bestimmten Struktur, die wir in den vergangenen Kapiteln sehr ausführlich behandelt haben. Sie haben gelernt, wie XML aufgebaut ist, welche Regeln beachtet werden müssen, auf welche Weise man XML erstellt und noch einiges mehr. Das Ziel bestand immer ganz klar darin, korrekte (also wohlgeformte) und gültige Dokumente zu erstellen, die der XML-Syntax und einer eventuellen Grammatik (DTD oder Schema) entsprachen. Die andere Seite, d.h. das Lesen und Verstehen von XML-Code, war bisher demjenigen überlassen, der die XML-Datei in die Hände bekommen hat. Das soll sich nun ändern.

Wenn Sie bereits ein wenig (oder auch mehr) Erfahrung im Programmieren haben und wissen, wie man Textdateien manipuliert, wird Ihnen bestimmt die eine oder andere Möglichkeit einfallen, wie XML-Code automatisiert von einem Programm gelesen und verarbeitet werden kann. Letztendlich geht es ja um nichts anderes als eine ganze Menge von Strings (Zeichenketten), die je nach Aufbau und Zusammensetzung anders gelesen bzw. „zerschnitten" werden müssen. Das folgende Beispiel zeigt, wie eine einfache Datei auch von einer „dummen" Maschine interpretiert werden kann:

```
<person id="301178-1">
   <name>Ammelburger</name>
   <vorname>Dirk</vorname>
   <email>dirk@ammelburger.de</email>
</person>
```

Listing 9.1 Beispiel für einen Parser

Das Beispiel zeigt ein einfaches XML-Dokument, wie wir es in den vorhergehenden Kapiteln schon oft gesehen haben. Für die folgenden Erklärungen sollten Sie sich nun von den offensichtlichen XML-Strukturen ein wenig lösen und dieses Beispiel als das sehen, was es für den Computer ist: eine ganze Menge Text. Um dieser Zeichenflut nun Herr zu werden, muss sich eine Maschine an greifbaren Strukturen orientieren, die es erlauben, Ordnung in die Datenmenge zu bringen. Der erste Schritt ist damit recht offensichtlich: Die Zeichenkette muss an allen Stellen aufgetrennt werden, die spitze Klammern enthalten. Dabei werden die Daten innerhalb der spitzen Klammern von den restlichen Daten getrennt. Auf diese Weise kann man bestimmte Zuordnungen treffen, indem man feststellt, welche Elemente sich auf welche konkreten Daten beziehen:

```
name: Ammelburger
vorname: Dirk
email: dirk@ammelburger.de
```

Dasselbe passiert natürlich mit den Attributen, die auch leicht anhand der festgelegten Syntax identifiziert werden können:

```
id: 301178-1 (person)
```

Im Unterschied zu den Elementen wird hier das Attribut auch einem Element zugeordnet, da es in diesem angegeben wurde. Was ist nun aber mit dem Wurzelement `person`? Da es unmittelbar keine konkreten Daten enthält, kann es natürlich auch keinen Daten zugeordnet werden. Allerdings ist es möglich, aufgrund der Reihenfolge festzustellen, welche Elemente innerhalb und welche außerhalb dieses Elementes liegen. Es ist also offensichtlich, dass das Wurzelement in der Hierarchie ganz oben steht.

Was Sie nun mit diesen Erkenntnissen anstellen, liegt natürlich ganz bei Ihnen, beziehungsweise bei der vorgegebenen Aufgabenstellung. Da XML in den Anwendungsmöglichkeiten sehr breit angelegt ist, kann man natürlich keine Annahmen über die Verwendung der Daten treffen. Doch zurück zum Beispiel:

Auch wenn es Sie jetzt in den Fingern juckt und Sie schon die richtigen Zeilen Code vor sich sehen, um das beschriebene Problem zu lösen, möchte ich Sie bitten, einen Augenblick innezuhalten und sich an die alte (Programmierer-) Weisheit zu erinnern, dass man das Rad nicht zweimal erfinden muss. Wie Sie sich sicher vorstellen können, stehen diese Aufgaben schon eine ganze Weile im Raum, so dass seit geraumer Zeit fertige Lösungen existieren.

In diesem Kapitel wird es nicht darum gehen, Programme zu schreiben, die in der Lage sind, XML-Dateien zu lesen und aufzubereiten. Ich werde Ihnen vielmehr Schnittstellen präsentieren, die es erlauben, XML-Dateien zu analysieren, indem Sie sich bekannter und lange erprobter Werkzeuge bedienen. Dieses Kapitel wird Ihnen einen Überblick über die Möglichkeiten der *Simple API for XML* geben, die am 11. Mai 1998 in ihrer ersten Version definiert wurde. Ziel war es, dem *Document Object Model* (dieses Thema wird im nächsten Kapitel besprochen werden) eine Alternative gegenüberzustellen, die einfacher und schneller zu handhaben ist. Die Darstellung von XML-Daten in einem DOM-Baum ist sehr speicheraufwändig und je nach Größe des Dokumentes auch nicht sehr schnell. SAX hingegen verfolgt einen anderen Ansatz und verzichtet völlig auf eine interne Darstellung der Daten und überlässt es dem Programmierer, die Daten zu verarbeiten.

Urheber dieser Idee war David Megginson, der das Problem erkannt und in der XML-DEV-Liste zur Entwicklung vorgeschlagen hatte. Die Idee war einfach: Ein Dokument sollte nicht in einem Stück geparst werden, sondern Stück für Stück in einem beliebigen Zeitraum. Die Datenmenge spielt dabei keine Rolle, so dass es möglich ist, beliebig große Dateien zu parsen.

9.2 Wie funktioniert die SAX-Schnittstelle?

Bevor wir mit der *Simple API for XML* – kurz SAX – arbeiten können, ist es notwendig, Sie mit der Arbeitsweise dieser Schnittstelle vertraut zu machen. Die aktuelle Version von SAX liegt in der Version 2.0 vor, die im Mai 2000 herausgegeben wurde. Dabei handelt es sich nicht, wie man vermuten könnte, um ein fertiges Programm, das in der Lage ist, XML zu parsen, sondern vielmehr um eine Reihe von Empfehlungen, welche die Arbeitsweise des Parsers genau beschreiben. Diese Empfehlungen sind also unabhängig von einem bestimmten System oder einer Programmiersprache und können beliebig umgesetzt werden. Jeder Parser, der sich an diese Vorgaben hält, ist SAX2-kompatibel und in der Lage, ein XML-Dokument über diese Schnittstelle zu analysieren.

Um Missverständnissen vorzubeugen, möchte ich diese Tatsache noch einmal wiederholen: SAX ist nichts anderes als eine abstrakte Definition der Funktionsweise eines Parsers. Ein Parser ist dabei die Idee einer Software, die in der Lage, ist Daten zu analysieren, die in einer bestimmten Formatierung vorliegen. Die Definition von SAX gibt vor, dass die Daten im XML-Format vorliegen müssen und auf eine bestimmte Art und

Weise wieder auszugeben sind. Nicht mehr und nicht weniger. Wie diese Vorgaben nun konkret umgesetzt werden, ist abhängig von der verwendeten Programmiersprache und den zugrunde liegenden Möglichkeiten des Systems.

Dieses Vorgehen hat den Vorteil, dass ein Benutzer des fertigen Parsers unabhängig von der Programmiersprache die Funktion und die Schnittstellen der Software versteht. Diese Portabilität trifft sich mit dem Anspruch von XML, auf allen Systemen verfügbar zu sein. Im ersten Schritt werden wir also die Funktionen und die Vorgehensweise von SAX analysieren und besprechen. Dann werde ich die konkrete Umsetzung von SAX in verschiedenen Programmiersprachen vorstellen und die Anwendung demonstrieren. In einem späteren Tutorial in den folgenden Kapiteln wird der SAX-Parser in einem realitätsnahen Maßstab verwendet werden.

9.3 Elemente, Attribute und Ereignisse

Die Idee des SAX-Parsers ist in seiner Konzeption die eines recht einfachen Werkzeuges, das lediglich die Aufgabe eines Scanners übernimmt. Der übergebene Text (im ersten Schritt ist XML-Code für ein Programm nichts anderes als Text, also eine endliche Zeichenfolge) wird einfach Buchstabe für Buchstabe durchsucht und nach bestimmten Schlüsselzeichen hin untersucht. Welche die sind, haben wir bereits oben in einem kleinen Beispiel angedeutet:

Tabelle 9.1 XML-spezifische Zeichen

Zeichen	Beschreibung
<	Spitze öffnende Klammer
>	Spitze schließende Klammer
&	Kaufmännisches Und
;	Semikolon
"	Doppelte Anführungszeichen
'	Einfache Anführungszeichen

Anhand dieser Zeichen ist der Parser in der Lage, XML-Konstrukte eindeutig zu identifizieren, also beispielsweise konkrete Daten von Elementen zu unterscheiden. Immer wenn ein XML-Konstrukt eindeutig identifiziert worden ist, löst der Parser ein Ereignis (engl.: *event*) aus, das auf diese XML-Konstruktion hinweist. Jeder mögliche Teil eines XML-Dokumentes (Elementanfang, Elementeende, PIs, konkrete Daten etc.) wird dabei durch ein eigenes Event identifiziert. Fehler im XML-Code, beispielsweise in einem nicht wohlgeformten Dokument, werden ebenfalls durch ein Event ausgegeben.

Der sehr abstrakte Begriff des Ereignisses wird in der Regel durch so genannte Callback-Funktionen in der konkreten Umsetzung in einer Programmiersprache realisiert. Diese Funktionen werden automatisch während des Parsing-Vorgangs, also der Analyse der

XML-Daten, aufgerufen und mit entsprechenden Parametern „gefüttert". Elementereignisse rufen beispielsweise eine Funktion auf, der der Name des Elementes und die verfügbaren Parameter übergeben werden. Was mit den Daten in der jeweiligen Funktion gemacht wird, ist dem Programmierer überlassen. In der SAX-Empfehlung wird darüber keine Annahme getroffen. SAX ist damit eine Ereignis-gesteuerte (*event-based*) Möglichkeit, Daten zu analysieren.

Die Arbeit des Parsers ist beispielhaft mit einem Wanderer vergleichbar, der stetig durch die Landschaft marschiert und dabei ununterbrochen alles beobachtet. Er ist ein sehr mitteilungsfreudiger Mensch und ruft deshalb jedes Mal laut das, was er sieht „in die Welt" (Ereignis). Sieht er den Beginn eines Waldes, dann ruft er vielleicht „Hier beginnt der Wald auf meinem Weg!". Verlässt er den Wald wieder, ruft er „Hier endet der Wald!". In der Zeit dazwischen versäumt er allerdings nicht, auch all das mitzuteilen, was er im Wald zu sehen bekommt, zum Beispiel:

- Bäume
- Blätter
- Lichtung
- ein Reh
- Rotkäppchen
- den bösen Wolf

Immer wenn dem Wanderer eines dieser Ereignisse „zustößt", teilt er der Welt das mit, in der Hoffnung, dass jemand damit etwas anfangen kann. Dabei verlässt er sich so sehr auf seine „Zuhörer", dass er das Gesagte sofort wieder vergisst, nachdem er es aus den Augen verloren hat.

9.3 Elemente, Attribute und Ereignisse

Abbildung 9.1 Der „SAX-Wanderer" mit einem Sprachrohr: „Ein Baum..."

Der SAX-Parser ist in diesem Beispiel der Wanderer, denn er macht im Prinzip nichts anderes als das oben Beschriebene auf digitaler Ebene. Immer wenn er in einer bestimmten Zeichenkonstruktion ein XML-Konstrukt erkennt, dann löst er ein Ereignis aus, unabhängig davon, ob es gehört und verarbeitet wird oder nicht. Dabei fängt er am Anfang des XML-Dokumentes an und „wandert" über alle Daten hinweg bis zum letzten Element, das optimalerweise das gleiche ist wie das Eröffnungselement. Der Parser ist am Ende genauso schlau wie vorher, da er sich die geparsten Elemente nicht merkt, sondern gleich nach dem ausgelösten Element wieder vergisst.

Das folgende Beispiel zeigt den Weg des „Wanderers" als ein XML-Dokument und die daraus resultierenden Ereignisse:

```
<wald>
    <baum>
        <blaetter>Kastanie</blaetter>
    </baum>
    <baum>
```

```xml
        <blaetter>Eiche</blaetter>
        <rotkaeppchen />
    </baum>
    <lichtung>
        <boeser_wolf />
    </lichtung>
</wald>
```

Listing 9.2 Ein Wald im XML-Format

Auch wenn der Sinn dieses Dokumentes nicht unbedingt richtungweisend ist, soll es trotzdem an dieser Stelle ein gutes Beispiel sein. Dieses wohlgeformte Dokument wird durch einen SAX-Parser in folgende (vereinfachte) Ereignisse übersetzt:

```
Geöffnetes Element: „wald"
Geöffnetes Element: „baum"
Geöffnetes Element: „blaetter"
Konkrete Daten: „Kastanie"
Geschlossenes Element: „blaetter"
Geschlossenes Element: „baum"
Geöffnetes Element: „baum"
Geöffnetes Element: „blaetter"
Konkrete Daten: „Eiche"
Geschlossenes Element: „blaetter"
Geöffnetes Element: „rotkaeppchen"
Geschlossenes Element: „rotkaeppchen"
Geschlossenes Element: „baum"
Geöffnetes Element: „lichtung"
Geöffnetes Element: „boeser_wolf"
Geschlossenes Element: „boeser_wolf"
Geschlossenes Element: „lichtung"
Geöffnetes Element: „baum"
Geschlossenes Element: „wald"
```

Listing 9.3 Ereignisse auf dem Weg durch den XML-Wald

Anhand dieser Ereignisse kann der „Weg" des Parsers mit all seinen „Begegnungen" im „Wald" problemlos nachvollzogen werden. Auch wenn der SAX-Parser die Struktur des XML-Baums ignoriert (Kindelemente und Elternelemente werden unabhängig voneinander und gleich behandelt), können die Struktur des Dokumentes und alle Verschachtelungen nachvollzogen werden. Es ist offensichtlich, dass sich der böse Wolf auf der Lichtung befindet, weil sich das korrespondierende Element als Kindelement innerhalb des sich öffnenden und schließenden `lichtung`-Elements befindet. Die Schlüsse, die sich daraus ergeben, muss der Programmierer in seinem Programm allerdings selbst berücksichtigen, da SAX sich von alledem nichts merkt.

9.3 Elemente, Attribute und Ereignisse

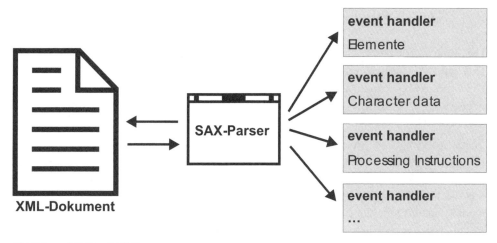

Abbildung 9.2 Der SAX-Parser

Das Bild zeigt, wie der SAX-Parser in der Praxis arbeitet und aus welchen Bestandteilen er sich zusammensetzt. Auch wenn die Implementierung von Programmiersprache zu Programmiersprache unterschiedlich ausfallen kann, sind die Elemente immer auf diese wesentlichen Bestandteile zurückzuführen:

- ein Parser, der die XML-Daten liest und analysiert;
- eine Reihe von Event-Methoden, die alle Ereignisse auffangen und verarbeiten.

Im Gegensatz zum DOM-Parser werden bei der *Simple API for XML* die Daten aus dem XML-Dokument in Echtzeit, also während des Parsens, zur Verfügung gestellt. Die Event-Methode wird also in dem Augenblick aufgerufen, in dem der Parser die entsprechende Stelle im Dokument erreicht hat. Da ist es unerheblich, ob das Dokument schon komplett vorliegt (zum Beispiel bei einem Streaming über ein Netzwerk kann schon mit dem Parsen begonnen werden, bevor das Dokument komplett geladen ist) oder an einer späteren Stelle ein Fehler auftritt, der das Dokument nicht wohlgeformt erscheinen lässt. SAX ist damit die einfachste, flexibelste und schnellste Möglichkeit, XML-Code zu parsen.

- SAX erzeugt Daten aus XML, ohne eine Struktur vorzugeben.
- Die Daten werden *plain* (also als Text) ausgegeben und können beliebig verwertet werden.
- Daten, die nicht benötigt werden, können ohne Speicherverlust ignoriert werden.
- Die Daten werden in Echtzeit ausgegeben.
- Der Input kann beliebig groß sein.
- Der Output erfolgt in beliebig vielen Events.

Die Idee der *Simple API for XML* ist so einfach, dass sie inzwischen in fast jeder aktuellen Sprache, die mit XML arbeitet, umgesetzt worden ist. Wenn Sie also mit XML arbeiten, können Sie Ihr Wissen über diese Schnittstelle immer erfolgreich anwenden.

9.4 SAX-Ereignisse

Die Simple API for XML ist, wie schon gesagt, eine Ereignis-basierte Art, um XML-Dokumente zu parsen. Im Gegensatz zu einer Baum-orientierten Sichtweise werden die Daten des XML-Dokumentes während des Parsing-Vorgangs ausgegeben. Das passiert in dem Augenblick, in dem der Parser über die entsprechende Struktur im XML-Dokument „stolpert".

Wenn Sie also beispielsweise ein 500 MB großes XML-Dokument analysieren, wissen Sie bereits nach der ersten Sekunde, wie das Wurzelelement dieses Dokumentes heißt. Wenn Sie dieses Dokument mit einem Baum-orientierten Parser analysieren, ein Programm also, das die komplette XML-Struktur im Speicher des Rechners abbildet, dann müssen Sie warten, bis das komplette Dokument geparst worden ist. Je nach Größe und Menge der Daten kann das natürlich dauern. Ein weiteres Problem ist natürlich der Speicheraufwand für eine solche Analyse, da nicht unbedingt jeder Rechner in der Lage ist, 500 MB im Speicher abzubilden.

Doch kommen wir zurück zu SAX: Um die Daten des XML-Dokumentes über verschiedene Ereignisse ausgeben zu können, ist es notwendig, dass ein Programm in der Lage ist, diese Ereignisse abzufangen und darauf zu reagieren. Das geschieht in der Regel über so genannte *Handler*, also eine Art „Handhaber", der die Ereignisse entgegennimmt und sortiert. Die Implementierung solcher Handler unterscheidet sich natürlich von Programmiersprache zu Programmiersprache, aber grundsätzlich kann man vier Arten unterscheiden:

Tabelle 9.2 SAX-Handler

Handler	Beschreibung
Contenthandler	Behandelt alle Standardereignisse rund um den Inhalt und den Aufbau des XML-Dokumentes
Errorhandler	Behandelt alle Fehler im XML-Dokument
DTDHandler	Verarbeitet Teile einer eventuellen DTD
Entityhandler	Verarbeitet externe Entities

Der wichtigste Handler für SAX ist natürlich der Contenthandler, der, wie der Name schon sagt, für den eigentlichen Inhalt verantwortlich ist. Damit sind alle Daten gemeint, die in einem wohlgeformten Dokument auftreten können:

- Beginn des Dokumentes
- Ende des Dokumentes
- Start eines Elementes
- Ende eines Elementes
- Attribute

9.4 SAX-Ereignisse

- konkrete Daten
- Processing Instructions
- Namensräume
- Whitespaces

In der Regel wird jeder dieser Punkte über eine oder mehrere Funktionen verarbeitet, die man über den Contenthandler aufruft. Der Contenthandler wiederum wird vom eigentlichen Parser mit Informationen gefüttert, die dann sortiert werden. Je nachdem, um welche Information oder um welche Daten es sich handelt, wird eine entsprechende Funktion aufgerufen. Der Funktionsaufruf erfolgt dann in der Regel mit verschiedenen Parametern, die alle nötigen Informationen zu diesem Ereignis beinhalten.

Was diese Funktion dann konkret mit den Daten anstellt, wird nicht weiter definiert. SAX endet in seiner Definition genau an dieser Schnittstelle zwischen dem Handler und der jeweiligen Funktion, die vom Programmierer frei gestaltet werden kann. Wie das genau funktioniert und welche Sprache am besten für den Einsatz mit XML verwendet werden kann, können Sie in einem der folgenden Kapitel nachlesen.

Fehlerbehandlung

Neben dem Contenthandler, also der Behandlung des Inhaltes eines XML-Dokumentes, existiert ein weiterer Handler, der speziell für Fehler im XML-Dokument angelegt wurde. Dieser Handler sollte nach Möglichkeit nie verwendet werden, doch die Welt ist auch rund um XML-Dokumente nicht immer perfekt. Trifft der Parser bei seiner Arbeit also auf eine Stelle im XML-Dokument, die aus irgendeinem Grund nicht in Ordnung ist, wird der Errorhandler um eine entsprechende Reaktion bemüht.

Zu diesem Zweck werden drei Ereignisfunktionen definiert, die vom Errorhandler aufgerufen werden. Jede der Funktionen steht für einen möglichen Fehlertyp:

- Warnung
- Normaler Fehler
- Fataler Fehler

Die Zuordnung des Fehlertyps erfolgt dabei über die möglichen Konsequenzen dieses Fehlers, wobei der Parser immer vom Schlimmsten ausgehen muss.

Der erste und harmloseste Fehlertyp ist die Warnung. Wie Sie sich vielleicht denken können, handelt es sich dabei mehr um einen Hinweis als um einen wirklichen Fehler, da der Parser nach dieser Warnung seine Arbeit weiter fortsetzt. Der gefundene „Fehler" ist also nicht weiter schlimm und beeinträchtigt den Parser nicht weiter. Was könnte es also sein? Es gibt eine ganze Reihe von Antworten, die alle eine Gemeinsamkeit haben: Sie hängen mit der Gültigkeit des Dokumentes zusammen. Eine Warnung wird also immer dann ausgegeben, wenn der Parser der Meinung ist, das Dokument sei nicht regelkonform mit einer Grammatik.

Der zweite Fehlertyp ist ein normaler Fehler bei der Analyse eines XML-Dokumentes. Genau wie eine Warnung führt das Auftreten eines solchen Fehlers nicht zum Abbruch des

Programms, sondern wird lediglich über die Fehlerfunktion gemeldet. In der Regel tritt ein normaler Fehler auch bei der Validierung eines Dokumentes anhand einer DTD auf. Ein Beispiel dafür könnte eine fehlende externe Entity sein oder das Fehlen einer kompletten externen DTD, auf die verwiesen wurde. Allerdings ist die Einstufung solcher Ereignisse unterschiedlich und wird je nach Implementation des SAX-Parsers einmal als Fehler und einmal als Warnung interpretiert.

Der letzte Fehlertyp hört auf den respekteinflößenden Namen „Fataler Fehler" und wird ausgelöst, wenn der Parser seine Arbeit abbrechen muss. Das ist natürlich immer dann der Fall, wenn das Dokument den grundsätzlichen Anforderungen an die XML-Syntax nicht gerecht wird, also nicht wohlgeformt ist. Der Parser muss in einer solchen Situation davon ausgehen, dass er die Informationen aus dem Dokument nicht richtig darstellen beziehungsweise analysieren kann, und bricht deshalb seine Arbeit ab. Die ersten beiden Fehlertypen können Sie ignorieren, wenn Sie wollen. Einem fatalen Fehler müssen Sie in jedem Fall eine Lösung entgegenstellen, da das Programm sonst sang- und klanglos seine Arbeit einstellt.

Die beiden übrigen Handler, also der DTDHandler und der Entityhandler, dienen zum Umgang mit Grammatiken und externen Dateien, auf die in einer DTD verwiesen werden kann. Es ist beispielsweise möglich, den Umgang mit externen Entities zu beeinflussen, indem der Parser veranlasst wird, diese zu ignorieren oder auszulesen. Die Validierung des XML-Dokumentes anhand einer DTD oder eines XML-Schemas lässt sich nicht beeinflussen, da dies ohne die Auslösung von Ereignissen geschieht. Einzige Ausnahme ist natürlich der Errorhandler.

9.5 Mehr über SAX

Die eigentliche Entwicklung von SAX begann bereits im Dezember 1997 und war das Ergebnis einer Zusammenarbeit von drei Personen: Peter Murray-Rust, Tim Bray und David Megginson. Alle drei Entwickler waren zuvor in verschiedenen Projekten rund um Java und XML beschäftigt. Alle drei stimmten darin überein, dass Java eine einfache und vor allem nicht proprietäre Lösung für den Umgang mit XML brauchte. Ausgehend von diesem Gedanken wurde SAX als Idee nach und nach in der Mailingliste XML-DEV entwickelt. Das fertige Produkt wurde am 11. Mai 1998 veröffentlicht.

Inzwischen ist SAX schon in der Version 2.0 verfügbar und eine der am meisten verbreiteten Lösungen im Umgang mit XML. Auch wenn SAX von der Grundidee her nur als Java-Lösung gedacht war, ist dieser Quasi-Standard inzwischen auf eine ganze Reihe anderer Sprachen übertragen worden. Einige dieser Lösungen und Implementationen werden wir im Laufe dieses Buches noch kennen lernen.

Trotz des großen Erfolges ist SAX kostenlos und kann in jeder Programmiersprache lizenzfrei genutzt werden. SAX wurde von Anfang an als *public domain* entwickelt. Hier das Originalzitat von der Entwickler-Webseite:

SAX is free!

In fact, it's not possible to own a license to SAX, since it's been placed in the public domain.

Mehr rund um SAX und seine Geschichte erfahren Sie im Internet auf der offiziellen Seite zu dieser Softwareidee. Die ursprüngliche URL lautete http://www.megginson.com/SAX/. Sie ist aber inzwischen auf die folgende URL umgezogen:

http://www.saxproject.org

Mehr über SAX und die neuesten Entwicklungen erfahren Sie in der Mailingliste zu diesem Thema. Sie können sich über die folgende eMail-Adresse anmelden:

sax-users@lists.sourceforge.net

Schicken Sie einfach eine leere eMail mit dem Betreff „SUBSCRIBE" an diese Adresse. Um sich wieder abzumelden, reicht eine eMail mit dem Betreff „UNSUBSCRIBE".

9.6 Entwicklung für XML mit SAX

Nachdem wir nun die nötigen Grundlagen rund um die *Simple API for XML* geklärt haben, kann ich mir vorstellen, dass es Ihnen in den Fingern juckt das Gelernte in die Praxis umzusetzen. Ohne auf die folgenden Kapitel vorzugreifen, möchte ich hier schon auf die verschiedenen Möglichkeiten im Umgang mit SAX hinweisen. Es ist natürlich klar, dass im Zusammenhang mit SAX als Erstes auf Java hingewiesen werden muss, da diese Programmiersprache sozusagen der Ausgangspunkt für alles war. Im Tutorial werden wir deshalb SAX schwerpunktmäßig auch mit Java umsetzen.

Darüber hinaus wird SAX natürlich auch von vielen anderen Sprachen implementiert und ist in der Regel die am meisten benutzte Schnittstelle im Umgang mit XML. PHP zum Beispiel integriert ab der Version 4 SAX automatisch als Standardmodul bei jeder Installation. Der DOM-Parser muss hingegen nachinstalliert werden.

Ähnlich verhält es sich bei Perl, wo automatisch der SAX-Parser als Modul mitgebracht wird. Sie müssen in der Regel keine Daten mehr nachträglich mit dem Perl Package Manager installieren. Perl wird genau wie PHP ein Thema im Praxiskapitel sein.

10

Document Object Model

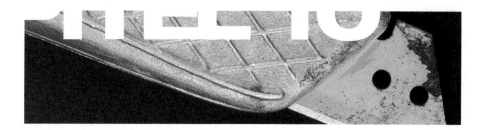

10 Document Object Model

Das *Document Object Model* ist eine Möglichkeit, Daten strukturiert darzustellen. Dieser Standard wird seit 1998 von der W3C gepflegt und weiterentwickelt. Im Gegensatz zu SAX ist DOM ein echter Standard, der durch eine geregelte Organisation unterstützt wird. Interessanterweise hat sich SAX trotzdem sehr schnell als Quasi-Standard etablieren können, obwohl „nur" eine Entwicklergruppe dahinter stand.

Trotz dieses Unterschiedes werden SAX und DOM oft in einem Atemzug genannt, als die beiden Möglichkeiten, um XML zu parsen. Diese Tatsache ist natürlich richtig, wird dem *Document Object Model* (kurz DOM) aber nur zum Teil gerecht. DOM wurde entworfen, um ganz allgemein den Inhalt und den Aufbau von Dokumenten darzustellen, völlig unabhängig vom Typ des eigentlichen Dokumentes. Das W3C beschreibt DOM wie folgt:

The Document Objekt Model is a platform- and language-neutral interface, that will allow programs and scripts to dynamically access and update the content, structure and style of documents. The document can be further processed and the results of that processing can be incorporated back into present page.

DOM ist demnach ein sprach- und plattformunabhängiges Interface, das Programmen und Scripts erlaubt, Inhalt, Struktur und auch die Darstellung von Dokumenten dynamisch auszulesen und zu modifizieren. Dieser Standard ist also so allgemein definiert, dass er in jeder Sprache und für jedes Dokument genutzt werden kann. Dieses mächtige Werkzeug steht Ihnen auch für die Analyse von XML-Dokumenten zur Verfügung. Die jeweils neuesten Informationen zu diesem Standard finden Sie im Internet unter der folgenden URL:

http://www.w3.org/DOM

DOM gibt es inzwischen schon einige Jahre, und seit der ersten Version ist einiges passiert. Im Gegensatz zu vielen Programmen werden die verschiedenen Versionen nicht durch unterschiedliche Versionsnummern ausgedrückt, sondern durch aufsteigende Level. Die neueste Version ist DOM Level 3, die im Internet unter der folgenden URL ausführlich vorgestellt wird:

http://www.w3c.org/TR/DOM-LEVEL-3-Core

Genau wie die *Simple API for XML* ist das *Document Object Model* eine Empfehlung, die allgemein beschreibt, wie ein Dokument digital repräsentiert werden kann. Der Unterschied zu SAX ist allerdings gewaltig, da DOM nicht Ereignis-basiert funktioniert, sondern ein XML-Dokument als eine Baumstruktur sieht. Baumstruktur deshalb, weil sich die XML-Daten in einem Dokument ausgehend vom Wurzelelement wie ein Baum viele Äste mit Unterästen, die wieder Unteräste haben, ausbreitet. Prinzipiell kann sich ein XML-Dokument bis zu einer beliebigen Anzahl an Schritten aufgliedern, die mittels eines Baummodells dargestellt werden können.

Das Bild zeigt ein nicht ganz so komplexes Beispiel, das wir schon am Anfang dieses Buches kennen gelernt haben.

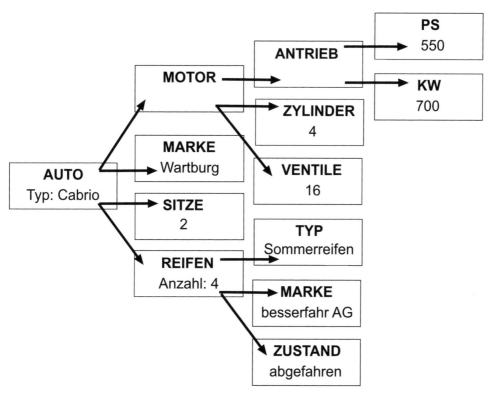

Abbildung 10.1 Struktur eines „Autos"

Das Bild zeigt den Aufbau eines Autos in einer recht formalen Version. Wenn diese Grafik nun hochkant stehen würde, also mit dem Wurzelelement nach unten, wäre die baumarstige Struktur recht deutlich zu erkennen. Andersherum könnte man auch von ein wurzelartigen Struktur sprechen, die sich nach unten hin ausbreitet. Diese Möglichkeit erklärt auch den Begriff Wurzelelement, der für erste Element ganz oben in der Hierachie verwendet wird.

Prägen Sie sich dieses Bild von XML-Dokumenten gut ein, denn damit ist das grundsätzliche Modell von DOM eigentlich schon erklärt.

10.1 Wie funktioniert DOM?

Bevor wir uns Gedanken über die Arbeit mit DOM an einem XML-Dokument machen, müssen Sie die eigentliche Arbeitsweise des Parsers verstanden haben. Dazu werfen wir noch einmal einen kurzen Blick auf die Simple API for XML (SAX), da diese sich grundsätzlich von DOM unterscheidet. SAX parst ein XML-Dokument in Echtzeit, indem das Programm das übergebene Dokument zeilenweise einliest und die eingelesenen Daten sofort interpretiert. Identifiziert er dabei eine bestimmte Struktur, wird diese über einen Event-Handler sofort an die entsprechende Funktion gemeldet.

Um es noch einmal zu betonen: Diese Event-Funktion wird sofort aufgerufen, noch während der Parser das Dokument parst, völlig unabhängig davon, wie viel oder wie wenig vom XML-Dokument noch zu bearbeiten ist. Selbst wenn die nächste Zeile einen fatalen Fehler enthält, wird die vorhergehende Information noch an die entsprechende Funktion zurückgegeben.

Genauso schnell, wie SAX die Ereignisse zurückgibt, werden sie auch wieder vergessen, da die Daten nicht im Speicher behalten werden. Macht die Applikation rund um diesen Parser nicht selbst von der Möglichkeit Gebrauch, die Daten irgendwie festzuhalten, verschwinden sie wieder im Computer-Nirwana.

Im Gegensatz dazu funktioniert DOM nach einem gänzlich anderen Prinzip: Anstatt die XML-Daten in Echtzeit zu analysieren, legt der Parser Schritt für Schritt ein Ebenbild der XML-Daten im Speicher des Computers an, die nach der oben erwähnten Baumstruktur aufgebaut ist. Dazu muss das Dokument komplett geparst werden, bevor diese Struktur fertig aufgebaut wurde. Der DOM-Parser gibt also keine Daten aus, bevor das Dokument nicht vollständig analysiert wurde. Während des Parsens kann der User oder eine Applikation also nur warten.

Ist das Dokument erst einmal vollständig geparst und im Speicher abgebildet, stehen alle Daten des Dokuments völlig zeitlos und unabhängig vom Parser, der seine Arbeit an dieser Stelle schon erledigt hat, zur Verfügung. Der Vorteil liegt auf der Hand: Die Daten müssen nicht sofort verarbeitet werden und können so unabhängig vom Auftreten miteinander in Bezug gesetzt werden. Dazu ist die Struktur des Dokumentes vollständig erhalten und kann ohne Probleme nachvollzogen werden. SAX-Events erscheinen demgegenüber als unstrukturierte Reihe von Informationen, die erst durch selbst programmiertes (!) Caching und Vergleich der Informationen aufgebrochen werden kann.

DOM lässt sich im Gegensatz zu SAX also als Multi-Level-Baumstruktur übernehmen, die, entsprechend ihres Aufbaus, analysiert werden kann. Solange das Programm läuft, kann man auf diese Daten zugreifen, was es unter anderem erlaubt, auf User-Eingaben zu reagieren oder die Baumstruktur direkt im Speicher zu manipulieren. Der Zugriff auf die Daten erfolgt über eine Knotensystematik, die mittels verschiedener Zugriffsfunktionen ausgelesen werden kann. Dabei wird ausgehend von einem imaginären Wurzelelement eine Struktur von Elementen im Speicher erzeugt, die mittels verschiedener Pointer aufeinander zeigen.

10.1 Wie funktioniert DOM?

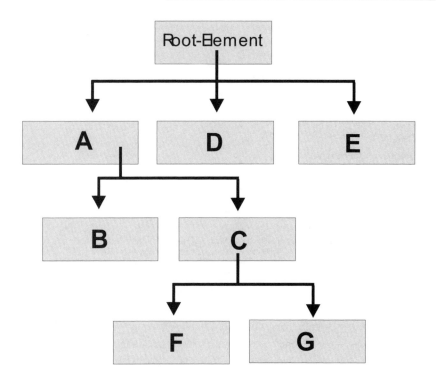

Abbildung 10.2 Aufbau eines DOM-Modells

Um die jeweiligen Daten im Baum abrufen zu können, müssen Sie sich also durch die Zeigerstruktur durcharbeiten und von jeder Ebene wieder auf die darunter liegenden Kinderelemente zugreifen. Die interne Logik von DOM unterscheidet sich also völlig von der „Denkweise" eines SAX-Parsers.

Wenn Sie an das Beispiel der Personenliste in XML zurückdenken und sich vornehmen, eine kurze Übersicht aller Namen in diesem Dokument zu schaffen, würden Sie bei SAX vermutlich wie folgt vorgehen:

```
SAX-Parser, nimm den Wert jedes vorbeikommenden Elements, dessen
Bezeichner den Wert name hat, und gib ihn aus.
```

Sehr einfach und leicht zu verstehen. Werfen Sie einen Blick auf den folgenden XML-Code, und stellen Sie sich die Arbeitsweise einfach vor:

```xml
<?xml version="1.0" encoding="ISO-8859-1" ?>

<personen>
   <person personalnummer="DA-301178" vorgesetzer="VE-152812">
      <name>Ammelburger</name>
      <vorname>Dirk</vorname>
      <email>dirk@ammelburger.de</email>
      <web>http://www.lastcode.com</web>
   </person>
```

```
        <person personalnummer="HM-170945" vorgesetzter="DA-301178">
            <name>Müller</name>
            <vorname>Hans</vorname>
            <email>hans@mueller.de</email>
        </person>
        <person personalnummer="VM-454311" vorgesetzter="DA-301178">
            <name>Meier</name>
            <vorname>Volker</vorname>
            <email>Volker@meier.de</email>
        </person>
</personen>
```

Listing 10.1 Die Personendatenbank

Um dieselben Informationen mit dem DOM-Model zu ermitteln, würde man einen ganz anderen Weg einschlagen müssen.

```
DOM-Parser, analysiere das Dokument und gib einen Zeiger auf das
Wurzelelement zurück. Anhand des Wurzelelementes werden alle Kindelemente
des Wurzelelementes ausgelesen. Von jedem Kindelement wird der Wert des
ersten Elementes unterhalb dieses Kindelementes ausgegeben.
```

Das klingt jetzt schrecklich kompliziert im Vergleich zu dem Beispiel für SAX. Aber wenn Sie noch einmal einen Blick auf den HTML-Code werfen, werden Sie feststellen, dass auf diese Weise die Struktur des Dokumentes wunderbar nachvollzogen wurde. Sie bewegen sich also nicht mehr über einen „flache" Datenstraße, sondern „hangeln" sich in einem Baum von Ast zu Ast. Auf diese Weise ist es beispielsweise unmöglich, Elemente auszugeben, die zwar denselben Bezeichner haben (`name`), aber in einem anderen Kontext stehen. Der SAX-Parser würde ohne weitere Programmierarbeit diese Elemente nicht unterscheiden können.

Diese Möglichkeiten haben natürlich ihren Preis: Neben der komplizierteren Anwendung ist die hohe Speicherbelastung ein oft zitiertes Problem von DOM. Auch wenn moderne Rechner unendlich viel Speicher zu haben scheinen, ist im Vergleich zu SAX doch mit wesentlich mehr Ressourcen im Verbrauch zu rechnen. Gerade bei kleinen Programmen, die als Client oder Server im Hintergrund laufen sollen, ist das ein nicht zu unterschätzender Nachteil.

Ein weiterer Punkt, der oft übersehen wird, ist die Tatsache, dass DOM auf ein komplettes Dokument angewiesen ist, bevor die Daten verarbeitet werden können. Der Zugriff auf die Daten im Speicher ist nämlich erst möglich, wenn das Dokument komplett geparst worden ist. Tritt ein Fehler auf oder wird das Dokument in einem Stream übertragen, kann das zu längeren Wartezeiten oder sogar einem Abbruch der Applikation führen. SAX verarbeitet das Dokument sofort und gibt die Daten aus, unabhängig davon, ob es vollständig ist oder nicht.

Diese Tatsache ist besonders dann tragisch, wenn man nur einen Teil der Informationen braucht, die in diesem Dokument abgelegt sind. SAX würde alle folgenden oder unnötigen Daten schlicht ignorieren, während DOM eifrig alles, was gefunden werden kann, in den Speicher schaufelt.

Nach diesen Absätzen werden Sie sicher verstehen, warum SAX die Simple API for XML genannt wird. SAX ist einfach, während DOM oft eine Wissenschaft für sich ist. Nun gut, so schlimm ist es auch wieder nicht. Allerdings spricht die Tatsache für sich, dass viele DOM-Parser intern das SAX-Modell verwenden, um den DOM-Datenbaum zu generieren. Ein Beispiel dafür werden Sie im nächsten Kapitel kennen lernen.

10.2 XML mit DOM verarbeiten

Nach diesen langen Vorreden werden wir nun ein wenig ins Detail gehen und den Umgang mit DOM und XML näher kennen lernen. Auch wenn Sie in diesem Kapitel noch keinen Programm-Code erstellen, um ein XML-Dokument mit DOM zu analysieren, werde ich Ihnen alle Werkzeuge rund um diesen Standard zeigen. Dabei geht es weniger um einen konkreten Parser oder ein konkretes Programm, sondern vielmehr um die Empfehlungen und Möglichkeiten, die allen Programmiersprachen im Umgang mit DOM gemeinsam sind.

10.2.1 Der Zugriff auf die XML-Daten

Der eigentliche Knackpunkt, der DOM von SAX unterscheidet, liegt in der Schnittstelle, an der die Daten vom Parser an die Applikation übergeben werden. SAX hat an dieser Stelle mit einer Menge von Event-Handlern gearbeitet, die je nach Typ des Ereignisses eine entsprechende Funktion aufgerufen haben. In dieser Funktion hat ein Entwickler dann vollen Zugriff auf die Daten des jeweiligen Ereignisses, also beispielsweise auf die konkreten Daten eines Elementes.

Ein DOM-Parser geht an dieser Stelle ganz anders vor, da die Daten an einem anderen Punkt übergeben werden. Der DOM-Parser ruft keine Funktionen auf oder arbeitet mit Ereignissen, sondern parst das Dokument stillschweigend vor sich hin, bis das letzte Element erreicht wurde. Bis zu dieser Stelle haben wir also noch nichts von den Daten gesehen. Erst wenn dieser Vorgang vollständig abgeschlossen ist, bekommt man einen Zeiger zurückgegeben, der für gewöhnlich auf das Dokument im Speicher zeigt. Dieser Zeiger zu den eigentlichen Daten ist der Schlüssel zum Erfolg, da Sie ohne ihn keine Möglichkeit haben, die Daten auszulesen. Verlieren Sie ihn, war alles umsonst.

Je nach Programmiersprache kann dieser Schlüssel von unterschiedlicher Natur sein: Entweder es ist eine Variable, ein Pointer oder ein komplexer Datentyp, wie ein Objekt in Java. Prinzipiell spielt das allerdings nur eine untergeordnete Rolle, weil es lediglich eine Syntaxfrage ist, wie man mit diesem Schlüssel umgehen muss. Allen gemein ist die Tatsache, dass über diesen einen Wert der Zugriff auf jeden weiteren Knoten im XML-Dokument erfolgt.

Zu diesem Zweck kommen unterschiedliche Zugriffsfunktionen ins Spiel, die für den Zugriff auf die verschiedenen Datenknoten entworfen wurden.

10.2.2 Ein paar Worte über Knoten

Der Begriff der Knoten (auf Englisch: *Node*) ist ein zentraler Punkt im Umgang mit dem DOM-Modell, da für das Document Object Model alles aus Knoten besteht. Diese Vorstellung ist leicht nachvollziehbar, wenn man sich das Baummodell vor Augen hält. Die komplette Konstruktion wird an allen Stellen durch Verzweigungen zusammengehalten, die einen eindeutigen Bezug der einzelnen Elemente sicherstellen. Jede dieser Verzweigungen wird als Knoten interpretiert, da die Daten an dieser Stelle „verknotet" sind, bildlich gesprochen.

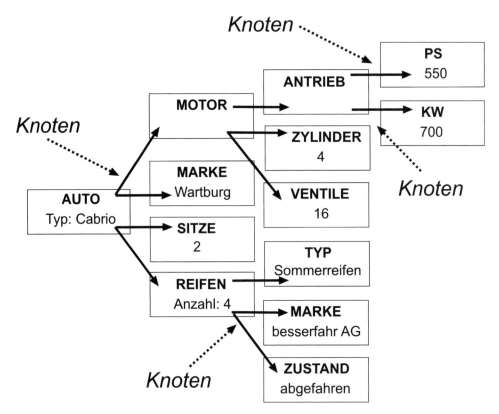

Abbildung 10.3 Knoten im DOM-Baum

Das Bild zeigt die Knotenstruktur des oben gezeigten Autobeispiels. Der folgende XML-Code zeigt dieselben Knotenpunkte in der eigentlichen Syntax:

```
<?xml version="1.0" ?>

<auto typ="Cabrio">
  <marke>Wartburg</marke>
  <sitze>2</sitze>
  <reifen anzahl="4">
     <typ>Sommerreifen</typ>
```

10.2 XML mit DOM verarbeiten

```
            <marke>besserfahr AG</marke>
            <zustand>abgefahren</zustand>
        </reifen>
        <motor>
            <antrieb>
                <ps>550</ps>
                <kw>700</kw>
            </antrieb>
            <zylinder>4</zylinder>
            <ventile>16</ventile>
        </motor>
</auto>
```
Listing 10.2 XML-Struktur mit Knoten

Das Beispiel zeigt verschiedene Knotenpunkte, wobei Sie beachten müssen, dass nicht nur die Verknüpfung von Elementen als Knoten gewertet wird, sondern auch die zwischen Elementen und Attributen oder zwischen Elementen und konkreten Daten. Ein einfaches Element, das Text umschließt, wird also genauso als Knotenpunkt betrachtet wie ein Element, das ein oder mehrere Attribute enthält. Sogar Kommentare, die DTD oder die XML-Header-Processing Instructions sind Knoten und werden entsprechend behandelt.

```
<element>wert</element>
<element attr="wert" />
<?pi wert="daten" ?>
```
Listing 10.3 Verschiedene Knotentypen

Da der Knotenbegriff für alle möglichen Datenstrukturen herhalten muss, gibt es unterschiedliche Knotentypen, die voneinander unterschieden werden müssen. Da es sich aber bei allen Datenstrukturen von der Grundcharakteristika her nach wie vor um Knoten handelt, wurde dieser Überbegriff gewählt. Für die Definition dieses Begriffes hat die W3C einen objektorientierten Ansatz gewählt, der Java sehr entgegen kommt:

The Node interface is the primary datatype for the entire Document Object Model. It represents a single node in the document tree. While all objects implementing the Node interface expose methods for dealing with children, not all objects implementing the Node interface may have children. For example, Text nodes may not have children.

Dieser Ausschnitt aus der Core-Beschreibung für DOM zeigt gut, welche Vorteile die Definition eines Überbegriffes an dieser Stelle hat: Es wird festgelegt, dass ein Dokument nur aus Knoten besteht, die wiederum Kinderknoten haben können. Diese Eigenschaft gilt für alle Knoten, bis auf wenige Ausnahmen, wie beispielsweise Textknoten.

Die folgende Tabelle zeigt alle Knotentypen, die von DOM definiert sind und in einem Dokument enthalten sein können:

Tabelle 10.1 Knotentypen im DOM

Knotentyp	Beschreibung
Document_Node	Repräsentiert das gesamte Dokument und kann deshalb nur einmal vorkommen. Alle anderen Knoten sind diesem Knoten untergeordnet.

Knotentyp	Beschreibung
Element_Node	Repräsentiert ein Element
Attribute_Node	Repräsentiert ein Attribut
Text_Node	Textdaten
CDATA_Section_Node	Wert in einem Attribut
Entity_Reference_Node	Verweis auf eine externe Entity
Entity_Node	Repräsentiert eine Entity
Processing_Instruction_Node	Repräsentiert eine PI
Comment_Node	Repräsentiert einen Kommentar
Document_Type_Node	Repräsentiert die DTD und erlaubt den Zugriff darauf
Document_Fragment_Node	Repräsentiert einen Teil des Dokumentes
Notation_Node	Verweist auf eine binäre Entity Definition

Alle diese unterschiedlichen Typen sind aus der allgemeinen Knotendefinition *Node* abgeleitet worden. Aus diesem Grund haben alle Knoten eine Reihe von Eigenschaften gemeinsam, die ihre Position im Dokument beschreiben und Auskunft über ihren Typ geben:

Tabelle 10.2 Eigenschaften von Knoten

Knoteneigenschaft	Beschreibung
NodeType	Typ des Knotens (siehe oben)
ParentNode	Verweis auf den Elternknoten
FirstChild	Das erste Kind des Knotens
LastChild	Das letzte Kind des Knotens
PreviousSibling	Der vorhergehende Knoten auf der selben Ebene
NextSibling	Der nachfolgende Knoten auf der selben Ebene

Darüber hinaus gibt es natürlich noch eine Reihe von Eigenschaften, die nur bei speziellen Knotentypen Sinn machen. Die folgende Tabelle zeigt einen Überblick über die wichtigsten Eigenschaften, zusammen mit dem jeweiligen Knotentyp:

Tabelle 10.3 Weitere Knoteneigenschaften

Eigenschaft	Knotentyp	Beschreibung
NodeName	Attribute/Elemente/PIs ...	Gibt den Namen des Knotens zurück
NodeValue	Attribute/Elemente/PIs ...	Gibt den Wert des Knotens zurück, also beispielsweise den Text eines Textknotens (konkrete Daten).
nameSpaceURI	Elemente	Die URI des Namensraumes, der mit diesem Element assoziiert ist.

10.2 XML mit DOM verarbeiten

Eigenschaft	Knotentyp	Beschreibung
Prefix	Elemente	Die Vorsilbe des Namensraumes, der mit diesem Element assoziiert ist.
LocalName	Elemente	Der lokale Name des Elementes

Alle diese Eigenschaften der einzelnen Knoten werden in der Regel je nach Programmiersprache als Variable oder Objektwert aus dem jeweiligen Knotenobjekt ausgegeben. Alle diese Angaben liegen somit im Speicher des Rechners, wo sie seit dem Parsing-Vorgang als Teil des XML-Baumes abgelegt wurden.

Neben diesen Eigenschaften der einzelnen Knoten gibt es eine Handvoll Funktionen, die für die Manipulation der Daten im Speicher vorgesehen sind. Dabei geht es nicht nur um den Wert einzelner Knoten, wie zum Beispiel NodeValue, sondern um die komplette Struktur des XML-Baumes. Sie können also aktiv den Baum im Speicher manipulieren. Die folgenden Funktionen sind in DOM Level 3 vorgesehen:

Tabelle 10.4 Funktionen für DOM-Knoten

Funktion	Beschreibung
InsertBefore(Node newChild, Node refChild)	Fügt einen neuen Knoten vor einen existierenden Knoten (refChild) ein.
ReplaceChild(Node newChild, Node oldChild)	Ersetzt einen Knoten durch einen anderen.
RemoveChild(Node node)	Entfernt einen Knoten.
AppendChild(Node node)	Fügt einem Knoten einen neuen Kindknoten hinzu.
HasChildNode()	Überprüft einen Knoten, ob Kindelemente vorhanden sind. Gibt TRUE oder FALSE zurück.
CloneNode()	Kopiert einen Knoten und erstellt ein identisches Exemplar.
HasAttributes()	Überprüft, ob ein Knoten Attribute hat.
CompareDocumentPosition(Node node)	Überprüft, ob ein Knoten in der Hierarchie des Dokuments auf demselben Level steht wie ein anderer Knoten.
IsDefaultNamespace()	Überprüft, ob dieser Knoten im Default-Namensraum des Dokuments liegt.
IsEqualNode(Node node)	Vergleich zwei Knoten und stellt fest, ob sie gleich sind. Es wird nicht überprüft, ob es dieselben Knoten sind, nur die Werte müssen gleich sein. Zwei Knoten, die mit cloneNode() erstellt wurden, sind beispielsweise gleich.
IsSameNode(Node node)	Überprüft, ob es sich um denselben Knoten handelt. Die Knoten müssen also identisch sein!
LookupPrefix(String uri)	Gibt die Vorsilbe für eine URI zurück

Natürlich machen nicht alle Funktionen mit jedem Knoten wirklich Sinn. Ebenfalls müssen Sie darauf achten, dass die Parameter, die immer vom Type Node sind, sinnvoll verwendet werden, denn es ist aus offensichtlichen Gründen nicht möglich, einen Attributknoten durch einen Elementknoten zu ersetzen. Auch ist es nicht möglich einem Textknoten weitere Kinder hinzuzufügen. Aus diesen Gründen gibt die DOM-Empfehlung vor, dass in solchen Fällen Ausnahmen (Exceptions) ausgegeben werden, die darauf hinweisen, dass gerade Unsinn geschieht. Mehr dazu erfahren Sie im folgenden Praxiskapitel.

10.2.3 Knotenlisten

Alle diese Eigenschaften und Funktion sind die Werkzeuge, mit denen Sie in einem XML-Dokument arbeiten müssen, um an die gewünschten Daten zu kommen. Einen Umstand habe ich Ihnen allerdings bisher verschwiegen, nämlich die so genannten Knotenlisten, die auch ein Teil der DOM-Spezifikation sind. Knotenlisten kommen immer dann zum Einsatz, wenn eines der beiden Attribute verwendet wird, die ich bisher nicht erwähnt habe:

Tabelle 10.5 Attribute für Knotenlisten

Attribut	Beschreibung
ChildNodes	Gibt alle Kinderknoten eines Knotens zurück
attributes	Gibt alle Attribute eines Elementes zurück

Eine Knotenliste ist offensichtlich eine Sammlung von Knoten, die zusammengefasst als ein Wert über eine der beiden Eigenschaften ausgelesen werden können. DOM unterscheidet dabei zwischen zwei verschiedenen Typen von Knotenlisten:

- Die einfache NodeList
- Und die NamedNodeMap

Der Unterschied zwischen diesen beiden Typen von Listen besteht darin, dass in einer NodeList alle Typen von Knoten gleichzeitig enthalten sein können. Wenn Sie beispielsweise bei einem beliebigen Element die Kindknoten (ChildNodes) auslesen, dann wissen Sie nicht genau, was Sie bekommen. Das folgende Beispiel zeigt ein Stück XML-Code, was es deutlicher macht:

```
<?xml version="1.0" ?>

<element>
    Das ist ein Text!
    <wert>test</wert>
    <!-- Ein absolut sinnloses Dokument -->
</element>
```

Die Kindelemente vom Element element bestehen ganz offensichtlich aus drei verschiedenen Typen:

10.2 XML mit DOM verarbeiten

- Elementknoten
- Textknoten
- Kommentarknoten

Um diesem Umstand gerecht zu werden, definiert die DOM-Empfehlung einen Listentyp, der keine Anforderungen an die darin enthaltenen Knoten stellt. Eine Liste vom Typ NodeList bekommen Sie also immer, wenn Sie nicht sicher sein können, welche Knotentypen letztendlich verwendet worden sind. Der Umgang mit dieser Liste ist auch entsprechend einfach, da sie nur über eine Eigenschaft und eine Funktion verfügt:

Tabelle 10.6 Eigenschaften und Funktionen von NodeList

Eigenschaft / Funktion	Beschreibung
Item(int index)	Gibt das Listenelement zurück, das an der Stelle `index` steht.
Length	Gibt die Menge aller Knoten in der Liste zurück.

Dieser Listentyp wird sehr wichtig, wenn es darum geht, DOM-Bäume rekursiv zu parsen. Er ermöglicht es, einfach alle vorhandenen Kinder mit einer Schleife zu analysieren und je nach Knotentyp (`NodeType` auslesen) individuell zu behandeln.

Der zweite Listentyp `NamedNodeMap` ist ein wenig komplexer, da hier nur Knoten eines bestimmten Types gespeichert werden. Typisches Beispiel ist die Eigenschaft `attributes`, die alle Attribute eines Elementes in einem solchen Listentyp zurückgibt. Der Unterschied zur `NodeList` wird von der DOM-Empfehlung klar formuliert:

Objects implementing the NamedNodeMap interface are used to represent collections of nodes that can be accessed by name.

Knoten, die in diesem Listentyp abgelegt sind, können also eindeutig über ihren Namen identifiziert und damit auch ausgelesen werden. Neben den oben genannten Möglichkeiten, eine Liste zu analysieren, kommen also noch einige weitere hinzu:

Tabelle 10.7 Eigenschaften und Funktionen von NamedNodeMap

Eigenschaft / Funktion	Beschreibung
Item(int index)	Gibt das Listenelement zurück, das an der Stelle `index` steht
Length	Gibt die Menge aller Knoten in der Liste zurück
GetNamedItem(String name)	Gibt einen Knoten anhand des Namens zurück
RemoveNamedItem(String name)	Entfernt einen Knoten anhand des Namens
GetNamedItemNS(String uri, String localname)	Gibt einen Knoten anhand des Namensraumes und des Namens zurück

Da beide Listen kompatibel sind, können Sie eine NamedNodeMap genauso wie eine einfache NodeList behandeln. Dieser Umstand macht die rekursive Programmierung für die Analyse von DOM-Bäumen einfacher, da nicht unterschieden werden muss.

Mehr zu diesem Thema und den Core-Spezifikationen finden Sie auf der Webseite zu DOM-Level3 im Netz:

http://www.w3.org/TR/DOM-Level-3-Core/core.html

10.3 Rekursive Analyse

Wie schon erwähnt wurde, ist der wichtigste Knoten im DOM-Baum der Dokumentknoten, der den Zugriff auf alle folgenden Daten erlaubt. Ausgehend von diesem Punkt kann der ganze XML-Baum Stück für Stück analysiert und ausgewertet werden. Es gibt natürlich kein Patentmodell, was den Umgang mit DOM-XML-Bäumen angeht, da jede Aufgabe andere Schwerpunkte legt. Wie Sie das Programm schreiben und auf welche Weise Sie die Werkzeuge rund um DOM einsetzen, bleibt also Ihnen überlassen.

In manchen Fällen kann es allerdings sehr sinnvoll sein, die Baumstruktur des Datenmodells zu nutzen, um die Daten über eine rekursive Funktion auszuwerten. Das ist besonders dann wichtig, wenn alle oder viele Daten benötigt werden. Der Vorteil liegt einfach darin, dass alle Knoten der Reihe nach und unter Berücksichtigung der Struktur analysiert werden, ohne dass die Gefahr besteht, Knoten auszulassen. Gleichzeitig kann jeder Typ durch eine geschickte Fallunterscheidung (sofern das gewünscht ist) für sich behandelt werden.

10.3 Rekursive Analyse

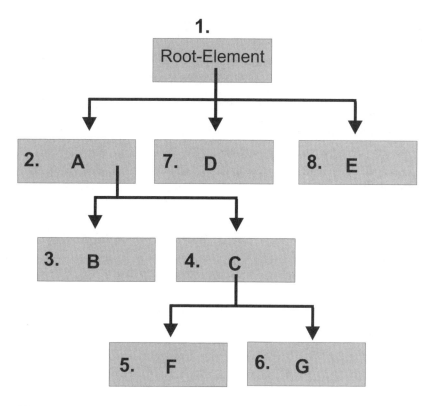

Abbildung 10.4 Knotenverarbeitung bei einem rekursiven Prozess

Das Bild zeigt, in welcher Reihenfolge eine rekursive Funktion die Knoten in einem DOM-Baum abarbeiten würde. Die Knoten werden dabei nicht, wie man vielleicht erwarten könnte, Ebene für Ebene durchgegangen, sondern der Reihe nach, nach ihrem Auftreten. Dabei verfolgt das Programm den Baum so lange in seinen Verzweigungen, bis festgestellt wird, dass keine weiteren Kindelemente vorhanden sind. Erst dann wird der nächste Knoten auf der darüber liegenden Ebene verarbeitet.

Exkurs: Rekursive Funktionen

Was bedeutet nun eigentlich der Begriff *rekursiv*? Ehe wir uns an das eigentliche Konzept eines solchen Programms wagen, möchte ich kurz ein paar Worte zu rekursiven Funktionen sagen, um eventuelle Missverständnisse auszuräumen. Die Idee, das Programm rekursiv zu gestalten, ist wesentlich für das Verständnis des Programmkonzeptes und auch der Praxisbeispiele im nächsten Kapitel.

Der Begriff *rekursiv* wird vom Hauptwort *Rekursion* abgeleitet und bedeutet so viel wie „selbstbezogen" oder „selbstbezüglich". Eine Rekursion tritt immer dann auf, wenn etwas auf sich selbst verweist oder mehrere Dinge untereinander Bezüge aufbauen, so dass ein Geflecht von Verweisen entsteht. So ist z.B. der Satz „Dieser Satz ist unwahr" rekursiv, da er von sich selber spricht. Eine etwas subtilere Form der Rekursion kann auftreten, wenn zwei Dinge gegenseitig aufeinander verweisen. Ein Beispiel sind die beiden Sätze: „Der folgende Satz ist wahr" und „Der vorhergehende Satz ist nicht wahr".

Die Rekursion wird im Allgemeinen als ein Lösungsansatz von formalen Problemen in der Programmierung genutzt. Als rekursive Funktion bezeichnet man beispielsweise den Aufruf einer Funktion durch sich selbst oder durch eine andere Funktion, die wiederum durch die Ursprungsfunktion gestartet worden ist. Ohne eine geeignete Abbruchbedingung würde eine solche Konstruktion zwangsläufig in einer Endlosschleife enden.

Ein geeignetes Beispiel für eine rekursive Berechnung ist der Versuch, eine Funktion für die Berechnung der Fakultät einer Zahl n zu definieren. Die Fakultät von n lässt sich durch Multiplikation aller Ganzzahlen von 1 bis n berechnen. Die mathematische Kurzschreibweise für die Fakultät von n ist n!. Sie werden diese Möglichkeit noch sicher aus der Wahrscheinlichkeitsrechnung kennen, in der die Fakultät eine wichtige Rolle spielt.

Was in der allgemeinen Sprache recht einfach klingt, ist in einer formalen Programmiersprache nicht ganz so trivial. Natürlich könnte man mit einer einfachen Schleife alle Zahlen zwischen n und 1 durchgehen und multiplizieren, aber wir werden es anders machen. Ausgehend von dem Gedanken, dass die Funktion von rekursiver Natur sein soll, entwerfen wir ein Modell, das Folgendes besagt:

Multipliziere die Zahl n mit dem Ergebnis des Funktionsaufrufes dieser Funktion, wobei n-1 als Parameter übergeben wird. Ist n gleich 1, wird der Wert 1 zurückgegeben.

In eine formale Sprache übersetzt, sieht das Ganze dann so aus:

```
function fakultaet(int n)
{
   if(n == 1) {return 1;}
   return n * fakultaet(n - 1);
}
```

Listing 10.4 Eine rekursive Funktion

Diese Funktionsdefinition ist eindeutig rekursiv nach der oben festgelegten Definition. Wird diese Funktion nun in einem Programm aufgerufen, wird sie sich so lange selbst wieder aufrufen, bis der Übergabeparameter den Wert 1 hat. Das folgende Beispiel zeigt, welche Zustände die einzelnen Aufrufe haben, und welche Werte wann übergeben werden:

```
Funktionsaufruf: fakultaet(4);
   Berechnung: 4 * fakultaet(3)
      Berechnung: 3 * fakultaet(2)
         Berechnung: 2 * fakultaet (1)
            Rückgabe: 1
         Rückgabe: 1 * 2
      Rückgabe: 2 * 3
   Rückgabe: 6 * 4
Rückgabe und Ergebnis des ersten Funktionsaufrufes: 24
```

Der Funktionsaufruf von `fakultaet(4)` gibt also nach einigem Hin und Her den Wert 24 zurück, was nach Adam Riese ein korrektes Ergebnis ist. Während dieses Prozesses wird die Funktion noch drei weitere Male aufgerufen, wobei man an dieser Stelle von einer Rekursionstiefe von 3 spricht. Ohne die Abbruchbedingung vor dem Rekursionsaufruf würde die Funktion ohne Chance auf ein Ende sich bis in alle Ewigkeit immer wieder neu starten. Spätestens wenn der ausführende Rechner am Ende seiner Speicherleistung angekommen ist, wird diese unglückliche Funktion enden müssen.

Das Konzept

Nachdem die Grundlagen rund um die Rekursion geklärt ist, können wir das grundsätzliche Konzept für die rekursive Analyse eines DOM-Baumes besprechen. Dafür verwenden wir die oben genannten Funktionen, die den Zugriff auf die Daten eines DOM-Models erlauben. Prinzipiell werden wir sogar mit einer Funktion auskommen, nämlich der Funktion für den Zugriff auf die Kindknoten eines Knotens. Dabei handelt es sich streng genommen um eine Knoteneigenschaft, allerdings wird diese später durch Zugriffsfunktionen ausgelesen.

Der Gedanke hinter der geplanten Funktion: Es sollen, angefangen beim Wurzelelement, alle Kindelemente ausgelesen werden, die dann in einer Schleife nacheinander analysiert werden. Je nachdem, um welchen Knotentyp es sich handelt, wird eine spezielle Funktion aufgerufen, die extra für diesen Zweck definiert werden muss. Handelt es sich beispielsweise um ein Element, werden die einzelnen Elementbezeichner ausgelesen und weiterverarbeitet.

Abhängig davon, ob der Knotentyp weitere Kindknoten haben kann, wird nach der Informationsverarbeitung die Analysefunktion rekursiv aufgerufen. Allerdings wird an dieser Stelle nicht das Wurzelelement zur Analyse übergeben, sondern das gerade aktuelle Kindelement. Auf diese Weise erreicht man alle Kinder des XML-Baumes Schritt für Schritt und rekursiv. Das folgende Flussdiagramm zeigt den Prozess beispielhaft für einen Funktionsaufruf:

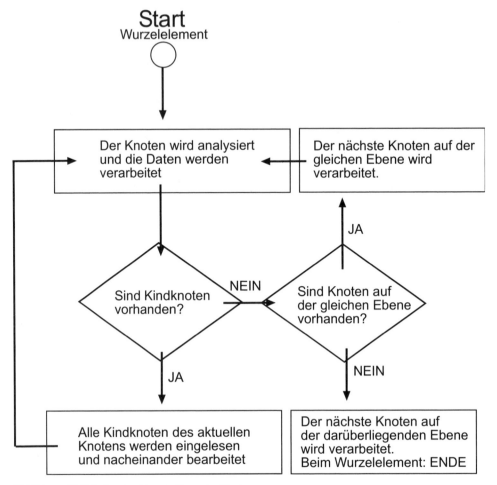

Abbildung 10.5 Rekursive Verarbeitung der Knoten

Im nächsten Kapitel werden wir dieses Model beispielhaft in Java programmieren und verschiedene XML-Bäume parsen.

10.4 DOM Level 3

Wie schon am Anfang des Kapitels gesagt wurde, wird die Entwicklung von DOM nicht direkt in Versionen angegeben, sondern in so genannten Levels. Die aktuelle Version von DOM liegt als Level 3 vor. Alle Aspekte, die wir von DOM in diesem Kapitel besprochen haben, beziehen sich auf die aktuelle Version, also DOM Level 3.

Das grundsätzliche Modell von DOM hat sich im Laufe der Versionen nicht verändert, allerdings wurden die Möglichkeiten für den Zugriff auf die Daten nach und nach erweitert. Dieser Abschnitt führt die neue Entwicklung zwischen den Levels 2 und 3 noch einmal kurz auf, um diesen Prozess vor Augen zu führen.

In der Regel vergeht nach der Verabschiedung eines neuen Levels immer ein wenig Zeit, bis dieser in allen wichtigen Parsern umgesetzt wurde. Da es sich bei DOM Level 3 nach wie vor um einen Arbeitsentwurf handelt, also nicht um eine vollständige Empfehlung, gibt es nur wenige Parser, die die neuen Methoden umgesetzt haben. Bis dahin werden Sie mit Level 2 Parsern arbeiten müssen, beziehungsweise auf die experimentellen Versionen von DOM Level 3 Parsern zurückgreifen. Im nächsten Kapitel werden Sie den XML-Parsers Xerces der Apache Group kennen lernen, der genau diese Features bereits implementiert hat.

DOM Level 2 ist also die aktuelle Empfehlung der W3C, während DOM Level 3 noch ein Arbeitsentwurf ist. Die Änderungen zwischen diesen Versionen werden auf der Webseite des W3C unter der folgenden URL beschrieben:

http://www.w3.org/TR/DOM-Level-3-Core/changes.html

Zusammenfassend kann man die Entwicklung auf folgende Neuerungen zurückführen:

- erweiterter Zugriff auf die DTD über den Dokumentknoten
- neue Funktionen und Eigenschaften für den Elementknoten: `schemaTypeInfo`, `setIdAttributeInfo()` und `setIdAttributeNode()`
- neue Funktionen und Eigenschaften für Attributknoten: `schemaTypeInfo` und isID()
- neue Funktionen und Eigenschaften für den allgemeinen Knoten `Node`
- Ersetzungsfunktionen für Textknoten

Die Angaben zur vorhergehenden Version, DOM Level 2, finden Sie unter der URL:

http://www.w3.org/TR/DOM-Level-2-Core/

Dementsprechend ist auch die URL für die Änderungen gegenüber der Level 1 Version von DOM:

http://www.w3.org/TR/DOM-Level-2-Core/changes.html

10.5 Programmieren mit DOM

In diesem Kapitel haben Sie die Grundlagen des Document Object Models im Zusammenhang mit XML kennen gelernt. Auch wenn wir noch keine Zeile programmiert haben, ist der allgemeine Umgang mit DOM ausführlich beleuchtet worden. Genau wie für SAX steht Ihnen bei der Wahl Ihrer Werkzeuge so gut wie jede Programmiersprache offen, da der DOM-Standard fast überall nach Vorgaben des W3C umgesetzt wurde. Im nächsten Kapitel werden wir den Parser Xerces von Java kennen lernen, der neben SAX auch mit DOM umgehen kann. Alle hier besprochenen theoretischen Modelle werden dann in die Tat umgesetzt.

11

Programmieren für XML

11 Programmieren für XML

Der dritte Teil des Tutorials zeigt, wie Sie die Werkzeuge der letzten Kapitel verwenden können, um XML-Code in verschiedenen Programmiersprachen analysieren und auswerten zu können. Die Umsetzung von SAX und DOM in einem konkreten Projekt wird anhand der Shop-Schnittstelle aus den vorhergehenden Beispielen demonstriert. Wir greifen also auf die Fortschritte des ersten und zweiten Tutorials zurück.

Zum einen ist dies notwendig, um die XML-Daten aus der entwickelten Schnittstelle des fünften Kapitels zu beziehen. Es bietet sich an, dabei das PHP-Skript zu verwenden, da dieses die meisten Möglichkeiten von allen Beispielen zu bieten hatte. Darüber hinaus wird die entworfene DTD beziehungsweise das XML-Schema-Dokument aus dem achten Kapitel wieder verwendet, um die Gültigkeit eines Dokumentes zu überprüfen.

11.1 Die Werkzeuge

Im ersten Tutorial-Kapitel haben Sie bereits die Programmiersprachen Perl und PHP als mächtige Werkzeuge für den Umgang mit Text und somit auch mit XML kennen gelernt. Perl bietet sowohl an der Kommandozeile als auch auf einem Webserver einige sehr hilfreiche Features, die im Umgang mit XML die Arbeit sehr erleichtern können. In diesem Kapitel werden Sie lernen, wie Perl in der Lage ist, mit dem XML-Modul bestehenden XML-Code zu parsen und in einer Anwendung verfügbar zu machen.

Mehr Informationen zu Perl finden Sie auf der Webseite von ActiveSTATE im Internet unter der folgenden URL:

http://www.activestate.org

Der Download für die hier verwendete Perl-Version ist ein wenig versteckt und ändert sich manchmal. Sollte der folgende Link also nicht funktionieren, suchen Sie einfach nach *ActivePerl* auf der Seite und laden Sie dann die für Sie entsprechende Version herunter.

http://www.activestate.org/Products/ActivePerl/

Als zweites wichtiges Werkzeug für die Internetprogrammierung haben wir PHP kennen gelernt und bereits für die Entwicklung einer Schnittstelle mit XML-Export eingesetzt. PHP ist für alle Apache-Webserver der große Standard für dynamische Webseitenprogrammierung und im Prinzip auf fast jedem Server vorhanden. Für die folgenden Beispiele werden Sie nicht nur auf die bestehende XML-Schnittstelle zurückgreifen, sondern auch eine neue Anwendung in PHP schreiben, welche die Parser-Fähigkeiten dieser Sprache nutzt.

Mehr zu PHP und den aktuellen Versionen finden Sie auf den Seiten von Zend im Internet unter der folgenden URL:

http://www.zend.com/

Das Java SDK

Als Einstieg in dieses Tutorial werden wir die Möglichkeiten der Sprache Java ausloten. XML und Java sind nach wie vor ein nicht mehr zu trennendes Paar und sollten nach Möglichkeit auch nicht getrennt werden. Wenn Sie XML bearbeiten wollen, dann sollten Sie immer zuerst überlegen, ob es mit Java möglich ist, und dann erst eine der anderen Varianten in Erwägung ziehen. Java bietet zur Zeit und mit Sicherheit auch noch eine ganze Weile den mit Abstand größten Werkzeugkasten rund um den Umgang mit XML und allen dazugehörigen Standards.

Im letzten Teil dieses Tutorials werden wir wieder mit Java arbeiten und die Möglichkeiten der XML-Transformation kennen lernen. Spätestens an dieser Stelle werden Sie mir zustimmen müssen, dass Java immer die richtige Wahl ist. Okay, nun aber genug der Lobeshymnen, letztendlich müssen Sie sich ja Ihr eigenes Bild machen.

Um mit Java arbeiten zu können, ist es notwendig, das aktuelle SDK herunterzuladen und auf Ihrem System zu installieren. Sollte das noch nicht bei Ihnen passiert sein, dass können Sie auch die nötige Software auf den Seiten Sun herunterladen. Die folgende URL weist Ihnen den richtigen Weg:

http://java.sun.com/

Abbildung 11.1 Die Webseite für alle Java-Programmierer

Wenn Sie nicht sicher sind, ob Sie Java installiert haben, dann geben Sie an der Kommandozeile den folgenden Befehl ein:

```
java -version
```

Es sollte die aktuelle Versionsnummer angezeigt werden sowie ein Hinweis, dass die *Java Runtime Enviroment* installiert worden ist.

```
java version "1.4.2"
Java(TM) 2 Runtime Environment, Standard Edition (build 1.4.2-b28)
Java HotSpot(TM) Client VM (build 1.4.2-b28, mixed mode)
```

Ist dies der Fall, dann können Sie Java-Applikationen ausführen. Wenn Sie die Beispiele in diesem Buch nachprogrammieren wollen, müssen Sie darüber hinaus einen Java-Compiler installiert haben, der auf den Befehl `javac.exe` hört. Wenn die globalen Pfade in Ihrem System korrekt angelegt sind, sollte dieser Befehl auch direkt von der Kommandozeile aus gestartet werden können. Ansonsten überprüfen Sie, ob ein Verzeichnis auf Ihrem Rechner liegt, das in etwa diese Form hat:

```
C:\j2sdk1.4.2\bin
```

In diesem Ordner sind alle nötigen ausführbaren Programme, um mit Java arbeiten zu können. Andernfalls müssen Sie die aktuelle Version des SDK von der oben angegebenen Seite herunterladen. Achten Sie darauf, dass Sie auch wirklich das SDK (*Software Development Kit*) und nicht nur die *Runtime Enviroment* installieren, da sonst einige wichtige Werkzeuge fehlen. Die Installation erfolgt in typischer Windows-Manier einfach und unkompliziert per Mausklick und mit dem Windows-Installer:

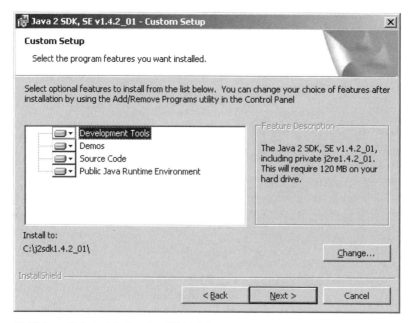

Abbildung 11.2 Installation des SDK 1.4.2

11.1 Die Werkzeuge

Installieren Sie alle verfügbaren Komponenten, damit später kein wichtiger Bereich fehlt. Die Registrierung des Java-Plugins für die installierten Browser ist nicht notwendig für unsere Beispiele. Sollten Sie es trotzdem installieren wollen, dann bedenken Sie, dass dadurch das Microsoft Plugin für Java-Applets nicht mehr verwendet wird und unter Umständen einige Internet-Seiten nicht korrekt verarbeitet werden. Sie können die vorgenommenen Einstellungen nach der Installation in der Systemsteuerung wieder rückgängig machen.

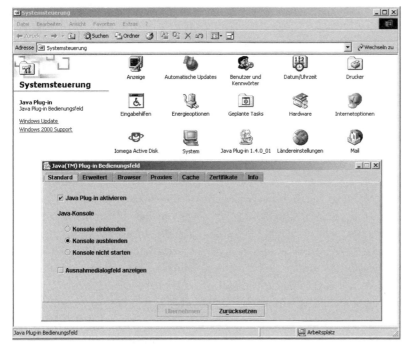

Abbildung 11.3 Java-Plugin in der Systemsteuerung

Für Linux-Anwender kann Java auch als selbst entpackendes Archiv heruntergeladen werden, das entweder mit RPM (root-User) oder als einfaches Installations-File auf dem System installiert werden kann.

Ist das SDK erst einmal erfolgreich installiert, sollten Sie alle Java-Dateien ohne Probleme kompilieren und ausführen können. Ich empfehle Ihnen, ein einfaches Beispiel-Programm zu schreiben, um die Funktion der Komponenten zu testen, bevor wir fortfahren. Der Klassiker Hallo-Welt bietet sich hier natürlich an:

```
public class hallo_welt
{
   public static void main(String[] args)
   {
      int l = args.length;
      for(int i = 0; i < l; i++)
      {
```

```
            System.out.println("Hallo " + args[i] + "!");
        }
    }
}
```

Listing 11.1 Testprogramm für das SDK

Dieses kleine Programm ist eine etwas modifizierte Version des bekannten Hallo-Welt-„Problems". Anstelle einer konstanten Begrüßung werden nun alle übergebenen Parameter der Kommandozeile übernommen und mit einem „Hallo" begrüßt. Kompilieren Sie dieses Programm nun mit dem folgenden Aufruf und starten Sie es danach für einen ersten Test:

```
javac hallo_welt.java
java hallo_welt Java XML
```

Der erste Aufruf sollte ohne Fehlermeldung abgeschlossen werden, während der zweite Aufruf das eigentliche Programm startet und die folgende Ausgabe auf den Bildschirm bringt:

```
Hallo Java!
Hallo XML!
```

Hat alles geklappt? Na dann herzlichen Glückwunsch! Sie können also direkt mit der Installation von *Xerces,* dem XML-Parser für Java fortfahren. Sollten Sie eine Fehlermeldung bekommen haben, dann überprüfen Sie die Installation auf mögliche Fehler. Darüber hinaus sollten Sie kontrollieren, ob die Umgebungsvariablen für Java in Ihrem System richtig gesetzt worden sind. Der Installationsassistent sollte den globalen Pfad PATH um den Wert des Java-Verzeichnisses erweitert haben. Es kann vorkommen, dass der Eintrag mit einer alten SDK-Installation kollidiert.

Darüber hinaus müssen die Variablen CLASSPATH und JAVA_HOME korrekt gesetzt worden sein, auch wenn das in einem Windowssystem nicht immer notwendig ist. Beide Variablen zeigen auf das Installationsverzeichnis des SDK beziehungsweise auf die verwendeten Pakete dieser Installation. Dazu gleich mehr. Änderungen an diesen Einstellungen können Sie direkt an der Kommandozeile mit dem Befehl set vornehmen. Lesen Sie in jedem Fall die beiliegenden Dokumentation des SDK.

Xerces für Java

Der erste XML-Parser, den ich Ihnen vorstellen möchte, ist Xerces von der Apache Group. Apache dürfte Ihnen ein Begriff aus dem Bereich der Webserver sein, da Apache einer der am meisten genutzten Server im Internet ist. Ich habe diese Software auch schon öfter im Zusammenhang mit PHP in den letzten Tutorials erwähnt. Die Apache Group kann allerdings weit mehr, als nur Webserver programmieren, und ist sehr stark in der Entwicklung für Software rund um XML vertreten. Das Schöne an diesen Projekten ist die Tatsache, dass alles *in Open Source* entwickelt wird, also für den User völlig kostenlos zur Verfügung steht.

11.1 Die Werkzeuge

Eine komplette Übersicht über alle Projekte der Apache Group rund um XML finden Sie im Internet auf der folgenden URL:

http://xml.apache.org/

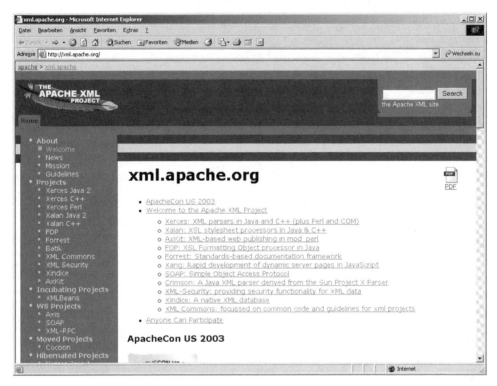

Abbildung 11.4 Die Webseite der Apache Group

Unter anderem finden Sie hier auch den FO-Prozessor FOP, den wir später auch noch genauer kennen lernen werden. Doch zurück zum Thema: In diesem Kapitel interessiert uns der XML-Parser Xerces, der hier ebenfalls zum Download angeboten wird. Dabei haben Sie die freie Wahl zwischen den Versionen für Perl, C++ oder Java, die alle auf derselben Entwicklungsarbeit basieren. Beispielhaft werden wir in diesem Kapitel Xerces für Java näher besprechen. Klicken Sie also auf den Link „Xerces Java 2", und folgen Sie dem Link auf die Webseite für dieses Tool.

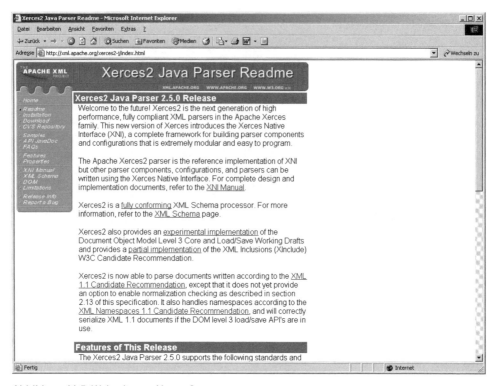

Abbildung 11.5 Webseite von Xerces2

Auf dieser Webseite sehen Sie die aktuelle Version von Xerces, die bei der Entstehung dieses Buches bei der Version 2.5 liegt. Die neuen Features versprechen einige interessante Neuerungen, von denen ich einige einfach mal aufführen möchte:

- Unterstützung von XML 1.1 in dem aktuellen Vorschlagsstadium
- Experimentelle Implementation von DOM Level 3
- Komplette SAX 2.0-Unterstützung
- XML-Schema-Unterstützung
- DTD-Unterstützung

Sie sehen, dass alle Standards und Möglichkeiten, die wir in den letzten Kapiteln dieses Buches besprochen haben, auch von dieser Software unterstützt wird. Sie können sich also auf ein paar interessante Beispiele freuen, in der die verschiedenen Möglichkeiten von XML explizit getestet und genutzt werden.

Der Link „Download" führt Sie zur Downloadseite, auf der Sie das gewünschte Paket in verschiedenen komprimierten Formaten herunterladen können. Wählen Sie die aktuellste Version aus, und achten Sie darauf, dass nicht das Kürzel source im Dateinamen enthalten ist. Sonst laden Sie nämlich die nicht-kompilierte Version herunter, die vor der Installation kompiliert werden müsste. Die richtige Wahl ist eine Datei mit dem Kürzel bin (für *binary*).

11.1 Die Werkzeuge

Die Installation stellt sich auf den ersten Blick nach dem Entpacken der Daten als recht komplex dar, ist aber trotz der 25 MB Daten recht einfach. Die wichtigsten Dateien finden Sie gleich in der untersten Ebene der Verzeichnisse:

- Readme.html
- xercesImpl.jar
- xml-apis.jar

Die erste Datei ist ein einfacher Redirect in die Dokumentation von Xerces. Hier finden Sie dieselben Informationen wie auf der Webseite der Apache Group sowie eine komplette Dokumentation der Xerces API. Die Dokumentation erfolgt dabei im gewohnten Layout von *javadoc* und kann von einem Programmierer mit Java-Erfahrung ohne weiteres gelesen werden:

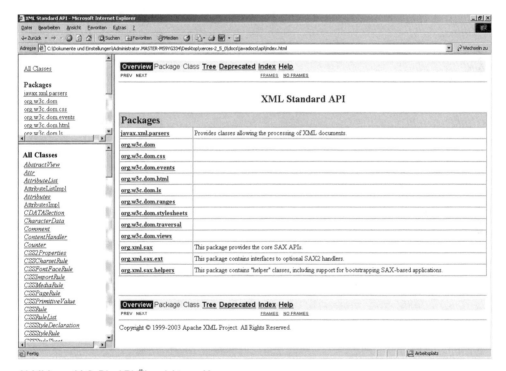

Abbildung 11.6 Die API-Übersicht von Xerces

Diese Übersicht ist sehr nützlich, wenn man sich einen schnellen Überblick über alle Klassen, Schnittstellen, Konstruktoren und Methoden schaffen will, die für den Umgang mit XML notwendig sind.

Die beiden anderen Dateien mit den Namen xercesImpl.jar und xml-apis.jar enthalten die eigentliche Funktionalität des Parsers und sollten nach Möglichkeit in das lib-Verzeichnis der Java-Installation kopiert werden. Sie finden dieses Verzeichnis im Installations-Verzeichnis von Java als ein Unterordner. Damit Java die neuen Java-Archive auch findet, muss der Klassenpfad in der Umgebungsvariable CLASSPATH angepasst werden. Richten Sie Ihr System so ein, dass die Variable nun auch auf die neuen Archive zeigt. Alternativ können Sie bei jedem Aufruf des Parsers oder des Interpreters mit dem Parameter -classpath auf die zusätzlichen Pakete hinweisen:

```
javac -classpath c:\j2sdk1.4\lib\xml-apis.jar; c:\j2sdk1.4\lib\
xercesImpl.jar prog.java
```

Auch an dieser Stelle empfehle ich Ihnen, die Installation mit einem kleinen Beispielprogramm zu testen. Das folgende Programm initialisiert einen Parser und parst ein Dokument, ohne allerdings eine Ausgabe der XML-Daten zu produzieren:

```java
import org.xml.sax.*;
import org.xml.sax.helpers.*;
import javax.xml.parsers.*;

import java.io.*;

public class xerces_test
{
   public static void main(String args[])
   {
      //Variablen
      SAXParser parser = null;
      DefaultHandler dh = null;

      //Neuer Parser wird erstellt
      SAXParserFactory factory = SAXParserFactory.newInstance();

      try
      {
         parser = factory.newSAXParser();
         if(parser != null) {System.out.println("Parser wurde erfolgreich erstellt...");}
      } catch (Exception e) {System.out.println ("Parser kann nicht erstellt werden: " + e);}

      //Dokument wird geparst
      try
      {
         parser.parse(args[0], dh);
         System.out.println("Dokument wird geparst...");
      } catch (Exception e2) {System.out.println ("Fehler beim Parsen des Dokumentes: " + e2);}

   }
}
```

Listing 11.2 Testprogramm für den Einsatz von Xerces

Wenn Sie dieses Programm ohne Probleme kompilieren und ausführen können, ist Xerces korrekt installiert. Sie haben sogar schon eine XML-Datei verarbeitet, auch wenn Sie vom Ergebnis nichts sehen konnten. Das Programm gibt lediglich zwei Statusmeldungen aus:

```
Parser wurde erfolgreich erstellt...
Dokument wird geparst...
```

Die zu parsende Datei wird als Kommandozeilenparameter übergeben. Achten Sie also darauf, dass die angegebene Datei auch wirklich existiert:

```
java xerces_test shop.xml
```

Ist die Datei `shop.xml` nicht in diesem Verzeichnis vorhanden, wird das Programm natürlich einen Fehler auswerfen. Alternativ zu einer Datei können Sie auch eine URL angeben, die ein XML-Dokument zurückgibt. Doch dazu später mehr.

11.2 XML mit Java parsen (SAX)

Einen kleinen Vorgeschmack auf die Möglichkeiten mit Java haben Sie eben schon bekommen. Ziel dieses Abschnittes wird es sein, die fertigen Werkzeuge zur Analyse von XML-Dokumenten anzuwenden und in einer praktischen Anwendung zu demonstrieren. Unser Beispiel wird nach wie vor auf der XML-Schnittstelle zum Whitelabel Shop basieren. Allerdings geht es diesmal um die andere Seite der Datenübertragung, nämlich um den Empfänger der Pull-Übertragung.

Noch einmal kurz zur Wiederholung: Eine Pull-Übertragung wird immer durch den Empfänger initiiert, der die Daten bei einem anderen Server anfordert. Im ersten Schritt wird das eine einfache Java-Applikation sein, welche die gewünschten XML-Daten anfordert und dann mithilfe der Simple API for XML analysiert. Auch wenn wir in diesem Kapitel die Applikation manuell starten, ist es kein Problem, diesen Datenabgleich zu automatisieren. Eine häufige Möglichkeit sind beispielsweise CronJobs auf einem Server.

Bisher war der Zugriff auf die XML-Schnittstelle im Web manuell über einen Browser erfolgt. Dies geschah relativ einfach über eine URL, die beispielsweise so aussieht:

http://www.server.de/xml_export_http_query.php?query=bett

Das Script sucht nach diesem Request alle Produkte mit einer Übereinstimmung zum Suchwort `bett`. Die Ergebnisse werden dann in XML „verpackt" und per HTTP zurückgegeben. Das Ergebnis ist im Browser so zu sehen:

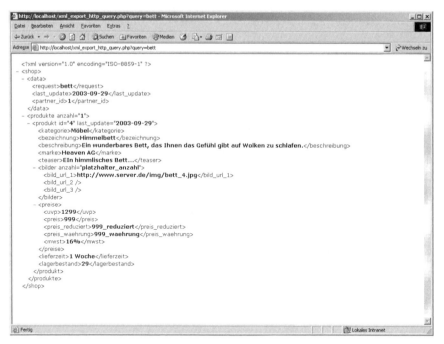

Abbildung 11.7 xml_export_http_query.php

Da wir diese Möglichkeit schon kennen, soll nun ein Java-Programm entwickelt werden, das die Aufgabe des Browsers übernimmt und die XML-Daten über die PHP-Schnittstelle abfragt. Darüber hinaus sollen die Daten nicht dargestellt werden, wie es jetzt der Fall ist, sondern durch einen SAX-Parser analysiert und verarbeitet werden. Die Daten sollen entweder wieder in eine Datenbank geschrieben werden, wo sie für eine spätere Darstellung abgerufen werden können, oder sie werden direkt in HTML formatiert. Die zweite Möglichkeit werden wir später in diesem Kapitel mit einem PHP-Script realisieren.

Im Augenblick soll es unser Ziel sein, die Daten direkt durch die Applikation wieder abzuspeichern, und zwar im jeweils möglichen Datenbanksystem des Empfängers. Auch wenn der Transfer von Datenbank zu Datenbank auf den ersten Blick über XML sehr umständlich erscheint, sollten Sie nicht vergessen, dass man nicht davon ausgehen kann, dass Sender und Empfänger dieselben Datenbanksysteme verwenden. Oft besteht die einzige Möglichkeit, die Daten zu transferieren, darin ein offenes Format wie XML zu verwenden.

Die folgende Grafik zeigt, wie der Datentransfer über XML ablaufen soll:

11.2 XML mit Java parsen (SAX)

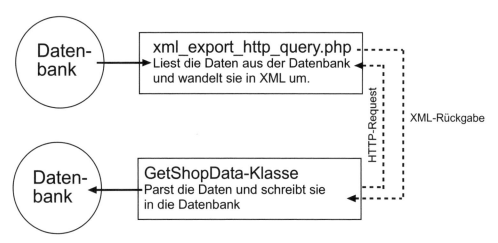

Abbildung 11.8 Datentransfer

Im Prinzip sind es 5 Schritte, die für den vollständigen Transfer von Datenbank zu Datenbank über XML notwendig sind:

1. Anfrage des Empfängers
2. Umwandlung der Daten in XML
3. Datentransfer über das Netzwerk an den Empfänger
4. Parsen der Daten
5. Speichern in der Datenbank

Die ersten drei Schritte sind bereits in dem PHP-Script `xml_export_http_query.php` realisiert worden. Die beiden letzten Schritte werden nun in Java umgesetzt.

11.2.1 Das Programm erstellen

Das Grundgerüst eines Java-Programms, das XML-Daten über Xerces verarbeitet, haben Sie ja schon am Anfang dieses Kapitels kennen gelernt. Allerdings möchte ich nicht auf der Basis dieses Programms weiterarbeiten, da es nur für den Umgang mit Xerces geschrieben wurde. Wenn Sie einen anderen Parser auf einem System verwenden wollen, ist dieses Programm gänzlich ungeeignet, da es umgeschrieben werden müsste.

In den kommenden Beispielen werden wir eine „neutrale" Schnittstelle verwenden, an der der Parser beliebig ausgetauscht werden kann. Doch dazu gleich mehr. Im ersten Schritt müssen Sie natürlich eine neue Programmdatei erstellen, die am besten den Namen `GetShopData.java` trägt. Diese Datei wird das grundlegende Programm enthalten. Importieren Sie deshalb ganz am Anfang alle benötigten Java-Pakete in das Programm:

```
//XML Schnittstellen
import org.xml.sax.*;
import org.xml.sax.helpers.*;
//neutrale Schnittstelle für den Parser
import javax.xml.parsers.*;
//Input und Output Klassen
import java.io.*;
```
Listing 11.3 Die Basispakete

Als Nächstes wird die eigentliche Programmstruktur angelegt, die für die Ausführung der verschiedenen Schritte notwendig ist. Diese Struktur ist in allen Java-Programmen gleich. Achten Sie allerdings darauf, dass die Klasse denselben Namen wie die Datei trägt:

```
public class GetShopData
{
   public static void main(String args[])
   {
      ...
   }
}
```
Listing 11.4 Die Programmstruktur

Die statische Methode `main()` dient als Einstiegspunkt in das Programm und übernimmt alle Parameter von der Kommandozeile. Innerhalb dieser Methode werden wir den Parser erstellen und starten sowie die entsprechenden Event-Methoden zuweisen. Doch bevor es soweit ist, muss noch eine Variable definiert werden:

```
//XML-Reader Variable
XMLReader parser = null;
```

In dieser Klassenvariablen wird die Instance des Parsers gespeichert, der in diesem Programm die ganze Arbeit übernehmen soll. Apache nennt diese Klasse ganz neutral `XMLReader`, da über diese Schnittstelle jeder mögliche SAX-Parser geladen werden kann. Da bei Erstellen des Parsers Fehler auftreten können, die unter Umständen abgefangen werden müssen, muss der ganze Vorgang in eine try-catch-Konstruktion gepackt werden:

```
try
{
   //Parser wird erstellt
   parser =
XMLReaderFactory.createXMLReader("org.apache.xerces.parsers.SAXParser");
   System.out.println("Parser wurde erstellt!");
}
   catch (SAXException se) {System.err.println ("Parser kann nicht erstellt werden!");}
```
Listing 11.5 Der XML-Parser wird erstellt

An dieser Stelle sehen Sie, warum wir nicht das Beispielprogramm für den Test von Xerces weiterverwendet haben. Die Klasse XMLReaderFactory bietet die Möglichkeit, eine externe Klasse zu instanziieren, indem einfach der Namen der Klasse angegeben wird. Sollte sich die Klasse ändern, kann sie zentral an einer Stelle im Programm getauscht,

11.2 XML mit Java parsen (SAX)

beziehungsweise komplett als Parameter des Programms angegeben werden. Da wir nur mit den offiziellen Schnittstellen des SAX-Parsers arbeiten, ist ein solcher Eingriff kein Problem.

Sollte bei diesem Versuch ein Fehler auftreten, wie zum Beispiel eine nicht vorhandene Parserklasse, greift Java auf den `catch`-Teil des Konstruktes zurück, der dann eine Fehlermeldung auswirft. Ansonsten wird das Programm fortgesetzt, und ein Parser steht zur Verfügung.

Die nächsten Schritte sind nun ganz einfach, da sie sich kaum von dem ersten Beispiel in diesem Kapitel unterscheiden. In einer zweiten Try-catch-Konstruktion wird das XML-Dokument geparst, das von der XML-Schnittstelle im Internet zurückgegeben wird:

```
//Dokument wird geparst
try
{
String uri="http://server.de/xml_export_http_query.php?query=" + args[0];
    System.out.println("Dokument wird geparst...");
    parser.parse(uri);
    System.out.println("Dokument wurde erfolgreich geparst!");
} catch (SAXException se2)
    {System.err.println ("Fehler beim Parser der XML Daten!");}
    catch (IOException ioe)
    {System.err.println ("Fehler beim Zugriff auf die XML Daten!");}
```

Listing 11.6 Das Dokument wird geparst

Über die Parser-Methode `parse()` wird die HTTP-Adresse angegeben, die geparst werden soll. Im Gegensatz zum letzten Beispiel handelt es sich hier um eine echte URL ins Netz, die mit einem Parameter versehen die Daten ausliest. Über die Kommandozeile ist es möglich, die Datenmenge durch ein Suchwort zu begrenzen. Der dazu nötige String wird vor dem Parsing-Vorgang zusammengesetzt. Zwei weitere `catch`-Bereiche sind für zwei Fehlertypen angelegt worden, die je nach Art des Fehlers aufgerufen werden.

Der grundlegende Teil des Programms ist mit diesem Abschnitt fertiggestellt. Alles in allem sollten Sie nun den folgenden Quellcode in der Datei `GetShopData.java` haben:

```
import org.xml.sax.*;
import org.xml.sax.helpers.*;
import javax.xml.parsers.*;

import java.io.*;

public class GetShopData
{
    public static void main(String args[])
    {
        //XML-Reader Variable
        XMLReader parser = null;

        try
        {
            //Parser wird erstellt
            parser =
XMLReaderFactory.createXMLReader("org.apache.xerces.parsers.SAXParser");
            System.out.println("Parser wurde erstellt!");

        } catch (SAXException se) {System.err.println ("Parser kann nicht
```

```
            erstellt werden!");}
                //Dokument wird geparst
                try
                {
                    String uri =
        "http://server.de/xml_export_http_query.php?query=" + args[0];
                    System.out.println("Dokument wird geparst...");
                    parser.parse(uri);
                    System.out.println("Dokument wurde erfolgreich geparst!");
                } catch (SAXException se2)
                    {System.out.println ("Fehler beim Parser der XML Daten!");}
                    catch (IOException ioe)
                    {System.out.println ("Fehler beim Zugriff auf die XML Daten!");}
            }
        }
```

Listing 11.7 Der komplette SAX-Parser

Das Programm sollte sich problemlos kompilieren und ausführen lassen. Wenn Sie beispielsweise den Befehl `java GetShopData bett` an der Kommandozeile ausführen, wird das Programm folgende Ausgabe liefern:

```
Parser wurde erstellt!
Dokument wird geparst...
Dokument wurde erfolgreich geparst!
```

Das Dokument wird ganz offensichtlich gesucht und auch geparst. Wenn Sie gerade nicht online sind oder die angegebene URI nicht erreicht werden kann, wird sich das Programm entsprechend beschweren:

```
Parser wurde erstellt!
Dokument wird geparst...
Fehler beim Zugriff auf die XML Daten!
```

Das Einzige, was nun zum vollständigem Glück fehlt, sind geeignete Event-Methoden, die alle Daten vom Parser übernehmen können. Bisher verschwinden die XML-Daten ungesehen im Nirwana, da noch keine Schnittstellen definiert worden sind.

11.2.2 Event-Methoden definieren

Die Event-Methoden gehören zu den wichtigsten Bestandteilen dieses Programms, da ohne sie kein Zugriff auf die XML-Daten möglich ist. Wie Sie sich sicher noch erinnern können, erfolgt der Aufruf der Event-Methoden über so genannte Event-Handler, die das jeweilige Ereignis einer Methode zuordnen. Wir haben zwischen vier verschiedenen Handlern unterschieden, wobei die beiden folgenden die wichtigsten sind:

- `ContentHandler`
- `ErrorHandler`

Java hat dementsprechend zwei Klassen definiert, die diese Aufgabe übernehmen. Beide Klassen haben konsequenterweise die gleichen Namen und sind deshalb leicht zuzuordnen. Sowohl die ContentHandler-Klasse als auch die ErrorHandler-Klasse sind abstrakt definiert, das heißt, sie müssen komplett überschrieben werden, bevor wir sie sinnvoll in einem Programm nutzen können. Den Default-Umgang mit SAX-Events haben wir bereits oben gesehen, es passiert buchstäblich nichts, darum müssen wir an dieser Stelle eine eigene Funktionalität implementieren.

11.2.2.1 Der ErrorHandler

Im ersten Schritt werden wir die ErrorHandler-Klasse für unsere Zwecke anpassen, da diese Klasse ein ganzen Stück unkomplizierter zu handhaben ist als die ContentHandler-Klasse. Wie Sie schon im Kapitel über SAX gelernt haben, gibt es drei verschiedene Fehlertypen, die jeweils von einer eigenen Event-Methode behandelt werden müssen. Der ErrorHandler definiert also drei Methoden, die wir überschreiben müssen:

- `public void warning(SAXParseException e)`
- `public void error(SAXParseException e)`
- `public void fatalError(SAXParseException e)`

Alle drei Methoden sind im ErrorHandler definiert und müssen mit der folgenden Import-Anweisung in das Programm eingefügt werden:

```
//SAX-Klassen werden importiert
import org.xml.sax.*;
```

Jede dieser Methoden übernimmt vom ErrorHandler eine Instanz der Klasse SAXParseException, die über eine Reihe von Zugriffsmethoden nähere Informationen über den aufgetretenen Fehler zurückgeben. Neben der genauen Zeilen- und Spaltennummer wird auch eine konkrete Fehlermeldung und die betroffene Datei zurückgegeben. All diese Informationen können in einer Log-Datei mitgeschrieben werden, welche die Fehler über den Parsing-Vorgang hinaus genau mitdokumentiert.

Die folgende Klassendefinition stellt einen Versuch dar, diesen Error-Logger zu realisieren, indem die abstrakte Klasse ErrorHandler komplett überschrieben wird. Die neue Klasse und somit auch die neue Datei heißt `Ehandler.java`:

```
//SAX-Klassen werden importiert
import org.xml.sax.*;

//Hilfsklassen werden importiert
import java.io.*;

class EHandler implements ErrorHandler
{
    //Event-Handler für Warnungen
    public void warning(SAXParseException e)
    {
        this.logger(e, "Warnung");
    }
    //Event-Handler für einfache Fehler
    public void error(SAXParseException e)
    {
        this.logger(e, "Fehler");
    }

    //Event-Handler für fatale Fehler
    public void fatalError(SAXParseException e)
```

```
    {
        this.logger(e, "Fataler Fehler");
    }

    //Logger-Methode
    private void logger(SAXParseException e, String type)
    {
        try
        {
            //Log-Datei wird geschrieben
            FileWriter fw = new FileWriter("log.txt", true);
            fw.write(type + "\n");
            fw.write("Datei:   "+ e.getSystemId()+"\n");
            fw.write("Zeile:   "+ e.getLineNumber()+"\n");
            fw.write("Spalte:  "+ e.getColumnNumber()+"\n");
            fw.write("Meldung: "+ e.getMessage()+"\n\n");
            fw.close();
        } catch (IOException ioe) {System.out.println("Kann log.txt nicht schreiben!");}
    }
}
```

Listing 11.8 ErrorLogger in EHandler.java

Diese relativ kurze Klasse hat die Aufgabe, alle auftretenden XML-Fehler direkt in die Datei log.txt zu schreiben. Jeder neu auftretende Fehler wird unter den bestehenden Fehlern angehängt. Eine typische Fehlermeldung bei einem nicht wohlgeformten Dokument sieht in der Datei so aus:

```
Fataler Fehler
Datei: http://www.server.de/xml_export_http_query.php?query=bett
Zeile: 16
Spalte: 25
Meldung: The element type "kategorie" must be terminated by the matching
end-tag "</kategorie>".
```

Listing 11.9 Fehler in log.txt

Das Programm ist dabei relativ einfach aufgebaut: Jede der Event-Methoden macht nichts anderes, als den empfangenen Fehler direkt an die Methode `logger()` weiterzugeben. Diese öffnet dann die `log.txt`-Datei und schreibt alle empfangenen Informationen hinein. Es wird also kein Unterschied zwischen den einzelnen Fehlertypen gemacht, mit der Ausnahme, dass bei einfachen Fehlern und Warnungen das Programm fortgesetzt wird.

Diese `ErrorLogger`-Klasse ist vom Aufbau her universell einsetzbar und nicht auf die Möglichkeiten unseres Whitelabelshops begrenzt. Eine Möglichkeit wäre unter anderem auch, das Datum und die Uhrzeit mitzuspeichern, um bei einem automatischen Aufruf den Fehler besser rekonstruieren zu können.

11.2.2.2 Der ContentHandler

Der `ContentHandler` hat im Gegensatz zum `ErrorHandler` eine ganze Menge mehr Methode zu bieten, da für alle benötigten XML-Konstruktionen eine eigene Reaktion ermöglicht werden soll. Die folgenden Ereignisse können von einem SAX-Parser ausgelöst und an den `ContentHandler` übergeben werden:

11.2 XML mit Java parsen (SAX)

- Beginn des Dokumentes
- Ende des Dokumentes
- Start eines Elementes
- Ende eines Elementes
- Attribute
- konkrete Daten
- Processing Instructions
- Namensräume
- Whitespaces

Jedes dieser Ereignisse wird durch eine eigene Event-Methode repräsentiert. Auch wenn wir einige dieser Methoden nicht benötigen, müssen alle überschrieben werden, da die ContentHandler-Klasse, genau wie die ErrorHandler-Klasse, abstrakt definiert ist. Sie müssen also eine eigene Klasse entwerfen, die diese Funktionalität implementiert.

Das Gerüst dieser Klasse sieht dabei fast genauso aus wie die oben besprochene EHandler-Klasse:

```
//SAX-Klassen werden importiert
import org.xml.sax.*;

class CHandler implements ContentHandler
{
    ...
}
```

Listing 11.10 Die Klasse CHandler

Diese Datei wird nun entsprechend CHandler.java getauft. Insgesamt müssen elf verschiedene Event-Methoden berücksichtigt werden, die fast immer pärchenweise auftreten:

Tabelle 11.1 ContentHandler-Methoden

Event-Methoden
public void startDocument()
public void endDocument()
public void startElement(String URI, String local, String name, Attributes atts)
public void endElement(String URI, String local, String name)
public void startPrefixMapping(String prefix, String URI)
public void endPrefixMapping(String Prefix)
public void characters(char[] ch, int start, int length)
public void processingInstruction(String target, String data)
public void skippedEntity(String name)

Event-Methoden
public void ignorableWhitespace(char[] ch, int start, int length)
public void setDocumentLocator(Locator locator)

Da wir in diesem Dokument vorläufig nicht mit einem speziellen Namensraum arbeiten (`startPrefixMapping()` und `endPrefixMapping()`), sind die wirklich interessanten Methoden an einer Hand abzuzählen:

- `startElement()`
- `endElement()`
- `characters()`

Die anderen Methoden werden nur der Vollständigkeit halber ebenfalls angelegt, doch ohne Funktionalität versehen. Einzig und allein die Methoden für den Start und das Ende des Dokumentes werden wir dazu benutzen, um eine kurze Statusmeldung auszugeben. Allerdings ist das nicht wirklich nötig, sondern mehr eine Art Hinweis für die Entwickler des Programms.

Die Grundstruktur der `CHandler`-Klasse sieht mit diesen Vorgaben wie folgt aus. Es wurde noch keine nennenswerte Funktionalität implementiert:

```
//SAX-Klassen werden importiert
import org.xml.sax.*;

class CHandler implements ContentHandler
{
   public void startElement (String URI, String localname, String name,
Attributes atts)
    {
       //Ein Element wird geöffnet
       ...
    }
   public void endElement (String URI, String localname, String name)
    {
       //Ein Element wird geschlossen
       ...
    }
   public void characters (char[] ch, int start, int length)
    {
       //Konkrete Daten werden ausgelesen
       String str = new String(ch, start, length);
       ...
    }

    public void startDocument()
    {
       System.out.println("Das Dokument beginnt...");
    }
    public void endDocument()
    {
       System.out.println("Das Dokument endet!");
    }
    public void ignorableWhitespace(char[] ch, int start, int length)
    {}
    public void processingInstruction(String name, String wert)
    {}
    public void skippedEntity(String name)
    {}
```

11.2 XML mit Java parsen (SAX)

```
        public void setDocumentLocator(Locator l)
        {}
        public void startPrefixMapping(String prefix, String uri)
        {}
        public void endPrefixMapping(String prefix)
        {}
}
```

Listing 11.11 Die CHandler-Klasse

Alle Bereiche, die mit ... markiert sind, werden noch erweitert werden müssen. Vorher sollten wir uns aber einige Gedanken über die Struktur der Daten und das gewünschte Ausgabeformat machen.

Ziel ist es nach wie vor, die XML-Daten in einer SQL-Datenbank abzulegen. Der Zugriff erfolgt dementsprechend über eine SQL-Anfrage, die dafür sorgt, dass die Daten in der Datenbank korrekt gespeichert werden. Dazu müssen die geparsten Daten in SQL-Strings umgewandelt werden, die dann an die Datenbank geschickt werden können. Das Programm muss also in der Lage sein, die Events zu sortieren und jeweils die Daten eines zusammenhängenden Produktes zu übergeben. Folgende Annahmen können aufgrund der XML-Struktur getroffen werden:

- Ein vollständiges Produkt wird immer von einem `produkt`-Element umschlossen.
- Wenn ein schließendes `produkt`-Element auftaucht, dann ist das Produkt abgeschlossen.
- Die Angaben im data-Element können zur Zeit ignoriert werden.
- Alle Elemente im `produkt`-Element sind Datenelemente und können direkt in die Datenbank geschrieben werden. Ausnahme hiervon sind `preise` und `bilder`.
- Die neue Datenbankstruktur ist unerheblich, da die Werte einzeln zur Verfügung stehen.

Ausgehend von diesen Annahmen und der Struktur der Daten, die wir aus den Event-Methoden übergeben bekommen, müssen die Strings nun in einem SQL-Befehl zusammengesetzt werden. Der einfachste Weg, dies zu erreichen, ist meiner Meinung nach, alle Datenelemente innerhalb der `produkt`-Elemente auszulesen und in einer Variablen zu speichern. Wenn der abschließende Tag des Produkt-Elementes erreicht ist, werden die String-Variablen ganz einfach zu einem SQL-Befehl zusammengesetzt. Nach der Datenbankanfrage werden alle Daten wieder auf Null gesetzt, und der Vorgang wiederholt sich mit jedem neuen `produkt`-Element.

Zusätzlich zu den Datenelementen muss noch die Variable `last_update` ausgelesen werden, die immer im `produkt`-Element an zweiter Stelle steht. Das folgende Script zeigt die `ContentHandler`-Klasse mit den beschrieben Möglichkeiten:

```
//SAX-Klassen werden importiert
import org.xml.sax.*;

class CHandler implements ContentHandler
{
    //Variablen
    boolean produkt = false;
```

```java
        String element = "";

        //Daten
        String kategorie = "";
        String bezeichnung = "";
        String beschreibung = "";
        String marke = "";
        String teaser = "";
        String bild_url_1 = "";
        String bild_url_2 = "";
        String bild_url_3 = "";
        String uvp = "";
        String preis = "";
        String preis_reduziert = "";
        String preis_waehrung = "";
        String mwst = "";
        String lieferzeit = "";
        String lagerbestand = "";
        String last_update = "";

    public void startElement (String URI, String localname, String name,
Attributes atts)
    {
        //Produkt-Element wird geöffnet
        if(name == "produkt")
        {
            //Flag wird geöffnet
            produkt = true;

            //Attribute werden ausgelesen
            last_update = atts.getValue(1);
        }

        //Elementname wird gespeichert
        element = name;
    }

    public void endElement (String URI, String localname, String name)
    {
        //Produkt-Element wird geschlossen
        if(name == "produkt")
        {
            //Flag wird gesetzt
            produkt = false;

            //SQL-Befehl wird erstellt
            String sql;
            sql = "insert into shop_produkte values (";
            sql += "'',";   //ID wird automatisch von der DB vergeben
            sql += "'" + last_update + "',";
            sql += "'" + kategorie + "',";
            sql += "'" + bezeichnung + "',";
            sql += "'" + beschreibung + "',";
            sql += "'" + marke + "',";
            sql += "'" + teaser + "',";
            sql += "'" + bild_url_1 + "',";

            sql += "'" + bild_url_2 + "',";
            sql += "'" + bild_url_3 + "',";
            sql += "'" + uvp + "',";
            sql += "'" + preis + "',";
            sql += "'" + preis_reduziert + "',";
            sql += "'" + preis_waehrung + "',";
            sql += "'" + mwst + "',";
            sql += "'" + lieferzeit + "',";
            sql += "'" + lagerbestand + "'";
            sql += ");";

            //Ausgabe des Befehls
            System.out.println(sql);
```

11.2 XML mit Java parsen (SAX)

```
                    kategorie = bezeichnung = beschreibung = marke = bild_url_1 =
    bild_url_2 = bild_url_3 = uvp = preis = preis_reduziert = preis_waehrung
    = mwst = lieferzeit = lagerbestand = "";
        }

        //Elementname wird überschrieben
        element = "";
    }

    public void characters (char[] ch, int start, int length)
    {
        //Konkrete Daten werden ausgelesen
        String str = new String(ch, start, length);

        //Ist der Parser im Produkt
        if(produkt)
        {
           if(element=="kategorie") {kategorie += str;}
           if(element=="bezeichnung") {bezeichnung += str;}
           if(element=="beschreibung") {beschreibung += str;}
           if(element=="marke") {marke += str;}
           if(element=="teaser") {teaser += str;}
           if(element=="bild_url_1") {bild_url_1 += str;}
           if(element=="bild_url_2") {bild_url_2 += str;}
           if(element=="bild_url_3") {bild_url_3 += str;}
           if(element=="uvp") {uvp += str;}
           if(element=="preis") {preis += str;}
           if(element=="preis_reduziert") {preis_reduziert += str;}
           if(element=="preis_waehrung") {preis_waehrung += str;}
           if(element=="mwst") {mwst += str;}
           if(element=="lieferzeit") {lieferzeit += str;}
           if(element=="lagerbestand") {lagerbestand += str;}
        }
    }

    //Die restlichen Eventmethoden
    public void startDocument()
    {
        System.out.println("Das Dokument beginnt...");
    }
    public void endDocument()
    {
        System.out.println("Das Dokument endet!");
    }
    public void ignorableWhitespace(char[] ch, int start, int length)
    {}
    public void processingInstruction(String name, String wert)
    {}
    public void skippedEntity(String name)
    {}
    public void setDocumentLocator(Locator l)
    {}
    public void startPrefixMapping(String prefix, String uri)
    {}
    public void endPrefixMapping(String prefix)
    {}
}
```

Listing 11.12 Die CHandler-Klasse

Das Programm sollte im Großen und Ganzen keine Überraschungen bieten. Wesentlich an diesen Event-Methoden ist die Art der Kommunikation untereinander. Das SAX-Modell bietet von Haus aus keine Möglichkeit, der Methode für konkrete Daten mitzuteilen, in welchem Element die aktuellen Daten gerade stehen. Um die Daten dem richtigen Element zuzuordnen, wird dieses immer in einer Objektvariablen gespeichert und bei Bedarf ausgelesen.

Genauso verhält es sich auch mit dem produkt-Element, das über eine eigene Boolesche Flag-Variable gekennzeichnet ist. Nur auf diese Weise ist es möglich, innerhalb der Event-Methoden den Überblick zu bewahren. Anstelle einer Datenbankanfrage wird in diesem Beispiel der SQL-Befehl einfach ausgegeben.

11.2.2.3 Die EventHandler registrieren

Beide EventHandler sind nun fertig erstellt und können für einen Testlauf kompiliert werden. Auch wenn noch kein Datenbankzugriff erfolgt, können wir die SQL-Anfragen für einen ersten Test an der Kommandozeile ausgeben. Zuvor müssen allerdings die beiden EventHandler beim Parser registriert werden. Dazu verwenden wir die folgenden Methoden:

- `setContentHandler()`
- `setErrorHandler()`

Beide Methoden erwarten ein Objekt der oben angelegten Klassen als Übergabeparameter. Die Registrierung der EventHandler im Programm sieht also folgendermaßen aus:

```
//Event-Handler werden gesetzt
parser.setContentHandler(new CHandler());
parser.setErrorHandler(new EHandler());
System.out.println("Eventhandler wurden gesetzt!");
```

Listing 11.13 Die EventHandler im Parser registrieren

Kompilieren Sie die Klasse GetShopData erneut. Durch den Verweis auf die beiden neuen Klassen werden die Dateien EHandler.java und CHandler.java automatisch mit kompiliert. Ist das geschehen, können Sie einen Probelauf des Programms mit dem bekannten Aufruf starten. Nach einem kurzen Zögern sollten folgende Angaben in der Kommandozeile erscheinen:

```
Parser wurde erstellt!
Eventhandler wurden gesetzt!
Dokument wird geparst...
Das Dokument beginnt...
insert into shop_produkte values ('','2003-09-
29','Möbel','Himmelbett','Ein wunderbares Bett, das Ihnen das Gef³hl gibt
auf Wolken zu schlafen','Heaven AG','Ein himmlisches
Bett...','http://www.server.de/img/bett_4.jpg','','','1299','999','999_re
duziert','999_waehrung','16%','1 Woche','29');
Das Dokument endet!
Dokument wurde erfolgreich geparst!
```

Listing 11.14 Ausgabe des Beispiels

Je nach übergebenem Parameter kann die Ausgabe natürlich variieren. Unabhängig davon müssen diese SQL-Befehle nun nur noch an eine Datenbank übergeben werden.

11.2.3 Datenbankzugriff

Der Datenbankzugriff, der es Ihnen erlaubt, die gewonnenen Daten abzuspeichern, ist nun die ersehnte Kür nach der Pflicht. Ich bin sicher, Sie haben schon einmal mit einer MySQL-Datenbank im Zusammenhang mit Java gearbeitet. Wenn nicht, dann finden Sie die nötigen Werkzeuge auf der Webseite von MySQL unter der folgenden URL:

http://www.mysql.de/downloads/api-jdbc-stable.html

Laden Sie hier den aktuellen Release des JDBC-Datenbanktreibers für MySQL herunter. Sie können diesen ebenfalls im `lib`-Verzeichnis ihrer Java-Installation abspeichern und mit der Umgebungsvariablen CLASSPATH darauf zeigen. Ist dies geschehen, dann ist der Zugriff auf jede beliebige MySQL-Datenbank im Netz möglich.

Um nun die Daten wie gewünscht in die Datenbank zu schreiben, müssen Sie die Event-Methode `endElement()` ein wenig erweitern. Anstelle den SQL-String nun auszugeben, müssen Sie ihn über eine Datenbank-Schnittstelle an die gewünschte Datenbank schicken. Der Ausgabebefehl wird also einfach durch die folgenden Zeilen ersetzt:

```
//Datenbankzugriff
//Zugangsdaten
Connection myConn=null;
String serverIP = "server.de";
String dbName = "server_db";
String dbUser = "user";
String dbPwd = "db";

//Treiber
try
{
    Class.forName("org.gjt.mm.mysql.Driver").newInstance();
}
catch (Exception e) {System.out.println("Es ist ein Datenbankfehler aufgetreten:" + e);}

//Connect
try
{
        myConn = DriverManager.getConnection("jdbc:mysql://" + serverIP +
"/" + dbName + "?user=" + dbUser + "&password="+ dbPwd);
    Statement s = myConn.createStatement();
    s.executeUpdate(sql);
      System.out.println("Die Daten wurden erfolgreich in der Datenbank gespeichert!");

    //schließen
    myConn.close();
}
catch (SQLException sqle)
    {System.out.println("Es ist ein Datenbankfehler aufgetreten:" + sqle);}
```

Listing 11.15 Datenbankzugriff

Nach dem Kompilieren sollten Sie folgende Ausgabe an der Kommandozeile erhalten, wenn die Applikation aufgerufen wird:

```
Parser wurde erstellt!
Eventhandler wurden gesetzt!
Dokument wird geparst...
Das Dokument beginnt...
Die Daten wurden erfolgreich in der Datenbank gespeichert!
Die Daten wurden erfolgreich in der Datenbank gespeichert!
Die Daten wurden erfolgreich in der Datenbank gespeichert!
Das Dokument endet!
Dokument wurde erfolgreich geparst!
```

Listing 11.16 Ausgabe des Scriptes

Ein Blick in die Datenbank beweist, dass die Daten erfolgreich angekommen sind. Der Shop ist nun um einige Angebote reicher.

11.2.4 Die XML-Daten validieren

Ich hatte Ihnen in den Kapiteln über die *Document Type Definition* und *XML-Schema* versprochen, dass wir die erstellten Grammatiken für die Shop-Datei überprüfen würden, um die Gültigkeit der Datei zu gewährleisten. An dieser Stelle bietet es sich an, eine Validierung der empfangenen Daten aus der XML-Schnittstelle vorzunehmen. Da Xerces sowohl die DTD als auch XML-Schema unterstützt, werden wir nun beide Grammatiken anwenden.

Standardmäßig ist der SAX-Parser so eingestellt, dass er die XML-Daten **nicht** validiert. Um dieses Feature einzuschalten, müssen Sie sich eines bestimmten „Schalters" bedienen, der als Methode im XMLReader-Objekt implementiert ist. Die Rede ist von der Methode setFeature(), die mittels verschiedener URIs in der Lage ist, bestimmte Fähigkeiten des Parsers zu konfigurieren. Mehr Informationen über diese Möglichkeiten finden Sie in der Dokumentation zu Xerces oder im Internet unter der folgenden URL:

http://xml.apache.org/xerces2-j/features.html

Das Feature, welches uns jetzt interessiert, ist die Möglichkeit der Validierung. Die dazugehörigen URIs lauten wie folgt:

URI	Feature
http://xml.org/sax/features/validation	DTD-Validierung
http://apache.org/xml/features/validation/schema	Schema-Validierung

Neben der eindeutigen URI, die das Feature dem Parser gegenüber eindeutig identifiziert, erwartet die Methode noch einen weiteren Parameter, der angibt, ob das Feature ein- oder ausgeschaltet werden soll. Der komplette Methodenaufruf lautet also

```
parser.setFeature(URI, true);
```

Die jeweilige URI muss an erster Stelle als String eingesetzt werden, während der zweite Parameter auf `true` gesetzt wird, da wir die Validierung einschalten wollen.

11.2.4.1 XML mit einer DTD validieren

Um das XML-Dokument mit einer DTD validieren zu können, müssen Sie, wie oben angegeben, die folgenden Zeilen nach der Erstellung des Parser in das Programm einfügen. Achten Sie darauf, dass diese Anweisungen innerhalb einer `try-catch`-Konstruktion auftauchen:

```
//Parser wird konfiguriert
parser.setFeature("http://xml.org/sax/features/validation", true);
System.out.println("Parser wurde konfiguriert!");
```
Listing 11.17 Der Parser wird konfiguriert

Wenn Sie das Programm nun kompilieren und starten, dann verwenden Sie einen validierenden Parser, der den Aufbau des Dokumentes anhand einer DTD prüft. Allerdings wird Ihr erster Versuch sehr wahrscheinlich kein großer Erfolg werden, da der ErrorLogger folgende Meldung in die Datei `log.txt` geschrieben hat:

```
Fehler
Datei: http://localhost/xml_export_http_query.php?query=bett
Zeile: 3
Spalte: 7
Meldung: cvc-elt.1: Cannot find the declaration of element 'shop'.
```

Keine Überraschung, da noch keine DTD im Dokument angegeben wurde. Setzen Sie in das XML-Dokument den entsprechenden Verweis in den Kopf der Datei:

```
<!DOCTYPE shop SYSTEM "http://server.de/shop.dtd">
```

Zu diesem Zweck muss das PHP-Script vermutlich ein wenig manipuliert werden, was allerdings kein Problem sein sollte, da ein einfacher `echo`-Befehl diese Aufgabe erledigt. Danach wird der Parser die Daten anhand der DTD validieren und jeden Verstoß in die Log-Datei eintragen.

11.2.4.2 XML mit einem Schema validieren

Die Validierung anhand eines Schemas funktioniert fast genauso wie die mit einer DTD. Wichtig ist, dass auch hier der Verweis in der XML-Datei auf das Schema vorhanden ist, damit der Parser weiß, nach welcher Grammatik er sich richten muss. Wenn das shop-Element die folgende Form hat, dann wird der Parser neben dem XML-Dokument auch eine XSD-Datei auf dem Server suchen:

```
<shop
    xmlns="http://www.lastcode.com/shop"
    xmlns:xsi ="http://www.w3.org/2001/XMLSchema-instance"
    xsi:schemaLocation="http://www.lastcode.com/shop
http://server.de/shop_schema.xsd"
>
```

Neben dem bekannten Schalter für die Validierung muss nun auch die zweite URI mit der `setFeature()`-Methode auf true gesetzt werden:

```
//Parser wird konfiguriert
parser.setFeature("http://xml.org/sax/features/validation", true);
parser.setFeature("http://apache.org/xml/features/validation/schema",
true);
System.out.println("Parser wurde konfiguriert!");
```

Listing 11.18 Der Parser wird für eine Schema-Datei konfiguriert

Mit diesen Angaben sind Sie nun in der Lage, die XML-Datei anhand eines Schemas auf Schema-Gültigkeit hin zu überprüfen.

11.3 XML mit PHP parsen

PHP unterstützt ab Version 4 das Parsen von XML-Daten sowohl über eine SAX-Schnittstelle als auch über eine DOM-Schnittstelle. Beide Varianten stehen als eigene Module bereit und können problemlos auf dem Server installiert werden. Die SAX-Schnittstelle ist in aktuellen Versionen von PHP sogar als Standard in den meisten Installationen dabei, so dass Sie in der Regel nichts weiter tun müssen, um auf diese Funktionalität zugreifen zu können. Wenn Sie nicht sicher sind, welche PHP-Module installiert wurden (was in der Regel der Fall ist, wenn Sie nicht der Systemadministrator sind), dann wenden Sie sich entweder an den Administrator oder verwenden die Funktion phpinfo(), die Ihnen Auskunft über die aktuelle Installation gibt. Das folgende simple Script kann auf jedem Server ausgeführt werden:

```
<?
phpinfo();
?>
```

Listing 11.19 Die phpinfo()-Funktion

Speichern Sie das Script in einer beliebigen Datei und laden Sie es auf den betreffenden Server. Wird das Script im Browser geladen, sollte sich folgendes Ergebnis zeigen:

11.3 XML mit PHP parsen

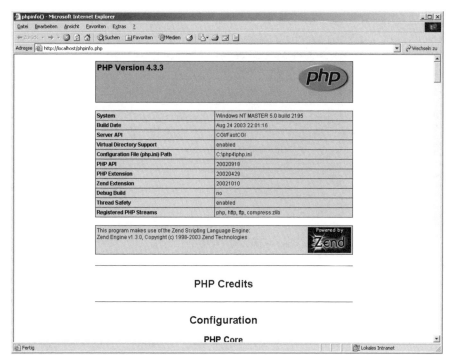

Abbildung 11.9 phpInfo() im Browser

Scrollen Sie auf der Seite hinab bis zum Eintrag XML. Hier können Sie ablesen, ob XML unterstützt wird. Wenn der Eintrag `active` anzeigt, werden Sie alle folgenden Beispiele auf Ihrem Server nachvollziehen können.

11.3.1 XML als HTML ausgegeben

Einige Browser sind schon heute in der Lage, XML darstellen zu können, sei es nun mit oder ohne Stylesheet. Im Prinzip wäre es also möglich, die XML-Daten direkt und ungefiltert an einen User weitergeben zu können, da der Browser damit umgehen kann. Leider ist das noch Zukunftsmusik, da auch heute noch nicht mit Sicherheit gesagt werden kann, mit welchem Browser der User arbeitet.

Um dieser Unsicherheit etwas entgegenstellen zu können, ist es notwendig, den XML-Code aus der PHP-Schnittstelle des ausliefernden Servers in ein allgemein verständliches, mit anderen Worten also darstellbares Format zu bringen. Im Internet ist dieser Standard nach wie vor HTML, darum ist die Umwandlung von XML in HTML ein häufiger Vorgang.

Ziel dieses Abschnittes wird es sein, den XML-Code vom Skript `xml_export_http_query.php` durch ein weiteres PHP-Skript auszulesen und direkt an den User weiterzuleiten. Zuvor wird das neu zu entwickelnde Skript allerdings alle benötigten Daten in HTML umwandeln, so dass der anfragende Client eine saubere Webseite völlig frei von XML zu sehen bekommt. Er weiß nicht einmal, dass die Daten als XML durchs Netz gewandert sind, bevor sie bei ihm ankamen.

Abbildung 11.10 Datentransfer

Die Abbildung zeigt den geplanten Transfer der Daten. Er ähnelt dem letzten Beispiel, in dem die Daten mit Java in eine SQL-Datenbank geschrieben wurden. Der große Unterschied ist im letzten Schritt zu erkennen, wenn Daten nun direkt an den Browser geschickt werden.

Voraussetzung für diese Aktion ist natürlich ein funktionierender Parser, der in der Lage ist, die ankommenden Daten zu analysieren.

11.3.2 Der Parser in PHP

Um mit einem PHP-Skript XML-Daten parsen zu können, ist es im ersten Schritt notwendig, einen Parser zu erstellen. Im Gegensatz zu Java ist PHP bei weitem nicht so kompliziert in der Anwendung, da es sich um keine streng objektorientierte Programmiersprache handelt. Der neue Parser wird einfach über eine Funktion erstellt, die einen Handle auf den Parser zurückgibt:

```
<?
    $parser = xml_parser_create();
    if(!($parser)) {die("XML-Parser konnte nicht erstellt werden!");}
?>
```
Listing 11.20 Ein Parser wird erstellt

Mit diesem Schritt haben Sie einen gültigen Parser erstellt, der nun auf XML-Dokumente wartet. Tritt ein Fehler auf, gibt die Funktion FALSE zurück, darum sollten Sie immer das Ergebnis kontrollieren.

11.3 XML mit PHP parsen

Mit einem optionalen Parameter kann der Parser auf einen bestimmten Zeichensatz eingestellt werden, die er im XML-Dokument erwarten soll. Der Default-Wert ist ISO-8859-1. Diesen Zeichensatz haben wir auch für die meisten unserer Dokumente verwendet. Außerdem sind die folgenden Zeichensätze möglich:

Tabelle 11.2 Zeichensätze für den Parser

Zeichensatz	Beschreibung
ISO-8859-1	Westeuropäische Sonderzeichen sind erlaubt
US-ASCII	Das amerikanische ASCII-System
UTF-8	UniCode Codierung

Der gewünschte Zeichensatz wird einfach als String übergeben:

```
<?
    $parser = xml_parser_create("UTF-8");
    if(!($parser)) {die("XML-Parser konnte nicht erstellt werden!");}
?>
```
Listing 11.21 Ein UTF-8-Parser

Das Beispiel zeigt, wie ein Parser auf UTF-8 eingestellt wird. Wenn Sie verschiedene Zeichensätze unterstützen wollen, müssen Sie entsprechend viele Parser anlegen, die jeweils mit einem eigenen Handle angesprochen werden können. Für unsere Zwecke reicht allerdings erst mal ein Parser, der alle Aufgaben übernimmt.

11.3.2.1 XML-Daten parsen

Nachdem der Parser aufgesetzt worden ist, kann er nun auch verwendet werden. Genauso unkompliziert wie der eigentliche Parser wird auch dieser Vorgang in die Tat umgesetzt: Die Funktion xml_parse() weist den Parser an, einen bestimmten String zu analysieren. Dabei erwartet die Funktion zwei Parameter: das Handle auf den zu verwendenden Parser sowie eine String-Variable mit dem XML-Code:

```
<?
    //Der Parser wird erstellt
    $parser = xml_parser_create();
    if(!($parser)) {die("XML-Parser konnte nicht erstellt werden!");}

    //XML-Daten für den Parser
    $xml_data = "<element><data>Das ist ein Test</data></element>";

    //Das Dokument wird geparst
    xml_parse($parser, $xml_data);
```

```
   //Der Parser wird wieder freigegeben
   xml_parser_free($parser);
?>
```

Listing 11.22 XML-Daten werden geparst

Im Gegensatz zu Java kann der XML-Parser in PHP nicht direkt auf eine Datei zugreifen und den Inhalt parsen. Die Funktion erwartet dementsprechend eine String-Variable, die den zu parsenden XML-Code enthält. Im Beispiel wurde diese Datei mit einigen simplen Elementen gefüllt, damit der Parser etwas zu tun hat. Nach dem Parsen wird der Speicher für den Parser mit der Funktion xml_parser_free() wieder freigegeben.

Der Parser wäre damit eigentlich komplett, da er sowohl erstellt als auch beschäftigt worden ist. Allerdings hat dieses Programm noch zwei Schönheitsfehler, die behoben werden wollen: Zum Ersten können noch keine kompletten XML-Dateien analysiert werden, und zum Zweiten fehlen die wichtigen Event-Funktionen. Diesen komplexen Bereich werden wir in Abschnitt 3.3 genauer besprechen. Der fehlende Zugriff auf Dateien ist also unser nächstes Problem.

11.3.2.2 Eine komplette Datei parsen

PHP gehört zu den Programmiersprachen, die mit Abstand die meisten vordefinierten Funktionen zu bieten hat. Jeder PHP-Entwickler ist dankbar für die Flut an unterschiedlichen und gut justierbaren Werkzeugen, die für fast jede Situation eine Lösung bieten. Entsprechend einfach ist es auch, das „Handicap" des XML-Parsers in PHP zu umgehen: Sie müssen lediglich die Zieldatei manuell auslesen und dann in einer String-Variable speichern.

PHP unterstützt eine ganze Reihe von Funktionen, die es erlauben, Textdateien auszulesen. Meiner Meinung nach ist die im Folgenden demonstrierte Lösung die eleganteste, da auf Schleifen oder andere Konstruktionen verzichtet wird:

```
<?
   //Der Parser wird erstellt
   $parser = xml_parser_create();
   if(!($parser)) {die("XML-Parser konnte nicht erstellt werden!");}

   //Das Dokument wird ausgelesen
   $xml_data =
implode("",file("http://server/xml_export_http_query.php?query=bett"));

   //Das Dokument wird geparst
   xml_parse($parser, $xml_data);

   //Der Parser wird wieder freigegeben
   xml_parser_free($parser);
?>
```

Listing 11.23 Die komplette Datei wird ausgelesen

Der fett gedruckte Teil markiert die Änderungen gegenüber dem letzten Beispiel. Die URL (oder die Datei, beides ist möglich) wird zuerst von der Funktion file() ausgelesen und zeilenweise als Array gespeichert. Im nächsten Schritt wird dieses Array aufgelöst und

11.3.2.3 Den Parser konfigurieren

PHP erlaubt es, den Parser bis zu einem gewissen Grad zu konfigurieren. Neben der schon bekannten Möglichkeit, den Zeichensatz festzulegen, gibt es auch noch einen Schalter, der es erlaubt, den Umgang mit Elementen und Attributen zu definieren. Die Funktion `xml_parser_set_option()` ist dabei das erforderliche Werkzeug. Neben einem Handle auf den Zielparser werden noch zwei weitere Parameter erwartet: eine Konstante, welche die Zieloption festlegt, und ein Wert, der die angegebene Option setzt.

Die folgende Tabelle zeigt die möglichen Konstanten:

Konstante	Beschreibung
XML_OPTION_CASE_FOLDING	Legt die Schreibweise der Element- und Attributnamen fest. Default-Wert ist TRUE.
XML_OPTION_TARGET_ENCODING	Legt den Zeichensatz des Parsers fest.

Die zweite Konstante erlaubt es, nachträglich den Zeichensatz des Parsers zu verändern. Dabei werden dieselben Parameter als String übergeben, die auch schon bei der Erstellung des Parsers gültig waren:

- ISO-8859-1
- US-ASCII
- UTF-8

Die erste Konstante entscheidet darüber, in welcher Form der Parser die Element- und Attributnamen der Bestandteile des XML-Dokumentes an die Event-Funktionen übergibt. Wird der Wert auf TRUE gesetzt, dann werden die Bezeichner immer komplett in Großschreibung übergeben, unabhängig von der ursprünglichen Schreibweise. Bei FALSE wird die Schreibweise beibehalten.

```
<?
    //Der Parser wird erstellt
    $parser = xml_parser_create();
    if(!($parser)) {die("XML-Parser konnte nicht erstellt werden!");}

    //Der Parser wird konfiguriert
    xml_parser_set_option($parser, XML_OPTION_CASE_FOLDING, FALSE);
    xml_parser_set_option($parser, XML_OPTION_TARGET_ENCODING, "UTF-8");
?>
```

Listing 11.24 Der Parser wird konfiguriert

Das Gegenstück zur Funktion `xml_parser_set_option()` ist `xml_parser_get_option()`. Diese Funktion dient dazu, die aktuelle Konfiguration des Parsers auszulesen.

11.3.3 Event-Funktionen definieren

Der Parser ist nun komplett einsatzbereit. Das Einzige, was nun noch fehlt, sind die Event-Funktionen, die in der Lage sind, die geparsten Informationen zu übernehmen. Genau wie bei Java müssen diese Event-Funktionen, nachdem sie definiert worden sind, direkt beim Parser registriert werden. Da PHP die Funktionen nicht in Schnittstellen zusammenfassen kann wie Java, existiert für jeden Datentyp eine eigene Funktion für diese Registrierung. Die folgende Tabelle zeigt, welche Möglichkeiten Sie haben:

Tabelle 11.3 Funktionen zur Registrierung der Event-Funktionen

Funktion	Beschreibung
xml_set_element_handler()	Ereignisfunktion für Elemente
xml_set_character_data_handler()	Ereignisfunktion für konkrete Daten
xml_set_processing_instruction_handler()	Ereignisfunktion für PIs
xml_set_default_handler()	Ereignisfunktion für alle nicht definierten Ereignisse
xml_set_unparsed_entity_handler()	Ereignisfunktion für ungeparste Entities
xml_set_notation_decl_handler()	Ereignisfunktion für Notationen
xml_set_external_entity_handler()	Ereignisfunktion für externe Entities

Alle Funktionen in dieser Tabelle sind gleich aufgebaut: Sie erwarten neben einem Handle auf den Parser, für den die Funktion registriert werden soll, einen String, der den Funktionsbezeichner wiedergibt. Wenn Sie also eine Funktion mit dem Namen `elementHandler()` definieren, müssen Sie der Registrierungfunktion den String `elementHandler` übergeben. Einige der Registrierungsfunktionen erwarten zwei Funktionsbezeichner, jeweils einen für das öffnende und einen für das schließende „Ereignis".

Die beiden Funktionen, die für unsere Aufgabe interessant sind, registrieren insgesamt drei Funktionen:

- eine Funktion für geöffnete Elemente.
- eine Funktion für geschlossene Elemente.
- eine Funktion für konkrete Daten.

Diese drei Funktionen müssen über die Registrierungsfunktionen `xml_set_element_handler()` und `xml_set_character_data_handler()` bei Parser registriert werden.

11.3.3.1 Die Funktion xml_set_element_handler()

Diese Funktion registriert zwei weitere Funktionen bei einem XML-Parser, die für die Behandlung von Elementen in einem XML-Dokument verwendet werden sollen. Mit

11.3 XML mit PHP parsen

anderen Worten werden die hier registrierten Funktionen in Zukunft vom EventHandler des SAX-Parser aufgerufen, wenn ein Element geöffnet oder geschlossen wird.

Auch wenn es keine Vorgaben für den Bezeichner der Funktion gibt, muss diese doch einige Voraussetzungen erfüllen, damit sie ihre Aufgabe erledigen kann. Die wichtigsten Bestandteile sind eindeutig die Attribute, die in der Lage sein müssen, alle Informationen über das Element zu übernehmen. Bei einem sich öffnenden Element sind das neben dem Parser zwei weitere Parameter:

- Name des Elements
- eine Liste der Attribute

Bei einem sich schließenden Element ist es lediglich der Name, da keine Attribute mehr übergeben werden können. Beide Funktionen müssen ganz regulär in der Syntax von XML deklariert werden:

```
<?
    //ElementHandler
    function startElement($parser, $name, $attr)
    {...}

    function endElement($parser, $name)
    {...}
?>
```

Listing 11.25 ElementHandler

Innerhalb der Funktion kann man mit den übergebenen Daten ganz nach Belieben verfahren. Wichtig ist nur, dass die äußere Form, also die Anzahl und die Position der Parameter, korrekt ist. Der Parameter $attr wird im Übrigen als ein assoziatives Array übergeben, das alle verwendeten Attribute speichert. Der Zugriff kann dementsprechend einfach über den Bezeichner des Attributes erfolgen.

Nach der Definition der Funktionen werden diese durch die oben genannten Registrierungsfunktionen beim Parser registriert:

```
<?
    //Der Parser wird erstellt
    $parser = xml_parser_create();
    if(!($parser)) {die("XML-Parser konnte nicht erstellt werden!");}

    //Event-Funktionen werden registriert
    xml_set_element_handler($parser, "startElement", "endElement");
?>
```

Listing 11.26 Die EventHandler werden registriert

Mit diesem Schritt sind die Event-Funktionen für die Verarbeitung von Elementen und Attributen vollständig im Parser integriert. Nun fehlt nur noch eine Funktion für die Verarbeitung der konkreten Daten.

11.3.3.2 Die Funktion xml_set_character_data_handler()

Über diese Funktion wird die Event-Funktion für die Behandlung von konkreten Daten beim Parser registriert. Die Funktion erwartet zwei Parameter:

- ein Parser-Handle
- einen String für den Funktionsbezeichner der Ereignisfunktion

Die Ereignisfunktion ist sehr leicht zu definieren, da auch hier nur zwei Parameter erwartet werden:

```
<?
   //Handler für konkrete Daten
   function data($parser, $str)
   {...}
?>
```

Listing 11.27 EventHandler für konkrete Daten

Neben dem Parser-Handle wird noch ein String übergeben, der die konkreten Daten enthält. Der Umgang damit wird auch hier freigestellt. Die Registrierung beim Parser ist entsprechend unkompliziert:

```
<?
   //Event-Funktionen werden registriert
   xml_set_element_handler($parser, "startElement", "endElement");
   xml_set_character_data_handler($parser, "data");
?>
```

Die fertigen Event-Funktionen

Damit ist diese Formalität abgeschlossen und der Parser nicht länger stumm. Mit diesen Angaben werden nun alle Elemente, Attribute und auch konkrete Daten sauber in einer Funktion ausgegeben. Je nachdem, was Sie mit den Daten vorhaben, müssen Sie nun weiterprogrammieren. Die Ausgabe an einen Browser kann natürlich sehr unterschiedlich sein. Für dieses Tutorial habe ich mich entschieden, die Daten in einer Tabelle zu präsentieren. Die folgenden Funktionen zeigen, wie dieses Ziel umgesetzt werden kann:

```
<?
   //ElementHandler
   function startElement($parser, $name, $attr)
   {
      global $element;
      global $output_data;

      //Element wird gespeichert
      $element = $name;

      //Attribut wird gespeichert
      if($name=="PRODUKT") {$output_data["ID"] = $attr["ID"];}
   }

   function endElement($parser, $name)
   {
      global $output_data;
```

11.3 XML mit PHP parsen

```
            //Element wird gespeichert
            $element = "";

            //Produkt ist abgeschlossen
            if($name=="PRODUKT")
            {
               //Tabelle wird ausgegeben
               draw_table($output_data);

               //Daten werden gelöscht
               $output_data = array();
            }
         }

         //Handler für konkrete Daten
         function data($parser, $str)
         {
            global $element;
            global $output_data;

            //Daten werden gespeichert
            $output_data[$element] .= $str;
         }
      ?>
```

Listing 11.28 Event-Funktionen

Diese Event-Funktionen bedürfen eigentlich keiner größeren Erklärung mehr. Die Daten werden aus dem XML-Dokument geparst und Stück für Stück in das assoziative Array `$output_data` geschrieben. Immer wenn ein produkt-Element abgeschlossen ist, wird das komplette Produkt an die Funktion `draw_table()` übergeben, die für die Ausgabe der Daten zuständig ist.

Der genaue Aufbau dieser Funktion ist natürlich variabel, je nachdem, wie die Webseite aussehen soll. Für unsere Zwecke habe ich eine Beispielfunktion geschrieben, die einige der Daten in HTML ausgibt:

```
   <?
      //Ausgabefunktion
      function draw_table($data)
      {
         //Preisaussage wird generiert
         if(isset($data["PREIS_REDUZIERT"]))
         {
            $preis =   "<strike>".$data["PREIS"]."
".$data["PREIS_WAEHRUNG"]."</strike>";
            $preis .= "Jetzt nur noch: ". $data["PREIS_REDUZIERT"] ."
".$data["PREIS_WAEHRUNG"];
         }
         else
         {$preis = $data["PREIS"]." ".$data["PREIS_WAEHRUNG"];}

         //Warnung bei knapper Verkaufsmenge
         if((int)$data["LAGERBESTAND"] < 10)
         {$lager_warnung="Nicht mehr lange verfügbar!";}
         else {$lager_warnung="Ware vorhanden!";}

         //Mailto-Link wird erstellt
         $mailto = "bestellung@shop.de?subject=Bestellung des Produktes " .
$data["ID"];

      ?>
         <table border="1" width="350">
         <tr><td bgcolor="#eeeeee"
```

```
        colspan="2"><b><?=$data["BEZEICHNUNG"]?></b>
<?=$data["MARKE"]?>)</td></tr>
        <tr><td bgcolor="#eeeeee"><?=$preis?></td><td align="center"><a
href="mailto:<?=$mailto?>">Jetzt bestellen!</a></td></tr>
        <tr><td><img src="<?=$data["BILD_URL_1"]?>" width="60"
border="0"></td><td><?=$data["BESCHREIBUNG"]?></td></tr>
        <tr><td>Lieferzeit:
<?=$data["LIEFERZEIT"]?></td><td><?=$lager_warnung?></td></tr>
        </table><br>
    <?
    }
```

Listing 11.29 Ausgabe der Daten in HTML

Die Ausgabe der Daten wirkt durch den Zeilenumbruch im Buch leider etwas chaotisch. Die Ausgabe im Browser sehen Sie etwas weiter unten. Wesentlich an dieser Funktion ist, dass die Daten nicht einfach platt ausgegeben, sondern durch das Script interpretiert werden. So ist es möglich, dem User weiterführende Informationen anzuzeigen, wie beispielsweise eine Preissenkung oder eine knappe Lagermenge.

11.3.4 Fehlerbehandlung

Wo es Regeln gibt, werden sie auch gebrochen. Diese Weisheit begleitet uns seit dem ersten Kapitel dieses Buches. Die Aufgabe des Parsers ist neben der Analyse der Daten natürlich auch die Kontrolle der Syntax des XML-Dokumentes. Sobald der PHP-Parser einen Fehler im XML-Code feststellt, bricht er seine Arbeit ab und generiert eine Fehlermeldung. Diese Meldung ist nicht sofort offensichtlich und muss mit der Funktion xml_get_error_code() ausgelesen werden.

Es stellt sich natürlich die Frage, woher man nun wissen soll, dass ein Fehler aufgetreten ist, wenn der Parser dieses Ereignis nicht von sich aus meldet. Im Gegensatz zu Java existiert kein ErrorHandler, der automatisch aufgerufen wird, wenn ein Fehler aufgetreten ist. Abhilfe schafft die Funktion xml_parse(), die einen Rückgabewert generiert, den ich Ihnen bisher verschwiegen habe. Die Funktion gibt TRUE zurück, wenn der Parsing-Vorgang erfolgreich war. Andernfalls wird FALSE zurückgegeben. Sie müssen nach dem Aufruf dieser Funktion also nur noch den Rückgabewert überprüfen.

```
    <?
    //Das Dokument wird geparst
    $bool = xml_parse($parser, $xml_data);

    //Ist ein Fehler aufgetreten?
    if(!($bool)) {die("Es ist ein Fehler aufgetreten!");}
    ?>
```

Listing 11.30 Fehlerbehandlung

Um diesen Fehler nun ein wenig genauer zu spezifizieren, können Sie mit der Funktion xml_get_error_code() einen Fehlerwert auslesen. Diese Funktion erwartet natürlich auch einen Handle auf den zu prüfenden Parser.

11.3 XML mit PHP parsen

PHP hat für jeden möglichen Fehler eine Ganzzahl größer 0 definiert, die für einen ganz bestimmten Fehlertyp steht. Wenn die Funktion genau 0 zurückgibt, dann ist alles in Ordnung. Die genaue Nummer des Fehlers ist allerdings nicht wieder interessant, da eine weitere Funktion eine Meldung in englischem Klartext erzeugen kann: xml_get_error_string(). Diese Funktion erwartet dabei den Wert den xml_get_error_code() zurückgegeben hat:

```
<?
    //Das Dokument wird geparst
    $bool = xml_parse($parser, $xml_data);

    //Ist ein Fehler aufgetreten?
    if(!($bool))
    {
        $error = xml_error_string(xml_get_error_code($parser));
        die("Es ist ein Fehler aufgetreten: " . $error);
    }
?>
```

Listing 11.31 Der Fehler wird ausgegeben

Dieses Skript-Fragment gibt nun eine genaue Fehlerbeschreibung aus, die beispielsweise so lauten könnte:

```
Es ist ein Fehler aufgetreten: not well-formed (invalid token)
```

Mit diesem kleinen ErrorLogger ist das Skript nun fertig und kann getestet werden. Mehr dazu im nächsten Abschnitt.

11.3.5 Das komplette Skript

Hier nun das komplette PHP-Skript mit allen bisher besprochenen Möglichkeiten:

```
<?
    //Variablen
    $element = "";
    $output_data = array();

    //ElementHandler
    function startElement($parser, $name, $attr)
    {
        global $element;
        global $output_data;

        //Element wird gespeichert
        $element = $name;

        //Attribut wird gespeichert
        if($name=="PRODUKT") {$output_data["ID"] = $attr["ID"];}
    }

    function endElement($parser, $name)
    {
        global $output_data;

        //Element wird gespeichert
        $element = "";
```

```php
        //Produkt ist abgeschlossen
        if($name=="PRODUKT")
        {
            //Tabelle wird ausgegeben
            draw_table($output_data);

            //Daten werden gelöscht
            $output_data = array();
        }
    }

    //Handler für konkrete Daten
    function data($parser, $str)
    {
        global $element;
        global $output_data;

        //Daten werden gespeichert
        $output_data[$element] .= $str;
    }

    //Ausgabefunktion
    function draw_table($data)
    {
        //Preis Ausage wird generiert
        if(isset($data["PREIS_REDUZIERT"]))
        {
            $preis =  "<strike>".$data["PREIS"]."
".$data["PREIS_WAEHRUNG"]."</strike>";
            $preis .= "Jetzt nur noch: ". $data["PREIS_REDUZIERT"] ."
".$data["PREIS_WAEHRUNG"];
        }
        else
        {$preis = $data["PREIS"]." ".$data["PREIS_WAEHRUNG"];}

        //Warnung bei knapper Verkaufsmenge
        if((int)$data["LAGERBESTAND"] < 10)
        {$lager_warnung="Nicht mehr lange verfügbar!";}
        else {$lager_warnung="Ware vorhanden!";}

        //Mailto-Link wird erstellt
        $mailto = "bestellung@shop.de?subject=Bestellung des Produktes " .
$data["ID"];
    ?>
        <table border="1" width="350">
        <tr><td bgcolor="#eeeeee"
colspan="2"><b><?=$data["BEZEICHNUNG"]?></b>
(<?=$data["MARKE"]?>)</td></tr>
        <tr><td bgcolor="#eeeeee"><?=$preis?></td><td align="center"><a
href="mailto:<?=$mailto?>">Jetzt bestellen!</a></td></tr>
        <tr><td><img src="<?=$data["BILD_URL_1"]?>" width="60"
border="0"></td><td><?=$data["BESCHREIBUNG"]?></td></tr>
        <tr><td>Lieferzeit:
<?=$data["LIEFERZEIT"]?></td><td><?=$lager_warnung?></td></tr>
        </table><br>
    <?
    }

    //Der Parser wird erstellt
    $parser = xml_parser_create();
    if(!($parser)) {die("XML-Parser konnte nicht erstellt werden!");}

    //Event-Funktionen werden registriert
    xml_set_element_handler($parser, "startElement", "endElement");
    xml_set_character_data_handler($parser, "data");

    //Das Dokument wird ausgelesen
    $xml_data = implode("",
file("http://localhost/xml_export_http_query.php"));
```

11.3 XML mit PHP parsen

```
        //Das Dokument wird geparst
        $bool = xml_parse($parser, $xml_data);

        //Ist ein Fehler aufgetreten?
        if(!($bool))
        {
           $error = xml_error_string(xml_get_error_code($parser));
           die("Es ist ein Fehler aufgetreten: " . $error);
        }

        //Der Parser wird wieder freigegeben
        xml_parser_free($parser);
   ?>
```
Listing 11.32 Das komplette Skript

Abbildung 11.11 Das Ergebnis im Browser

Als besonderes Gimmick habe ich einen dynamischen `mailto`-Link eingebaut, der abhängig vom Produkt eine eMail öffnet, welche die entsprechende ID im Betreff stehen hat. Ein Klick auf den Link „Jetzt Bestellen!" zeigt das Ergebnis:

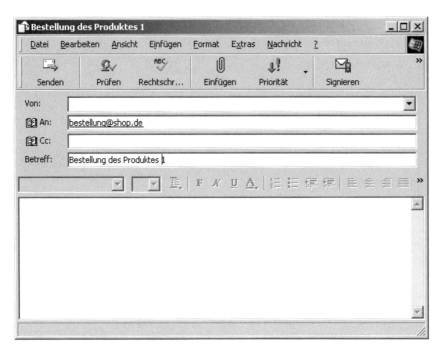

Abbildung 11.12 Eine dynamische eMail

11.4 XML mit Perl parsen

Die Programmiersprache Perl haben wir bereits am Anfang dieses Buches kennen gelernt. Sie hatten diese mächtige Sprache als Werkzeug genutzt, um dynamischen XML-Code zu erzeugen, der auf der Basis einer Datenbank zur Verfügung gestellt wurde. An dieser Stelle möchte ich Sie auf die andere Seite des Datentransfers mit Perl aufmerksam machen und die Möglichkeiten des Perl-Parsers für XML näher beleuchten.

Perl bietet genau wie PHP und viele andere Programmiersprachen eine fest integrierte SAX-Schnittstelle, die es erlaubt, XML-Code auf der nun sehr vertrauten und Ereignisbasierten Ebene zu analysieren. Das dazu nötige Package XML ist in der Regel in den aktuellen Perl-Distributionen enthalten. Sollte das nicht der Fall sein, können Sie es ohne Probleme mit dem *Perl Package Manager* (PPM) herunterladen.

Grundlage für die folgenden Seiten ist das Modul XML::Parser, das einen vollständigen XML-SAX-Parser implementiert und in Perl verfügbar macht. Auch wenn ich dieses Thema nicht so ausführlich wie auf den letzten Seiten beleuchten werde, möchte ich Ihnen doch die Grundzüge dieses Moduls in Perl näher bringen. Inzwischen haben wir genug SAX-Parser gesehen, um festzustellen, dass das Vorgehen immer gleich ist.

11.4.1 Das Modul SAX::Parser

Das Modul `XML::Parser` gehört, wie schon gesagt, bei den meisten Perl-Distributionen zum Standard-Umfang. Wenn Sie es in einem Perl-Skript verwenden möchten, müssen Sie es mit `use` einbinden. Dieser Vorgang ist mit den `import`-Anweisungen von Java-Applikation vergleichbar:

```
#XML-Modul wird importiert
use XML::Parser;
```

Mit dieser Anweisung stehen Ihnen alle Möglichkeiten des XML-Moduls zur Verfügung. Der nächste Schritt ist ebenfalls einfach, da nun ein neuer Parser aus dem Modul erstellt wird. Das geschieht mit dem objektorientierten Schlüsselwort `new`:

```
#Parser wird erstellt
$parser = new XML::Parser();
```

Diese Anweisung gibt einen Zeiger auf den neu erstellten Parser zurück. Alternativ können Sie auch diese Syntax verwenden, die ebenso gültig ist:

```
#Parser wird erstellt
$parser = XML::Parser -> new();
```

Das Ergebnis ist das gleiche: Sie haben einen Zeiger auf ein Parser-Objekt, das Sie nun für die Analyse von XML-Daten verwenden können. Das wollen wir auch gleich tun und einen Blick auf die erste Funktion des Parsers werfen, nämlich `parsefile()`. Wie Sie sicher schon ahnen, ist die Funktion für den Start des Parsing-Vorgangs verantwortlich:

```
#Eine Datei wird geparst
$parser->parsefile ("shop.xml");
```

Mit dieser Zeile ist das Perl-Programm fürs Erste auch komplett. Der Parser wurde erstellt und hat eine Datei zum Parsen bekommen. Sie sollten dieses Programm ohne Probleme mit dem Perl-Interpreter an der Kommandozeile starten und ausführen können.

```
perl sax_parser.pl
```

Wie erwartet, wird nach einer halben Gedenksekunde nichts passieren, da wie immer das Wichtigste fehlt, nämlich die Event-Funktionen.

11.4.2 Die Event-Funktionen

Die Event-Funktionen für den SAX-Parser werden ähnlich wie in PHP in verschiedenen Funktionen definiert, die jeweils ein bestimmtes Ereignis im XML-Dokument abfangen. Für dieses Beispiel wollen wir uns mit den drei wichtigsten Ereignissen begnügen, nämlich dem Anfang und dem Ende eines Elementes, sowie dem Auftreten von konkreten Daten. Zu diesem Zweck schreiben wir drei Funktionen, deren Gestaltung uns völlig frei steht:

```perl
#EventFunktionen für Elemente
sub startElement
{
   #Element
   $key  = shift(@_);
   $name = shift(@_);

   #Attribute werden ausgelesen
   while($var = shift(@_))
   {
      $attr = $attr . "$var='".shift(@_)."' ";
   }

   #Element wird ausgegeben
   print "<$name $attr>\n";
   $attr = "";
}

sub endElement
{
   #Element
   $key  = shift(@_);
   $name = shift(@_);

   #Element wird ausgegeben
   print "</$name>\n";
}

#EventFunktion für konkrete Daten
sub data
{
   $key  = shift(@_);
   $data = shift(@_);
   print "$data\n";
}
```

Listing 11.33 Event-Funktionen

Bedenken Sie, dass in Perl keine Parameter bei der Definition einer Funktion angegeben werden. Die übergebenen Parameter stehen automatisch im Array `@_` zur Verfügung, aus dem sie mit der Funktion `shift()` nacheinander ausgelesen werden können. Von dieser Funktion machen wir auch reichlich Gebrauch, um alle Daten in den Funktionen verarbeiten zu können.

Wie Sie hier sehen, macht dieses Script etwas recht Eigentümliches: Die XML-Daten werden gleich nach dem Parsen wieder in XML verpackt und ausgegeben. Wundern Sie sich bitte nicht: es ist pure Absicht. Auf diese Weise bleibt das Script überschaubar und ist besser zu verstehen.

Im letzte Schritt machen wir das, was bei allen anderen Sprachen auch notwendig war: Wir registrieren die neuen Funktionen beim Parser, damit dieser weiß, wann welche Funktion zuständig ist. Für diesen Zweck muss die Funktion `setHandlers` verwendet werden. Auf den ersten Blick sieht sie ein wenig merkwürdig aus, da ein Schlüssel und eine Referenz übergeben werden:

11.4 XML mit Perl parsen

```
#Die Event-Funktionen werden registriert
$parser->setHandlers (Start => \&startElement);
$parser->setHandlers (End => \&endElement);
$parser->setHandlers (Char => \&data );
```
Listing 11.34 Event-Funktionen werden registriert

Ein Schlüssel zeigt bei jedem Aufruf die Referenz der dazugehörigen Funktion. Der Schlüssel zeigt dabei an, für welches Ereignis die folgende Funktion zuständig ist. Diese Angaben werden intern als assoziatives Array abgelegt, auf das der Parser zugreifen kann. Neben den hier gezeigten Schlüsseln existieren noch eine Reihe weiterer:

Tabelle 11.4 Schlüssel für die Eventhandler

Schlüssel	Beschreibung
Char	Behandlung von konkreten Daten
Comment	Behandlung von Kommentaren
Doctype	Auftreten einer DTD
End	Ende eines Elementes
Entity	Eine Entity
Start	Beginn eines Elementes
Notation	Auftreten einer Notation

Der Rest ist bekannt: Der Parser ruft nun selbstständig die ihm genannten Funktionen auf, um die Ereignisse beim Parsen des Dokumentes zu reporten.

11.4.3 Das komplette Skript

Hier noch einmal das komplette Skript, das an der Kommandozeile eine identische Kopie des XML-Dokumentes ausgibt:

```perl
#XML-Modul wird importiert
use XML::Parser;

#EventFunktionen für Elemente
sub startElement
{
    #Element
    $key  = shift(@_);
    $name = shift(@_);

    #Attribute werden ausgelesen
    while($var = shift(@_))
    {
        $attr = $attr . "$var='".shift(@_)."' ";
    }

    #Element wird ausgegeben
    print "<$name $attr>\n";
    $attr = "";
}
```

```
sub endElement
{
   #Element
   $key  = shift(@_);
   $name = shift(@_);

   #Element wird ausgegeben
   print "</$name>\n";
}
#EventFunktion für konkrete Daten
sub data
{
   $key  = shift(@_);
   $data = shift(@_);
   print "$data\n";
}


#Parser wird erstellt
$parser = new XML::Parser();

#Die Event-Funktionen werden registriert
$parser->setHandlers (Start => \&startElement);
$parser->setHandlers (End => \&endElement);
$parser->setHandlers (Char => \&data );

#Eine Datei wird geparst
$parser->parsefile ("shop.xml");
```

Listing 11.35 XML mit Perl parsen

11.5 XML mit Java parsen (DOM)

Im letzten Teil dieses Kapitels möchte ich mich von dem nun allzu vertrauten SAX-Parser lösen und einen Blick auf eine andere Möglichkeit der XML-Analyse werfen: dem *Document Object Model*. SAX ist zwar heute das Rückgrat der meisten XML-Anwendungen im Netz, doch bedeutet das nicht, dass DOM nicht weiter verwendet wird. Ganz im Gegenteil: Wie wir im letzten Kapitel anschaulich gezeigt haben, bietet DOM eine ganze Reihe von Möglichkeiten, die SAX nicht hat:

- komplette Darstellung der Daten im Speicher
- das XML-Dokument wird in seiner Struktur komplett beibehalten
- die Datenverschachtelung kann komplett nachvollzogen werden
- die Daten sind auf unbestimmte Zeit verfügbar
- Möglichkeit der Daten-Manipulation direkt im Baum

Diese Vorteile hat SAX nicht direkt zu bieten; sie müssen bei Bedarf von Hand programmiert werden. Es ist also immer eine Frage der benötigten Werkzeuge, welches der beiden Modelle nun für eine Aufgabe verwendet wird.

11.5 XML mit Java parsen (DOM)

Auf den letzten Seiten des vorhergehenden Kapitels habe ich die Möglichkeiten von DOM anschaulich von der Seite der allgemeinen Empfehlung des W3C beschrieben. An dieser Stelle folgt nun der praktische Teil dieser Erläuterungen, in dem wir alle Erklärungen auf der Basis der Java-Implementation nachvollziehen. Grundlage für die folgenden Applikationen ist wieder der Xerces Parser, den wir oben schon im Zusammenhang mit SAX kennen gelernt haben. Neben einem SAX-Parser bietet Xerces auch einen DOM-Parser, der alle besprochenen Merkmale zur Verfügung stellt.

Eine komplette Beschreibung der DOM-Implementation in Java finden Sie auf den Seiten des W3C im Internet unter der folgenden URL:

http://www.w3.org/TR/DOM-Level-3-Core/java-binding.html

Xerces bietet neben den aktuellen Features der DOM Level 2 Distribution auch eine experimentelle Umsetzung von DOM Level 3, die nach wie vor noch in der Entwicklungsphase ist. Nähere Informationen zu dieser Implementation sind ebenfalls auf der oben genannten URL zu finden.

Ziel dieses Abschnittes ist die Umsetzung der rekursiven Analyse eines XML-Baumes mit Hilfe des DOM-Modells. Die Grundlagen dafür haben wir ebenfalls schon im vorhergehenden Kapitel bespochen, so dass wir an dieser Stelle die einzelnen Schritte der Umsetzung in Java betrachten werden. Die Idee dieses Programms war, alle Knoten in einer einzigen Funktion zu bearbeiten, die sich mit jedem auftretenden Knoten selbst aufruft. Das folgende Diagramm zeigt die elementare Struktur dieses Ablaufs:

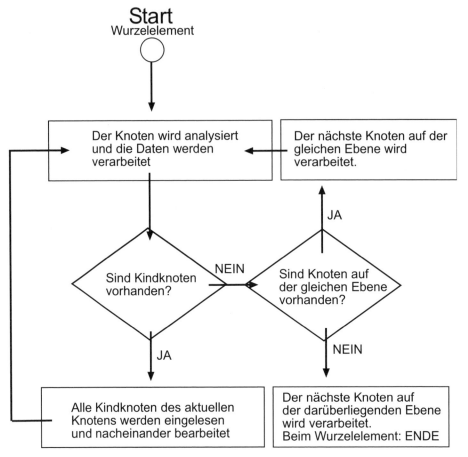

Abbildung 11.13 Rekursive Verarbeitung von Knoten

Voraussetzung für ein solches Programm ist natürlich ein fertig geparster XML-Baum im Speicher, der von einem DOM-Parser erstellt worden ist. Zu diesem Zweck müssen erst einmal einige vorbereitende Schritte erledigt werden.

11.5.1 Der DOM-Parser von Xerces

Genug der Vorrede, jetzt sollen einige Beispiele alles weitere klären. Wie gesagt, verfügt Xerces über eine Reihe von Java-Paketen, die für die XML-Verarbeitung mit DOM genutzt werden können. Um diese Pakete auch anwenden zu können, müssen sie zuerst in das Programm importiert werden. Legen Sie dazu eine neue Datei mit dem Namen `DOMRekursion.java` an:

Im ersten Schritt muss das Paket `org.w3c.dom` importiert werden, das alle nötigen Werkzeuge für den Umgang mit DOM bereitstellt. Darüber hinaus müssen natürlich auch die Eingabe-/Ausgabewerkzeuge von Java importiert werden, da wir mit (XML-)Dateien

11.5 XML mit Java parsen (DOM)

arbeiten müssen. Diese beiden Dateien sind weiter nichts Neues, da der Verweis auf das DOM-Paket lediglich eine Handvoll Schnittstellen enthält, welche die benötigten Datentypen für einen DOM-Baum enthalten. Auch das Paket `javax.xml.parsers` ist nicht neu für uns, da wir hier bereits den SAX-Parser erstellt haben.

```
//Import der Input-/Output-Klassen
import java.io.*;

//Import der DOM-Klassen
import org.w3c.dom.*;

//Import der Parser-Klassen
import javax.xml.parsers.*;
```
Listing 11.36 Import der wichtigsten Pakete

An einer anderen Stelle in diesem Buch habe ich schon einmal angedeutet, dass verschiedene DOM-Parser das SAX-Modell verwenden, um die XML-Daten zu analysieren und das Abbild im Speicher darzustellen. Bei Xerces ist es nicht anders, da auch hier der SAX-Parser zum Einsatz kommt, wenn ein DOM-Baum erstellt werden soll. Sie bekommen davon allerdings nichts mit, da alles „hinter verschlossenen Türen" stattfindet und am Ende nur das Ergebnis präsentiert wird. Trotz allem sollten Sie sich dieser Tatsache bewusst sein, denn hin und wieder muss es doch bei der Programmierung berücksichtigt werden.

Immer wenn Sie mit dem DOM-Parser ein XML-Dokument analysieren, dann können Fehler auftreten, die Java dazu zwingen, eine `Exception` zu werfen. Das ist bis hierhin nicht weiter aufregend, allerdings handelt es sich bei diesen Ausnahmen um einen schon bekannten Fehlertyp: Die `SAXException`. Auch wenn es merkwürdig aussieht: Sie müssen diese `Exception` ebenfalls berücksichtigen und somit auch importieren.

```
//import der SAX-Exception
import org.xml.sax.SAXException;
```

Mit dieser Anweisung sind alle wichtigen Pakete importiert und Sie können die Grundstruktur der Klasse anlegen:

```
public class DOMRekursion
{
   public static void main(String args[])
   {
      ...
   }
}
```
Listing 11.37 Die Klasse DOMRekursion

Fürs Erste also nicht viel Neues, doch das soll sich nun ändern.

11.5.1.1 Den Parser holen

Ähnlich wie bei der Erstellung des SAX-Parsers, stellt auch Java an dieser Stelle eine „Factory" zur Verfügung, die für die „Produktion" eines neuen DOM-Parsers verwendet werden muss. Die Klasse dazu befindet sich ebenfalls im Paket `javax.xml.parsers` und hört auf den Namen `DocumentBuilderFactory`. Da es sich um eine abstrakte Klasse handelt, können wir nicht über das Schlüsselwort `new` eine neue Instanz erstellen, sondern müssen die Methode newInstance() verwenden:

```
//Parser Factory wird erstellt
DocumentBuilderFactory factory = DocumentBuilderFactory.newInstance();
```

Das Objekt `factory` erlaubt es, über eine Reihe von Zugriffsmethoden den künftigen Parser zu konfigurieren und den Wünschen entsprechend anzupassen. Darüber hinaus besteht die Möglichkeit, den bestehenden Status des Parsers abzufragen. Für unsere Zwecke reicht die Default-Konfiguration. Weitere Infos dazu finden Sie in der beiliegenden API zu diesem Parser und auf der Webseite der Apache Group.

Trotz allem drängt sich hier eine Frage auf: SAX hat die Möglichkeit geboten, über dieses neutrale Interface einen beliebigen Parser zu laden. Kann DOM das auch? Die Antwort lautet ja, allerdings wird die Klasse nicht als String mit der Methode übergeben, sondern aus den Systemeinstellungen ausgelesen. Genauer gesagt, aus der *System Property* `javax.xml.parsers.DocumentBuilderFactory`. Ist diese nicht angegeben, nimmt die Klasse einen Default-Parser abhängig vom System. In unserem Fall ist das natürlich der Apache Parser, darum müssen wir uns keine weiteren Gedanken machen.

Der nächste Schritt ist damit klar: Über die Methode `newDocumentBuilder()` kann der neue DOM-Parser sofort erstellt werden:

```
try
{
   //Parser wird erstellt
   DocumentBuilder parser = factory.newDocumentBuilder();
   System.out.println("DOMParser wurde erstellt!");
}
catch (ParserConfigurationException pce)
   {System.err.println("Parser konnte nicht erstellt werden!");}
```

Listing 11.38 Der Parser wird erstellt

Da an dieser Stelle eine Exception auftreten kann, muss diese mit `try-catch` abgefangen werden.

11.5.1.2 Den Parser verwenden

Der eigentliche Aufruf des Parsers stellt sich relativ leicht dar, da auch hier die Methode `parse()` verwendet wird. Bevor es allerdings so weit ist, müssen noch ein paar Dinge erledigt werden. Als Erstes muss ein Objekt deklariert werden, das von einem neuen Datentyp abgeleitet wird, nämlich `Document`. Wie Sie sich sicher vorstellen können,

11.5 XML mit Java parsen (DOM)

handelt es sich dabei um den späteren Zeiger auf die Daten im Speicher, die vom Parser erstellt worden sind. Bis dahin wird diese Variable aber auf einen Null-Pointer gesetzt:

```
//DOM-Baum
Document doc = null;
```

Der nächste Schritt ist wieder ein deutlicher Hinweis darauf, was hinter den Kulissen des DOM-Parser passiert, und ein deutliches Zeichen für einen SAX-Parser. Wenn Sie nämlich einen genauen Blick in die API dieser Software werfen, dann werden Sie die Methode `setErrorHandler()` nicht nur beim SAX-Parser finden, sondern gleichzeitig auch beim DOM-Parser. Mit anderen Worten: Sie haben hier die Möglichkeit, das eigentlich unsichtbare Parsen des DOM-Parsers mit einer Event-Funktion zu versehen. Diese wird dann vom eigentlich arbeitenden SAX-Parser aufgerufen, wenn ein Fehler auftritt:

```
//SAX-ErrorHandler wird gesetzt
parser.setErrorHandler(new EHandler());
System.out.println("SAX-ErrorHandler wurde gesetzt!");
```

Listing 11.39 Ein SAX-EventHandler für den DOM-Parser

Was liegt näher, als an dieser Stelle die schon fertige ErrorLogger-Klasse zu verwenden, die schon für den SAX-Parser zum Einsatz kam. Mit dieser Anweisung haben Sie dafür gesorgt, dass alle Fehler beim Parsen ausführlich in der bekannten Datei `log.txt` abgelegt werden.

Der letzte Schritt ist nun das Parsen selber, das mit der bereits erwähnten Methode `parse()` gestartet wird. Ganz im Gegensatz zu SAX ist das nun nicht der Zeitpunkt in dem Event-Methoden aufgerufen werden (abgesehen vom ErrorLogger), sondern vielmehr der Moment, in dem der Parser beginnt, ein Abbild der XML-Daten im Speicher anzulegen. Das Ergebnis wird dann als `Document`-Objekt zurückgegeben und in der schon vorbereiteten Variablen gespeichert.

Die vollständige `main()`-Funktion sieht bis hierher wie folgt aus:

```
public static void main(String args[])
{
   //DOM-Baum
   Document doc = null;

   //Parser Factory wird erstellt
   DocumentBuilderFactory factory = DocumentBuilderFactory.newInstance();

   try
   {
      //Parser wird erstellt
      DocumentBuilder parser = factory.newDocumentBuilder();
      System.out.println("DOMParser wurde erstellt!");

      //SAX-ErrorHandler wird gesetzt
      parser.setErrorHandler(new EHandler());
      System.out.println("SAX-ErrorHandler wurde gesetzt!");

      //Dokument wird geparst
      doc = parser.parse("shop.xml");
      System.out.println("Das Dokument wurde erfolgreich geparst!");
```

```
    }
    catch (ParserConfigurationException pce)
       {System.err.println("Parser konnte nicht erstellt werden!");}
    catch (SAXException se)
       {System.err.println("Fehler beim Parsen des Dokuments! Sie
log.txt.");}
       catch (IOException ioe) {System.err.println("Datei kann nicht gefunden
werden!");}
}
```

Listing 11.40 Das Dokument wird mit DOM geparst

Beim Parsen können gleich zwei Ausnahmen auftreten, nämlich eine `IOException`, falls es Probleme beim Lesen der Datei gibt, und natürlich die besprochene `SAXException`, die der arbeitende SAX-Parser wirft. Da wir faul sind und Platz sparen wollen, sind alle Anweisungen in einem `try-catch`-Block eingeschlossen.

Wenn Sie das Programm kompilieren und ausführen, sollten Sie die folgende Rückgabe an der Kommandozeile erhalten:

```
DOMParser wurde erstellt!
SAX-ErrorHandler wurde gesetzt!
Das Dokument wurde erfolgreich geparst!
```

Sollte die Datei `shop.xml` nicht gefunden werden oder ein anderes Problem auftreten, müssen Sie natürlich mit einer der definierten Fehlermeldungen rechnen.

11.5.2 Die Daten im Speicher analysieren

Das ist der Augenblick, in dem das fertig analysierte Dokument im Speicher komplett verfügbar ist. Wenn der Parser also seine Arbeit erledigt hat und der Zeiger in der Variable doc abgelegt wurde, dann beginnt die eigentliche Arbeit, nämlich die Analyse der Daten. Zu diesem Zweck besinnen wir uns der besprochenen Möglichkeiten des letzten Kapitels und des Plans, die Daten im DOM-Baum rekursiv zu analysieren.

Wenn Sie unter diesem Gesichtspunkt die Javabindung an DOM unter der oben genannten URL studieren, dann werden Sie feststellen, dass die besprochenen Funktionen und Knoteneigenschaften fast eins zu eins übernommen wurden. Die objektorientierte Programmierung von Java kommt dieser Tatsache sogar entgegen, so dass Sie im Prinzip das Gelernte mehr oder weniger direkt anwenden können.

Unsere Aufgabe ist es also, die Knoten des DOM-Baums Schritt für Schritt durchzugehen und einer Analyse zu unterziehen. Den ersten Knoten haben wir bereits bekommen, und zwar als Rückgabe aus der `parse()`-Methode. Dieses `Document`-Objekt ist ein Zeiger auf das komplette Dokument mit all seinen Bestandteilen. Mit der Methode `getDocumentElement()` können wir aus diesem Gebilde das Wurzelement auslesen, das Grundlage all unserer Überlegungen ist:

```
//Das Wurzelelement wird bestimmt
Node root = doc.getDocumentElement();
```

11.5 XML mit Java parsen (DOM)

Mit dieser simplen Anweisung bekommen wir den Zugriff auf das Wurzelelement. Ausgehend von diesem Punkt können wir alle folgenden Knoten erreichen und damit alle Daten des Dokuments auslesen.

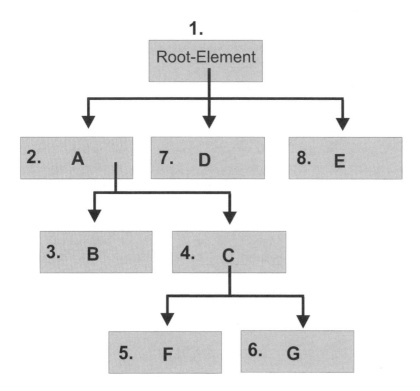

Abbildung 11.14 Analyse des Baums

Das grundsätzliche Vorgehen ist dabei relativ simpel. Der gerade gewonnene Knoten muss nun an die rekursive Methode übergeben werden, die das oben besprochene Schema abarbeitet, bis alle Knoten analysiert worden sind. Diese Methode wollen wir aus naheliegenden Gründen einfach `doTree()` nennen. Sie wird als statische Klassenmethode in dieses Programm implementiert:

```
//rekursive Methode
static void doTree(Node node)
{
    ...
}
```

Listing 11.41 Die Methode doTree()

Der Aufruf dieser Methode aus der `main()`-Methode heraus lautet dementsprechend wie folgt:

```
//Der DOM-Baum wird analysiert
DOMRekursion.doTree(root);
```

Bei dem übergebenen Parameter handelt es sich um das oben ausgelesene Wurzelelement des XML-Baumes. Wie Sie unschwer erkennen können, ist es nicht mehr vom Typ `Document`, sondern wurde ganz allgemein als `Node` deklariert. Das macht es möglich diesen Wert direkt an `doTree()` zu übergeben, da hier ein `Node`-Parameter erwartet wird.

Alle weiteren Schritte spielen sich also in der Methode `doTree()` ab. Im Prinzip kann man die Aufgabe dieser Methode auf drei Schritte reduzieren:

- Bestimmung des Typs des übergebenen `Node`-Objektes
- Analyse dieses Objekts entsprechend des Typs
- Rekursiver Aufruf dieser Methode mit allen Kindknoten

Der letzte Schritt ist dabei der wesentliche Aspekt, da hier die Rekursion ins Spiel kommt. Doch alles der Reihe nach: Der erste Schritt, also die Bestimmung des Knotentyps, ist notwendig, um zu wissen, wie mit diesem Knoten umzugehen ist. Es ist klar, dass ein Element eine andere Verarbeitung benötigt als ein Attribut oder gar konkrete Daten.

DOM und Java bescheren uns zu diesem Zweck die Methode `getNodeType()`, die in der Lage ist, den Knotentyp eines allgemeinen Node-Objektes zu bestimmen. Der Rückgabewert ist dabei eine Ganzzahl, die den Knoten identifiziert. Damit wir nicht lange rätseln müssen, bietet die Node-Klasse eine Reihe von Konstanten mit sprechenden Namen, welche die Identifikation erleichtern:

Tabelle 11.5 Knotentypen

Konstante	Integer-Wert
ELEMENT_NODE	1
ATTRIBUTE_NODE	2
TEXT_NODE	3
CDATA_SECTION_NODE	4
ENTITY_REFERENCE_NODE	5
ENTITY_NODE	6
PROCESSING_INSTRUCTION_NODE	7
COMMENT_NODE	8
DOCUMENT_NODE	9
DOCUMENT_TYPE_NODE	10
DOCUMENT_FRAGMENT_NODE	11
NOTATION_ NODE	12

Die für uns interessanten Knoten beschränken sich auf die ersten drei Knotentypen, da die anderen an dieser Stelle nicht weiter interessant sind. Die Integer-Werte hinter den Konstanten sind ebenfalls nur rein informeller Natur, da sie im weiteren Verlauf nur noch

11.5 XML mit Java parsen (DOM)

mit den Konstanten arbeiten können. Die nächsten Schritte liegen auf der Hand: Der Rückgabewert von `getNodeType()` muss schlicht und einfach mit allen Konstanten verglichen werden, um den Knotentyp festzustellen. Die `switch-case`-Konstruktion bietet sich an dieser Stelle an:

```
//Knotentyp wird bestimmt
switch(node.getNodeType())
{
    case Node.ELEMENT_NODE:
    //Element wird verarbeitet
    break;
    case Node.ATTRIBUTE_NODE:
    //Attribut wird verarbeitet
    break;
    case Node.TEXT_NODE:
    //konkrete Daten werden verarbeitet
    break;
    default:
    //Reaktion auf alle anderen Knoten
}
```

Listing 11.42 Der Knotentyp wird bestimmt

An der Stelle der Kommentare folgen später die entsprechenden Anweisungen für den Umgang mit diesen spezifischen Daten. Zuvor muss allerdings noch ein wichtiger Punkt geklärt werden, der alle Knoten gleich betrifft, nämlich der Aufruf der Rekursion. Im Prinzip müsste jeder Knoten auf Kindelemente untersucht werden, die dann in einer Schleife nacheinander dieser Methode übergeben werden. Allerdings ist das nur bei einem Teil der Knoten notwendig, da Textknoten keine Kindelemente mehr haben. Deshalb wird der rekursive Aufruf entsprechend den Knoten ebenfalls in der differenzierten Behandlung der Typen vollzogen.

11.5.3 Die Knoten-Methoden

Um den Quellcode übersichtlich zu halten, ist es am einfachsten, die weitere Behandlung der einzelnen Knoten in einer anderen Methode fortzuführen. Legen Sie also drei neue statische Methoden an, die aus der `switch-case`-Konstruktion heraus aufgerufen werden. Vor dem Aufruf der Methoden müssen die Node-Objekte natürlich in den entsprechenden Typ gecastet werden:

```
//Elemente werden verarbeitet
static void doElement(Element elem)
{
}

//Attribute werden verarbeitet
static void doAttribute(Attr attr)
{
}
```

```
//konkrete Daten werden verarbeitet
static void doText(CharacterData data)
{

}
```

Listing 11.43 Knotenmethoden

Die `doTree()`-Methode sieht dann entsprechend so aus:

```
//rekursive Methode
static void doTree(Node node)
{
   //Rekursionszähler wird erhöht
   DOMRekursion.counter++;

   //Knotentyp wird bestimmt
   switch(node.getNodeType())
   {
     case Node.ELEMENT_NODE:
       //Element wird verarbeitet
       DOMRekursion.doElement((Element)node);
       break;
     case Node.ATTRIBUTE_NODE:
       //Attribut wird verarbeitet
       DOMRekursion.doAttribute((Attr)node);
       break;
     case Node.TEXT_NODE:
       //konkrete Daten werden verarbeitet
       DOMRekursion.doText((CharacterData)node);
       break;
     default:
       //Reaktion auf alle anderen Knoten
       break;
   }

   //Rekursionszähler wird reduziert
   DOMRekursion.counter--;
}
```

Listing 11.44 Die doTree()-Methode

Die neue Variable `counter` ist eine simple Zählvariable, die die Tiefe der Rekursion zählt. Sie wird mit jedem neuen Aufruf von `doTree()` erhöht und mit jedem Verlassen der Methode wieder um eins reduziert. Auf diese Weise haben Sie immer den aktuellen Stand der Rekursion im Blick.

Was in den Methoden für die Verarbeitung der Daten genau passiert, das bleibt natürlich Ihnen überlassen. Für dieses Beispiel sollen die geparsten Daten einfach in einem nachvollziehbaren Modell ausgegeben werden, das zeigt, wie die Rekursion arbeitet. Die Elemente, Attribute und konkreten Daten werden also zeilenweise ausgegeben und mit den Möglichkeiten der Kommandozeile „formatiert". Zu diesem Zweck werden wir auch auf den `counter` zurückgreifen.

Die wichtigste dieser drei Knoten-Methoden ist natürlich die `doElement()`-Methode, da hier die einzige Stelle ist, wo die Rekursion aufgerufen werden muss. Sowohl die Knoten-Methode für die konkreten Daten als auch für die Attribute müssen keine weiteren Kindelemente verarbeiten, weil diese Knotentypen keine besitzen können. Ein Elementknoten muss hingegen gleich mit zwei Kindknotentypen umgehen können:

11.5 XML mit Java parsen (DOM)

- Attribute
- Weitere Kindelemente

Die Attribute eines Elementes können mit der Methode `getAttributes()` ausgelesen werden, die ein Objekt vom Datentyp `NamedNodeMap` zurückgibt. Diesen Datentyp haben wir schon im letzten Kapitel kennen gelernt: Es handelt sich um eine Knotenliste, die mit einer Schleife verarbeitet werden muss.

```
//Attribute werden ausgewertet
NamedNodeMap attr = elem.getAttributes();
for(int i = 0; i < attr.getLength(); i++)
{
     DOMRekursion.doTree(attr.item(i));
}
```

Listing 11.45 Aufruf der Rekursion für Attribute

Dieser Script-Ausschnitt zeigt, wie in der `doElement()`-Methode die Attribute nacheinander verarbeitet werden. In der Schleife werden sie einfach Stück für Stück über einen rekursiven Aufruf an die Methode `doTree()` übergeben, die dann dem Typ entsprechend die korrekte Knotenmethode aufruft.

Ganz ähnlich verfahren wir mit den Kindelementen, die wir über die Methode `getChildNodes()` auslesen können. Im Wesentlichen ist der Umgang mit dieser Knotenliste gleich, auch wenn es sich nun um ein `NodeList`-Objekt handelt:

```
//Elemente werden ausgewertet
NodeList nl = elem.getChildNodes();
for(int i = 0; i < nl.getLength(); i++)
{
    DOMRekursion.doTree(nl.item(i));
}
```

Listing 11.46 Aufruf der Rekursion für Elemente

Auch hier werden in einer Schleife alle Kindknoten an die `doTree()`-Methode übergeben, die dann rekursiv mit der Analyse fortfährt.

11.5.4 Das komplette Programm

Durch die `doElement()`-Methode ist die Rekursion nun geschlossen, und das Programm arbeitet sich bei einem Aufruf Stück für Stück durch alle Knoten im DOM-Baum. Das Beispiel ist an diesem Punkt also von der Funktionalität her komplett, da Sie mittels der unterschiedlichen Knoten-Methoden alle Daten im Baum erreichen können. Wie Sie mit den Daten verfahren, ist Ihnen überlassen und bisher bewusst ausgeklammert worden. Wesentlich ist der rekursive Aufbau des Programms und eine möglichst klare Gliederung der beteiligten Komponenten.

Das folgende Skript zeigt nun noch einmal das vollständige Programm mit einigen Zusätzen, die dafür sorgen, dass neben den Statusmeldungen auch alle Daten aus dem XML-Dokument auf dem Bildschirm erscheinen. Durch den Rekursionszähler wird die Struktur des XML-Baumes durch Einrückungen verdeutlicht:

```java
//Import der Input-/Output-Klassen
import java.io.*;

//Import der DOM-Klassen
import org.w3c.dom.*;

//Import der Parser-Klassen
import javax.xml.parsers.*;

//import der SAX-Exception
import org.xml.sax.SAXException;

public class DOMRekursion
{
    public static void main(String args[])
    {
        //DOM-Baum
        Document doc = null;

        //Parser Factory wird erstellt
        DocumentBuilderFactory factory =
DocumentBuilderFactory.newInstance();

        try
        {
            //Parser wird erstellt
            DocumentBuilder parser = factory.newDocumentBuilder();
            System.out.println("DOMParser wurde erstellt!");

            //SAX-ErrorHandler wird gesetzt
            parser.setErrorHandler(new EHandler());
            System.out.println("SAX-ErrorHandler wurde gesetzt!");

            //Dokument wird geparst
            doc = parser.parse("shop.xml");
            System.out.println("Das Dokument wurde erfolgreich geparst!");

            //Das Wurzelelement wird bestimmt
            Node root = doc.getDocumentElement();

            //Der DOM-Baum wird analysiert
            DOMRekursion.doTree(root);
        }
        catch (ParserConfigurationException pce)
{System.err.println("Parser konnte nicht erstellt werden!");}
        catch (SAXException se) {System.err.println("Fehler beim Parsen des
Dokuments! Sie log.txt.");}
        catch (IOException ioe) {System.err.println("Datei kann nicht
gefunden werden!");}
    }

    static int counter = 0;

    //rekursive Methode
    static void doTree(Node node)
    {
        //Rekursionszähler wird erhöht
        DOMRekursion.counter++;

        //Knotentyp wird bestimmt
        switch(node.getNodeType())
```

11.5 XML mit Java parsen (DOM)

```java
        {
            case Node.ELEMENT_NODE:
            //Element wird verarbeitet
            DOMRekursion.doElement((Element)node);
            break;
            case Node.ATTRIBUTE_NODE:
            //Attribut wird verarbeitet
            DOMRekursion.doAttribute((Attr)node);
            break;
            case Node.TEXT_NODE:
            //konkrete Daten werden verarbeitet
            DOMRekursion.doText((CharacterData)node);
            break;
            default:
            //Reaktion auf alle anderen Knoten
            break;
        }

        //Rekursionszähler wird reduziert
        DOMRekursion.counter--;
    }

    //Elemente werden verarbeitet
    static void doElement(Element elem)
    {
        //Ausgabe der Daten
        for(int i = 0; i < DOMRekursion.counter; i++) {System.out.print(" ");}
        System.out.print(elem.getTagName() + "(");

        //Attribute werden ausgewertet
        NamedNodeMap attr = elem.getAttributes();
        for(int i = 0; i < attr.getLength(); i++)
        {
            DOMRekursion.doTree(attr.item(i));
        }

          //Zeilenumbruch
         System.out.println(")");

       //Elemente werden ausgewertet
       NodeList nl = elem.getChildNodes();
       for(int i = 0; i < nl.getLength(); i++)
       {
           DOMRekursion.doTree(nl.item(i));
       }
    }

    //Attribute werden verarbeitet
    static void doAttribute(Attr attr)
    {
        //Ausgabe der Daten
        System.out.print(attr.getNodeName() + ": " + attr.getNodeValue() + ", ");
    }

    //konkreten Daten werden verarbeitet
    static void doText(CharacterData data)
    {
```

```
        //Ausgabe der Daten
        for(int i = 0; i < DOMRekursion.counter; i++) {System.out.print("
");}
        System.out.println("-->" + data.getData());
    }
}
```

Listing 11.47 Das komplette Beispiel

Das Beispiel ist damit abgeschlossen, die weiteren Möglichkeiten allerdings bei weitem nicht. Das Programm kann ohne weiteres ausgebaut werden. Eine Idee wäre beispielsweise die Übergabe der jeweiligen Elternelemente an `doTree()`, um eine Rückverknüpfung vom Kindelement aus zu ermöglichen. Auf diese Weise könnten die Daten besser selektiert werden.

12

XPath

12 XPath

Dieses Kapitel wird Ihnen zeigen, wie Sie mit dem XPath-Standard der W3C in XML-Dokumenten navigieren können. Klingt das ein wenig merkwürdig in Ihren Ohren? Vermutlich ist es das Wort „navigieren", das zunächst ein wenig Verwirrung stiften kann, denn bis zum letzten Kapitel war die einzige Möglichkeit, XML-Daten aus einem XML-Dokument zu beziehen, es komplett durch den Parser zu schicken. Keine Rede von einer eleganten Navigation.

Dieses Kapitel soll nun eine gänzlich andere Möglichkeit der „Datenbeschaffung" aus XML-Dokumenten aufzeigen, die wir in den nächsten Kapiteln für die Erstellung von Stylesheets benötigen werden. Xpath bietet eine Möglichkeit, bestimmte Daten in XML durch die Angabe einer „Adresse" genau referenzieren zu können. Dabei spielt es keine Rolle, ob es sich dabei um ein Element, ein Attribut oder konkrete Datensätze handelt. XPath ist in der Lage, eine Adresse für alle möglichen Positionen in einem Dokument zu erstellen.

Der XPath-Standard ist Teil einer Empfehlung des W3C, welche die Werkzeuge für die Erstellung von Stylesheets für XML-Dokumente beschreibt. Neben XSL und XSLT ist Xpath der dritte Part dieser Zusammenstellung, die wir im nächsten Kapitel ausführlich kennen lernen werden. Da XPath bis zu einem gewissen Punkt für sich alleine stehen kann, habe ich diesem Thema ein eigenes Kapitel gewidmet.

12.1 XPath 1.0

Xpath steht für den Ausdruck *XML Path Language* und wurde im November 1999 veröffentlicht. Bis heute ist diese Version 1.0 nach wie vor der aktuelle Standard, auch wenn zur Zeit an einer neuen Version gearbeitet wird. Mehr zu diesem Thema und den Fortschritten rund um Xpath finden Sie im Internet auf den Seiten des W3C unter der folgenden URL:

http://www.w3c.org/style/XSL

Der Name dieses Standard sagt eigentlich schon eine Menge über die Arbeitsweise der Idee aus, die hinter Xpath steckt: Es geht um Pfadangaben, die auf bestimmte Daten innerhalb eines XML-Dokumentes verweisen. Der Sinn für eine solche Konstruktion ist auch schnell gefunden: Um bestimmte Daten aus einem XML-Dokument mit einer Formatierung zu versehen oder schlicht selektiv ausgeben zu können, muss ein Stylesheet in der Lage sein, die betreffenden Informationen in einem Dokument exakt angeben zu können.

Dabei geht es weniger um die technische Möglichkeit, die Daten wirklich und physisch aus dem XML-Dokument zu extrahieren (wie es ein Parser beispielsweise tut), sondern vielmehr um eine Syntax, die in der Lage ist, Daten eindeutig zu bestimmen.

Die Situation ist vergleichbar mit einem Einkauf beim Bäcker. Wenn Sie dort behaupten „Guten Tag! Ich hätte gerne ein Brot", dann werden Sie vermutlich nur verwirrte Blicke ernten. „Ja, welches Brot denn, bitteschön?". Um solche Nachfragen zu vermeiden, die ein Rechner von sich aus nicht stellen würde, müssen Sie in der Lage sein, exakt zu formulieren: „Ich hätte gerne das Sonnenblumenkernbrot (500 Gramm) aus dem dritten Regal von oben. Das zweite von Links!". Aha, so ist es besser. Die gute Frau hinter dem Tresen wird mit einem gekonnten Griff die gewünschte Ware (Information) aus der bezeichneten Stelle holen und Ihnen vermutlich mit einem Lächeln verkaufen.

Im Gegensatz zu einem Parser, der wirklich die Daten aus einem Dokument herausfiltert und in einer Applikation zur Weiterverarbeitung zur Verfügung stellt, ist XPath nur ein Modell, das auf bestimmte Daten in einem Dokument verweist. Das Suchen und Herausnehmen der Daten (also zum Regal gehen und das Brot dem Kunden geben...) muss von einer Software übernommen werden, die XPath versteht. In diesem Kapitel werden wir nur die Syntax von XPath besprechen. Im nächsten Kapitel werden wir diesen Standard im Zusammenhang mit XSL-Stylesheets in der Praxis einsetzen.

12.2 XML und wieder Bäume

Was heißt aber nun „Pfadangaben in einem XML-Dokument"? Grundsätzlich kann man sagen, dass XPath ein XML-Dokument als eine Art Baumstruktur auffasst, so wie wir es bereits im Kapitel über das *Document Object Model* kennen gelernt haben.

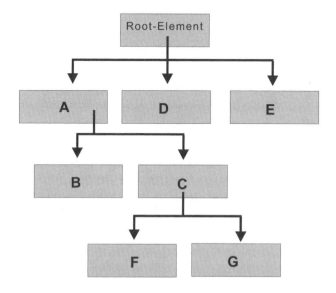

Abbildung 12.1 Baumstruktur

Da die Position von allen Informationen in einem XML-Dokument exakt über die Angabe der Elternelemente und der darüber liegenden Struktur definiert werden kann, ist eine eindeutige Bestimmung der Daten über das DOM-Modell recht einsichtig. Der Gedanke dahinter basiert auf der Tatsache, dass ein Element zwar beliebig viele Kindelemente haben kann, aber immer nur ein Elternelement. Ausgehend vom Wurzelelement ist immer eine eindeutige Aussage möglich.

Das folgende kleine Beispiel zeigt, wie die Idee grundsätzlich funktioniert:

```xml
<?xml version="1.0" encoding="ISO-8859-1" ?>

<personen>
   <person personalnummer="DA-301178">
      <name>Ammelburger</name>
      <vorname>Dirk</vorname>
      <email>dirk@ammelburger.de</email>
      <web>http://www.lastcode.com</web>
   </person>
</personen>
```

Listing 12.1 Personendaten in XML

Die Angabe eines Elementes in einem XML-Dokument auf der Basis von XPath erinnert stark an Verzeichnisstrukturen von UNIX oder Linux. Jedem, der ein wenig Erfahrung auf der Kommandozeile dieser Betriebssysteme hat, wird der folgende Ausdruck sicher bekannt vorkommen:

`/personen/person/name`

Der Ausdruck bezieht sich eindeutig auf das Element `vorname` der XML-Daten. Ausgehend vom Wurzelelement, das von einem Slash eingeleitet wird, können Sie anhand der Vorgaben der Elementnamen den Weg durch den XML-Baum nachgehen. Schließlich landen Sie beim gewünschten Element und sind am Ziel. Ein Ausdruck wie der folgende ist für das Dokument nicht gültig, da auf Elemente verwiesen wird, die nicht existieren:

`/person/adresse`

In diesem Fall würden keine Daten zurückgegeben werden, da die Angabe ins Leere weist. Ein XPath-Ausdruck kann also nicht blind „abgefeuert" werden, da er sich immer auf ein bestimmtes XML-Dokument bezieht.

12.3 Knotenmengen

Betrachten Sie nun das folgende Beispiel, das ebenfalls aus einem der vorhergehenden Kapitel genommen wurde. Anstelle einer Person sind nun einige Datensätze mehr in diesem XML-Dokument abgelegt:

```xml
<?xml version="1.0" encoding="ISO-8859-1" ?>

<personen>
```

12.3 Knotenmengen

```
        <person personalnummer="DA-301178">
            <name>Ammelburger</name>
            <vorname>Dirk</vorname>
            <email>dirk@ammelburger.de</email>
            <web>http://www.lastcode.com</web>
        </person>
        <person personalnummer="HM-170945">
            <name>Müller</name>
            <vorname>Hans</vorname>
            <email>hans@mueller.de</email>
        </person>
        <person personalnummer="VM-454311">
            <name>Meier</name>
            <vorname>Volker</vorname>
            <email>Volker@meier.de</email>
        </person>
    </personen>
```

Listing 12.2 Mehrere Personen

Der oben verwendete Ausdruck ist bei diesem Dokument selbstverständlich auch gültig, allerdings kann die Angabe nicht mehr als eindeutig gewertet werden.

`/personen/person/name`

Die Pfadangabe bezieht sich nun nicht mehr nur auf ein Element, sondern auf eine ganze Reihe von Elementen, die für diese Angabe in Frage kommen. Die „Schuld" für diese Änderung liegt eindeutig bei den hinzugekommenen Elementen, die nun gleichwertig nebeneinander im XML-Dokument angelegt sind. Das Ergebnis dieser Anfrage besteht also aus einer Reihe von Daten, die nebeneinander abgearbeitet werden müssen. Darum spricht man in der Regel bei einer XPath-Angabe nicht von einem einzelnen Ergebnis, sondern von einer Ergebnismenge beziehungsweise einer Knotenmenge, die referenziert wird.

Natürlich kann man XPath-Angaben durch verschiedene Erweiterungen, wie beispielsweise Bedingungen, so einschränken, dass immer nur ein eindeutiger Knoten zurückgegeben wird. Allerdings ist das nicht immer gewünscht. Ein Stylesheet beispielsweise besteht in der Regel aus einer ganzen Menge von Daten, die nebeneinander dargestellt werden. Diese Daten werden nicht nacheinander aus dem Quell-XML-Dokument gezogen, sondern alle auf einmal, um sie nacheinander zu verarbeiten.

XPath kennt verschiedene Knotentypen, die in einer Knotenmenge erscheinen können. Je nach XML-Dokument und XPath-Anfrage kann die Rückgabe aus unterschiedlichen Knotentypen bestehen, die nebeneinander oder strukturiert ausgegeben werden. Je nachdem, um welchen Knotentyp es sich handelt, muss unterschiedlich darauf reagiert werden. Genau wie bei XPath im Allgemeinen, handelt es sich bei den „Typen" um Modelle, die den Umgang mit den Daten erleichtern sollen. Ein Vergleich mit den Knoten des DOM-Parsers aus dem letzten Kapitel ist also nur bedingt möglich.

XPath kennt die folgenden Knotentypen:

Knotentyp	Beschreibung
Wurzelknoten	Die Wurzel des Dokumentes wird durch einen einfachen Slash referenziert. Nicht zu verwechseln mit dem Wurzelelement!

Knotentyp	Beschreibung
Elementknoten	Steht für ein beliebiges Element im XML-Baum. Hat ein Elternelement und Kindelemente sowie Verweise auf Attributsknoten, Textknoten, Kommentarknoten, Namensraumknoten und PI-Knoten.
Attributknoten	Werden von Elementknoten referenziert und enthalten Text.
Textknoten	Konkrete Daten im Dokument
Kommentarknoten	Erlaubt den Zugriff auf Kommentare im XML-Dokument.
PI-Knoten	Gibt den Wert einer PI zurück.
Namensraumknoten	Gibt den Namensraum als Teil eines Elementknotens zurück.

Jeder dieser Knoten, im englischen Nodes genannt, hat unterschiedliche Werte, die durch die entsprechende XPath-Angabe ausgelesen werden können. Die Verbindung eines Stylesheet mit einem XPath-Ausdruck ermöglichen es, bestimmte Daten zu extrahieren und im gewünschten Format anzugeben.

12.4 XPath-Ausdrücke

Eine XPath-Angabe, die eine bestimmte Knotenmenge zurückgibt, wird als Ausdruck bezeichnet. Ein XPath-Ausdruck besteht aus verschiedenen Bereichen, wobei nur ein Bereich die bisher besprochene Pfadangabe ist. Anstelle dieser exakten Pfadangabe kann auch ein relativer Verweis erfolgen, der von der aktuellen Position des letzten Ausdruckes ausgeht. Das setzt natürlich voraus, dass der neue Ausdruck nicht der erste in einem Dokument ist.

Ein vollständiger XPath-Ausdruck besteht aus drei Bestandteilen:

- Suchbereich (der so genannten Achse);
- gewünschten Knoten (Knotentest);
- und eine optionale einschränkende Bedingung

Die formale Syntax baut sich aus diesen Bestandteilen wie folgt auf:

```
Suchbereich [Bedingung] :: Knoten [Bedingung]
```

Der Suchbereich einer Anfrage ist sozusagen die Grundlage für die Erstellung der Knotenmenge. Auf dieser Basis wird die darauf folgende Angabe zu den Knoten interpretiert. Wird kein Suchbereich angegeben, dann nimmt XPath automatisch an, dass die aktuelle Position der Suchbereich ist. „Aktuelle Position" bedeutet dabei, dass die Kindelemente des aktuellen Elementes als Grundlage verwendet werden. Die gewünschte Knotenmenge wird durch die Angabe nach dem zweifachen Doppelpunkt definiert, da hier der oder die Knoten explizit angegeben werden können, die erwünscht sind.

Die folgende Tabelle zeigt einige Schlüsselwörter, die verwendet werden können, um die Knotenmenge zu bestimmen:

12.4 XPath-Ausdrücke

Schlüsselwort	Beschreibung
child	Kindknoten
parent	Elternknoten
descendant	Alle untergeordneten Knoten
ancestor	Alle übergeordneten Knoten
preceding-sibling	Alle Knoten auf derselben Ebene, die vorher aufgetreten sind
following-sibling	Alle Knoten auf derselben Ebene, die nachher auftreten werden
self	Der Knoten selbst
attribute	Attribute eines Knotens
preceding	Alle Knoten, die diesem vorausgingen
following	Alle Knoten, die diesem folgen
namespace	Der Namensraumknoten des aktuellen Knotens
descendant-or-self	Wie descendant, nur mit sich selbst
ancestor-or-self	Wie ancestor, nur mit sich selbst

Die folgende Grafik zeigt, wie die übrigen Angaben zu interpretieren sind:

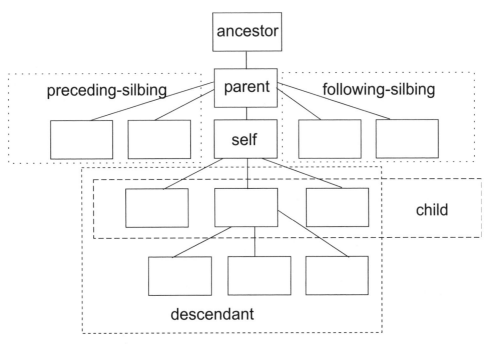

Abbildung 12.2 Die XPath-Familie

Die Grafik zeigt, wie familiär die Knotenstruktur aufgebaut ist und wie es möglich ist, sowohl absolut (vom Wurzelelement aus) als auch relativ im XML-Baum zu navigieren. Wenn Sie relativ navigieren wollen, dann wird im ersten Schritt über den Wert vor den beiden Doppelpunkten der Suchbereich dieser relativen Navigation festgelegt. Verzichten Sie darauf, wird der Ausgangspunkt der XPath-Anweisung genommen, der bei einem Stylesheet beispielsweise durch das template-Element festgelegt wird. Dazu werden Sie im nächsten Kapitel mehr hören.

Alles, was mit einem Slash beginnt, wird als absolute Angabe interpretiert, so wie es auch in einer Verzeichnisstruktur an der Kommandozeile üblich ist. Die folgende Angabe würde also alle Kindelemente des Dokuments als Knotenmenge zurückgeben:

```
/child::node()
```

Die dabei verwendete Funktion `node()` werden wir im nächsten Abschnitt besprechen. Im Sinne einer kürzeren Schreibweise haben Sie auch die Möglichkeit, ein Sternchen (*) zu setzen, das ebenfalls alle verfügbaren Elemente ausliest:

```
/child::*
```

Wird kein Slash angegeben, dann ist nicht das Wurzelelement gemeint, sondern immer der gerade aktuelle Knoten. Das folgende Beispiel kann sich unter Umständen auf einen ganz anderen Bereich des Dokumentes beziehen:

```
child::*
```

Wenn es sich bei dem gegenwärtigen Element allerdings um das Wurzelelement handelt, dann sind beide Angaben deckungsgleich.

Nach dem Suchbereich und dem zweifachen Doppelpunkt wird die gewünschte Knotenmenge definiert. Man kann es als eine Art Vorgabe für den Vergleich im Dokument interpretieren, da der Wert nach dem zweifachen Doppelpunkt mit der zuvor festgelegten Knotenmenge (Suchbereich) verglichen wird. Geben Sie nur ein Sternchen (Wildcard) an, dann werden alle Knoten zurückgegeben. Schränken Sie die Suche weiter ein, wie im folgenden Beispiel, dann werden nur die Element-Knoten mit dem Namen `element` zurückgegeben:

```
/descendant::element
```

Hier werden nicht nur die direkten Kindelemente durchsucht, sondern auch alle folgenden. Da es sich um eine absolute Angabe vom Wurzelelement aus handelt, wird das komplette Dokument ausgelesen.

Das folgende Beispiel zeigt eine ähnliche Situation, in der allerdings auf die Attribute von Elementen zugegriffen wird. Dazu wird das Schlüsselwort `attribute` verwendet:

```
/attribute::name
```

Dasselbe Ergebnis können Sie auch mit einer wesentlich kürzeren Schreibweise ermitteln, indem Sie das Sonderzeichen `@Attributname` verwenden:

```
/@name
```

Diese verkürzte Schreibweise sollten Sie immer dann einsetzen, wenn die Angaben in der XPath-Anweisung zu lang werden und die Lesbarkeit leidet. Die folgende Tabelle zeigt noch einige Beispiele, die den Umgang mit den oben besprochenen Möglichkeiten in verschiedenen Situation zeigen:

Ausdruck	Beschreibung
/personen/person/name/attribute::*	Alle Attribute des Elements name
/personen/person/name/child::*	Alle person-Elemente
namespace::*	Der Namensraum des aktuellen Knotens
self::person	Der Knoten selbst, wenn es sich um das Element person handelt
preceding::email	Alle vorhergehenden Knoten mit dem Namen email

Alle Beispiele waren bisher ohne einschränkende Bedingungen angegeben. Wenn Sie die Knotenmenge weiter reduzieren wollen, dann können Sie dies mittels konditionaler Angaben tun.

12.5 Einschränkungen mit Bedingungen

Der dritte Teil einer XPath-Angabe wird als Bedingung in eckigen Klammern angegeben. Dieser Bereich ist optional, muss also nicht unbedingt in einem Ausdruck erscheinen. Das Vorgehen ist dabei recht einfach, da im Prinzip nur zwei Schritte nötig sind:

1. Ermittlung der Knotenmenge anhand der Pfadangabe.
2. Reduzierung der Knotenmenge um die Knoten, für welche die Bedingung FALSE ergibt.

Das Beispiel zeigt, wie eine solche Anfrage formal aussieht:

```
/personen/person[BEDINGUNG]
```

Diese Anfrage würde alle Knoten unterhalb von `person` wiedergeben, für die die Bedingung erfüllt ist. Ohne die Bedingung würden alle Knoten ohne Filterung zurückgegeben werden.

Um sinnvolle Bedingungen zu erstellen, ist es notwendig, auf Operatoren zurückgreifen zu können, die es erlauben, Boolesche Aussagen zu formulieren. Diese so genannten Booleschen Operatoren dürften Ihnen aus anderen Programmiersprachen oder der einfachen Logik bekannt sein. Die folgende Tabelle zeigt alle verfügbaren Operatoren in XPath mit einer Beschreibung:

Operator	Beschreibung
=	Gleich
!=	Ungleich

Operator	Beschreibung
or	Oder
and	Und
<	Kleiner als
>	Größer als
<=	Kleiner gleich als
>=	Größer gleich als
+	Addition
-	Substraktion
div	Division
*	Multiplikation
mod	Modulodivision

Zu den meisten Operatoren muss ich wohl nicht viel sagen, da sie ohnehin mehr oder weniger selbstverständlich eingesetzt werden. Die Modulodivision ist nichts anderes als die Rückgabe des Rests, der nach einer Division übrig bleibt.

```
4 mod 5 = 1
```

Das Ergebnis ist 1, da die 4 einmal in 5 untergebracht werden kann und ein Rest von 1 bleibt. Mit Hilfe dieser Operatoren können Sie die Knotenmengen direkt in der XPath-Anfrage weiter beschränken:

```
/personen/person[name='Ammelburger']
```

Das Beispiel gibt alle Knoten innerhalb von `person` zurück, deren Element `name` den Wert `Ammelburger` hat.

```
/personen/person[@personalnummer!='DA-301178']
```

Dieses Beispiel gibt alle Knoten zurück, deren Attribut nicht den Wert `DA-301178` aufweist, das heißt also, alle Datensätze außer den von Dirk Ammelburger.

12.6 Funktionen für XPath

XPath unterstützt in der aktuellen Version einige Funktionen, die den Umgang mit XML-Bäumen sehr erleichtern. Bedingungen können beispielsweise wesentlich genauer formuliert werden, als es mit den oben angegebenen Werkzeugen möglich wäre. Darüber hinaus können die referenzierten Daten noch innerhalb des XPath-Ausdrucks manipuliert werden und für eine eventuelle Weiterverarbeitung vorbereitet werden. Diese Möglichkeiten sind vergleichbar mit den Funktionen aus der MySQL-Welt, die ähnliche Möglichkeiten bieten.

12.6 Funktionen für XPath

Die folgenden Tabelle zeigen einige der wichtigen und nützlichen Funktionen mit einer kurzen Beschreibung der Rückgabe:

Tabelle 12.1 Funktionen in XPath

Funktion	Beschreibung
last()	Gibt die Anzahl der Knoten zurück
node()	Gibt alle Knoten zurück
text()	Gibt den Wert eines Knotens zurück (konkrete Daten, Attribut...)
position()	Gibt die aktuelle Position zurück
id(wert)	Gibt das Element dem ID-Attribut zurück, das den Wert wert hat
concat(...)	Setzt die Argumente zusammen
contains(string, string)	Gibt TRUE zurück, wenn der erste String den zweiten beinhaltet
substring(string, int, int)	Schneidet einen String aus
string-length(string)	Anzahl der Zeichen
not(Ausdruck)	Falsifizierung
true()	TRUE
false()	FALSE
sum(Knoten)	Summe der Werte der Knoten
floor(zahl)	Abrunden einer Zahl
round(zahl)	Zahl wird gerundet
ceiling(zahl)	Zahl wird gerundet

Diese Funktionen kommen in der Regel mit Bedingungen zusammen zum Einsatz. Je nachdem, welche Werte das XML-Dokument zurückgibt, können diese entsprechend bearbeitet werden:

```
/personen/person[contains(name, 'Meier')]
```

Das Beispiel gibt alle Knoten zurück, deren Wert im Element name gleich „Meier" ist.

```
/personen/person/name[text()='Ammelburger']
```

Das Beispiel gibt den Datensatz mit dem Namen Ammelburger zurück.

12.7 Resümee

Dieses zugegeben sehr trockene Kapitel endet hier, auch wenn so gut wie keine praktischen Beispiele gezeigt wurden. Auf den nächsten Seiten des folgenden Kapitels werden wir das hier erworbene Wissen allerdings wieder brauchen, denn es geht nun um die Entwicklung von Stylesheets. XPath ist ein wichtiger Bestandteil von XSL, der Sprache für Stylesheets in der XML-Welt. Sie dürfen also gespannt sein.

13

XSL-Stylesheets

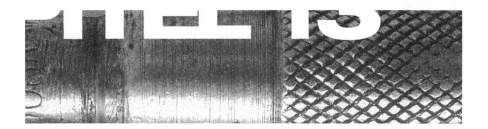

13 XSL-Stylesheets

In den vorhergehenden Kapiteln haben Sie eine ganze Menge über den Umgang mit XML gelernt und die Art, wie Daten in XML auf eine systemunabhängige Weise dargestellt werden können. Sie wissen nun, wie XML-Dokumente strukturiert sind, wie Sie diese Strukturierung in Regeln definieren können und wie Sie die Daten aus dieser Struktur wieder herausparsen können. Sie sind also gut gerüstet, für die Darstellung von Daten in heterogenen Netzwerken sowie den Austausch von Daten auf dieser Ebene.

Was passiert nun aber mit den XML-Daten, wenn sie von einem System in das andere transferiert worden sind? In einem der letzten Kapitel über Parser haben Sie gesehen, wie man diese Daten mit einem einfachen Script beispielsweise wieder in eine Datenbank importiert oder für die Ausgabe in HTML umwandelt. Die erste Möglichkeit ist durchaus praktikabel und in der Praxis oft anzutreffen, da (wie schon öfter gesagt wurde) eine Datenbank weit besser für die Bereitstellung von Daten geeignet ist. Das zweite Experiment hingegen, also die Darstellung der XML-Daten in HTML mit Hilfe eines Parsers, sollten Sie vielmehr als eine Art Experiment betrachten, da es nicht zu den Möglichkeiten gehört, die in der Praxis umgesetzt werden sollten. Das Ergebnis ist zwar problemlos in jedem Browser verfügbar, da es sich um normalen HTML-Code handelt, aber es birgt einige Probleme in sich, die ich kurz ausführen möchte:

- Bei Änderungen des XML-Codes muss das Skript jedes Mal angepasst werden.
- Das Programm kann in nur jeweils ein Format exportieren (XML -> HTML).
- Die Ausgabe in HTML ist im Parser-Programm integriert.

Diese Kritikpunkte lassen sich im Prinzip alle auf einen Nenner bringen: Das vorgestellte Programm bricht mit einer der wichtigsten Regeln aus der XML-Welt, nämlich der Trennung zwischen Layout und den eigentlichen Daten.

Ein XML-Dokument trifft keine Annahmen über die Darstellung der Daten, genau wie ein Template keine Annahmen über die eigentlichen Daten trifft, die es darstellen soll. Diese Trennung ist wesentlich und einer der wichtigsten Aspekte für unsere Arbeit. Das Beispielprogramm vermischt beide Seiten, also das Template und die Programmstruktur, indem der verwendete HTML-Code direkt im Quelltext dieser Applikation integriert ist. Dieses Vorgehen birgt einige Nachteile, da eine Änderung im Template zwangsläufig eine Änderung im Quelltext der Applikation nach sich zieht. Genauso wird auch eine Änderung im XML-Code eine erneute Änderung im Quelltext nötig machen.

Um dieses Problem zu lösen, müssen diese beiden Ebenen wieder getrennt werden. Genau diese Möglichkeit wird in diesem Kapitel behandelt werden. Wie Sie sich vorstellen können, sind die oben beschriebenen Probleme schon lange gelöst und können mit bestehenden Techniken elegant eingesetzt werden. Sie werden auf den folgenden Seiten erfahren, wie Sie XML ohne Probleme in die unterschiedlichsten Formate umwandeln können und welche Rolle Stylesheets und XPath dabei spielen. Die letzten Kapitel waren primär der Strukturierung von Daten gewidmet, die folgenden Seiten werden sich nun mit der Darstellung beziehungsweise der Transformation dieser Strukturen beschäftigen.

13.1 Ein paar grundsätzliche Anmerkungen

Auf den ersten Blick ist der Sinn und Zweck von XML-Transformationen, wie wir sie in diesem Kapitel besprechen wollen, klar. Es geht um die Darstellung von XML-Daten in einem für Menschen verständlicheres Format. Auch wenn XML als reines Textformat auch durchaus von Nicht-Technikern gelesen und verstanden werden kann, werden Sie mir zustimmen, dass es sicher bessere Darstellungsmöglichkeiten gibt, die man wählen kann. Das folgende Beispiel zeigt das schon bekannte Beispiel einiger Personen, die mit verschiedenen Attributen und Informationen in einer XML-Struktur abgelegt worden sind.

```xml
<?xml version="1.0" encoding="ISO-8859-1" ?>

<personen>
    <person>
        <name>Ammelburger</name>
        <vorname>Dirk</vorname>
        <email>dirk@ammelburger.de</email>
        <web>http://www.lastcode.com</web>
    </person>
    <person>
        <name>Müller</name>
        <vorname>Hans</vorname>
        <email>hans@mueller.de</email>
    </person>
</personen>
```

Listing 13.1 XML-Dokument

Die Struktur ist eigentlich klar. Doch die gleichen Informationen würden in einer HTML-Tabelle natürlich ein ganzes Stück besser aussehen:

Name	Vorname	eMail	Homepage
Ammelburger	Dirk	dirk@ammelburger.de	http://www.lastcode.com
Müller	Hans	hans@mueller.de	-

Abbildung 13.1 HTML-Tabelle

Eine Transformation der XML-Daten in ein HTML-Dokument für die Darstellung in einem Browser ist so gesehen ein sinnvoller Schritt. Allerdings ist das noch längst nicht alles, was Ihnen dieses Kapitel bieten wird, denn die Transformation von XML-Daten behandelt natürlich auch die Möglichkeit, eine XML-Struktur in eine andere XML-Struktur umzuwandeln, ohne die Welt von XML überhaupt zu verlassen.

Diese sehr mächtige Eigenschaft der XML-Transformation wird oft übersehen, da auf den ersten Blick nicht unbedingt erkennbar ist, wann eine solche Umwandlung einen Sinn ergeben würde. Idealerweise sind wir bisher davon ausgegangen, dass alle Systeme und XML-Schnittstellen auf dieser Welt dieselbe Vorstellung von einem bestimmten XML-Dokument haben könnten: Alle Daten zu einem bestimmten Thema würden auf einen Typ reduziert werden können, der auf derselben DTD beruht und deshalb in der ganzen Welt verstanden wird. Wenn zwei Systeme, die sich vorher noch nie „gesehen" haben aufeinanderstoßen, werden sie trotzdem miteinander kommunizieren können.

Sie werden zugeben müssen, dass diese Vorstellung, so schön sie auch ist, nicht unbedingt realistisch erscheint, da trotz aller Bemühungen, einheitliche Datenstandards zu schaffen, jeder doch gerne seine eigene XML-Buchstabensuppe kocht. Eine Art XML-Weltsprache in Form einer allgemeingültigen DTD ist bisher noch nicht entworfen worden.

Stellen Sie sich vor, Firma A hat Firma B gekauft und möchte nun die Mitarbeiter-Daten in einem System verwalten. Der Gedanke ist vernünftig, allerdings besteht das Problem, dass die Mitarbeiterdaten in zwei verschiedenen Formaten definiert worden sind, die sich nicht nur von den Elementen, sondern auch von der gesamten Struktur unterscheiden. Um nun diese beiden Formate auf denselben Nenner bringen zu können, muss einer der beiden Standards umgewandelt werden, so dass er auf der anderen Seite verstanden wird. Dieser Schritt erfolgt optimalerweise über ein Stylesheet, das in diesem Fall nicht für die Umwandlung in ein anderes Format sorgt, sondern anhand der vorgegebenen Regeln ein neues und anders strukturiertes XML-Dokument erstellt.

An diesem Punkt wird klar, dass die Datentransformation für XML weit mehr ist als nur die schöne Darstellung von Daten auf dem Bildschirm. Die Umwandlung, die oben beschrieben wurde, wird vermutlich nie ein Mensch zu Gesicht bekommen. Sie ist trotzdem immens wichtig und wäre ohne ein Stylesheet nur sehr umständlich durchzuführen.

In diesem Kapitel werden wir die Grundlagen der XML-Transformation anhand einiger Beispiele kennen lernen, die in den meisten Fällen die Transformation von XML zu HTML beschreiben. Der einzige Grund dafür ist die Tatsache, dass die Ergebnisse viel einfacher und schneller nachvollzogen werden können, da der Browser als Ausgabemedium genutzt werden kann. Trotzdem sollten Sie für die späteren Kapitel und für Ihre Arbeit in der Praxis die letzten Absätze im Hinterkopf behalten. Die XML-Transformation hat ihren Schwerpunkt nicht nur in der Darstellung von XML, sondern auch in der Umwandlung in andere Formate, die weiterverarbeitet werden.

Ein Beispiel dafür werden wir später mit den Formatierenden Objekten kennen lernen, die beispielsweise für die Umwandlung von XML in ein PDF genutzt werden. Ein beliebiges

XML-Dokument wird mittels eines Stylesheets in ein anderes XML-Format umgewandelt, das dann von einem Compiler in ein PDF transformiert wird. Der Zwischenschritt von XML zu XML ist typisch für die Arbeit mit Stylesheets.

13.2 Die Werkzeuge

Die Überschrift für dieses Kapitel lautet „XSL-Stylesheets". Bisher habe ich allerdings noch recht wenige Worte über diese drei Buchstaben verloren und vielmehr über die Möglichkeiten der XML-Transformation gesprochen, ohne die einzelnen Werkzeuge für diesen Vorgang zu nennen. Auch wenn von außen gesehen eine Transformation in einem Schritt erfolgt, sind doch verschiedene Werkzeuge daran beteiligt. In der Praxis vermischen sich die verschiedenen Möglichkeiten natürlich immer wieder, darum möchte ich sie an dieser Stelle einmal getrennt voneinander definieren und Klarheit über die einzelnen Aufgabenbereiche schaffen.

XSL, die *Extensible Stylesheet Language*, ist eine Empfehlung des W3C für die Darstellung und Transformation von XML-Dokumenten. Dabei handelt es sich weniger um eine einzelne, konkret umrissene Sprache, sondern vielmehr um eine Art Familie verschiedener Standards, die zusammenarbeiten. Die Webseite des W3C zu diesem Thema beschreibt XSL mit den folgenden Worten:

> *XSL is a family of recommendations for defining XML document transformation and presentation. It consists of three parts. An XSL stylesheet specifies the presentation of a class of XML documents by describing how an instance of the class is transformed into an XML document that uses the formatting vocabulary.*

Diese Empfehlung des W3C besteht laut dieser Aussage also aus drei Bereichen, die für die Transformation und für die Darstellung von XML-Dokumenten zusammenarbeiten. Die drei Bereiche teilen sich wie folgt auf:

- XSL Transformations (XSLT)
- XML Path Language (XPath)
- XSL Formatting Objects (XSL-FO)

XPath haben wir bereits im vorhergehenden Kapitel kennen gelernt. Die beiden anderen Standards werden ich nun in diesem Kapitel vorstellen. Genau wie für XPath gilt auch hier, dass die Vorstellung dieses Themas nur auszugsweise erfolgen kann, da jeder dieser Bereiche für sich genommen wieder mindestens ein Buch füllen kann.

Mehr zum Thema XSL und die damit verbundenen Standards finden Sie im Internet auf den Seiten des W3C:

http://www.w3.org/Style/XSL/

13.2.1 XSL-Transformations

Die Empfehlung des W3C zu der Transformationssprache von XSL, XSL-Transformation oder kurz XSLT genannt, beschreibt die Aufgaben dieses Standards wie folgt:

> *XSLT is a language for transforming XML documents into other XML documents. XSLT is designed for use as part of XSL, which is a stylesheet language for XML. In addition to XSLT, XSL includes an XML vocabulary for specifying formatting. XSL specifies the styling of an XML document by using XSLT to describe how the document is transformed into another XML document that uses the formatting vocabulary.*

Dieser Absatz beschreibt die Aufgaben von XSLT sehr gut, da klar wird, wie XSL und XSLT zusammenhängen. XSL verwendet XSLT, um das Aussehen eines Dokumentes zu beschreiben, indem die Umwandlung des XML-Dokumentes in ein anderes Format beschrieben wird, das Formatierungen verwendet. Das klingt zwar kompliziert, ist es aber nicht, denn im Prinzip macht XSL mit XSLT nichts anderes als das, was ich oben schon angedeutet hatte: Anstatt XML-Elementen bestimmte Layout-Merkmale zuzuordnen, wird der XML-Code einfach in ein anderes Format (zum Beispiel HTML) umgewandelt, das diese Fähigkeit schon besitzt.

Stellen Sie sich vor, Sie wollen jemandem erklären, wie die Farbe Blau aussieht. Wahrscheinlich werden Sie nicht beginnen von Spektrallinien und Lichtbrechung zu berichten, die Blau auf eine ganz bestimmte Weise definieren, sondern schlicht sagen: Der Himmel ist blau. Wenn das an diesem Tag nicht der Fall sein sollte, würde vermutlich auch ein simpler blauer Punkt viele Erklärungen sparen. XSLT geht denselben Weg, indem die Daten einfach in ein anderes Format übertragen werden, das jede umständliche Beschreibung überflüssig macht.

XSLT liegt zur Zeit noch in der Version 1.0 vor, die am 16. November 1999 von der W3C als Empfehlung herausgegeben wurde. Mehr zu dieser Version, die wir auch in den folgenden Beispielen als Grundlage verwenden werden, finden Sie im Internet unter der folgenden URL:

http://www.w3.org/TR/xslt

Auch wenn diese Version nach wie vor die einzige offizielle Empfehlung zu XSLT ist, wird natürlich seit geraumer Zeit an einem Nachfolger gebastelt. In der Praxis vieler XSLT-Projekte fanden sich Anforderungen, die mit den aktuellen Boardmitteln von XSLT 1.0 nicht erfüllt werden konnten. Viele Hersteller von XSLT-Prozessoren haben deshalb nach und nach ihre Software mit Erweiterungen versehen, die nicht in der offiziellen Empfehlung von XSLT 1.0 vorgesehen waren. Die geplante neue Version mit der Nummer 2.0 wird viele dieser noch proprietären Erweiterungen aufnehmen.

Noch ist XSLT 2.0 im Entwurfsstadium und wird als Working Draft von der W3C zur Diskussion gestellt. Benutzer und Entwickler haben die Möglichkeit, Vorschläge zu machen oder die neuen Ideen zu diskutieren. Auch wenn noch nichts definitiv entschieden ist, sind folgende Änderungen sehr wahrscheinlich Teil der neuen Version:

13.2 Die Werkzeuge

- Paralleles Schreiben unterschiedlicher Formate in verschiedene Dateien
- Unterstützung von XML-Schema Datentypen
- Einsatz von benutzerdefinierter Funktionen
- XPath 2.0-Unterstützung
- Gruppierung und Sortierung von Ergebnissen

Mehr zu diesem Thema und vor allem den vielen Neuerungen finden Sie im Netz auf der folgenden URL:

http://www.w3.org/TR/xslt20/

In diesem Dokument vom 2. Mai 2003 werden nicht nur die Änderungen beschrieben, sondern auch Hinweise auf die Rückwärtskompatibilität von XSLT 2.0 auf XSLT 1.0 gegeben. Auch wenn keine hundertprozentige Kompatibilität gewährleistet wird, können Sie davon ausgehen, dass die grundsätzlichen Aspekte dieser Sprache erhalten bleiben. Alles, was Sie auf den folgenden Seiten lernen, wird mit Sicherheit auch in XSLT 2.0 auf dieselbe Weise umgesetzt werden können.

13.2.2 XPath

XPath haben Sie bereits im vorhergehenden Kapitel als eine Möglichkeit für den einfachen Zugriff auf die Daten in einem XML-Dokument kennen gelernt. Diese Empfehlung, die auf den Seiten des W3C unter der folgenden URL genau beschrieben wird, ist Teil der XSL-Familie und die wichtigste Möglichkeit, um die Daten in einem XML-Dokument für ein Stylesheet zu definieren.

http://www.w3.org/TR/xpath

Genau wie XSLT liegt XPath nach wie vor in der Version 1.0 vom 16. November 1999 vor. Parallel zu XSLT wird auch hier an einer neuen Version gearbeitet, die Hand in Hand mit XSLT verwendet werden soll. Mehr dazu finden Sie im Internet auf der folgenden Seite:

http://www.w3.org/TR/xpath20/

In diesem Kapitel werden wir die besprochenen Möglichkeiten aus dem letzten Kapitel verwenden, um XSL-Stylesheets für XML-Dokumente zu entwerfen.

13.2.3 XSL-FO

XSL definiert als dritten Bereich die so genannten *Formatierenden Objekte*, die oft kurz einfach nur XSL-FO oder nur FO genannt werden. Dieser Bereich der XSL-Recommendation sorgt in der Regel für die meiste Verwirrung, da die Formatierenden Objekte in ihrer Funktion nicht immer sofort verstanden werden. An dieser Stelle möchte ich versuchen, diesen Bereich von XSL ausführlich zu beschreiben, um möglichen Missverständnissen zu begegnen. Die konkreten technischen Details folgen dann im nächsten Kapitel.

Grundsätzlich kann man XSL-FO als ein gültiges XML-Dokument beschreiben, das einem bestimmten Namensraum zugeordnet ist. Es ist also ein bestimmter Dokumententyp, der über eine Grammatik definiert worden ist. XML-Dokumente von diesem speziellen Typ haben die Aufgabe, die komplette Ausgabe von Daten in Bezug auf Layout, Struktur und Style zu definieren. Es handelt sich also um ein XML-Dokument, das speziell für die Ausgabe von Daten entwickelt worden ist.

Stephen Deach, Mitverfasser der XSL 1.0 Recommendation, beschreibt XSL-FO wie folgt:

> *XSL-FO is an intermediate form between media-neutral XML and media-dependent output.*

Ein XSL-FO-Dokument hat also die Aufgabe, die Ausgabe von XML-Daten in ein bestimmtes Format vorzubereiten. Das XSL-FO-Dokument gliedert dafür die auszugebenden Daten in ein komplexes XML-Dokument, das von der allgemeinen Beschreibung der Ausgabeseite bis hin zum exakten Abstand der Buchstaben wirklich alles definiert, was für die Ausgabe in einem Format notwendig ist.

XSL-FO ist damit weit mehr als ein simples CSS-Stylesheet, das ebenfalls für die Formatierung von XML- oder HTML-Daten verwendet werden kann. CSS-Stylesheets weisen bestimmten Elementen lediglich Formatierungen zu. XSL-FO definiert das komplette Ausgabemedium. Stephen Deach hat zu diesem Thema einen Artikel verfasst, der im Internet unter der folgenden URL abgerufen werden kann:

http://www.seyboldreports.com/TSR/free/0217/techwatch.html

Aus diesem Text stammt auch das folgende Zitat:

> *There is also significant confusion over the differences between XSL-FO and CSS. CSS (Cascading Style Sheets) is an external stylesheet language. It is used to apply styling to an XML or HTML document by selecting elements in the document and attaching styling properties to each selected element. In contrast, XSL-FO is a language for completely describing a styled document, including its content organization, styling, layouts and layout-selection rules - everything needed to format and paginate it. To use it, one applies an XSLT stylesheet (or some other mechanism) to the original XML or XHTML document, transforming into an XSL-FO document, which is then fed to a formatter.*

Im Gegensatz zu einem externen Stylesheet wird mit XSL-FO ein komplettes Dokument beschrieben, das sowohl aus den eigentlichen Daten als auch einem bestimmten Layout besteht. Mit anderen Worten werden in einem XSL-FO-Dokument wesentlich mehr Informationen gespeichert als in einem einfachen XML-Dokument. Wenn Sie sich ein solches Dokument anschauen, dann werden Sie verstehen, was ich meine, denn die Informationsmenge, die alleine für die Layoutangaben notwendig ist, überdeckt die konkreten Daten, die eigentlich ausgegeben werden sollen, komplett.

Das ist allerdings nicht weiter schlimm, denn das XSL-FO-Dokument ist nur ein Zwischenschritt, der als Vorlage für einen Umwandlungsprozessor dient. Der so genannte *Formating Object Processor* hat die Aufgabe, anhand der im XSL-FO-Dokument gemachten Angaben, ein Dokument zu produzieren, das genau diesen Vorgaben entspricht. Dabei spielt es keine Rolle, von welcher Art das Ausgabeformat ist, da nur der Prozessor entscheidet, was er letztendlich mit den Angaben im XSL-FO-Dokument macht. Dieses Dokument trifft also keine Annahmen über den Typ der Ausgabe, sondern nur über das Aussehen.

Wenn Sie XML-Daten aus einem einfachen XML-Dokument in ein Format umwandeln wollen, das über die Möglichkeiten von HTML oder einfachem Text hinausgeht, dann müssen Sie den Zwischenschritt über ein FO-Dokument gehen. Das Ganze funktioniert so, dass ein XSL-Stylesheet entworfen wird, das die Daten des XML-Dokumentes in ein XSL-FO-Dokument umwandelt. Es findet also eine Umwandlung von XML in XML statt, wobei durch das Stylesheet alle Angaben über die Darstellung hinzugefügt werden. Das fertige FO-Dokument wird dann mit einem FO-Prozessor (kurz FOP) in das gewünschte Ausgabeformat umgewandelt.

Das Ganze erfolgt also in zwei Schritten über drei Dokumente und sieht dann etwa so aus:

Abbildung 13.2 FO im Einsatz

Als Ausgabeformat wurde das PDF-Format gewählt, wie wir es im nächsten Kapitel auch tun werden. Generell spielt das aber keine Rolle, da ein FO-Dokument mit dem richtigen Prozessor in jedes binäre oder textuelle Format umgewandelt werden kann. Den Einsatz und den Umgang mit XSL-FO werden wir an einem sehr konkreten Beispiel im nächsten Kapitel besprechen. Ich kann Ihnen versichern, dass es eine sehr interessante Erfahrung für Sie werden wird.

Mehr über XSL-FO und die damit verbundenen Möglichkeiten werden im Internet unter der folgenden URL beschrieben:

http://www.w3.org/TR/xsl/

Neben dem PDF-Format werden noch weitere Formate unterstützt, wie beispielsweise PCL, PostScript oder für Java eine AWT-Ausgabe.

13.2.4 Der XSLT-Prozessor

Um ein XML-Dokument anhand eines XSL-Stylesheets in ein anderes Format umzuwandeln, braucht man natürlich ein Stück Software, das diese Aufgabe erledigt. In diesem Fall handelt es sich um einen XSLT-Prozessor, der die Angaben im Stylesheet zusammen mit den XPath-Anweisungen korrekt interpretiert, um in der Lage zu sein, die benötigten Daten zu extrahieren und im neuen Format einzubetten.

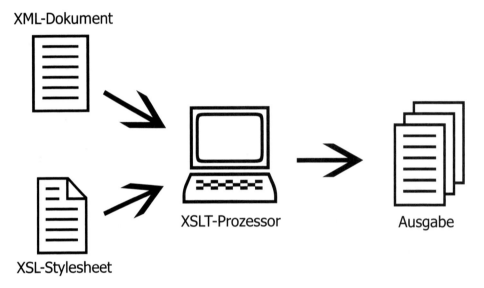

Abbildung 13.3 Der XSLT-Prozessor

Es gibt eine ganze Reihe unterschiedlicher Prozessoren, die dazu in der Lage sind. Unter anderem hat auch der Internet Explorer von Microsoft einen integrierten XSLT-Prozessor, der in der Lage ist, ein Stylesheet mit einem XML-Dokument zu verknüpfen. Wir werden in diesem Kapitel ausschließlich auf diese Möglichkeit zurückgreifen, da das Ausgabeformat HTML sofort im Browser betrachtet werden kann. Zu diesem Zweck reicht es, wenn das XML-Dokument mit einer entsprechenden Verknüpfung zu einem Stylesheet wie gehabt im Explorer geladen wird.

13.2 Die Werkzeuge   333

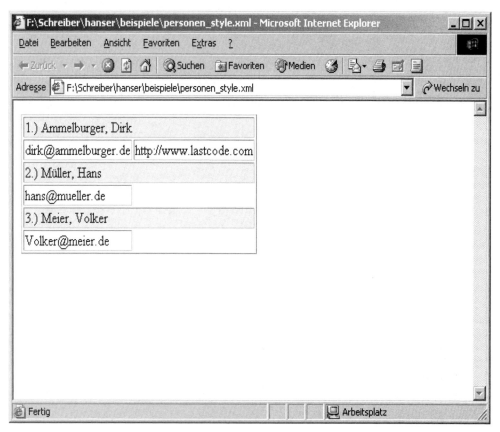

Abbildung 13.4 Abbildung im Internet Explorer

Neben dem Internet Explorer können Sie auch alle Beispiele im Mozilla nachvollziehen, da dieser Browser in den aktuellen Versionen ebenfalls einen XSLT-Prozessor integriert hat. Dasselbe gilt natürlich auch für den Netscape Browser, der bekanntlich auf derselben Software beruht.

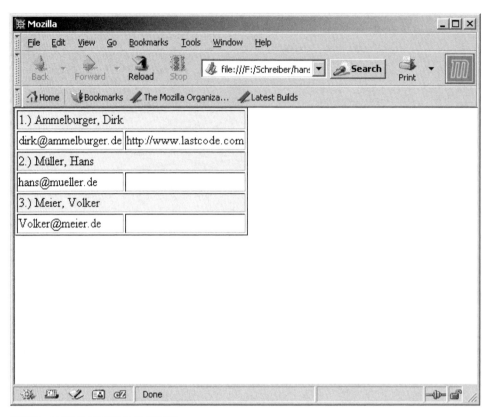

Abbildung 13.5 Abbildung im Mozilla

13.2.5 Weitere Werkzeuge

Im nächsten Kapitel werden wir einen weiteren Blick auf die Möglichkeiten von Java im Umgang mit XML werfen und dabei einen neuen XSLT-Prozessor kennen lernen. Zu diesem Zweck werden wir auf den XSLT-Prozessor Xalan der Apache Group zurückgreifen, der zusammen mit dem FO-Prozessor FOP zum Standard im Umgang mit XML und Stylesheets gehört. Informationen zur Apache Group und XML finden Sie im Netz unter der folgenden URL:

http://xml.apache.org

Mehr dazu im 14. und letzten Kapitel dieses Buches.

13.3 Stylesheets erstellen

Auf dieser und den folgenden Seiten werden Sie nun lernen, wie mit Hilfe eines Stylesheets die Daten eines XML-Dokumentes formatiert werden können. Nach den einleitenden Worten zum Sinn und Zweck der Sache sowie einem kurzen Blick auf die benötigten Werkzeuge können wir nun endlich dazu übergehen, einige praktische Beispiele zu machen. Alle Beispiele können im Internet Explorer und auch im Mozilla nachvollzogen werden.

13.3.1 XSL als XML-Dokument

Syntaktisch gesehen handelt es sich bei einem XSL-Dokument um ein wohlgeformtes und auch gültiges XML-Dokument, das einem bestimmten Namensraum angehört. Der Namensraum für alle Stylesheet-Bestandteile lautet wie folgt:

http://www.w3.org/1999/XSL/Transform

Da er für das komplette Dokument gültig ist, muss er natürlich im Wurzelelement über das Attribut xmlns angegeben werden. Es handelt sich hierbei allerdings um keinen Default-Namensraum. Als Vorsilbe wird das Kürzel xsl vereinbart, so dass das komplette Wurzelelement so aussieht:

```
<xsl:stylesheet
   version="1.0"
   xmlns:xsl="http://www.w3.org/1999/XSL/Transform"
>
```

Listing 13.2 Wurzelelement eines Stylesheets

Diesen Namensraum werden wir für alle folgenden Beispiele verwenden. Wenn Sie mit einem älteren XSLT-Prozessor arbeiten oder die Beispiele im Internet Explorer der Version 5 nachvollziehen wollen, müssen Sie einen älteren Entwurf angeben:

http://www.w3.org/TR/WD-xsl

Für alle späteren Browser ist das nicht mehr nötig. Beachten Sie außerdem, dass wir neben dem Namensraum auch ein Attribut für die Version angegeben haben. Wir verwenden 1.0, da wir uns auf den Entwurf 1.0 von XSL beziehen. Mit dieser Grundlage können wir nun XSL-Stylesheets konstruieren und XML-Code formatieren.

Das komplette Grundgerüst sieht also so aus:

```
<?xml version="1.0" encoding="ISO-8859-1" ?>
<xsl:stylesheet
   version="1.0"
   xmlns:xsl="http://www.w3.org/1999/XSL/Transform"
>
<!--Hier werden die Styleanweisungen eingefügt-->
</xsl:stylesheet>
```

Listing 13.3 Das komplette Stylesheetgerüst

Dieses Stylesheet ist im Prinzip schon ein gültiges Dokument, das auch auf XML-Daten angewendet werden könnte. Ein XSLT-Prozessor würde also versuchen, die hier gemachten Anweisungen auf die Elemente eines XML-Dokumentes anzuwenden. Da wir aber noch keine Anweisungen getroffen haben, ist das Ergebnis natürlich eher spärlich. Während der Internet Explorer einfach alle Daten ausgibt, die nicht vom Stylesheet betroffen sind (also alle), zeigt der Mozilla einfach eine graue Seite, die ebenfalls keinen Abdruck wert ist.

Wir müssen also noch etwas tun, um der Sache mehr Farbe zu geben. Die Werkzeuge, die wir dafür brauchen, sind natürlich weitere Elemente, die im XSL-Dokument unterhalb des `stylesheet`-Elementes eingesetzt werden. Alle Elemente, die auf diese Weise in einem XSL-Dokument verwendet werden, nennt man Top-Level-Elemente, da sie nach dem Wurzelelement auf der obersten Ebene des Dokumentes liegen. Die folgende Tabelle zeigt diese Elemente mit einer kurzen Beschreibung:

Tabelle 13.1 Top-Level-Elemente eines XSL-Stylesheets

Top-Level-Element	Beschreibung
template	Definiert ein Ausgabetemplate
import	Importiert Daten
include	Fügt ein Stylesheet in ein anderes ein
output	Legt die Art der Ausgabe fest
variable	Definiert eine Variable
strip-space	Entfernt Elemente mit ausschließlich Leerzeichen

Im Laufe dieses Kapitels werde ich die wichtigsten Bestandteile dieser Top-Level-Elemente besprechen.

Mit Abstand das wichtigste Element aus dieser Liste ist `template`, da es von jedem Stylesheet verwendet werden muss, das etwas ausgeben möchte. Innerhalb dieses Elements wird (wie der Name schon sagt) ein Template definiert, das für die Erstellung des Ergebnisdokumentes zuständig ist. Ein Stylesheet besteht in der Regel aus mehreren Templates, die später miteinander kombiniert werden, allerdings reicht ein einzelnes auch aus, um eine Ausgabe zu erzeugen.

13.3.2 Das Template

Welche Aufgabe hat ein Template nun genau? Um das zu verstehen, müssen wir uns die Arbeitsweise des XSLT-Prozessors vor Augen führen und feststellen, wie die XML-Daten aus dem Quelldokument verarbeitet werden. Wenn XML-Daten transformiert werden sollen, dann geschieht das in mehreren Schritten: Zuerst wird festgestellt, ob mehrere Templates vorliegen. Wenn das der Fall ist, dann werden diese der Reihe nach abgearbeitet, und zwar vom Allgemeinen zum Speziellen. Jedes Template-Element übergibt dabei ein Attribut mit einem XPath-Hinweis, der genau angibt, auf welchen Bereich sich dieses Template bezieht. Dieser spezielle Bereich kann nun anhand der Anweisungen **innerhalb** des zugeordneten Templates verarbeitet werden.

13.3 Stylesheets erstellen

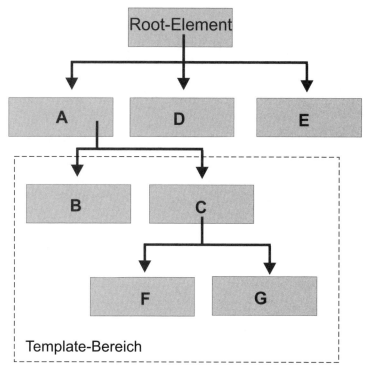

Abbildung 13.6 Zugriff eines Templates auf einen Unterbereich

Die einzelnen Templates teilen den XML-Baum also in verschiedene „Unterbäume" auf und erlauben es, auf diese Weise verschiedene Bereiche des Baumes komplett unabhängig voneinander zu verarbeiten. Innerhalb eines solchen „Unterbaumes" gelten dieselben Regeln wie für den kompletten Baum, wobei auch hier die Reihenfolge vom Allgemeinen zum Speziellen geht. Wenn also eine Regel für den kompletten Baum angewendet wird, dann kann diese für einen speziellen Zweig oder auch nur ein Element wieder aufgehoben werden. Umso detaillierter die XPath-Angabe ist, umso kleiner also die Ergebnismenge ist, desto höher steht die Anweisung in der Rangordnung.

Um die Sache etwas deutlicher zu machen, möchte ich an dieser Stelle noch zwei allgemeine Beispiele einfügen. Das folgende Beispiel zeigt die bekannte Personendatenbank, die schon einen Verweis auf ein Stylesheet hat:

```xml
<?xml version="1.0" encoding="ISO-8859-1" ?>
<?xml-stylesheet href="style.xsl" type="text/xsl" ?>
<personen>
   <person personalnummer="DA-301178">
      <name>Ammelburger</name>
      <vorname>Dirk</vorname>
      <email>dirk@ammelburger.de</email>
      <web>http://www.lastcode.com</web>
   </person>
   <person personalnummer="HM-170945">
```

```
        <name>Müller</name>
        <vorname>Hans</vorname>
        <email>hans@mueller.de</email>
    </person>
    <person personalnummer="VM-454311">
        <name>Meier</name>
        <vorname>Volker</vorname>
        <email>Volker@meier.de</email>
    </person>
</personen>
```

Listing 13.4 Personendatenbank

Mit Hilfe von Template-Anweisungen innerhalb eines Stylesheets kann man diesen Baum nun in verschiedene Bereiche aufteilen. Betrachten Sie die folgenden drei XPath-Anweisungen, und überlegen Sie sich, auf welche Bereiche des Baumes sie abzielen:

```
/personen/person
/personen/person[@personalnummer='DA-301178']
/personen/person[name='Meier']
```

Listing 13.5 XPath-Anweisungen

Während die erste Anweisung in einem `template`-Element sich auf alle konkreten Datensätze des XML-Baumes bezieht, sind die beiden folgenden durch Bedingungen auf nur einen Teil der Daten beschränkt. Würden Sie nun also dem ersten allgemeineren Template eine Anweisung geben, dann würde diese durch die beiden folgenden Templates in ihrem speziellen Bereich überschrieben werden.

13.3.3 Das erste Beispiel

Mit dieser Grundlage können wir nun ein erstes Beispiel wagen, das tatsächlich in der Lage ist, etwas auf dem Bildschirm anzuzeigen. Bevor wir aber den kompletten Quelltext schreiben, hier noch einmal die vollständige Syntax des Template-Elementes, die alle weiteren Anweisungen für die Ausgabe umschließt:

```
<?xml version="1.0" encoding="ISO-8859-1" ?>

<xsl:stylesheet
    version="1.0"
    xmlns:xsl="http://www.w3.org/1999/XSL/Transform"
>
    <xsl:template match="/">
        ...
    </xsl:template>

</xsl:stylesheet>
```

Listing 13.6 Das Element template

13.3 Stylesheets erstellen

Dieses einfache Stylesheet hat nur ein Template, das für die komplette Ausgabe verantwortlich ist. Da an dieser Stelle noch keine weiteren Anweisungen gegeben wurden, ist die Ausgabe nach wie vor eine leere Seite. Im `match`-Attribut des `template`-Elementes wird die XPath-Anweisung angegeben, die festlegt, auf welchen Bereich sich dieses Template beziehen soll. Im Gegensatz zu den Beispielen oben wurde hier einfach nur ein / angegeben, der besagt, dass dieses Template für das komplette Dokument zuständig ist. Da es das einzige Template ist, scheint mir das eine sinnvolle Anweisung zu sein.

Alles, was innerhalb dieses `template`-Elementes angegeben wird, dient zur Ausgabe des Stylesheets. Wenn wir nun das Dokument ein wenig erweitern, sollten Sie also nicht überrascht sein, etwas HTML-Code zu finden:

```
<?xml version="1.0" encoding="ISO-8859-1" ?>

<xsl:stylesheet
    version="1.0"
    xmlns:xsl="http://www.w3.org/1999/XSL/Transform"
>
    <xsl:output method="html" encoding="ISO-8859-1" />

    <xsl:template match="/">
        <h1>Hallo XSL!</h1>
    </xsl:template>

</xsl:stylesheet>
```

Listing 13.7 Ausgabe von HTML-Code

Die erste neue Zeile, die ins Auge fällt, ist das Top-Level-Element `output`, das hier verwendet wird, um festzulegen, dass es sich um eine HTML-Ausgabe handelt. Das Attribut `method` gibt an, um welchen Typ Daten es sich handelt, während das Attribut `encoding` angibt, wie der Zeichensatz lautet. Diese Angabe ist notwendig, da der Mozilla sonst die HTML-Kodierung ignoriert und von einer XML-Ausgabe ausgeht. Im Gegensatz dazu geht der Internet Explorer Default-mäßig immer von HTML aus und muss explizit auf ein anderes Format hingewiesen werden. Mehr zu diesem Top-Level-Element später in diesem Kapitel.

Die zweite neue Zeile ist ein Stück simpler HTML-Code, der eine Überschrift `h1` in das Template schreibt. Der Text selbst ist nicht weiter wichtig und soll nur zeigen, wie ein Template in der Ausgabe funktioniert. An dieser Stelle sehen Sie wieder einmal den Sinn von Namensräumen, der die Elemente an dieser Stelle klar abgrenzt. Alles mit xsl als Vorsilbe ist XML, während die anderen Elemente HTML zugeordnet werden. Ohne Namensräume würde hier ein großes Durcheinander entstehen.

Um das Beispiel nun auch betrachten zu können, müssen Sie es mit einem XML-Dokument verknüpfen, auf das diese Anweisungen bezogen werden. Das geschieht mit der Processing Instruction, die oben schon einmal gezeigt wurde:

```
<?xml-stylesheet href="style.xsl" type="text/xsl" ?>
```

Fügen Sie diese PI im Kopf direkt nach der xml-PI in ein XML-Dokument ein. In den folgenden Beispielen beziehe ich mich immer auf das oben gezeigte Personen-Beispiel, darum sollten Sie nach Möglichkeit dasselbe verwenden. Wenn das geschehen ist, können Sie die Datei im Internet-Explorer laden:

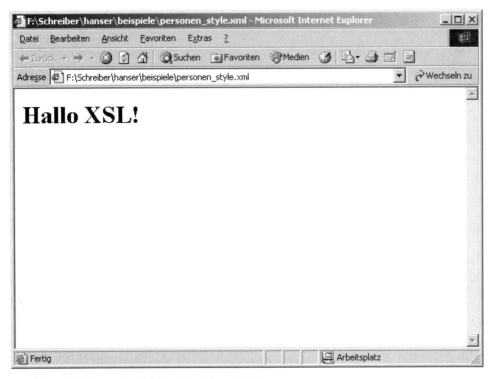

Abbildung 13.7 Das erste Stylesheet im Internet Explorer

Ein ganz ähnliches Bild zeigt sich im Mozilla, der dank der output-Anweisung auch den HTML-Tag interpretiert:

13.3 Stylesheets erstellen

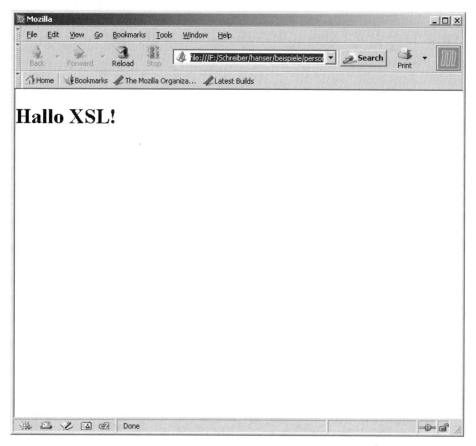

Abbildung 13.8 Das erste Beispiel im Mozilla

Im Vergleich zur Standardausgabe der beiden Browser ist das doch ein gewaltiger Fortschritt. Doch wo sind nun die konkreten Daten, die wir zuvor immer in einer schönen Baumstruktur zu sehen bekommen haben? Um diese Frage zu beantworten, müssen wir noch einmal einen Blick auf das neu erstelle Ausgabe-Template werfen.

```
<xsl:template match="/">
```

Diese Anweisung teilt dem XSLT-Prozessor im Browser mit, dass es sich um ein Template handelt, das die Ausgabe aller Daten im XML-Dokument übernimmt. Dank der XPath-Anweisung gibt es nun keine Daten mehr, die für ein eventuelles anderes Template übrig geblieben sind. Mit anderen Worten: Die Ausgabe ist nun auf das beschränkt, was dieses Template sagt oder welche Ausgabe es umschließt.

Was passiert nun mit den eben ausgewiesenen Daten im Template? Nun, das ist uns überlassen. Wir haben uns im ersten Beispiel einfach dazu entschieden, die Daten nicht weiter zu verwenden und dafür einen Gruß an XSL zu richten. Wenn der XSLT-Prozessor keine weiteren Angaben für den Umgang mit den Daten finden, dann werden sie schlicht ignoriert.

Etwas anders sieht die Sache aus, wenn das Template nicht alle Daten abdeckt und so einige Bereiche des XML-Codes nicht in einem Stylesheet verarbeitet werden:

```xml
<?xml version="1.0" encoding="ISO-8859-1" ?>

<xsl:stylesheet
   version="1.0"
   xmlns:xsl="http://www.w3.org/1999/XSL/Transform"
>
    <xsl:output method="html" encoding="ISO-8859-1" />

    <xsl:template match="/personen/person[@personalnummer='DA-301178']">
       <h1>Hallo XSL!</h1>
    </xsl:template>

</xsl:stylesheet>
```

Listing 13.8 Ein XSL-Dokument mit „Lücken"

Das Beispiel zeigt ein Template, das sich nur auf den ersten Datensatz beschränkt. Da keine weiteren Templates angegeben sind, stehen die restlichen Daten ohne Stylesheet im Raum. Eine solche Lücke sollte man immer vermeiden, da man nicht vorhersagen kann, wie ein XSLT-Prozessor darauf reagiert. Der Internet Explorer gibt die „fehlenden" Daten einfach am Ende des Dokumentes aus:

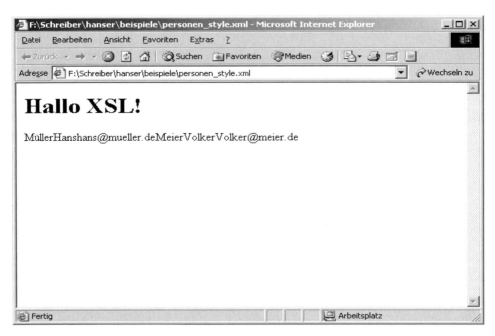

Abbildung 13.9 Ein Stylesheet mit Lücken im Internet Explorer

Der erste Datensatz, der vom Stylesheet abgedeckt ist, wird wieder durch das Template überschrieben. Da der Internet Explorer mit den restlichen Daten nichts anzufangen weiß, schickt er sie einfach unformatiert hinterher.

Mozilla hingegen geht ein wenig anders mit den Lücken im XSL-Template um – er ignoriert sie einfach:

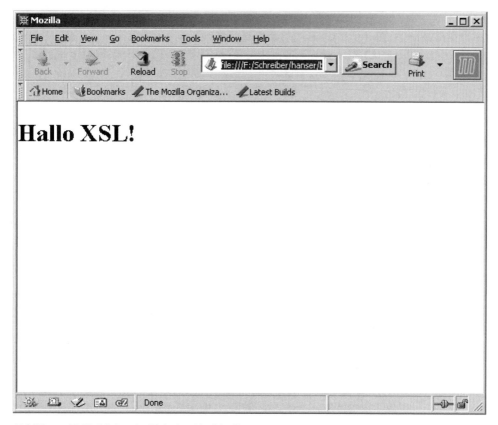

Abbildung 13.10 Lücken im Stylesheet im Mozilla

Diese Grafik unterscheidet sich nicht von der ersten, die das komplette Beispiel gezeigt hat. Trotzdem sollten Sie sich auf eine solche Reaktion nicht immer verlassen, da Sie letztendlich nicht sagen können, in welchem XSLT-Prozessor Ihr Stylesheet landet.

13.3.4 Instruktionselemente

Nachdem Sie nun die Grundlagen für die Erstellung von Templates kennen gelernt haben, können wir uns nun um das „Innenleben" dieser Anweisungen kümmern. Wie Sie inzwischen wissen, ist alles innerhalb eines Templates für die Ausgabe bestimmt und kann entsprechend dem Ausgabeformat mit weiteren Angaben formatiert werden. Ihnen fehlen nur noch ein paar Möglichkeiten, die Daten aus dem Baumabschnitt des jeweiligen Templates auszulesen und wieder im neuen Format auszugeben.

Alle Elemente, die zu diesem Zweck innerhalb des Template-Elementes zum Einsatz kommen, nennt man *Instruktionselemente*. Dieser Abschnitt wird Ihnen einen Überblick über die wichtigsten Instruktionselemente und deren Verwendung geben. Eine komplette Liste aller Möglichkeiten finden Sie im Internet unter der folgenden URL:

http://www.w3.org/TR/xslt

In diesem Buch werde ich mich nur auf ein einige Elemente beschränken, um den Rahmen nicht zu sprengen. Sie können versichert sein, dass die folgende Tabelle die am häufigsten verwendeten Instruktionselemente zeigt:

Tabelle 13.2 Instruktionselemente

Instruktionselement	Beschreibung
value-of	Ein Wert wird ausgegeben
for-each	Schleife
if	Bedingungstest
apply-templates	Templates werden zusammengefügt
text	Gibt Text aus
element	Erstellt ein Element
attribute	Erstellt ein Attribut

Das mit Abstand am häufigsten verwendete Instruktionselement ist mit Sicherheit `value-of`, da es erlaubt, die Daten aus dem XML-Dokument zu übernehmen. Die Syntax ist relativ einfach, da es sich um ein leeres Element handelt:

```
<xsl:value-of select="XPATH-AUSDRUCK" />
```

Das Element hat nur ein Attribut, das auf den Namen `select` hört. Über dieses Attribut wird ein weiterer XPath-Ausdruck angegeben, der auf die Daten im XML-Dokument zeigt, die ausgelesen werden sollen. Bedenken Sie, dass es an dieser Stelle nicht mehr um das komplette XML-Dokument geht, sondern nur noch um den Teilbaum, der durch das `template`-Element bestimmt worden ist. Das neue Wurzelement ist also der Ursprung des Teilbaumes, aus dem übergeordneten Template.

Das folgende Beispiel, mit zwei etwas komplexeren XPath-Ausdrücken, zeigt, wie die Sache funktioniert:

```
<?xml version="1.0" encoding="ISO-8859-1" ?>
<xsl:stylesheet version="1.0"
   xmlns:xsl="http://www.w3.org/1999/XSL/Transform">
<xsl:output method="html" encoding="ISO-8859-1" />
```

13.3 Stylesheets erstellen

```
<xsl:template match="/personen">

<h2>
   Vorname:
 <xsl:value-of select="person[@personalnummer='DA-301178']/vorname" />
 <br />
   Name:
 <xsl:value-of select="person[@personalnummer='DA-301178']/name" />
 <br />
</h2>

</xsl:template>

</xsl:stylesheet>
```

Da wir uns dank des Templates schon innerhalb des `personen`-Elementes befinden, können die XPath-Ausdrücke im `select`-Attribut relativ angegeben werden. Durch die konditionale Einschränkung sind die angeforderten Daten sehr genau und eindeutig festgelegt, so dass wir nur auf den Namen und den Vornamen des ersten Datensatzes zugreifen.

Der XSLT-Prozessor ersetzt die `value-of`-Elemente durch die Daten, die er aus dem XML-Dokument herausliest, und schickt dann das komplette Ergebnis in die Ausgabe. Es fällt auf, dass die Zeilenumbrüche am Ende der Zeilen mit einem `br`-Element realisiert werden. Allerdings wird auch hier ein leeres Element mit abschließendem Slash angegeben, was in HTML eigentlich nicht notwendig ist. Bedenken Sie aber, dass wir uns nach wie vor in XML bewegen und deshalb auf eine korrekte XML-Syntax bauen müssen.

Das Ergebnis ist natürlich HTML und kann im Browser angezeigt werden. Zuerst aber im Klartext, damit Sie wissen, was genau passiert ist:

```
<h2>
   Vorname: Dirk <br />
   Name: Ammelburger <br />
</h2>
```
Listing 13.9 Ausgabe in HTML

Das Stückchen HTML-Code stellt sich in beiden Browsern wie erwartet dar:

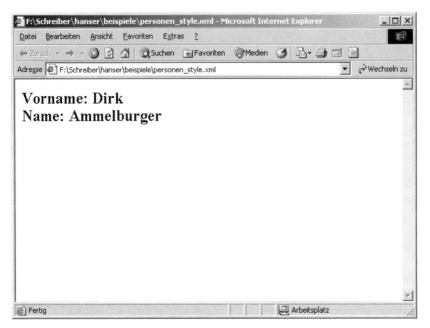

Abbildung 13.11 Das Ergebnis im Browser

Die Überschrift habe ich gewählt, um die Lesbarkeit des Ergebnisses zu gewährleisten und zu zeigen, wie die HTML-Formatierung greift. Natürlich würde das Beispiel auch ohne h2-Element funktionieren.

13.3.5 Mehrere Templates

Alle bisherigen Beispiele haben immer nur mit einem Template gearbeitet. Das ist zwar möglich, doch reicht es in den meisten Fällen nicht aus, um alle Daten eines Dokumentes sinnvoll zu verarbeiten. Darüber hinaus ist es auch eine Frage der sinnvollen Gliederung, inwieweit es nötig ist, aus Gründen der Lesbarkeit des Stylesheets mehrere Templates zu verwenden.

In diesem Abschnitt werde ich Ihnen zeigen, wie Sie mit mehreren Templates arbeiten können und wie diese zu einer gemeinsamen Ausgabe zusammengefügt werden. Im Prinzip handelt es sich nicht unbedingt um eine wirklich neue Sache, da Sie schon mit einem Template gearbeitet haben. Neu ist lediglich, dass jeder Teilbereich des Baumes in einer komplett eigenen Umgebung formatiert werden kann. Zu diesem Zweck wird das XML-Dokument durch einige XPath-Ausdrücke in sinnvolle Teile zerlegt.

Grundlage für das Beispiel sind nach wie vor die Personendaten, die uns seit Beginn dieses Kapitels begleiten. Da es sich um exakt drei Personen handelt, die dort abgelegt sind, bietet es sich an, auch drei Templates zu entwerfen, die auf diese drei Bereiche zugreifen. Erstellen Sie also drei Stylesheets, die mit verschiedenen XPath-Ausdrücken auf die unterschiedlichen Bestandteile zugreifen:

13.3 Stylesheets erstellen

```xml
<xsl:template match="/personen/person[@personalnummer='DA-301178']">
    <xsl:value-of select="name" /><br />
</xsl:template>
<xsl:template match="/personen/person[@personalnummer='HM-170945']">
    <xsl:value-of select="name" /><br />
</xsl:template>
<xsl:template match="/personen/person[@personalnummer='VM-454311']">
    <xsl:value-of select="name" /><br />
</xsl:template>
```

Listing 13.10 Drei Templates

Durch die XPath-Ausdrücke greift jedes dieser Templates auf einen eigenen Bereich zu. Jede Person wird nun also durch ein eigenes Template repräsentiert. Als kleinen Vorgeschmack auf die Möglichkeiten wurde in jedem Template der jeweilige Name ausgelesen, ansonsten wurden die Daten nicht weiter formatiert.

Die Frage, die sich nun stellt, ist natürlich: Wie werden diese drei Templates nun miteinander in Beziehung gesetzt. Wenn keine weiteren Angaben gemacht werden, dann geht der XSLT-Prozessor davon aus, dass die Templates einfach der Reihe nach bearbeitet und ausgegeben werden sollen. Ein Blick auf das Beispiel im Browser zeigt das Ergebnis:

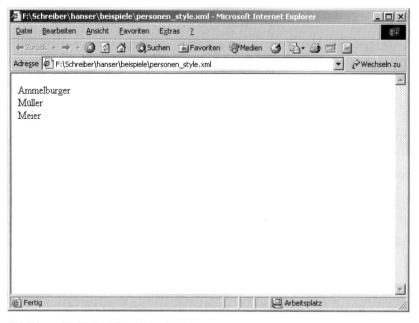

Abbildung 13.12 Drei Templates im Browser

Dieses Vorgehen ist allerdings nicht immer erwünscht oder sinnvoll. Darum bietet XSL ein weiteres Instruktionselement, das es erlaubt, die verschiedenen Templates zusammenzufassen und in einem größeren Content auszugeben. Das Instruktionselement lautet `apply-templates` und muss natürlich auch in einem Template eingesetzt werden. In der Regel wird dieses Element in einem eigenen Template angewendet, um es von den anderen Templates abzugrenzen. Es sorgt dafür, dass alle Templates der Reihe nach an genau die Stelle gesetzt werden, an der dieses Instruktionselement steht. Diese Fähigkeit ist natürlich einschränkbar, doch dazu später mehr.

Mit diesem neuen Element erweitern wir das oben gemachte Beispiel ein wenig und schaffen ein Stylesheet, das alle Personen mit den Daten in einer Tabelle ausgibt:

```xml
<?xml version="1.0" encoding="ISO-8859-1" ?>

<xsl:stylesheet version="1.0"
xmlns:xsl="http://www.w3.org/1999/XSL/Transform">

<xsl:output method="html" encoding="ISO-8859-1" />

<xsl:template match="/">

    <table border="1" width="300">
       <xsl:apply-templates />
    </table>

</xsl:template>

<xsl:template match="/personen/person[@personalnummer='DA-301178']">

    <tr>
       <td bgcolor="#eeeeee" colspan="2">
          <xsl:value-of select="position()" />.
          <xsl:value-of select="name" />,
          <xsl:value-of select="vorname" />
       </td>
    </tr>
    <tr>
       <td><xsl:value-of select="email" /></td>
       <td><xsl:value-of select="web" /></td>
    </tr>

</xsl:template>

<xsl:template match="/personen/person[@personalnummer='HM-170945']">

    <tr>
       <td bgcolor="#eeeeee" colspan="2">
          <xsl:value-of select="position()" />.
          <xsl:value-of select="name" />,
          <xsl:value-of select="vorname" />
       </td>
    </tr>
    <tr>
       <td><xsl:value-of select="email" /></td>
       <td><xsl:value-of select="web" /></td>
    </tr>

</xsl:template>

<xsl:template match="/personen/person[@personalnummer='VM-454311']">

    <tr>
       <td bgcolor="#eeeeee" colspan="2">
```

13.3 Stylesheets erstellen

```
            <xsl:value-of select="position()" />.)
            <xsl:value-of select="name" />,
            <xsl:value-of select="vorname" />
         </td>
      </tr>
      <tr>
         <td><xsl:value-of select="email" /></td>
         <td><xsl:value-of select="web" /></td>
      </tr>

   </xsl:template>

</xsl:stylesheet>
```

Listing 13.11 Ein komplettes Stylesheet mit mehreren Templates

Dieses etwas längere Beispiel erweitert das Stylesheet um ein weiteres Template, das die Aufgabe hat, die drei nachfolgenden Templates zusammenzufassen. Außerdem wird in diesem Template eine HTML-Tabelle geöffnet und wieder geschlossen und so ein formaler Rahmen für die übrigen Daten erschaffen. Das oberste Template bezieht sich aufgrund der XPath-Formulierung auf das gesamte XML-Dokument und müsste es mit diesen Angaben komplett überschreiben. Allerdings sind die folgenden Templates spezifischer ausgerichtet und haben deshalb Vorrang vor dem übergeordneten Template.

In diesen drei Templates werden die konkreten Daten der einzelnen Personendatensätze ausgelesen und ebenfalls in eine Tabellenstruktur gefasst. Diese einzelnen Abschnitte werden innerhalb des vierten Templates in ein `table`-Elemente gefasst, so dass die HTML-Syntax komplett ist. Beachten Sie auch, dass die `position()`-Funktion aus XPath verwendet wurde, um die Position im Baum auszulesen und so eine Nummerierung zu ermöglichen. Das fertige HTML-Gebilde sieht folgendermaßen aus:

```
<table width="300" border="1">
<tr>
<td colspan="2" bgcolor="#eeeeee">
2.)    Ammelburger,    Dirk</td>
</tr>
<tr>
<td>dirk@ammelburger.de</td><td>http://www.lastcode.com</td>
</tr>
<tr>
<td colspan="2" bgcolor="#eeeeee">
4.)       M&uuml;ller,       Hans</td>
</tr>
<tr>
<td>hans@mueller.de</td><td></td>
</tr>
<tr>
<td colspan="2" bgcolor="#eeeeee">
6.)       Meier,       Volker</td>
</tr>
<tr>
<td>Volker@meier.de</td><td></td>
</tr>
</table>
```

Listing 13.12 Das Ergebnis in HTML

Im Browser sieht die formatierte Version dieses Beispiels so aus:

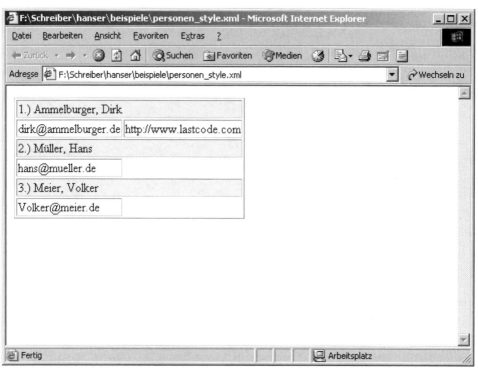

Abbildung 13.13 Die Tabelle im Browser

Das Beispiel macht deutlich, inwieweit Sie Templates zusammenfassen können und in einer globalen Struktur unterbringen. Wenn Sie die Reichweite von `apply-templates` einschränken möchten, um beispielsweise nur einen Teil der Templates unterzubringen, dann können Sie dies tun. Das Werkzeug der Wahl ist dabei ein Attribut für das Element `apply-templates`, das es erlaubt, die Template-Menge zu beschränken.

```
<xsl:apply-templates select="XPATH-AUSDRUCK" />
```

Ähnlich wie bei `value-of` lautet das Attribut `select`. Auch hier kann über einen XPath-Ausdruck eine Knotenmenge bestimmt werden, die für das Element gültig ist. Allerdings bezieht sich dieser Ausdruck nicht direkt auf die Quelldaten, sondern vielmehr auf die verschiedenen Templates und deren Gültigkeitsbereich. Wenn Sie das oben gezeigte Beispiel ein wenig modifizieren und das apply-templates-Element um den folgenden Ausdruck erweitern, dann würde nur noch ein Teil der definierten Templates in der Tabelle erscheinen:

```
<xsl:apply-templates select=
    "/personen/person[@personalnummer='VM-454311' or @personalnummer='DA-301178']"
/>
```

13.3 Stylesheets erstellen

Nun würden nur noch zwei der drei Templates erscheinen, und zwar nur diese, die der Bedingung im XPath-Ausdruck gerecht werden. Das Ergebnis sieht im Browser entsprechend aus:

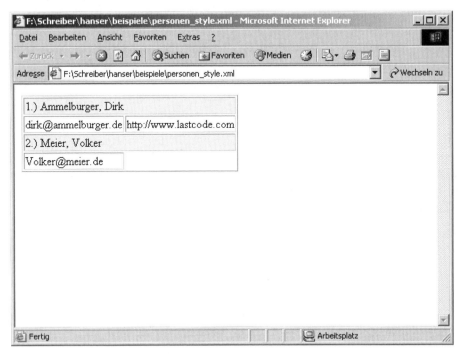

Abbildung 13.14 Nur noch zwei Datensätze

Der dritte Datensatz wird einfach nicht mehr angezeigt und könnte möglicherweise in einer eigenen Tabelle ausgegeben werden.

13.3.6 Kontrollstrukturen

XSL definiert eine Reihe von Kontrollstrukturen, die es erlauben, die Transformation von XML zu manipulieren und einen XSLT-Prozessor genau zu steuern. Auch wenn diese Kontrollstrukturen auf den ersten Blick ein wenig ungewohnt aussehen – sie müssen immerhin in XML formuliert werden –, so erinnern sie doch stark an die Möglichkeiten von Perl, PHP, Java oder anderen Programmiersprachen. Der Umgang mit ihnen ist also relativ leicht zu verstehen und sollte Ihnen keine Schwierigkeiten machen.

Das erste Instruktionselement, das wir aus den Reihen der Kontrollstrukturen kennen lernen, ist eine Schleifenkonstruktion, die es erlaubt, auf viele Knoten in einer Knotenmenge zuzugreifen. Gerade bei XML-Dokumenten, die viele Elemente vom selben Typ auf derselben Ebene haben, ist diese Struktur ein wahrer Segen, denn der Zugriff kann so geordnet und der Reihe nach vollzogen werden.

Wenn Sie an die aktuelle Beispieldatei denken, werden Sie erkennen, dass es sich bei der XML-Struktur genau um eine solche Situation handelt, da mehrere Elemente vom Typ `person` auf einer Ebene liegen. Der Zugriff auf alle Daten war bisher relativ schwierig und konnte nur mit komplizierten XPath-Ausdrücken oder mehreren Templates erfolgen. Diese Lösung ist allerdings nur bedingt praktikabel, da wir nicht immer wissen, wie viele und vor allem welche konkreten Daten wir in einem XML-Dokument übergeben bekommen. Bedingte Zugriffe wie das folgende Beispiel sind einfach nur möglich, wenn man weiß, wie die Attribute der Daten lauten:

```
<xsl:template match="/personen/person[@personalnummer='DA-301178']">
...
</xsl:template>
```

Wissen Sie es nicht, dann ist es praktisch unmöglich, auf die einzelnen Abschnitte zuzugreifen. Das ändert sich, wenn wir eine Möglichkeit haben, die einzelnen `person`-Elemente durchzugehen und nacheinander unabhängig vom Inhalt zu bearbeiten. Das neue Element lautet `for-each` und erinnert schon wegen dem Namen an eine bekannte Schleifenkonstruktion. Die komplette Syntax ist trotz allem erstaunlich einfach:

```
<xsl:for-each select="XPATH-AUSDRUCK" >
```

Das `for-each`-Element erwartet einen XPath-Ausdruck, der eine Knotenmenge zurückgibt, über die die Schleifenkonstruktion laufen soll. Der Ausdruck wird im Attribut `select` angegeben, was inzwischen keine Überraschung mehr ist. Das folgende Beispiel zeigt die Anwendung dieses Elementes in einem sehr einfachen Beispiel:

```
<?xml version="1.0" encoding="ISO-8859-1" ?>

<xsl:stylesheet version="1.0"
xmlns:xsl="http://www.w3.org/1999/XSL/Transform">

<xsl:output method="html" encoding="ISO-8859-1" />

<xsl:template match="/">
   <ul>
   <xsl:for-each select="personen/person" >
      <li>
      <xsl:value-of select="name" />,
      <xsl:value-of select="vorname" />
      </li>
      </xsl:for-each>
   </ul>
</xsl:template>

</xsl:stylesheet>
```

Listing 13.13 for-each()-Schleife

Das `for-each`-Element greift durch den XPath-Ausdruck auf alle person-Elemente im Dokument zurück. Dies erlaubt es, alle Daten der Reihe nach auszuwerten und jedes Element mit `value-of` auszulesen. Wie Sie sehen, ist dazu weder ein komplizierter XPath-

13.3 Stylesheets erstellen

Ausdruck notwendig, noch eine genaue Kenntnis des XML-Dokuments. Das Ergebnis dieses Stylesheets ist eine einfache Aufzählung aller Namen.

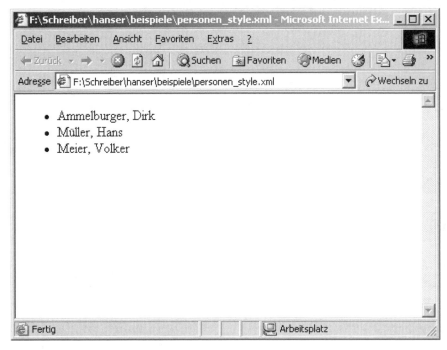

Abbildung 13.15 Eine Liste aller Namen

Die Liste wird dynamisch länger und kürzer völlig unabhängig vom Stylesheet. Es kommt nur darauf an, wie viele Daten das XML-Dokument übergibt. Die Schleife wird sie einfach nacheinander durchgehen.

Denken Sie noch einmal kurz an das Beispiel mit den verschiedenen Templates zurück. Dasselbe Ergebnis kann wesentlich eleganter mit einer Schleife erledigt werden, wie das folgende Beispiel zeigt. Es reicht völlig, nur ein Template zu erzeugen:

```
<?xml version="1.0" encoding="ISO-8859-1" ?>

<xsl:stylesheet version="1.0"
xmlns:xsl="http://www.w3.org/1999/XSL/Transform">

<xsl:output method="html" encoding="ISO-8859-1" />

<xsl:template match="/">

    <table border="1" width="300">
    <xsl:for-each select="personen/person" >
    <tr>
        <td bgcolor="#eeeeee" colspan="2">
            <xsl:value-of select="position()" />.)
```

```
              <xsl:value-of select="name" />,
              <xsl:value-of select="vorname" />
           </td>
        </tr>
        <tr>
           <td><xsl:value-of select="email" /></td>
           <td><xsl:value-of select="web" /></td>
        </tr>
        </xsl:for-each>
        </table>

   </xsl:template>

</xsl:stylesheet>
```

Listing 13.14 Eine Tabelle mit for-each

Das Ergebnis ist weder im HTML-Code noch im Browser von der vorherigen Lösung zu unterscheiden. Das Stylesheet ist jetzt nur wesentlich kürzer und eleganter und unterstützt eine beliebige Anzahl von Personen.

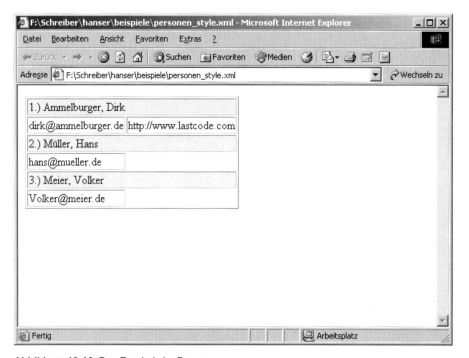

Abbildung 13.16 Das Ergebnis im Browser

Ein weiteres wichtiges Instruktionselement ist neben der vielseitigen for-each-Schleife das if-Element, das es erlaubt, Bedingungen in einem Stylesheet zu implementieren. Auf diese Weise kann die Ausführung bestimmter Schritte in einem Stylesheet von Bedingungen abhängig gemacht werden, die die Daten erfüllen müssen. Der Aufbau des if-Elementes sieht wie folgt aus:

13.3 Stylesheets erstellen

```
<xsl:if test="XPATH-AUSDRUCK">
</xsl:if>
```

Listing 13.15 Das if-Element

Das Attribut formuliert die Bedingung dieses if-Elementes, wobei auch an dieser Stelle ein XPath-Ausdruck eingesetzt werden muss. Die Formulierung dieser Bedingungen haben wir schon im letzten Kapitel besprochen. Das Ergebnis muss immer TRUE oder FALSE sein. Ist das Ergebnis TRUE, dann wird der XSL-Code innerhalb dieses if-Elementes ausgeführt, ansonsten ignoriert der XSLT-Prozessor die Daten.

In Verbindung mit Schleifen ist diese Möglichkeit einer Bedingung sehr nützlich, da so die Knoten innerhalb der Schleife sortiert werden können. Auf diese Weise ist es möglich, einen Filter zu definieren, der die Ausgabe von bestimmten Knoten verhindert. Das folgende Beispiel zeigt die schon bekannte Schleifen-Konstruktion mit einer neuen Bedingung, die dafür sorgt, dass nur Knoten mit einer Webseite ausgegeben werden:

```xml
<?xml version="1.0" encoding="ISO-8859-1" ?>

<xsl:stylesheet version="1.0"
xmlns:xsl="http://www.w3.org/1999/XSL/Transform">

<xsl:output method="html" encoding="ISO-8859-1" />

<xsl:template match="/">
   <table border="1" width="300">
   <xsl:for-each select="personen/person" >

  <xsl:if test="web!=''">

   <tr>
      <td bgcolor="#eeeeee" colspan="2">
         <xsl:value-of select="position()" />.)
         <xsl:value-of select="name" />,
         <xsl:value-of select="vorname" />
      </td>
   </tr>
   <tr>
      <td><xsl:value-of select="email" /></td>
      <td><xsl:value-of select="web" /></td>
   </tr>

  </xsl:if>

  </xsl:for-each>
  </table>
</xsl:template>

</xsl:stylesheet>
```

Listing 13.16 Das if-Element

Auf diese Weise erscheint nur noch ein Ergebnisknoten im Browser, da die anderen Datensätze kein web-Element haben.

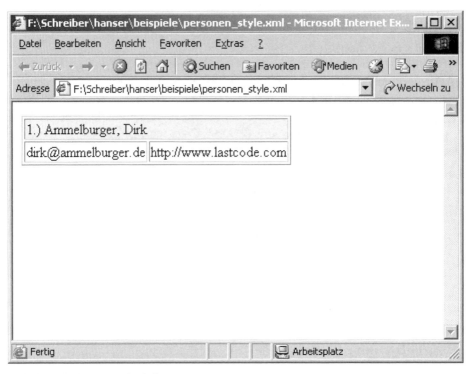

Abbildung 13.17 Nur noch ein Datensatz

In Verbindung mit den Möglichkeiten von XPath ist das if-Element natürlich ein sehr wertvolles Werkzeug, das es Ihnen erlaubt, ein Stylesheet nach Belieben zu erstellen.

13.4 Weitere Möglichkeiten mit XSL

Der letzte Abschnitt in diesem Kapitel wird Ihnen noch einige Top-Level- und Instruktionselemente vorstellen, die im Umgang mit XSL sehr wertvoll sein können.

13.4.1 xsl:output

Das output-Element haben wir schon am Anfang im ersten Beispiel dieses Kapitels kennen gelernt. Dieses Element sollte ganz am Anfang eines Stylesheets stehen, denn es teilt dem XSLT-Prozessor mit, in welchem Format die Ausgabe erfolgen soll. Damit wird unter anderem der Header der Ausgabedaten bestimmt, der für eine entsprechende Behandlung und Einstufung der Daten sorgt. Wenn Sie die bisherigen Beispiele ohne dieses Element im Mozilla anschauen, dann werden Sie sehen, was passiert, wenn HTML-Code als Text oder XML-Code interpretiert wird. Die Formatierung wird völlig ignoriert.

Der Aufbau dieses Top-Level-Elementes ist wie folgt:

```
<xsl:output method="html" encoding="ISO-8859-1" />
```

Das Attribut `method` kann auch die folgenden Werte übergeben:

- xml
- html
- text

Wird kein Wert angegeben, versuchen einige XSLT-Parser das Format automatisch zu erkennen. Ist beispielsweise das Wurzelelement `html`, dann wird HTML als Ausgabe angenommen. Der zweite Parameter legt die Codierung fest, wobei die Möglichkeiten des XML-Headers mit `encoding` gleichen.

13.4.2 xsl:strip-space

Dieses Top-Level-Element hat die Aufgabe, alle Textknoten im XML-Baum zu entfernen, die nur Leerzeichen oder andere Whitespaces enthalten. Dies bedeutet, dass die Ausgabe nur wirklicher Daten generiert wird und keine überflüssigen Daten enthält.

```
<xsl:strip-space elements="ELEMENTE" />
```

Über das Attribut `elements` können die betroffenen Knoten eingeschränkt werden. Es werden nur solche Elemente behandelt, die in diesem Element angegeben sind. Wenn es mehr als ein Element ist, dann werden diese durch ein Leerzeichen voneinander getrennt.

13.4.3 xsl:text

Das Instruktionselement `text` dient dazu, Textdaten direkt aus dem Template heraus auszugeben. Das folgende Beispiel gibt einfach den String „`Das ist ein Text!`" aus:

```
<xsl:text>Das ist ein Text!</xsl:text>
```

Auf den ersten Blick sieht das nicht sehr sinnvoll aus, da Text auch ohne dieses Element vom XSLT-Prozessor ausgegeben wird. So weit ist das richtig, allerdings gilt das nur in einem begrenzten Maße für Whitespaces wie Leerzeichen oder andere nicht sichtbare Zeichen. Der XSLT-Prozessor ignoriert diese Angaben im Stylesheet einfach, da sie zu 99% immer nur der besseren Lesbarkeit des Stylesheets dienen. Wenn Sie einen Blick auf unsere Beispiele werfen und sie sich ohne diese Formatierung vorstellen, werden Sie wissen, wovon ich rede.

Es gibt allerdings immer wieder Situationen, die es erforderlich machen, dass bestimmte Formatierungen in die Ausgabe übernommen werden. Wenn Sie also ganz explizit Zeilenumbrüche oder Leerzeichen haben wollen, müssen Sie diese zwischen das `text`-Element stellen, um die Ausgabe zu erzwingen.

```
<xsl:value-of select="name" />
<xsl:text> </xsl:text>
<xsl:value-of select="vorname" />
```

Das Beispiel zeigt, wie Name und Vorname aus dem Beispiel ausgelesen werden. Normalerweise würde der XSLT-Prozessor die beiden Werte einfach aneinanderreihen, ohne ein Leerzeichen dazwischen zu erlauben. In den vorhergehenden Beispielen haben wir die Situation mit einem Komma gerettet, das die Werte getrennt hat. Mit dem `text`-Element ist es nun aber möglich, ein Leerzeichen auszugeben.

13.4.4 xsl:element und xsl:attribute

Bisher haben wir uns die Arbeit recht einfach gemacht, indem wir die Daten der Elemente und Attribute im Quelldokument einfach als konkrete Daten in die Struktur des Ergebnisdokuments eingepflegt haben. Doch was passiert, wenn beispielsweise der Wert eines Elements als Attributwert im Ergebnisdokument auftauchen soll? Der erste Gedanke wäre vermutlich eine Konstruktion, die etwa so aussieht:

```
<element attr="<xsl:value-of select="name" />">
```

Listing 13.17 Völlig falsch!

Inzwischen sollten Sie genug über XML und die Struktur von Dokumenten wissen, so dass Ihnen beim Anblick einer solchen Verschachtelung die Tränen in die Augen treten. So geht es natürlich nicht!

Doch das Problem steht weiterhin im Raum und ist auch gar nicht so abwegig, wenn Sie sich noch einmal das Beispiel aus Abschnitt 13.3.5 vor Augen führen. Wir haben die Daten des Personen-Dokumentes als HTML-Tabelle dargestellt. Das Ergebnis war so weit zufriedenstellend, doch was ist, wenn man die eMail-Adresse oder die URL zur Webseite verlinken möchte? Zwangsläufig müsste man die Daten aus dem XML-Dokument innerhalb eines HTML-Elementes unterbringen:

```
<tr>
   <td><a href="mailto:dirk@ammelburger.de">dirk@ammelburger.de</a></td>
   <td>
   <a
      href="http://www.lastcode.com"
      target="_blank"
   >
      http://www.lastcode.com
   </a>
   </td>
</tr>
```

Lösung dieses Problems sind zwei weitere Instruktionselemente, die es erlauben, Elemente beziehungsweise Attribute dynamisch im XSL-Stylesheet zu erstellen. Der Aufbau der beiden Elemente, die ineinander verschachtelt werden müssen, ist recht einfach:

13.4 Weitere Möglichkeiten mit XSL

```
<xsl:element name="element">
    <xsl:attribute name="attr">wert</xsl:attribute>
    Das ist ein Element!
</xsl:element>
```
Listing 13.18 Ein Element und ein Attribut

Diese Angaben führen dazu, dass ein neues Element mit dem Namen `element` erschaffen wird und an jene Stelle in der Ausgabe gesetzt wird, wo es im Stylesheet auch angelegt wurde. Das Element hat darüber hinaus ein Attribut mit dem Namen `attr`, das den Wert `wert` hat. Das Element selbst umschließt die konkreten Daten `Das ist eine Element!`:

```
<element attr="wert">
    Das ist ein Element!
</element>
```
Listing 13.19 Das Ergebnis

Mit dieser simplen Methode können Sie das oben beschriebene Problem nun ohne weiteres lösen. Der folgende Ausschnitt zeigt, wie Sie das Beispiel anpassen müssen, um die beiden gewünschten Links in die Ausgabe zu integrieren:

```
<tr>
    <td>

    <xsl:element name="a">
        <xsl:attribute name="href">
            mailto:<xsl:value-of select="email" />
        </xsl:attribute>
        <xsl:value-of select="email" />
    </xsl:element>

    </td>
    <td>

    <xsl:element name="a">
        <xsl:attribute name="href">
            <xsl:value-of select="web" />
        </xsl:attribute>
        <xsl:value-of select="web" />
    </xsl:element>

    </td>
</tr>
```
Listing 13.20 Verlinkung in XML

Dieses XSL-Stylesheet generiert nun eine verlinkte eMail-Adresse und eine verlinkte URL. Ein Klick öffnet also gleich die Webseite oder eine fertige eMail-Adresse:

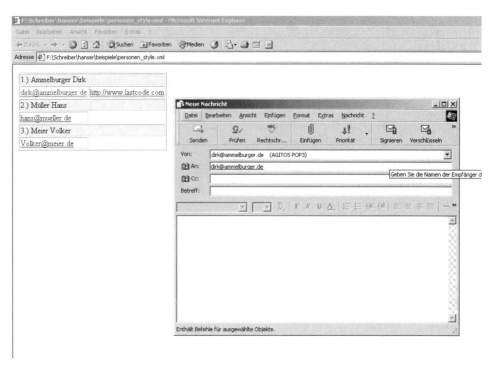

Abbildung 13.18 eMail im Browser

14

XML mit Java transformieren

14 XML mit Java transformieren

Dieses Kapitel wird auf der Grundlage der bisherigen Fortschritte des Tutorials die Transformation von XML-Code an einigen Beispielen demonstrieren. Ziel ist es, die aus der bestehenden Schnittstelle zur Datenbank exportierten XML-Daten durch ein Stylesheet und einen XSLT-Prozessor in eine andere Struktur oder ein völlig anderes binäres oder textliches Format zu bringen.

Die Grundlagen für dieses Kapitel haben wir im letzten Kapitel schon ausführlich besprochen, so dass Sie an dieser Stelle nun den Schritt in die praktische Anwendung wagen können.

14.1 Die Werkzeuge

Dieses Tutorial erwartet einige Software-Werkzeuge auf Ihrem Rechner, um alle Beispiel erfolgreich nachprogrammieren zu können. Ich verspreche Ihnen aber, dass die gesamte Software kostenlos im Internet verfügbar ist.

14.1.1 Java

Grundlage für dieses Kapitel ist natürlich Java mit dem SDK 1.4 oder höher. Wenn Sie die letzten Tutorials durchgearbeitet haben, sollten Sie alle Werkzeuge für die Programmierung von Java-Applikation bereits installiert haben. Eine ausführliche Anleitung finden Sie in Kapitel 11, wo die Installation von Java Schritt für Schritt erklärt wird. Die Software selber können Sie im Netz unter der bekannten URL herunterladen:

http://java.sun.com/

14.1.2 Der XML-Parser Xerces

Für die undankbare Aufgabe, den aufkommenden XML-Code zu parsen, wird wieder einmal der XML-Parser Xerces von der Apache Group herhalten müssen. Auch dieses Werkzeug sollten Sie bereits installiert haben, da es in Kapitel 11 notwendig war, um die Beispiele nachvollziehen zu können. Den Parser finden Sie ebenfalls im Internet auf den Seiten der Apache Group:

http://xml.apache.org/xerces2-j/

14.1.3 Xalan

Das erste neue Werkzeug für die Transformation von XML mit Java ist der XSLT-Prozessor Xalan. Auch dieses Stück Software kommt aus dem Hause Apache und kann genauso wie Xerces auf der folgenden Seite im Internet heruntergeladen werden:

http://xml.apache.org/xalan-j/

Die aktuelle Version ist 2.5.1 und kommt wie auch Xerces mit einem riesigen Anhang aus Dateien und Dokumentationen in einem ZIP-File zu Ihnen. Wenn Sie Zeit und Muße haben, dann ist ein Blick in die Dokumentation sicher nicht schlecht, doch fürs Erste reicht es, wenn Sie die wichtigste Datei suchen, nämlich `xalan.jar`.

Diese Datei enthält alles, was für die Transformation nötig ist, darum ist die Installation sehr einfach. Kopieren Sie die Datei in das `lib`-Verzeichnis Ihrer Java-Installation. Danach müssen Sie noch den Klassenpfad Ihres Systems mit der Umgebungsvariablen `CLASSPATH` auf dieses neue Archiv setzen. Danach steht Ihnen der neue XSLT-Prozessor zur Verfügung.

Sie können ihn testen, wenn Sie an der Kommandozeile den folgenden Befehl eingeben, der den Prozessor startet:

```
java org.apache.xalan.xslt.Process
```

Java müsste an dieser Stelle eine ganze Menge Text ausspucken, der auf die verschiedenen Optionsmöglichkeiten von Xalan hinweist. Ist dies der Fall, haben Sie alles richtig gemacht.

14.1.4 FOP

Zu guter Letzt wollen wir noch den Prozessor für Formatierende Objekte herunterladen, der es uns am Ende des Buches erlauben wird, PDFs auf der Basis von XML-Dateien zu erstellen. FOP ist ebenfalls ein Projekt der Apache Group, und man findet die dazugehörige Softare unter der folgenden URL:

http://xml.apache.org/fop/

Laden Sie die aktuelle Distribution herunter, die zur Drucklegung dieses Buches in der Version fop-0.20.5 vorlag. Nach dem Entpacken der ZIP-Datei ist erst einmal nicht weiter zu tun, da die Installation bereits abgeschlossen ist. Alle benötigten Java-Archive für FOP sind schon installiert.

14.2 Arbeiten mit Xalan

Im Gegensatz zu Xerces oder den anderen Werkzeugen, die wir im Laufe dieses Buches verwendet haben, ist der XSLT-Prozessor ein Programm, das Sie direkt von der

Kommandozeile aufrufen können. Das macht auch Sinn, denn im Gegensatz zu einem Parser ist die Aufgabe eines XSLT-Prozessors eindeutig: er muss ein XML-Dokument anhand eines Stylesheets umwandeln und ausgeben. Ein Parser hingegen erlaubt nur den Zugriff auf die Daten, ohne eine Annahme über die weitere Verwendung zu machen.

Falls Sie ein erfahrener Java-Programmierer sind, dann ist diese Tatsache vielleicht ein wenig ernüchternd. Aber ich habe gute Nachrichten: Neben der Möglichkeit, XML direkt an der Kommandozeile umzuwandeln, besteht natürlich auch die Möglichkeit, diesen Vorgang in eine Applikation zu integrieren, die alle Schritte automatisiert. Ein Beispiel dazu finden Sie im anschließenden Abschnitt dieses Kapitels.

Für die ersten Beispiele reicht es allerdings vollkommen, wenn Sie mit der lokalen Variante der shop.xml-Datei arbeiten. Kopieren Sie diese Datei einfach in ein verfügbares Verzeichnis, und legen Sie eine neue Stylesheet-Datei an. Bevor wir dieses Stylesheet nun entwerfen, vergewissern Sie sich, dass in der shop.xml-Datei der entsprechende Verweis auf das Stylesheet gegeben ist. Die komplette Datei sollte etwa so aussehen:

```xml
<?xml version="1.0" encoding="ISO-8859-1" ?>
<?xml-stylesheet href="style_shop.xsl" type="text/xsl" ?>
<shop>
   <data>
      <request></request>
      <last_update>2003-07-24</last_update>
      <partner_id>1</partner_id>
   </data>

   <produkte anzahl="5">
     <produkt id="i1" last_update="2003-07-24">
      <kategorie>Möbel</kategorie>
      <bezeichnung>Korbstuhl</bezeichnung>
      <beschreibung>
          Maße ca. 45cm x 120cm x 60cm. Rund mit Sitzkissen.
      </beschreibung>
      <marke>Korbwaren GmbH</marke>
      <teaser>Ein eleganter Korbstuhl im häuslichen Design. Ideal für einen gemütlichen Abend vorm Fernseher.</teaser>
      <bilder anzahl="3">
        <bild_url_1>http://www.server.de/img/p_1_50x60.gif</bild_url_1>
        <bild_url_2>http://www.server.de/img/p_1_200x300.gif</bild_url_2>
        <bild_url_3>http://www.server.de/img/p_1_500x600.gif</bild_url_3>
      </bilder>
      <preise>
       <uvp>599</uvp>
       <preis>549</preis>
       <preis_reduziert>399</preis_reduziert>
       <preis_waehrung>EUR</preis_waehrung>
       <mwst>16</mwst>
      </preise>
      <lieferzeit>2 Wochen</lieferzeit>
      <lagerbestand>1</lagerbestand>
     </produkt>

     <produkt id="i2" last_update="2003-07-26">
      <kategorie>DVD</kategorie>
      <bezeichnung>Die Mumie</bezeichnung>
      <beschreibung>
          Spannender Film mit vielen bunten Specialeffects...
      </beschreibung>
      <marke>Film GmbH</marke>
```

```
            <teaser>Den dürfen Sie nicht verpassen!</teaser>
            <bilder anzahl="1">
              <bild_url_1>http://www.server.de/img/cover.jpg</bild_url_1>
            </bilder>
            <preise>
              <uvp>24.99</uvp>
              <preis>19.99</preis>
              <preis_waehrung>EUR</preis_waehrung>
              <mwst>16</mwst>
            </preise>
            <lieferzeit>2 Tage</lieferzeit>
            <lagerbestand>13241</lagerbestand>
          </produkt>

          <!-- Hier folgen noch weitere Produkte -->

    </produkte>
</shop>
```

Listing 14.1 Die Datei shop.xml mit Stylesheet

Die Stylesheet-Datei selbst habe ich `shop_style.xsl` genannt, wobei das ein willkürlich gewählter Name ist. Der Verweis in der XML-Datei muss nur auf die richtige XSL-Datei deuten.

14.2.1 Das Stylesheet für den Shop erstellen

Das Ziel dieses Stylesheets ist es, die XML-Daten der Shop-Datei in HTML umzuwandeln. Die Oberfläche soll sich im Browser ähnlich darstellen wie das Beispiel im Kapitel über die SAX-Parser, nur dass es diesmal auf der Basis eines XSLT-Prozessors geschieht. Ich habe mich für das folgende Stylesheet entschieden, wobei es natürlich eine ganze Menge unterschiedlicher Möglichkeiten gibt:

```
<?xml version="1.0" encoding="ISO-8859-1" ?>

<xsl:stylesheet version="1.0"
xmlns:xsl="http://www.w3.org/1999/XSL/Transform">
<xsl:output method="html" encoding="ISO-8859-1" />

<xsl:template match="/">
    <xsl:for-each select="shop/produkte/produkt" >

    <table border="1" width="400">
    <tr>
       <td bgcolor="#eeeeee" colspan="2">
          <b>
          <xsl:value-of select="bezeichnung" />
          -
          <xsl:value-of select="kategorie" />
          </b>
          (<xsl:value-of select="marke" />)
       </td>
    </tr>
    <tr>
       <td>
          <xsl:element name="img">
             <xsl:attribute name="src">
                <xsl:value-of select="bilder/bild_url_1" />
             </xsl:attribute>
          </xsl:element>
       </td>
```

```
         <td>
            <xsl:value-of select="beschreibung" />
            <br /><br />Lieferzeit: <xsl:value-of select="lieferzeit" />
         </td>
      </tr>
      <tr>
         <td width="150">
            <xsl:if test="preise/preis_reduziert!=''">
               <strike>
                  <xsl:value-of select="preise/preis" />
                  <xsl:value-of select="preise/preis_waehrung" />
               </strike>
               <font color="red">
                  <xsl:text>Nur </xsl:text>
                  <xsl:value-of select="preise/preis_reduziert" />
                  <xsl:value-of select="preise/preis_waehrung" />!
               </font>
            </xsl:if>
            <xsl:if test="not(preise/preis_reduziert)">
               <xsl:value-of select="preise/preis" />
               <xsl:value-of select="preise/preis_waehrung" />!
            </xsl:if>
         </td>
         <td>
            <xsl:if test="lagerbestand=0">
               Nicht mehr verfügbar!
            </xsl:if>
            <xsl:if test="lagerbestand!=0">
               Produkt verfügbar! <br />
               <xsl:element name="a">
                  <xsl:attribute name="href">
                     mailto:bestellung@shop.de?subject=Produktbestellung:
<xsl:value-of select="@id" />
                  </xsl:attribute>
                  bestellen
               </xsl:element>
            </xsl:if>
         </td>
      </tr>
   </table>
   <br />
</xsl:for-each>
</xsl:template>
</xsl:stylesheet>
```

Listing 14.2 Das Stylesheet für den Shop

Im Prinzip muss ich zu diesem Stylesheet nicht mehr viel sagen, da alle Möglichkeiten und Elemente schon bekannt sind. Ich habe ein wenig mit den verschiedenen Möglichkeiten von xsl gespielt, um ein wenig Dynamik in das Stylesheet zu bringen. Auch wenn das Ergebnis sicher keinen Design-Preis gewinnen wird, sind die Möglichkeiten doch mehr als offensichtlich.

Ohne vorgreifen zu wollen, können Sie dieses Stylesheet zusammen mit der Shop-Datei im Browser betrachten. Sie sehen, wie das Ergebnis später aussehen soll:

14.2 Arbeiten mit Xalan

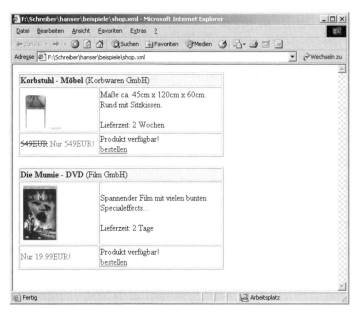

Abbildung 14.1 Das Ergebnis im Browser

Ziel ist es allerdings, HTML-Dateien mit Hilfe von Xalan zu erstellen, deswegen fahren wir jetzt mit den Möglichkeiten von Xalan an der Kommandozeile fort.

14.2.2 Xalan an der Kommandozeile starten

Das neue Stylesheet ist fertig, und zusammen mit der XML-Datei können Sie nun die kompletten Daten durch den XSLT-Prozessor schicken und sehen, was dabei herauskommt. Natürlich ist es möglich, das Ergebnis nun einfach im Browser anzeigen zu lassen, da der XSLT-Prozessor vom Internet Explorer oder vom Mozilla das Ergebnis auch ohne weiteres ausgeben könnte. Allerdings wollen wir diesmal Xalan von der Apache Group nutzen und eigenständige HTML-Dateien erstellen.

Die Möglichkeiten von Xalan werden in der Dokumentation wie folgt beschrieben:

> *To perform a transformation, you can call Xalan-Java from the command line (or script), an apple or an application. The org.apache.xalan.xslt.Process main() method provides a command-line interface for performing XSL transformation.*

Die Klasse für den Aufruf an der Kommandozeile lautet also `Process` und ist im Paket `prg.apache.xalan.xslt` zu finden, das im `xalan.jar`-Archiv enthalten ist. Die Klasse besitzt eine statische `main()`-Methode und kann direkt vom Java-Interpreter aufgerufen werden. Der Aufruf lautet wie folgt:

```
java org.apache.xalan.xslt.Process
```

Dieser Aufruf wird Ihnen an der Kommandozeile eine bildschirmfüllende Menge an Parametern und Optionen bescheren, die Ihnen erklären wollen, wie diese Klasse zu verwenden ist und dass etwas bei Ihrem Aufruf fehlt. Die wesentlichen Parameter dieser Klasse werden wir im Laufe der folgenden Seiten besprechen. Für den Anfang reicht allerdings ein einziger, nämlich -IN.

```
java org.apache.xalan.xslt.Process -IN shop.xml
```

Wie das Beispiel zeigt, hat der Parameter -IN die Aufgabe, eine Datei an das Programm zu übergeben, die den XML-Code enthält, der umgewandelt werden soll. Wenn die Verknüpfung in der XML-Datei zum Stylesheet richtig war und Sie den Befehl korrekt abgetippt haben, dann sollte sich ein recht langer HTML-Code über den Bildschirm ergießen.

Diese Art der Ausgabe ist sicherlich nicht optimal, da der HTML-Code an der Kommandozeile relativ wenig bringt. Darum sollten Sie gleich einen weiteren Parameter ausprobieren, der es erlaubt, die Ausgabe von Xalan umzuleiten. Erweitern Sie den Befehl um den Parameter -OUT, gefolgt von einem Dateinamen, und starten Sie das Programm erneut.

```
java org.apache.xalan.xslt.Process -IN shop.xml -OUT shop.html
```

Wenn alles geklappt hat, wird Xalan nach einer Gedenksekunde und ohne Kommentar wieder auf die Kommandozeile zurückkehren. Ein Blick in das Verzeichnis zeigt uns aber, dass eine neue Datei erstellt worden ist, die nun den HTML-Code enthält. Wenn Sie diese Datei im Browser laden, sollte sich das folgende Bild zeigen:

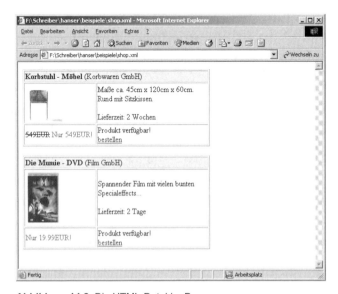

Abbildung 14.2 Die HTML-Datei im Browser

Das Bild zeigt dasselbe HTML-Gebilde, das auch der Browser selbst hätte erstellen können. Allerdings kann diese HTML-Datei nun von jedem Browser dargestellt werden, auch wenn er kein XML oder ein Stylesheet versteht.

14.2.3 Weitere Parameter

Neben den oben beschriebenen Parametern verfügt Xalan noch über eine ganze Reihe weiterer Parameter, die es erlauben, die Ausgabe oder die Arbeitsweise zu beeinflussen. Die folgende Tabelle zeigt eine Übersicht der wichtigsten Parameter von Xalan:

Tabelle 14.1 Parameter von Xalan

Parameter	Beschreibung
-IN	Legt die XML-Datei für die Transformation fest
-XSL	Legt ein Stylesheet fest
-OUT	Legt eine Ausgabedatei fest
-V	Gibt die Version aus
-XML	Gibt die Daten mit XML-Header aus
-TEXT	Gibt die Daten als Text ohne Elemente aus
-HTML	Gibt die Daten mit HTML-Header aus
-DIAG	Gibt die Dauer der Transformation aus

Alle Parameter sind *case sensitive*, das bedeutet, Sie müssen auf die Groß- und Kleinschreibung achten, sonst versteht das Programm Ihre Anweisungen nicht. Der Parameter -XSL ist recht interessant, weil Sie die Möglichkeit haben, ein Stylesheet zu übergeben. Das ist insoweit wichtig, falls die XML-Datei kein eigenes Stylesheet besitzt oder dieses überschrieben werden soll. Der Wert an der Kommandozeile hat in diesem Zusammenhang Vorrang.

14.3 HTML-Dateien erstellen

Diese Anwendung ist denkbar, um die Integration der Whitelabel-Schnittstelle auf einer Partnerseite zu realisieren. Bisher ist dieser Schritt mittels eines XML-Parsers „manuell" erfolgt, indem die Daten geparst wurden und dann in HTML-Code gefasst worden sind. Mit der neuen Technik kann dieser Schritt von XML zu HTML direkt erfolgen, indem die Daten über ein Stylesheet einfach umgewandelt werden. Der Vorteil liegt auf der Hand, da eine Anpassung des Layouts nun wesentlich einfacher über das Stylesheet erfolgen kann, und nicht wie zuvor direkt im Quellcode des Parsers.

Die Quelldaten sind genau wie sonst aus der Schnittstelle des Servers zu ziehen, darum kann ein großer Teil des Programms aus den letzten Beispielen übernommen werden. Die Requests werden auch hier beispielhaft aufgezeigt. Die zentrale Änderung, die in diesem

Beispiel aufgezeigt wird, ist der Umgang mit diesen Daten. Anstatt sie nun mit einem SAX oder DOM-Parser zu analysieren, werden sie mit einem Stylesheet kombiniert, das dafür sorgt, dass die Daten in HTML erscheinen.

Anstatt die Daten direkt an den Browser zurückzuschicken, so wie wir es mit PHP gemacht haben, werden Sie einmalig transferiert und in eine HTML-Datei geschrieben, die dann auf einem Server bereitgestellt wird. Für einen Shop ist dieses Vorgehen immer dann sinnvoll, wenn die Daten sich nicht in Echtzeit ändern, sondern längere Update-Intervalle vorliegen. So können die Daten zum Beispiel einmal täglich vom Quellserver abgeholt und dann einmalig in HTML umgewandelt werden. So wird neben dem Transfervolumen auch noch Rechenzeit gespart.

Ist es unumgänglich, dass die Daten bei jedem Request in Echtzeit vom Quellserver abgerufen werden, dann können Sie das folgende Beispiel auch auf der Basis eines Servlets erstellen, das den Request eines Servers direkt beantworten kann. Der Quelltext ändert sich dabei nur unwesentlich, wobei die Kernprogrammierung gleich bleibt.

14.3.1 Die Java-Applikation erstellen

Grundlage für diese Applikation ist das Java-Programm, das wir in einem der vorhergehenden Kapitel schon erstellt haben, um die Daten aus der XML-Schnittstelle im Netz mit einem SAX-Parser zu verarbeiten. Anstelle des SAX-Parsers werden wir nun den bereits oben besprochenen Xalan-Transformer verwenden, um die HTML-Dateien zu erstellen.

Voraussetzung für dieses Programm ist das Paket `javax.xml.transform`, das als Teil von Xalan mitgeliefert wurde. Ähnlich wie bei SAX oder DOM dienen die Klassen und Interfaces in diesem Paket dazu, einen XSLT-Prozessor unabhängig vom Hersteller in eine Java-Applikation zu implementieren. Der erste Schritt ist wie immer das Importieren der Pakete:

```
//Transformklassen werden importiert
import javax.xml.transform.*;
import javax.xml.transform.stream.*;
```

Listing 14.3 Die Pakete werden importiert

Auf diese Weise stehen uns alle benötigten Klassen zur Verfügung, die wir für die Transformation benötigen. Die API beschreibt das Paket wie folgt:

> *This package defines the generic APIs for processing transformation instructions, and performing a transformation from source to result. These interfaces have no dependencies on SAX or the DOM standard, and try to make as few assumptions as possible about the details of the source and result of a transformation. It achieves this by defining Source and Result interfaces.*

Ein wichtiger Aspekt in diesem Paket ist die Kapselung der Ein- und Ausgabe, die über die Schnittstellen `Source` und `Result` geregelt werden. Eine Implementation dieser

14.3 HTML-Dateien erstellen

Schnittstellen finden Sie im Paket `javax.xml.transform.stream`, das ebenfalls oben schon importiert worden ist. Damit ist der Einstieg in das Programm fürs Erste komplett.

Wie oben im Zitat beschrieben wurde, müssen die Eingabe- und auch die Ausgabequellen durch zwei Klassen gekapselt werden. Zu diesem Zweck stehen uns die Klasse `StreamSource` und `StreamResult` zur Verfügung. Alle Dateien, die an dieser Transformation teilhaben, müssen durch diese Klassen abgebildet werden:

```
//Quelldaten
Source xml =
   new StreamSource("http://server.de/xml_export_http_query.php");
Source xsl = new StreamSource("style_shop.xsl");
//Ausgabe
Result out = new StreamResult("shop.html");
System.out.println("Ein- und Ausgabe wurden gesetzt");
```

Listing 14.4 Die Ein- und Ausgabedateien

Die Eingabedateien werden durch ein `StreamSource`-Objekt dargestellt, während die Ausgabedateien durch ein `StreamResult`-Objekt dargestellt werden. Das ist eigentlich auch schon alles, was es an bemerkenswerten Änderungen gegenüber den alten Beispielen gibt. Der Rest ist mehr oder weniger schon bekannt, da der XSLT-Prozessor ähnlich eingesetzt wird wie ein Parser.

Im ersten Schritt wird ein „Factory"-Objekt erstellt, das es erlaubt, den Prozessor zu konfigurieren und zu erstellen. Der Schritt geschieht wie gewöhnlich über eine statische Methode, welche die eigentliche Transformator-Klasse kapselt. Die Klasse wird dabei aus den Systemeigenschaften ausgelesen (javax.transform.TransformerFactory) oder als Default-Wert übernommen. In unserem Fall also Xalan.

```
//Transform-Factory wird erstellt
TransformerFactory factory = TransformerFactory.newInstance();
```

Der nächste Schritt ist auch bekannt, da nun der Transformer aus der "Factory" erstellt wird.

```
//Transformer wird erstellt
Transformer t = factory.newTransformer(xsl);
System.out.println("Prozessor wurde erstellt!");
```

Der einzige Unterschied, der hier auffällt, ist die Tatsache, dass der XSLT-Prozessor ein Objekt mit dem Stylesheet übernimmt. Dieses wird also im nächsten Schritt auf die XML-Daten angewendet.

```
//Daten werden transformiert
t.transform(xml, out);
System.out.println("Daten wurden transformiert!");
```

Der letzte Schritt ist die Transformation der XML-Daten anhand des Stylesheets. Zu diesem Zweck werden der Methode `transform` zwei Parameter übergeben, nämlich das Objekt mit den XML-Daten und der definierte Ausgabe-Stream.

14.3.2 Das komplette Programm

Das komplette Programm sieht mit allen Exceptions und voll funktionsfähig so aus:

```java
//Transformklassen werden importiert
import javax.xml.transform.*;
import javax.xml.transform.stream.*;

public class TransformShopData
{
    public static void main(String args[])
    {
        //Transform-Factory wird erstellt
        TransformerFactory factory = TransformerFactory.newInstance();

        //Quelldaten
        Source xml = new StreamSource("http://localhost/xml_export_http_query.php");
        Source xsl = new StreamSource("style_shop.xsl");
        //Ausgabe
        Result out = new StreamResult("shop.html");

        System.out.println("Ein- und Ausgabe wurden gesetzt");

        try
        {
            //Transformer wird erstellt
            Transformer t = factory.newTransformer(xsl);
            System.out.println("Prozessor wurde erstellt!");

            //Daten werden transformiert
            t.transform(xml, out);
            System.out.println("Daten wurden transformiert!");
        }
        catch (TransformerConfigurationException tce) {System.err.println("Transformer kann nicht erstellt werden!");}
        catch (TransformerException tce) {System.err.println ("Fehler beim Transformieren!");}
    }
}
```

Listing 14.5 Der fertige Transformer

Im Unterschied zur Version an der Kommandozeile wird hier das Stylesheet extra angegeben und auf die Daten angewendet. Das ist auch sinnvoll, da die XML-Daten an die jeweiligen Systemeigenschaften oder das Webseiten-Layout angepasst werden müssen. Es ergibt keinen Sinn, die Daten vom anderen Server zu übernehmen, da ansonsten der komplette Transfer der XML-Daten unsinnig wäre.

14.4 Umwandlung in PDF mit formatierenden Objekten

Die Umwandlung in HTML ist auf den letzten Seiten besprochen worden. An dieser Stelle soll nun die Umwandlung in ein binäres Format gezeigt werden, wie beispielsweise das PDF-Format. Die Grundlagen für diese Transformation auf der Basis von formatierenden Objekten habe ich bereits am Anfang dieses Kapitels besprochen, so dass wir an dieser Stelle relativ schnell einige Beispiele machen können.

Der Einstieg jeder Umwandlung mit formatierenden Objekten ist die Tatsache, dass wir im Gegensatz zu den vorherigen Transformationen nun immer zwei Schritte gehen müssen. Die XML-Daten müssen vor der Umwandlung in ein binäres Format zuerst in eine XML-FO-Datei transformiert werden.

Abbildung 14.3 Die Umwandlung in zwei Schritten

Eine FO-Datei ist die Grundlage für einen FO-Prozessor und beinhaltet neben den konkreten Daten eine ganze Menge Angaben zum Layout, die sich von ganz allgemeinen Daten wie der Größe des Ausgabebereichs bis hin zum Abstand der Buchstaben erstreckt. Im Gegensatz zu regulären XML-Daten werden hier also durchaus Angaben zum Layout gemacht. Die Syntax eines FO-Dokumentes ist sehr komplex, darum werden wir in diesem Kapitel nicht alle Bereiche besprechen können. Allerdings werden die Angaben reichen, um mit Hilfe des FO-Prozessors FOP eigenständige PDF-Dateien zu erstellen.

14.4.1 Ein FO-Dokument erstellen

FO-Dokumente sind an dieser Stelle des Buches sicher immer noch eine Blackbox für Sie, da wir bisher nur von „speziellen XML-Dateien" gesprochen haben, die neben Daten auch Formatierungsanweisungen enthalten. Auf den ersten Blick sieht die Sache nicht so schwierig aus. Allerdings haben wir noch keinen Blick auf den wirklichen XML-Code einer FO-Datei geworfen. Das soll sich nun ändern.

Prinzipiell handelt es sich bei einer FO-Datei, ähnlich wie eine Stylesheet-Datei, um eine gültige XML-Datei, die einer bestimmten Grammatik gehorcht. Darüber hinaus gehört jede FO-Datei einem festgelegten Namensraum an, der mit der folgenden URL verknüpft ist:

http.//www.w3.org/1999/XSL/Format

Dieser Namensraum verwendet die Vorsilbe FO, die direkt im Wurzelelement definiert werden muss. Damit Sie ein Gefühl für den Aufbau von FO-Dokumenten bekommen, habe ich ein kleines Beispiel vorbereitet, das zeigt, wie eine einfache FO-Datei aussehen kann. Sie werden sicher noch nicht alles verstehen, aber generell sollte der Inhalt dieser XML-Datei verständlich sein:

```xml
<?xml version="1.0" encoding="ISO-8859-1"?>

<fo:root xmlns:fo="http://www.w3.org/1999/XSL/Format">
  <fo:layout-master-set>
    <fo:simple-page-master master-name="simple"
              page-height="29.7cm"
              page-width="21cm"
              margin-top="1cm"
              margin-bottom="2cm"
              margin-left="2.5cm"
              margin-right="2.5cm">
      <fo:region-body margin-top="3cm"/>
    </fo:simple-page-master>
  </fo:layout-master-set>

  <fo:page-sequence master-reference="simple">
    <fo:flow flow-name="xsl-region-body">

      <fo:block font-size="18pt"
           font-family="sans-serif"
           line-height="24pt"
           space-after="15pt"
           background-color="black"
           color="white"
           text-align="center"
           padding-top="3pt">
        Testdokument
      </fo:block>
      <fo:block font-size="12pt"
           font-family="sans-serif"
           line-height="15pt"
           space-after="3pt"
           text-align="left">
        Das ist ein Test!
      </fo:block>
    </fo:flow>
  </fo:page-sequence>
</fo:root>
```

Listing 14.6 Ein FO-Dokument

Dieses Dokument definiert eine DIN-A4-Seite mit einem Titel und einer Textzeile. Sie sehen eine Abbildung dieses Dokumentes als fertig formatierte PDF-Datei. Bedenken Sie, dass eine FO-Datei keine Annahme über das zukünftige Ausgabeformat trifft, sondern nur das Layout und den Inhalt definiert. Sie können die oben gezeigt FO-Datei also in jedes beliebige Format umwandeln, das Ihr FO-Prozessor unterstützt.

14.4 Umwandlung in PDF mit formatierenden Objekten

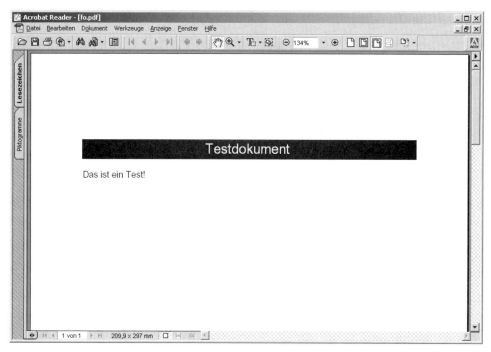

Abbildung 14.4 Das Ergebnis als PDF

Ein Punkt, der im Vergleich zwischen der Ausgabe und der FO-Datei auffällt, ist die Tatsache, dass die eigentlichen Daten in der FO-Datei zwischen der unglaublichen Menge an Layout-Anweisungen total untergeht. Der Inhalt wird erst sichtbar, wenn die Dateien interpretiert und in einem binären (oder anderen) Format ausgegeben wurden.

Es ist offensichtlich, dass es nicht die beste Lösung ist, Daten direkt im FO-Format abzulegen, da es durch die Layoutangaben sehr aufgebläht wird. Soll das Dokument also auch für andere Zwecke als die Konvertierung in PDF dienen (was eigentlich immer der Fall ist), dann schleppt man einen riesigen Wust an Informationen mit, die eigentlich nicht nötig sind. In der Praxis geht man deshalb den Weg der zwei Schritte, die wir oben besprochen haben. Man entwickelt ein Stylesheet, das in der Lage ist, aus den XML-Daten ein FO-Dokument zu erstellen. Dieses Stylesheet sollte zu diesem Zweck möglichst allgemein formuliert werden, um für alle XML-Dokumente eines bestimmten Typs zu funktionieren. Das klappt natürlich nur, wenn Dokumente alle derselben DTD gehorchen. Im Übrigen ist die Umwandlung von XML nach FO ein schönes Beispiel dafür, wie mit XSL ein XML-Dokument in ein anderes XML-Dokument umgewandelt wird.

Wir werden für die Umwandlung von XML-Dokumenten in ein PDF den oben beschriebenen Weg gehen. Allerdings müssen wir zuvor die Grundlagen des FO-Formates besprechen, damit wir wissen, wie das Stylesheet später funktionieren soll.

14.4.1.1 Die Grundlagen

Ein FO-Dokument ist ein XML-Dokument, darum muss es sich in allen Punkten auch an die Syntax von XML halten. Der Einstieg in ein FO-Dokument ist deshalb nichts Neues, wenn man sich vor Augen hält, wie der Namensraum dieses Dokumentes lautet:

```
<?xml version="1.0" encoding="ISO-8859-1"?>
<fo:root xmlns:fo="http://www.w3.org/1999/XSL/Format">
....
</fo:root>
```

Listing 14.7 Die Rahmen eines FO-Dokumentes

Der Name des Wurzelelementes lautet `root` und erwartet im ersten Schritt nichts anderes als die Definition eines Namensraumes mit der Vorsilbe `fo`. Alles weitere wird innerhalb dieses Elementes angegeben.

14.4.1.2 Seiten-Templates entwerfen

Der Seitenaufbau in einem FO-Dokument folgt einem recht komplizierten Modell, das ganz klar zwischen dem Aufbau einer Seite und dessen Inhalt unterscheidet. Im ersten Schritt muss darum eine Art Seiten-Template entworfen werden, das die Größe und die Struktur einer Seite für das Dokument beschreibt. Dabei handelt es sich nicht um eine konkrete Seite, sondern nur um ein Modell, das vorgibt, wie groß die Seite beispielsweise ist oder welche Ränder rundherum verwendet werden.

Dieses Template dient dann später als Vorlage und wird in verschiedenen Instanzen im FO-Dokument verwendet und mit Inhalt gefüllt. Es ist durchaus möglich, eine ganze Reihe solcher Templates zu erstellen, die verschiedene Arten von Seiten (z.B.: Querformat, Hochformat etc.) in einem Dokument beschreiben. Diese verschiedenen Definitionen werden im Element `layout-master-set` gesammelt, das in der Regel direkt nach dem `root`-Element folgt:

```
<fo:layout-master-set>
<!-- Hier folgen die Template Definitionen -->
</fo:layout-master-set>
```

Dieses Element kann nun eine Reihe von Kindelementen haben, die verschiedene Arten von Seitentypen beschreiben. Für unser Beispiel werden wir die einfachste dieser Formen besprechen, nämlich den `simple-page-master`. Dieses Element wird innerhalb des `layout-master-set`-Elements verwendet und beschreibt ein einfaches Layout einer Seite.

Die folgende Grafik zeigt den Aufbau einer solchen Seitenvorlage:

14.4 Umwandlung in PDF mit formatierenden Objekten

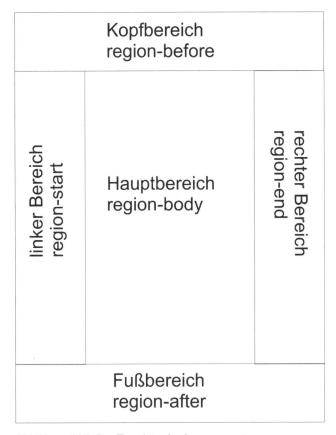

Abbildung 14.5 Das Template simple-page-master

Wie Sie sehen, teilt sich die Seite in fünf verschiedene Bereiche auf, die unabhängig voneinander behandelt werden können. Der Hauptbereich ist der Bereich, der auf jeden Fall verwendet werden muss, während die anderen Bereiche optional bleiben. Sie können also nach Belieben verwendet oder weggelassen werden. Das `simple-page-master`-Element wird direkt im `layout-master-set`-Element eingesetzt und erwartet sage und schreibe sieben Parameter:

- page-height
- page-width
- margin-top
- margin-bottom
- margin-left
- margin-right
- master-name

Das Attribut `page-height` übergibt die Höhe der kompletten Seite, während das Attribut `page-width` die Breite der Seite übergibt. So weit ist die Sache noch recht einfach. Die folgenden vier Attribute definieren den Rahmen einer Seite, der sich aus vier Bereichen zusammensetzt. Die folgende Grafik erklärt, wie dieser Rahmen aussieht:

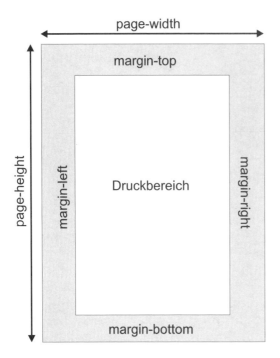

Abbildung 14.6 Der Seitenaufbau

Jedes dieser Attribute übernimmt einen Größenwert, der den jeweiligen Abstand zum Rand des Dokuments beschreibt, wie es in der Grafik angegeben ist. Diese Grafik dürfen Sie nicht mit der letzten verwechseln, die den allgemeinen Aufbau des `simple-page-master`-Elementes beschrieben hat. Dieses Element beschreibt die Aufteilung innerhalb des Druckbereiches, der durch die Attribute dieses Elementes beschrieben wird.

Das letzte Attribut ist zugleich das wichtigste, denn es legt einen eindeutigen Namen für das erstellte Template fest. Dieser Name dient später dazu, das Template direkt auszuwählen und auf eine konkrete Seite anzuwenden. Dieser Wert ist somit eine eindeutige ID, die kein weiteres Mal verwendet werden darf.

Der komplette Aufbau eines simple-page-master-Elementes kann mit allen Attributen so wie im folgenden Beispiel aussehen:

```
<?xml version="1.0" encoding="ISO-8859-1"?>

<fo:root xmlns:fo="http://www.w3.org/1999/XSL/Format">
  <fo:layout-master-set>
    <fo:simple-page-master master-name="simple"
                page-height="29.7cm"
                page-width="21cm"
```

```
                  margin-top="1cm"
                  margin-bottom="2cm"
                  margin-left="2.5cm"
                  margin-right="2.5cm">
      <!--Hier folgen weitere Elemente -->
    </fo:simple-page-master>
  </fo:layout-master-set>
  <!--Hier folgt der Inhalt der Seite -->
</fo:root>
```
Listing 14.8 Das simple-page-master-element

Die Attribute legen fest, dass dieses Template eine Seite beschreibt, die 29,7 cm hoch und 21 cm breit ist, und somit eine Seite in der Größe DIN A4 definiert. Darüber hinaus wird der linke und rechte Rand mit 2 cm festgelegt, während der obere und untere Rand 2,5cm groß ist. Der Rest ist der so genannte *Druckbereich*, in den der Prozessor die Ausgabe des XML-Dokuments reinschreibt.

Die Größen in diesem Beispiel sind in Zentimeter angegeben, die durch das Kürzel cm im Attributwert ausgewiesen sind. Neben dieser Maßeinheit stehen Ihnen noch einige weitere Maßstäbe zur Verfügung:

Einheit	Beschreibung
cm	Zentimeter
mm	Millimeter
in	Inches (1 in = 2,54 cm)
pt	Punkte (1pt = 1/72 in)
pc	Picas (1pc = 12 pt)
px	Pixel (abhängig vom Monitor)

Je nach Land oder Gewohnheit ist es möglich, eine dieser Größenordnungen zu wählen. Ich werde allerdings bei Zentimeter bleiben, da mir das am einfachsten scheint.

14.4.1.3 Der Druckbereich

Blättern Sie an dieser Stelle noch einmal einige Seiten zurück, und betrachten Sie das Bild des Aufbaus einer simple-page-master-Seite. Diese Aufteilung entspricht den Möglichkeiten, die Sie haben, um den oben definierten Druckbereich zu nutzen. Der Hauptteil ist natürlich für die Ausgabe der Daten (Fließtext) gedacht und befindet sich in der Mitte (region-body). Drumherum befinden sich weitere optionale Bereiche, die Sie ebenfalls nutzen können, beispielsweise für Fußnoten oder Seitenzahlen.

Jeder dieser Bereiche ist durch ein eigenes Element im simple-page-master-Element zu definieren. Nur wenn dieses Element auch tatsächlich verwendet wurde, steht der Bereich auch zur Verfügung. Die einzelnen Elemente lauten wie folgt:

- region-body
- region-before
- region-after
- region-start
- region-end

Das einzige nicht-optionale Element ist `region-body`. Die Zuordnung der Elemente zum jeweiligen Bereich sollte kein Problem sein, da sie in der Grafik oben angegeben sind. Das Element `region-body` kann eine Reihe verschiedener Attribute übernehmen, die die Textgestaltung in diesem Bereich beschreiben. Die Attribute sind optional und werden mit dem Standardwert 0 besetzt, falls das FO-Dokument keinen anderen Wert übergibt. Die wichtigsten Attribute sind also:

- margin-top
- margin-bottom
- margin-left
- margin-right

Die Bezeichnungen werden Ihnen vermutlich bekannt vorkommen, da diese im Prinzip schon für das `simple-page-master`-Element verwendet worden sind. Der Wert, der über eines dieser Attribute übergeben wird, beschreibt allerdings den Abstand zwischen dem Text und dem Beginn des Dokumentenrandes, der im Element `simple-page-master` definiert wurde.

Wenn das Element `region-body` gesetzt wurde, ist das Template im Prinzip schon gültig, da alle Pflichtbereiche gesetzt wurden. Allerdings gibt es noch vier weitere Bereiche, die definiert werden können. Um diese Bereiche zu aktivieren, müssen sie ebenfalls über Leerelemente im `simple-page-master`-Element bekannt gemacht werden:

```
<fo:simple-page-master master-name="mypage"
    page-height="29.7cm"
    page-width="21cm"
    margin-top="2cm"
    margin-bottom="2cm"
    margin-left="2.5cm"
     margin-right="2.5cm"
>
    <fo:region-body
        margin-top="1.5cm"
        margin-bottom="1.5cm"
        margin-left="1.5cm"
        margin-right="1.5cm"
    />
    <fo:region-before extent="1cm"/>
    <fo:region-after extent="1cm"/>
    <fo:region-start extent="1cm"/>
    <fo:region-end extent="1cm"/>
</fo:simple-page-master
```

Listing 14.9 Alle Bereiche sind definiert

14.4 Umwandlung in PDF mit formatierenden Objekten

Die vier zusätzlichen Dokumententeile werden alle mit einem Attribut initialisiert, das die Höhe beziehungsweise die Breite des jeweiligen Bereichs definiert. Das Attribut lautet `extent` und erwartet einen Wert in einer der oben genannten Einheiten.

An dieser Stelle möchte ich auf eine mögliche Fehlerquelle hinweisen, die oft Schwierigkeiten bereitet: Das Template definiert zwar über das jeweilige `region-*`-Element einen weiteren Bereich mit einer bestimmten Breite, aber verkleinert nicht automatisch den Body-Bereich um den neuen Platz. Das heißt, der Body-Bereich wird einfach überschrieben. Um das zu verhindern, müssen Sie die oben besprochen `margin-*`-Attribute einsetzen, die es erlauben, den gewünschten Freiraum für die Randbereiche zu schaffen.

14.4.1.4 Templates verwenden

Mit dieser Definition ist das eigentliche Template vollständig. Wenn Sie mehrere Templates in einem FO-Dokument verwenden wollen, müssen Sie einfach nach dem oben beschriebenen Schema weitere Templates erstellen. Für unser Beispiel soll fürs Erste dieses eine Template reichen. Um es nun auf eine oder mehrere konkrete Seiten anwenden zu können, müssen Sie ein neues Element verwenden, das nach dem `layout-master-set`-Element eingesetzt wird.

Das neue Element lautet `page-sequence` und sorgt dafür, dass alle Daten innerhalb dieses Elementes mit den oben vorgenommenen Angaben zum Layout kombiniert werden. Dabei legt dieses Element keine einzelne Seite fest, sondern vielmehr eine Sequenz von Seiten, die je nach der Menge des Textes (oder Bilder etc.) mehr oder weniger umfangreich ausfüllt. Der Clou an der Sache ist, dass alle Seiten automatisch nach dem oben definierten Standard erstellt werden, egal, wie viele es sind. Falls es sich also um einen langen Text handelt, wird dieser automatisch auf mehrere Seiten verteilt, während ein kurzer Text nur eine Seite zugewiesen bekommt.

Das `page-sequence`-Element muss aus diesem Grund immer einen Verweis auf das zuständige Template angeben. Diese Aufgabe übernimmt das `master-reference`-Attribut, das den Namen der oben definierten Seitenvorlage übernimmt:

```
<fo:page-sequence master-reference="mypage">
...
</fo:page-sequence>
```

Durch diese Angabe ist immer eindeutig geklärt, auf welcher Basis die folgenden Daten ausgegeben werden sollen. Andernfalls wüsste der FO-Prozessor zwar, wie die Daten formatiert werden, aber nicht, auf welcher Seitengröße mit welchen Rändern dies geschehen soll.

Das `page-sequence`-Element kann verschiedene Unterelemente haben, die unterschiedliche Möglichkeiten eines Dokuments realisieren. Für unser Beispiel möchte ich zwei Möglichkeiten herauspicken, die mir am wichtigsten erscheinen:

- `static-content`: statische Daten, die auf jeder Seite wiederholt werden
- `flow`: Fließtext, der im Druckbereich ausgegeben werden soll

Ich werde den Fließtextbereich zuerst besprechen, weil er der wichtigere Bereich in einem Dokument ist. Im konkreten FO-Dokument muss dieser Bereich allerdings immer nach dem `static-content` erscheinen.

Das flow-Element

Das `flow`-Element, das innerhalb des `page-sequence`-Elementes verwendet wird, ist für die Verteilung des Fließtextes auf die unterschiedlichen Seiten zuständig. Alles, was also innerhalb dieses Elementes steht, wird auf die oben definierten Seiten verteilt. Zu diesem Zweck erwartet das Element einen Parameter, der angibt, an welchen Stellen der Fließtext im Druckbereich erscheinen soll. Der Parameter lautet `flow-name` und kann an dieser Stelle nur einen Wert haben, nämlich `xsl-region-body`, der sich auf den `body`-Bereich des Dokumentes bezieht. Die Ränder sind für Fließtext nicht vorgesehen, darum können diese Bereiche nicht angegeben werden.

```
<fo:page-sequence master-reference="simple">
  <fo:flow flow-name="xsl-region-body">
    ...
  </fo:flow>
</fo:page-sequence>
```

Listing 14.10 page-sequence-Element

Nach dieser Zuweisung befinden wir uns fast auf der Ebene konkreter Daten, die letztendlich im Dokument ausgegeben werden sollen. Alle weiteren Formatierungen durch FO-Elemente beziehen sich nun nicht mehr auf die Struktur des Dokuments, sondern ganz konkret auf die Ausgabe von Zeichen oder Bildern. Typischerweise wird an dieser Stelle die Formatierung von so genannten `block`-Elementen realisiert, die dem Text die nötige Struktur verleihen.

```
<fo:block>...</fo:block>
```

Listing 14.11 Das block-Element

FO-Dokumente erlauben es, die Ausgabe bis auf das einzelne Zeichen genau zu beeinflussen. Pauschal kann man sagen, dass der Block-Bereich als Absatz gewertet werden kann, während die einzelnen Zeilen beziehungsweise Zeichen jeweils ein Bestandteil des übergeordneten Blocks ist. Untergeordnete Blöcke übernehmen automatisch die Eigenschaften des übergeordneten Blocks an.

```
<fo:block>
  <fo:block>...</fo:block>
</fo:block>
```

Listing 14.12 Verschachtelte Blöcke

Die Eigenschaften eines `block`-Elements und damit die des umschlossenen Textes werden über eine Reihe von Attributen realisiert, die neben dem Abstand zu den umliegenden

Blöcken vor allem eine Informationen zur Schrift (Farbe, Größe etc.) liefern. Die folgende Tabelle zeigt eine Auswahl der wichtigsten `block`-Attribute:

Attribut	Beschreibung
font-size	legt die Größe der Schrift fest
font-family	legt die Schriftart fest
font-style	legt den Stil der Schrift fest (italic, normal)
font-weight	legt fest, ob die Schrift fett ist oder nicht (bold, normal)
line-height	legt die Zeilenhöhe fest. Ist dieser Wert kleiner als die Schriftgröße, dann wird die Schrift angeschnitten
space-after	legt den Abstand dieses Blocks zum nächsten fest
background-color	legt die Hintergrundfarbe fest
color	legt die Schriftfarbe fest
text-align	legt die Ausrichtung des Textes fest (left, right, center, justify)

Die Attribute sind im Großen und Ganzen eigentlich selbsterklärend, da sie entweder aus HTML oder CSS schon bekannt sind. Wenn nicht, sind die Namen eigentlich sprechend genug und machen die Erklärung und Anwendung recht einfach.

Dasselbe gilt auch für die Verwendung von Farben für die Schrift oder den Hintergrund. Auch hier werden bekannte Schlüsselworte verwendet, die jedem HTML-Kundigen schon einmal über den Weg gelaufen sein sollten.

Keyword	Farbe
black	schwarz
white	weiß
yellow	gelb
red	rot
blue	blau
grey	grau
green	grün

Darüber hinaus haben Sie natürlich die Möglichkeit, die Farben über das bekannte RGB-Modell zu definieren. Es wird einfach der Farbwert über drei Hexadezimalwerte angegeben, der mit einem #-Zeichen gekennzeichnet ist.

```
color="white"
color="yellow"
color="#1234ff"
color="#ffffff"
color="#333333"
```

Listing 14.13 Farbangaben

Mit diesen Informationen können Sie nun den Fließtext für das FO-Dokument angeben. Werfen Sie noch einmal einen Blick auf das einführende Beispiel, das Sie nun vermutlich mit anderen Augen sehen:

```
<fo:page-sequence master-reference="simple">
  <fo:flow flow-name="xsl-region-body">

    <fo:block font-size="18pt"
            font-family="sans-serif"
            line-height="24pt"
            space-after="15pt"
            background-color="black"
            color="white"
            text-align="center"
            padding-top="3pt">
      Testdokument
    </fo:block>
    <fo:block font-size="12pt"
            font-family="sans-serif"
            line-height="15pt"
            space-after="3pt"
            text-align="left">
      Das ist ein Test!
    </fo:block>
  </fo:flow>
</fo:page-sequence>
```

Listing 14.14 Definition des Fließtextes

Neben einer Überschrift besteht der Fließtext nur aus einem Satz, den Sie schon im PDF gesehen haben. Im Prinzip kann dieses Dokument schon umgewandelt werden, da alle nötigen Bestandteile vorhanden sind. Allerdings möchte ich vorher noch einen Blick auf die statischen Bereiche des FO-Dokumentes werfen.

static-content

Im Gegensatz zu Fließtext, der automatisch auf die verschiedenen Seiten verteilt wird, ist der statische Inhalt einer Seite auf jeder Seite erneut vertreten. Wenn Sie diese Buchseite betrachten, dann wird Ihnen schnell klar, was ich meine: Statische Inhalte sind beispielsweise Kapitelüberschriften oder Seitenangaben im Kopf- oder Fußbereich einer Seite. Dabei muss statisch nicht unbedingt heißen, dass immer exakt dieselben Daten präsentiert werden, sondern dass vielmehr die Art der Informationen gleich bleibt und auf jeder Seite wiederholt wird.

Die Ausgabe dieser festen Bereiche einer Seite wird durch das Element `static-content` geregelt, das genau wie `flow` im `page-sequence`-Element angegeben wird und sich auf einen Teil im Druckbereich bezieht. Zur Auswahl stehen jetzt noch die übrigen vier

14.4 Umwandlung in PDF mit formatierenden Objekten

Bereiche, die um den `body`-Teil angelegt sein können. Es ist klar, dass nur an denjenigen Stellen statischer Content ausgegeben werden kann, die zuvor auch im Template definiert worden sind:

- region-before
- region-after
- region-start
- region-end

Der Verweis auf einen dieser Bereiche wird ebenfalls über das `flow-name`-Attribut festgelegt, so dass das vollständige Element so aussehen kann:

```
<fo:static-content flow-name="xsl-region-before">
...
</fo:static-content>
```

Sie sehen, dass der Verweis nicht direkt auf den Namen des Bereiches erfolgt, sondern über eine Konstante. Die Konstante lautet dabei immer wie der Name des Bereiches, nur mit dem Kürzel `xsl-` davor.

Innerhalb dieses Elements funktioniert alles gleich wie im `flow`-Element. Daten können über verschiedene Blöcke ausgegeben werden, die für die unterschiedliche Formatierung verantwortlich sind:

```
<fo:static-content flow-name="xsl-region-before">
   <fo:block font-size="10pt"
      background-color="white"
      color="black"
      font-family="sans-serif"
      line-height="15pt"
      space-after="3pt"
      text-align="center"
   >
      Testseite mit Kopfdaten
   </fo:block>
</fo:static-content>
```

Listing 14.15 Statische Bereiche in einem Dokument

14.4.1.5 Links und Bilder

Bevor wir nun die Grundlagen der FO-Dokumente hinter uns lassen, möchte ich mit Ihnen noch einen Blick auf einige weitere Möglichkeiten werfen. Ich denke, dass das Setzen von Links und das Einfügen von Bildern zu den interessantesten Bereichen gehört.

Links

FO-Dokumente bieten die Möglichkeit der Verlinkung mit dem einfachen Element `basic-link`. Als einziges Attribut muss die Zieladresse über `external-destination` angegeben werden:

```
<fo:basic-link external-destination="http://www.kulturbrand.de">
    Link zu einer tollen Webseite!
</fo:basic-link>
```

Der Wert innerhalb des Elements wird genau wie in HTML als klickbarer Text ausgegeben. Das `basic-link`-Element wird innerhalb des `flow`-Elementes eingesetzt.

Bilder einsetzen

Bilder bringen immer etwas Farbe in einen Text und sagen oft mehr als langwierige Beschreibungen. Der Einsatz von Bildern in einem FO-Dokument ist darum fast genauso einfach wie das Setzen eines Link. Sie benötigen lediglich das Element `external-graphic` und die folgenden Parameter:

Attribut	Beschreibung
src	URI der Bildquelle
width	Breite in einer Einheit
height	Höhe in einer Einheit

Das Attribut `src` übernimmt einen String, der absolut oder relativ auf eine Bildquelle auf dem System oder in einem Netzwerk verweist. Der Prozessor für formatierende Objekte holt sich automatisch das Bild und fügt es in die Ausgabe ein. Es werden alle Bildformate unterstützt, die auch vom Browser erkannt werden. Darüber hinaus erlauben die Attribute `width` und `height` die Größe des Bildes zu ändern, um eine optimale Ausgabe zu erhalten.

```
<fo:external-graphic src="img.jpg" height="10cm" width="10cm" />
```

Wenn das Bild erst einmal in das PDF-Dokument integriert wurde, greift die jeweilige Applikation nicht mehr auf die Quelle zurück. Das heißt, das Bild ist nun in der Ausgabedatei gespeichert. Das Element `external-graphic` wird genau wie `basic-link` im `flow`-Element verwendet.

14.4.2 FO-Dokumente umwandeln

Die Umwandlung von FO-Dokumenten ist im Vergleich zu den letzten Seiten eine sehr einfache Angelegenheit. Sicher ist Ihnen schon die Datei `fop.bat` im Ordner des FO-Prozessors der Apache Group aufgefallen. Diese Datei dient dazu, genau wie `fop.sh` für Unix/Linux, den Prozessor zu starten und die nötigen Parameter zu übergeben. Das ist zwar auf den ersten Blick nicht ganz Java-typisch, allerdings wird einem so ein Stück Arbeit abgenommen.

Wenn Sie eine der beiden Dateien aufrufen, dann werden Sie mit einer ganzen Reihe möglicher Optionen und Belehrungen belohnt, die darauf hinweisen, wie dieses Programm zu nutzen ist. Im Prinzip brauchen wir für die ersten Schritte nur zwei Parameter:

Parameter	Beschreibung
-fo	FO-Datei für die Eingabe
-pdf	PDF-Datei für die Ausgabe

Die beiden Parameter reichen, um den FO-Prozessor zu starten und aus einer FO-Datei eine PDF-Datei zu erstellen. Der Aufruf sieht entsprechend so aus:

```
fop.bat -fo demo.fo -pdf demo.pdf
```

Nach dem Start dieses Befehls an der Kommandozeile beginnt der FO-Prozessor, die Daten zu verarbeiten. Währenddessen werden Sie einige Meldungen zu sehen bekommen:

```
[INFO] Using org.apache.xerces.parsers.SAXParser as SAX2 Parser
[INFO] FOP 0.20.5
[INFO] Using org.apache.xerces.parsers.SAXParser as SAX2 Parser
[INFO] building formatting object tree
[INFO] setting up fonts
[INFO] [1]
[INFO] Parsing of document complete, stopping renderer
```

Diese Informationen geben Auskunft über den Fortschritt des Prozessors. Neben der INFO-Meldungen gibt es noch WARNINGS und ERRORS, die ausgegeben werden, wenn etwas nicht so funktioniert, wie es sollte. Typisches Beispiel ist ein XML-Fehler in der FO-Datei oder ein fehlerhaftes Stylesheet.

14.4.3 Ein FO-Dokument mit einem Stylesheet erstellen

Am Anfang dieses Abschnittes haben wir erklärt, dass es nicht unbedingt sinnvoll ist, die Daten direkt in einem FO-Dokument abzulegen, da die große Menge an Layout-Informationen in anderen Zusammenhängen oft nur unnötiger Ballast sind. Um trotzdem die Möglichkeit zu haben, beliebige XML-Daten in binäre Formate wie ein PDF-Dokument umzuwandeln, müssen Sie vor dieser Transformation mit einem Zwischenschritt arbeiten.

Die XML-Daten werden durch ein Stylesheet in ein FO-Dokument umgewandelt, das direkt in ein PDF-Dokument weitertransferiert wird. Die Daten für den Zwischenschritt sind auf diese Weise nur temporärer Natur und belasten die ursprünglichen XML-Daten nicht mit unnötigen Layout-Angaben. Zusätzlich garantiert dieser weitere Schritt, dass die Trennung zwischen Layout und Daten weiterhin erhalten bleibt, da alle Formatierungsangaben nur im XSL-Stylesheet enthalten sind.

In letzten Teil dieses Kapitels möchte ich ein Stylesheet vorstellen, dass genau so eine Aufgabe übernimmt und den XML-Code eines Dokumentes in die Struktur eines FO-Dokumentes transferiert. Ausgangspunkt dieser Umwandlung ist natürlich die Shop-XML-Datei, die neben Aufgaben im Web vielleicht auch ein Katalog werden soll.

14.4.3.1 Das Stylesheet

Das für die Umwandlung benötigte Stylesheet arbeitet im Prinzip genau wie die Version aus dem letzten Abschnitt, mit dem kleinen Unterschied, dass nun keine HTML-Formatierung mehr verwendet wird, sondern ein XML-FO-Dokument die gewünschte Ausgabe ist. Grundsätzlich sieht das Ergebnis aber ähnlich aus:

```xml
<?xml version="1.0" encoding="ISO-8859-1" ?>

<xsl:stylesheet version="1.0"
xmlns:xsl="http://www.w3.org/1999/XSL/Transform">

<xsl:output method="html" encoding="ISO-8859-1" />

<xsl:template match="/">

<fo:root xmlns:fo="http://www.w3.org/1999/XSL/Format">
  <fo:layout-master-set>
    <fo:simple-page-master master-name="simple"
                page-height="29.7cm"
                page-width="21cm"
                margin-top="1cm"
                margin-bottom="2cm"
                margin-left="2.5cm"
                margin-right="2.5cm">
      <fo:region-body margin-top="3cm"/>
    </fo:simple-page-master>
  </fo:layout-master-set>

<fo:page-sequence master-reference="simple">

  <fo:flow flow-name="xsl-region-body">

<xsl:for-each select="shop/produkte/produkt" >

     <fo:block font-size="16pt"
           font-family="sans-serif"
           line-height="20pt"
           space-after="15pt"
           background-color="black"
           color="white"
           text-align="center"
           padding-top="3pt">

        <xsl:value-of select="bezeichnung" />
        -
        <xsl:value-of select="kategorie" />

        (<xsl:value-of select="marke" />)

     </fo:block>
     <fo:block font-size="12pt"
           font-family="sans-serif"
           line-height="15pt"
           space-after="3pt"
           text-align="left">
        <xsl:value-of select="beschreibung" />
     </fo:block>
     <fo:block font-size="12pt"
           font-family="sans-serif"
           line-height="15pt"
           space-after="3pt"
           text-align="left">
     Lieferzeit: <xsl:value-of select="lieferzeit" />
     </fo:block>
```

14.4 Umwandlung in PDF mit formatierenden Objekten

```
                <xsl:if test="preise/preis_reduziert!=''">
             <fo:block font-size="14pt"
                      font-family="sans-serif"
                      line-height="15pt"
                      space-after="3pt"
                      text-align="left"
                      color ="red">
                ACHTUNG! PREIS REDUZIERT:
                  <xsl:value-of select="preise/preis_reduziert" />
                  <xsl:value-of select="preise/preis_waehrung" />
             </fo:block>
                </xsl:if>
                <xsl:if test="not(preise/preis_reduziert)">
             <fo:block font-size="12pt"
                    font-family="sans-serif"
                    line-height="15pt"
                    space-after="3pt"
                    text-align="left">

                  <xsl:value-of select="preise/preis" />
                  <xsl:value-of select="preise/preis_waehrung" />
             </fo:block>
                </xsl:if>

             <fo:block font-size="12pt"
                       font-family="sans-serif"
                       line-height="15pt"
                       space-after="3pt"
                       text-align="left">
                <xsl:if test="lagerbestand=0">
                  Nicht mehr verfügbar!
                </xsl:if>
                <xsl:if test="lagerbestand!=0">
                  Produkt verfügbar!
                </xsl:if>
             </fo:block>
          </xsl:for-each>

       </fo:flow>
     </fo:page-sequence>
  </fo:root>

</xsl:template>

</xsl:stylesheet>
```

Listing 14.16 Das fertige Stylesheet

Mit diesem Stylesheet sind wir nun in der Lage, die Shop-XML-Datei in eine FO-Datei umzuwandeln.

14.4.3.2 Die Ausgabe

Das fertige Stylesheet kann nun direkt von FOP mit dem XML-Dokument verarbeitet werden. Sie müssen also nicht erst den Schritt über Xalan oder einen anderen XSLT-Prozessor gehen, da FOP bereits genau diesen XSLT-Prozessor integriert hat. Mit dem folgenden Befehl können Sie beide Dokumente also verknüpfen und direkt von FOP in ein PDF umwandeln lassen.

```
fop.bat -xml shop.xml -xsl shop_fo.xsl -pdf shop.pdf
```

Das Ergebnis kann sich sehen lassen: In Ihrem Ordner sollte sich nun eine neue Datei befinden, die auf den Namen `shop.pdf` hört. Laden Sie diese in Ihren Acrobat Reader, und Sie erhalten eine Aufstellung aller Produkte untereinander angeordnet:

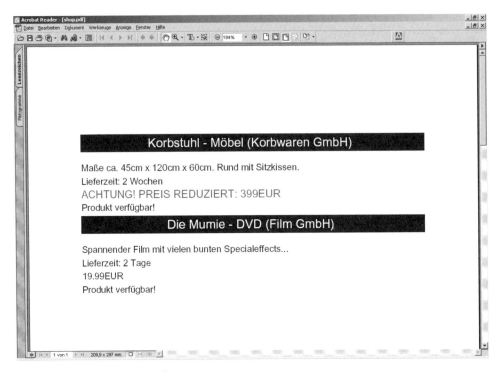

Abbildung 14.7 Das fertige PDF

Mit diesem schönen Bild endet dieses Kapitel über XSL und die Möglichkeiten mit Java.

15

Anhang

15 Anhang

Die folgenden Seiten enthalten Informationen über die verwendeten Programme in diesem Buch. Darüber hinaus finden Sie eine Linkliste mit allen wichtigen Webseiten rund um dieses Thema. Angaben zu Zitaten und zur verwendeten Literatur finden Sie immer direkt an der jeweiligen Stelle im Buch.

15.1 Wichtige und interessante Webseiten

Die folgende Aufstellung zeigt alle Seiten, die im Laufe dieses Buches erwähnt worden sind. In irgendeiner Form haben sie etwas mit dem Thema zu tun. Sei es nun, dass sie Software bieten oder ein bestimmtes Thema weiterführen.

www.lastcode.com

Die Webseite des Autors bietet Ihnen alle Programme aus diesem Buch zum Download an. Sie finden die Daten auf der Seite im Abschnitt *Geschriebenes/Bücher* unter dem Link zu diesem Buch.

www.apache.org

Die Webseite der Apache Group ist eine wahre Fundgrube an Tools und professioneller Software nicht nur für den Umgang mit XML. Wenn Sie die Beispiele auf der Basis von PHP beziehungsweise auf der Basis von Perl mit CGI auf Ihrem lokalen Rechner nachprogrammieren wollen, finden Sie hier auch den geeigneten Webserver.

Wesentlich für die Beispiele in diesem Buch ist aber die Subdomain `xml.apache.org`, die neben dem wichtigen Parser Xerces für SAX und DOM auch den XSLT-Prozessor Xalan anbietet. Nicht nur Freunde von Java kommen hier auf ihre Kosten, sondern auch Benutzer von C/C++ oder anderen Programmiersprachen.

java.sun.com

Auf dieser Seite finden Sie alles rund um Java. Neben der aktuellen Version des SDK, das zwingend notwendig ist für viele Beispiele, sind hier auch einige Tutorials und einführende Texte zum Thema Java.

www.activestate.org

Wer Perl kennt, der kennt auch ActiveSTATE. Auf dieser Seite finden Sie die neuesten Perldistributionen für alle gängigen Betriebssysteme.

15.1 Wichtige und interessante Webseiten

www.w3.org/XML

Die Seite des World Wide Web Consortiums. Die Schaltzentrale für alle Standards im Internet und solche, die einmal ein Standard werden wollen. Auf dieser speziellen Unterseite finden Sie alles, was in irgendeiner Form mit XML zu tun hat.

www.xml.org

XML.org ist ein großes Informationsportal rund um XML. Hier treffen sich Entwickler und andere „Betroffene", um mehr über die neuesten Entwicklungen zu erfahren und sich auszutauschen.

www.topxml.org

Eine weitere Webseite um XML. Auf jeden Fall einen Blick wert.

www.w3.org/Style/XSL

XSL ist ein mächtiges Werkzeug, um XML in fast jedes beliebige andere Format zu transformieren. Auf dieser Seite des W3C finden Sie alle Informationen zu diesem und den dazugehörigen Standards.

http://www.saxproject.org/

Das SAX-Projekt ist aus den Bemühungen, eine einfache, aber effiziente Möglichkeit zu finden, um XML zu parsen, entstanden und gehört heute zu den wichtigsten Quasi-Standards rund um XML. Alle Neuigkeiten bezüglich SAX finden Sie hier zuerst.

www.w3.org/DOM

Die Seite zum DOM-Standard, der zur Zeit als Level 3 Version entwickelt wird.

www.w3.org/XML/Schema

XML-Schema ist die Alternative zu DOM und eine Möglichkeit XML mit Hilfe eines XML-Dokumentes zu beschränken. Auf dieser Seite des W3C finden Sie die neuesten Entwicklungen.

www.mozilla.org

Der Browser, der neben dem Internet Explorer vermutlich am besten mit XML umgehen kann. Sehr zu empfehlen, wenn man kein Fan von Microsoft ist.

www.microsoft.com

Geliebt und gehasst, aber für die meisten doch unentbehrlich. Der Internet Explorer von Microsoft ist weltweit wohl der mit Abstand am meisten genutzte Browser fürs Internet.

www.adobe.de

Der Acrobat Reader von Adobe ist das kostenlose Tool, um PDF-Dokumente zu betrachten. Wenn Sie die Ergebnisse aus Kapitel 14 betrachten wollen, dann finden Sie hier die aktuelle Version dieser Software.

15.2 Lizenzen und Bestimmungen

Bitte beachten Sie die folgenden Nutzungsbestimmungen, wenn Sie die in diesem Buch angegebenen Programme verwenden.

15.2.1 The Apache Software License, Version 1.1

Copyright (c) 1999 The Apache Software Foundation. All rights reserved.

Redistribution and use in source and binary forms, with or without modification, are permitted provided that the following conditions are met:

1. Redistributions of source code must retain the above copyright notice, this list of conditions and the following disclaimer.

2. Redistributions in binary form must reproduce the above copyright notice, this list of conditions and the following disclaimer in the documentation and/or other materials provided with the distribution.

3. The end-user documentation included with the redistribution, if any, must include the following acknowledgment: "This product includes software developed by the Apache Software Foundation (http://www.apache.org/)." Alternately, this acknowledgment may appear in the software itself, if and wherever such third-party acknowledgments normally appear.

4. The names "Xerces" and "Apache Software Foundation" must not be used to endorse or promote products derived from this software without prior written permission. For written permission, please contact apache@apache.org.

5. Products derived from this software may not be called "Apache", nor may "Apache" appear in their name, without prior written permission of the Apache Software Foundation.

THIS SOFTWARE IS PROVIDED "AS IS" AND ANY EXPRESSED OR IMPLIED WARRANTIES, INCLUDING, BUT NOT LIMITED TO, THE IMPLIED WARRANTIES OF MERCHANTABILITY AND FITNESS FOR A PARTICULAR PURPOSE ARE DISCLAIMED. IN NO EVENT SHALL THE APACHE SOFTWARE FOUNDATION OR ITS CONTRIBUTORS BE LIABLE FOR ANY DIRECT, INDIRECT, INCIDENTAL, SPECIAL, EXEMPLARY, OR CONSEQUENTIAL DAMAGES (INCLUDING, BUT NOT LIMITED TO, PROCUREMENT OF SUBSTITUTE GOODS OR SERVICES; LOSS OF USE, DATA, OR PROFITS; OR

BUSINESS INTERRUPTION) HOWEVER CAUSED AND ON ANY THEORY OF LIABILITY, WHETHER IN CONTRACT, STRICT LIABILITY, OR TORT (INCLUDING NEGLIGENCE OR OTHERWISE) ARISING IN ANY WAY OUT OF THE USE OF THIS SOFTWARE, EVEN IF ADVISED OF THE POSSIBILITY OF SUCH DAMAGE.

This software consists of voluntary contributions made by many individuals on behalf of the Apache Software Foundation and was originally based on software copyright (c) 1999, International Business Machines, Inc., http://www.ibm.com. For more information on the Apache Software Foundation, please see http://www.apache.org/.

15.2.2 Sun Microsystems, Inc. Binary Code License Agreement

READ THE TERMS OF THIS AGREEMENT AND ANY PROVIDED SUPPLEMENTAL LICENSE TERMS (COLLECTIVELY "AGREEMENT") CAREFULLY BEFORE OPENING THE SOFTWARE MEDIA PACKAGE. BY OPENING THE SOFTWARE MEDIA PACKAGE, YOU AGREE TO THE TERMS OF THIS AGREEMENT. IF YOU ARE ACCESSING THE SOFTWARE ELECTRONICALLY, INDICATE YOUR ACCEPTANCE OF THESE TERMS BY SELECTING THE "ACCEPT" BUTTON AT THE END OF THIS AGREEMENT. IF YOU DO NOT AGREE TO ALL THESE TERMS, PROMPTLY RETURN THE UNUSED SOFTWARE TO YOUR PLACE OF PURCHASE FOR A REFUND OR, IF THE SOFTWARE IS ACCESSED ELECTRONICALLY, SELECT THE "DECLINE" BUTTON AT THE END OF THIS AGREEMENT.

- LICENSE TO USE. Sun grants you a non-exclusive and non-transferable license for the internal use only of the accompanying software and documentation and any error corrections provided by Sun (collectively "Software"), by the number of users and the class of computer hardware for which the corresponding fee has been paid.
- RESTRICTIONS. Software is confidential and copyrighted. Title to Software and all associated intellectual property rights is retained by Sun and/or its licensors. Except as specifically authorized in any Supplemental License Terms, you may not make copies of Software, other than a single copy of Software for archival purposes. Unless enforcement is prohibited by applicable law, you may not modify, decompile, or reverse engineer Software. You acknowledge that Software is not designed, licensed or intended for use in the design, construction, operation or maintenance of any nuclear facility. Sun disclaims any express or implied warranty of fitness for such uses. No right, title or interest in or to any trademark, service mark, logo or trade name of Sun or its licensors is granted under this Agreement.
- LIMITED WARRANTY. Sun warrants to you that for a period of ninety (90) days from the date of purchase, as evidenced by a copy of the receipt, the media on which Software is furnished (if any) will be free of defects in materials and workmanship

under normal use. Except for the foregoing, Software is provided "AS IS". Your exclusive remedy and Sun's entire liability under this limited warranty will be at Sun's option to replace Software Media or refund the fee paid for Software.

- DISCLAIMER OF WARRANTY. UNLESS SPECIFIED IN THIS AGREEMENT, ALL EXPRESS OR IMPLIED CONDITIONS, REPRESENTATIONS AND WARRANTIES, INCLUDING ANY IMPLIED WARRANTY OF MERCHANTABILITY, FITNESS FOR A PARTICULAR PURPOSE OR NON-INFRINGEMENT ARE DISCLAIMED, EXCEPT TO THE EXTENT THAT THESE DISCLAIMERS ARE HELD TO BE LEGALLY INVALID.
- LIMITATION OF LIABILITY. TO THE EXTENT NOT PROHIBITED BY LAW, IN NO EVENT WILL SUN OR ITS LICENSORS BE LIABLE FOR ANY LOST REVENUE, PROFIT OR DATA, OR FOR SPECIAL, INDIRECT, CONSEQUENTIAL, INCIDENTAL OR PUNITIVE DAMAGES, HOWEVER CAUSED REGARDLESS OF THE THEORY OF LIABILITY, ARISING OUT OF OR RELATED TO THE USE OF OR INABILITY TO USE SOFTWARE, EVEN IF SUN HAS BEEN ADVISED OF THE POSSIBILITY OF SUCH DAMAGES.
- In no event will Sun's liability to you, whether in contract, tort (including negligence), or otherwise, exceed the amount paid by you for Software under this Agreement. The foregoing limitations will apply even if the above stated warranty fails of its essential purpose.
- Termination. This Agreement is effective until terminated. You may terminate this Agreement at any time by destroying all copies of Software. This Agreement will terminate immediately without notice from Sun if you fail to comply with any provision of this Agreement. Upon Termination, you must destroy all copies of Software.
- Export Regulations. All Software and technical data delivered under this Agreement are subject to US export control laws and may be subject to export or import regulations in other countries. You agree to comply strictly with all such laws and regulations and acknowledge that you have the responsibility to obtain such licenses to export, re-export, or import as may be required after delivery to you.
- U.S. Government Restricted Rights. If Software is being acquired by or on behalf of the U.S. Government or by a U.S. Government prime contractor or subcontractor (at any tier), then the Government's rights in Software and accompanying documentation will be only as set forth in this Agreement; this is in accordance with 48 CFR 227.7201 through 227.7202-4 (for Department of Defense (DOD) acquisitions) and with 48 CFR 2.101 and 12.212 (for non-DOD acquisitions).
- Governing Law. Any action related to this Agreement will be governed by California law and controlling U.S. federal law. No choice of law rules of any jurisdiction will apply.

15.2 Lizenzen und Bestimmungen _____ 397

- Severability. If any provision of this Agreement is held to be unenforceable, this Agreement will remain in effect with the provision omitted, unless omission would frustrate the intent of the parties, in which case this Agreement will immediately terminate.
- Integration. This Agreement is the entire agreement between you and Sun relating to its subject matter. It supersedes all prior or contemporaneous oral or written communications, proposals, representations and warranties and prevails over any conflicting or additional terms of any quote, order, acknowledgment, or other communication between the parties relating to its subject matter during the term of this Agreement. No modification of this Agreement will be binding, unless in writing and signed by an authorized representative of each party.

15.2.3 JAVATM 2 SOFTWARE DEVELOPMENT KIT (J2SDK), STANDARD EDITION, VERSION 1.4.X SUPPLEMENTAL LICENSE TERMS

These supplemental license terms ("Supplemental Terms") add to or modify the terms of the Binary Code License Agreement (collectively, the "Agreement"). Capitalized terms not defined in these Supplemental Terms shall have the same meanings ascribed to them in the Agreement. These Supplemental Terms shall supersede any inconsistent or conflicting terms in the Agreement, or in any license contained within the Software.

- Software Internal Use and Development License Grant. Subject to the terms and conditions of this Agreement, including, but not limited to Section 4 (Java Technology Restrictions) of these Supplemental Terms, Sun grants you a non-exclusive, non-transferable, limited license to reproduce internally and use internally the binary form of the Software complete and unmodified for the sole purpose of designing, developing and testing your Java applets and applications intended to run on the Java platform ("Programs").
- License to Distribute Software. Subject to the terms and conditions of this Agreement, including, but not limited to Section 4 (Java Technology Restrictions) of these Supplemental Terms, Sun grants you a non-exclusive, non-transferable, limited license to reproduce and distribute the Software, provided that (i) you distribute the Software complete and unmodified (unless otherwise specified in the applicable README file) and only bundled as part of, and for the sole purpose of running, your Programs, (ii) the Programs add significant and primary functionality to the Software, (iii) you do not distribute additional software intended to replace any component(s) of the Software (unless otherwise specified in the applicable README file), (iv) you do not remove or alter any proprietary legends or notices contained in the Software, (v) you only distribute the Software subject to a license agreement that protects Sun's interests consistent with the terms contained in this Agreement, and (vi) you agree to defend and

indemnify Sun and its licensors from and against any damages, costs, liabilities, settlement amounts and/or expenses (including attorneys' fees) incurred in connection with any claim, lawsuit or action by any third party that arises or results from the use or distribution of any and all Programs and/or Software. (vi) include the following statement as part of product documentation (whether hard copy or electronic), as a part of a copyright page or proprietary rights notice page, in an "About" box or in any other form reasonably designed to make the statement visible to users of the Software: "This product includes code licensed from RSA Security, Inc.", and (vii) include the statement, "Some portions licensed from IBM are available at http://oss.software.ibm.com/icu4j/".

- License to Distribute Redistributables. Subject to the terms and conditions of this Agreement, including but not limited to Section 4 (Java Technology Restrictions) of these Supplemental Terms, Sun grants you a non-exclusive, non-transferable, limited license to reproduce and distribute those files specifically identified as redistributable in the Software "README" file ("Redistributables") provided that: (i) you distribute the Redistributables complete and unmodified (unless otherwise specified in the applicable README file), and only bundled as part of Programs, (ii) you do not distribute additional software intended to supersede any component(s) of the Redistributables (unless otherwise specified in the applicable README file), (iii) you do not remove or alter any proprietary legends or notices contained in or on the Redistributables, (iv) you only distribute the Redistributables pursuant to a license agreement that protects Sun's interests consistent with the terms contained in the Agreement, (v) you agree to defend and indemnify Sun and its licensors from and against any damages, costs, liabilities, settlement amounts and/or expenses (including attorneys' fees) incurred in connection with any claim, lawsuit or action by any third party that arises or results from the use or distribution of any and all Programs and/or Software, (vi) include the following statement as part of product documentation (whether hard copy or electronic), as a part of a copyright page or proprietary rights notice page, in an "About" box or in any other form reasonably designed to make the statement visible to users of the Software: "This product includes code licensed from RSA Security, Inc.", and (vii) include the statement, "Some portions licensed from IBM are available at http://oss.software.ibm.com/icu4j/".

- Java Technology Restrictions. You may not modify the Java Platform Interface ("JPI", identified as classes contained within the "java" package or any subpackages of the "java" package), by creating additional classes within the JPI or otherwise causing the addition to or modification of the classes in the JPI. In the event that you create an additional class and associated API(s) which (i) extends the functionality of the Java platform, and (ii) is exposed to third party software developers for the purpose of developing additional software which invokes such additional API, you must promptly publish broadly an accurate specification for such API for free use by all developers. You may not create, or authorize your licensees to create, additional classes, interfaces, or subpackages that are in any way identified as "java", "javax", "sun" or similar convention as specified by Sun in any naming convention designation.

- Notice of Automatic Software Updates from Sun. You acknowledge that the Software may automatically download, install, and execute applets, applications, software extensions, and updated versions of the Software from Sun ("Software Updates"), which may require you to accept updated terms and conditions for installation. If additional terms and conditions are not presented on installation, the Software Updates will be considered part of the Software and subject to the terms and conditions of the Agreement.

- Notice of Automatic Downloads. You acknowledge that, by your use of the Software and/or by requesting services that require use of the Software, the Software may automatically download, install, and execute software applications from sources other than Sun ("Other Software"). Sun makes no representations of a relationship of any kind to licensors of Other Software. TO THE EXTENT NOT PROHIBITED BY LAW, IN NO EVENT WILL SUN OR ITS LICENSORS BE LIABLE FOR ANY LOST REVENUE, PROFIT OR DATA, OR FOR SPECIAL, INDIRECT, CONSEQUENTIAL, INCIDENTAL OR PUNITIVE DAMAGES, HOWEVER CAUSED REGARDLESS OF THE THEORY OF LIABILITY, ARISING OUT OF OR RELATED TO THE USE OF OR INABILITY TO USE OTHER SOFTWARE, EVEN IF SUN HAS BEEN ADVISED OF THE POSSIBILITY OF SUCH DAMAGES.

- Trademarks and Logos. You acknowledge and agree as between you and Sun that Sun owns the SUN, SOLARIS, JAVA, JINI, FORTE, and iPLANET trademarks and all SUN, SOLARIS, JAVA, JINI, FORTE, and iPLANET-related trademarks, service marks, logos and other brand designations ("Sun Marks"), and you agree to comply with the Sun Trademark and Logo Usage Requirements currently located at http://www.sun.com/policies/trademarks. Any use you make of the Sun Marks inures to Sun's benefit.

- Source Code. Software may contain source code that is provided solely for reference purposes pursuant to the terms of this Agreement. Source code may not be redistributed unless expressly provided for in this Agreement.

- Termination for Infringement. Either party may terminate this Agreement immediately should any Software become, or in either party's opinion be likely to become, the subject of a claim of infringement of any intellectual property right.

For inquiries please contact: Sun Microsystems, Inc. 901 San Antonio Road, Palo Alto, California 94303

15.2.4 Microsoft Internet Explorer 6.0

Basiert auf NCSA Mosaic. NCSA Mosaic(TM) wurde am National Center for Supercomputing Applications an der Universität Illinois bei Urbana-Champaign entwickelt.

Veröffentlicht unter einem Lizenzvertrag mit Spyglass, Inc.

Enthält lizenzierte Sicherheitssoftware von RSA Data Security Inc.

Teile dieser Software basieren teilweise auf der Arbeit der Independent JPEG Group.

Multimedia-Softwarekomponenten, einschließlich Indeo(R); Video, Indeo(R) Audio und Web Design Effects wurden von Intel Corp. zur Verfügung gestellt.

Unix-Version enthält lizenzierte Software von Mainsoft Corporation. Copyright (c) 1998-99 Mainsoft Corporation. Alle Rechte vorbehalten. Mainsoft ist eine Marke der Mainsoft Corporation.

Warnung: Dieses Programm ist durch US-amerikanische Urheberrechtsgesetze und internationale Urheberrechtsverträge geschützt. Unbefugte Vervielfältigung oder unbefugter Vertrieb dieses Programms oder eines Teils davon wird sowohl straf- als auch zivilrechtlich verfolgt und kann schwere Strafen und Schadenersatzforderungen zur Folge haben.

15.2.5 W3C® Intellectual Rights Notice and Legal Disclaimers

Copyright © 1994-2003 W3C ® (Massachusetts Institute of Technology, European Research Consortium for Informatics and Mathematics, Keio University), All Rights Reserved.

World Wide Web Consortium (W3C®) web site pages may contain other proprietary notices and copyright information, the terms of which must be observed and followed. Specific notices do exist for W3C documents and software. Also, there are specific usage policies associated with some of the W3C Icons. Please see our Intellectual Rights FAQ for common questions about using materials from our site.

Notice and Disclaimers

1. Unless otherwise noted, all materials contained in this Site are copyrighted and may not be used except as provided in these terms and conditions or in the copyright notice (documents and software) or other proprietary notice provided with the relevant materials.

2. The materials contained in the Site may be downloaded or copied provided that ALL copies retain the copyright and any other proprietary notices contained on the materials. No material may be modified, edited or taken out of context such that its use creates a false or misleading statement or impression as to the positions, statements or actions of W3C.

3. The name and trademarks of copyright holders may NOT be used in advertising or publicity pertaining to the Web site, its content, specifications, or software without specific, written prior permission. Title to copyright in Web site documents will at all

15.2 Lizenzen und Bestimmungen

times remain with copyright holders. Use of W3C trademarks and service marks is covered by the W3C Trademark and Servicemark License.

4. Caches of W3C materials should comply with the "maximum time to live" information provided with the materials. After such materials have expired they should not be served from caches without first validating the contents of the W3C Site. Organizations that want to mirror W3C content must abide by the W3C Mirroring Policy.

W3C®Trademarks and Generic Terms

Trademarks owned by W3C host institutions on behalf of W3C and generic terms used by the W3C

5. The trademarks, logos, and service marks (collectively the "Trademarks") displayed on the Site are registered and unregistered Trademarks of the Massachusetts Institute of Technology (MIT), European Research Consortium for Informatics and Mathematics (ERCIM), or Keio University (Keio). All use of the W3C Trademarks is governed by the W3C Trademark and Servicemark License. No additional rights are granted by implication, estoppel, or otherwise. Terms which claimed as generic are not governed by any W3C license and are used as common descriptors by the W3C.

The following is a list of W3C terms claimed as a trademark or generic term by MIT, ERCIM, and/or Keio on behalf of the W3C:

- W3C®, World Wide Web Consortium (registered in numerous countries)
- Amaya™, a Web Browser/Editor
- ACSS (generic), Aural Cascading Style Sheets
- CSS (generic), Cascading Style Sheets Specification
- DOM (generic), Document Object Model
- DSig (generic), Digital Signature Initiative
- HTML (generic), HyperText Markup Language
- HTTP (generic), Hypertext Transfer Protocol
- JEP (generic)I, Joint Electronic Payment Initiative
- Jigsaw™, Java Web Server
- MathML (generic), Mathematical Markup Language
- Metadata (generic)
- P3P®, Platform for Privacy Preferences Project
- PICS (generic), Platform for Internet Content Selection
- PICSRules (generic), Rules Language for PICS
- RDF (generic), Resource Description Framework
- SMIL (generic), Synchronized Multimedia Integration Language
- SVG (generic), Scalable Vector Graphics
- WAI™, Web Accessibility Initiative

- WebFonts (generic)
- XENC (generic), XML Encryption
- XHTML (generic), The Extensible HyperText Markup Language
- XML (generic), Extensible Markup Language
- XMLDSIG (generic), XML Signatures
- XSL (generic), Extensible Stylesheet Language

The absence of a product or service name or logo from this list does not constitute a waiver of MIT's, ERCIM's, or Keio's trademark, ability to use a generic term, or other intellectual rights concerning that name or logo.

Any questions concerning the use, status, or standing of W3C trademarks should be directed to: site-policy@w3.org or to W3C (c/o Joseph Reagle), Laboratory for Computer Science NE43-358, Massachusetts Institute of Technology, 200 Technology Square, Cambridge, MA 02139.

Non-W3C Trademarks; Member Trademarks

The trademarks, logos, and service marks not owned on behalf of the W3C and that are displayed on the Site are the registered and unregistered marks of their respective owners. No rights are granted by the W3C to use such marks, whether by implication, estoppel, or otherwise.

"METADATA" is a trademark of the Metadata Company. W3C uses the term "metadata" in a descriptive sense, meaning "data about data". W3C is not in any way affiliated with the Metadata Company.

Legal Disclaimers

6. W3C has not reviewed any or all of the web sites linked to this Site and is not responsible for the content of any off-site pages or any other web sites linked to this Site. Please understand that any non-W3C web site is independent from W3C, and W3C has no control over the content on that web site. In addition, a link to a non-W3C web site does not mean that W3C endorses or accepts any responsibility for the content, or the use, of such site. It is the user's responsibility to take precautions to ensure that whatever is selected is free of such items as viruses, worms, Trojan horses and other items of a destructive nature.

7. Information W3C publishes on its Site may contain references or cross references to W3C specifications, projects, programs and services that are not announced or available in your country. Such references do not imply that W3C intends to announce such specifications, projects, programs or services in your country.

8. Information on this Site may contain technical inaccuracies or typographical errors. Information may be changed or updated without notice. W3C may make improvements and/or changes in the materials contained in or described on this site at any time without notice. W3C may also make changes in these Terms and Conditions without notice. User is

15.2 Lizenzen und Bestimmungen   403

bound by such revisions and should therefore periodically visit this page to review the then current Terms and Conditions.

9. Limitation on Warranties.

ALL MATERIALS ON THE W3C SITE ARE PROVIDED "AS IS." W3C, MIT, ERCIM, AND KEIO MAKE NO REPRESENTATIONS OR WARRANTIES, EXPRESS OR IMPLIED, INCLUDING, BUT NOT LIMITED TO, WARRANTIES OF MERCHANTABILITY, FITNESS FOR A PARTICULAR PURPOSE, TITLE OR NON-INFRINGEMENT. AS TO DOCUMENTS AND GRAPHICS PUBLISHED ON THIS SITE, W3C, MIT, ERCIM, AND KEIO MAKE NO REPRESENTATION OR WARRANTY THAT THE CONTENTS OF SUCH DOCUMENT OR GRAPHICS ARE FREE FROM ERROR OR SUITABLE FOR ANY PURPOSE; NOR THAT IMPLEMENTATION OF SUCH CONTENTS WILL NOT INFRINGE ANY THIRD PARTY PATENTS, COPYRIGHTS, TRADEMARKS OR OTHER RIGHTS.

Please note that some jurisdictions may not allow the exclusion of implied warranties, so some of the above exclusions may not apply to you.

10. Limitation on Liability.

IN NO EVENT WILL W3C, MIT, ERCIM, AND KEIO BE LIABLE TO ANY PARTY FOR ANY DIRECT, INDIRECT, SPECIAL OR CONSEQUENTIAL DAMAGES FOR ANY USE OF THIS SITE, OR ON ANY OTHER HYPERLINKED WEB SITE, INCLUDING, WITHOUT LIMITATION, ANY LOST PROFITS, BUSINESS INTERRUPTION, LOSS OF PROGRAMS OR OTHER DATA ON YOUR INFORMATION HANDLING SYSTEM OR OTHERWISE, EVEN IF W3C, MIT, ERCIM, OR KEIO IS EXPRESSLY ADVISED OF THE POSSIBILITY OF SUCH DAMAGES.

15.2.6 Active Perl Copyright

ActivePerl is Copyright (c) 1996-2003 ActiveState Corp. All rights reserved.

ActivePerl includes Perl and Perl modules copyrighted by other parties. Documentation and usage information for such components reflects these additional copyrights held by their respective owners.

Trademarks

ActivePerl is a trademark of ActiveState Corp.

Open Source is a trademark of Software in the Public Interest (www.opensource.org).

All other products mentioned are trademarks or registered trademarks of their respective companies.

Licensing

The ActivePerl Package is covered by the ActiveState Community License.

The source code used in the ActivePerl Package comprises of both Open Source and proprietary software components.

All the Open Source components used in the ActivePerl Package are distributed by their original authors under the same licensing terms as Perl. The following is a full list of such components:

- Perl
- Bundled Perl modules
- Archive-Tar
- Compress-Zlib
- Data-Dump
- Digest-HMAC
- Digest-MD2
- Digest-MD4
- Digest-SHA1
- File-CounterFile
- Font-AFM
- HTML-Parser
- HTML-Tagset
- HTML-Tree
- libwin32
- libwww-perl
- MD5
- SOAP-Lite
- Tk
- URI
- XML-Parser
- XML-Simple

ActiveState Corp., has chosen to use all Open Source content in the ActivePerl Package under the terms of the Artistic License.

All other components included in the ActivePerl Package are original works of ActiveState Corp., and may be used under the terms of the ActiveState Community License.

Source Code

The ActivePerl Package may include a version of Perl with bug fixes and other minor modifications. The source code for this modified Perl distribution used in the ActivePerl

Package is always available from the ActiveState website for each release of ActivePerl, and can be distributed under the same terms as Perl.

The source code for each of the bundled modules included in the ActivePerl distribution is available from CPAN (www.CPAN.org).

15.2.7 The PHP License, version 3.0

Copyright (c) 1999-2002 The PHP Group. All rights reserved.

Redistribution and use in source and binary forms, with or without modification, is permitted provided that the following conditions are met:

Redistributions of source code must retain the above copyright notice, this list of conditions and the following disclaimer.

Redistributions in binary form must reproduce the above copyright notice, this list of conditions and the following disclaimer in the documentation and/or other materials provided with the distribution.

The name "PHP" must not be used to endorse or promote products derived from this software without prior written permission. For written permission, please contact group@php.net.

Products derived from this software may not be called "PHP", nor may "PHP" appear in their name, without prior written permission from group@php.net. You may indicate that your software works in conjunction with PHP by saying "Foo for PHP" instead of calling it "PHP Foo" or "phpfoo"

The PHP Group may publish revised and/or new versions of the license from time to time. Each version will be given a distinguishing version number. Once covered code has been published under a particular version of the license, you may always continue to use it under the terms of that version. You may also choose to use such covered code under the terms of any subsequent version of the license published by the PHP Group. No one other than the PHP Group has the right to modify the terms applicable to covered code created under this License.

Redistributions of any form whatsoever must retain the following acknowledgment: "This product includes PHP, freely available from <http://www.php.net/>".

THIS SOFTWARE IS PROVIDED BY THE PHP DEVELOPMENT TEAM ``AS IS'' AND ANY EXPRESSED OR IMPLIED WARRANTIES, INCLUDING, BUT NOT LIMITED TO, THE IMPLIED WARRANTIES OF MERCHANTABILITY AND FITNESS FOR A PARTICULAR PURPOSE ARE DISCLAIMED. IN NO EVENT SHALL THE PHP DEVELOPMENT TEAM OR ITS CONTRIBUTORS BE LIABLE FOR ANY DIRECT, INDIRECT, INCIDENTAL, SPECIAL, EXEMPLARY, OR CONSEQUENTIAL DAMAGES (INCLUDING, BUT NOT LIMITED TO, PROCUREMENT OF SUBSTITUTE GOODS OR SERVICES; LOSS OF USE, DATA,

OR PROFITS; OR BUSINESS INTERRUPTION) HOWEVER CAUSED AND ON ANY THEORY OF LIABILITY, WHETHER IN CONTRACT, STRICT LIABILITY, OR TORT (INCLUDING NEGLIGENCE OR OTHERWISE) ARISING IN ANY WAY OUT OF THE USE OF THIS SOFTWARE, EVEN IF ADVISED OF THE POSSIBILITY OF SUCH DAMAGE.

This software consists of voluntary contributions made by many individuals on behalf of the PHP Group. The PHP Group can be contacted via Email at group@php.net. For more information on the PHP Group and the PHP project, please see <http://www.php.net>. This product includes the Zend Engine, freely available at <http://www.zend.com>.

15.2.8 MOZILLA PUBLIC LICENSE Version 1.1

The Initial Developer Grant.

The Initial Developer hereby grants You a world-wide, royalty-free, non-exclusive license, subject to third party intellectual property claims: (a) under intellectual property rights (other than patent or trademark) Licensable by Initial Developer to use, reproduce, modify, display, perform, sublicense and distribute the Original Code (or portions thereof) with or without Modifications, and/or as part of a Larger Work; and (b) under Patents Claims infringed by the making, using or selling of Original Code, to make, have made, use, practice, sell, and offer for sale, and/or otherwise dispose of the Original Code (or portions thereof). (c) the licenses granted in this Section 2.1(a) and (b) are effective on the date Initial Developer first distributes Original Code under the terms of this License. (d) Notwithstanding Section 2.1(b) above, no patent license is granted: 1) for code that You delete from the Original Code; 2) separate from the Original Code; or 3) for infringements caused by: i) the modification of the Original Code or ii) the combination of the Original Code with other software or devices.

Contributor Grant.

Subject to third party intellectual property claims, each Contributor hereby grants You a world-wide, royalty-free, non-exclusive license (a) under intellectual property rights (other than patent or trademark) Licensable by Contributor, to use, reproduce, modify, display, perform, sublicense and distribute the Modifications created by such Contributor (or portions thereof) either on an unmodified basis, with other Modifications, as Covered Code and/or as part of a Larger Work; and (b) under Patent Claims infringed by the making, using, or selling of Modifications made by that Contributor either alone and/or in combination with its Contributor Version (or portions of such combination), to make, use, sell, offer for sale, have made, and/or otherwise dispose of: 1) Modifications made by that Contributor (or portions thereof); and 2) the combination of Modifications made by that Contributor with its Contributor Version (or portions of such combination). (c) the licenses granted in Sections 2.2(a) and 2.2(b) are effective on the date Contributor first makes Commercial Use of the Covered Code. (d)   Notwithstanding Section 2.2(b) above, no patent license is granted: 1) for any code that Contributor has deleted from the Contributor Version; 2) separate from the Contributor Version; 3) for infringements caused by: i) third party modifications of Contributor Version or ii) the combination of Modifications made by that Contributor with other software (except as part of the Contributor Version) or other devices; or 4) under Patent Claims infringed by Covered Code in the absence of Modifications made by that Contributor.

Distribution Obligations.

Application of License.

The Modifications which You create or to which You contribute are governed by the terms of this License, including without limitation Section 2.2. The Source Code version of Covered Code may be distributed only under the terms of this License or a future version of this License released under Section 6.1, and You must include a copy of this License with every copy of the Source Code You distribute. You may not offer or impose any terms on any Source Code version that alters or restricts the applicable version of this License or the recipients' rights hereunder. However, You may include an additional document offering the additional rights described in Section 3.5.

Availability of Source Code.

Any Modification which You create or to which You contribute must be made available in Source Code form under the terms of this License either on the same media as an Executable version or via an accepted Electronic Distribution Mechanism to anyone to whom you made an Executable version available; and if made available via Electronic Distribution Mechanism, must remain available for at least twelve (12) months after the date it initially became available, or at least six (6) months after a subsequent version of that particular Modification has been made available to such recipients. You are responsible for ensuring that the Source Code version remains available even if the Electronic Distribution Mechanism is maintained by a third party.

Description of Modifications.

You must cause all Covered Code to which You contribute to contain a file documenting the changes You made to create that Covered Code and the date of any change. You must include a prominent statement that the Modification is derived, directly or indirectly, from Original Code provided by the Initial Developer and including the name of the Initial Developer in (a) the Source Code, and (b) in any notice in an Executable version or related documentation in which You describe the origin or ownership of the Covered Code.

Intellectual Property Matters

(a) Third Party Claims.

If Contributor has knowledge that a license under a third party's intellectual property rights is required to exercise the rights granted by such Contributor under Sections 2.1 or 2.2, Contributor must include a text file with the Source Code distribution titled "LEGAL" which describes the claim and the party making the claim in sufficient detail that a recipient will know whom to contact. If Contributor obtains such knowledge after the Modification is made available as described in Section 3.2, Contributor shall promptly modify the LEGAL file in all copies Contributor makes available thereafter and shall take other steps (such as notifying appropriate mailing lists or newsgroups) reasonably calculated to inform those who received the Covered Code that new knowledge has been obtained.

(b) Contributor APIs.

If Contributor's Modifications include an application programming interface and Contributor has knowledge of patent licenses which are reasonably necessary to implement that API, Contributor must also include this information in the LEGAL file.

(c)   Representations.

Contributor represents that, except as disclosed pursuant to Section 3.4(a) above, Contributor believes that Contributor's Modifications are Contributor's original creation(s) and/or Contributor has sufficient rights to grant the rights conveyed by this License.

3.5. Required Notices.

You must duplicate the notice in Exhibit A in each file of the Source Code. If it is not possible to put such notice in a particular Source Code file due to its structure, then You must include such notice in a location (such as a relevant directory) where a user would be likely to look for such a notice. If You created one or more Modification(s) You may add your name as a Contributor to the notice described in Exhibit A. You must also duplicate this License in any documentation for the Source Code where You describe recipients' rights or ownership rights relating to Covered Code. You may choose to offer, and to charge a fee for, warranty, support, indemnity or liability obligations to one or more recipients of Covered Code. However, You may do so only on Your own behalf, and not on behalf of the Initial Developer or any Contributor. You must make it absolutely clear than any such warranty, support, indemnity or liability obligation is offered by You alone, and You hereby agree to indemnify the Initial Developer and every Contributor for any liability incurred by the Initial Developer or such Contributor as a result of warranty, support, indemnity or liability terms You offer.

Distribution of Executable Versions.

You may distribute Covered Code in Executable form only if the requirements of Section 3.1-3.5 have been met for that Covered Code, and if You include a notice stating that the Source Code version of the Covered Code is available under the terms of this License, including a description of how and where You have fulfilled the obligations of Section 3.2. The notice must be conspicuously included in any notice in an Executable version, related documentation or collateral in which You describe recipients' rights relating to the Covered Code. You may distribute the Executable version of Covered Code or ownership rights under a license of Your choice, which may contain terms different from this License, provided that You are in compliance with the terms of this License and that the license for the Executable version does not attempt to limit or alter the recipient's rights in the Source Code version from the rights set forth in this License. If You distribute the Executable version under a different license You must make it absolutely clear that any terms which differ from this License are offered by You alone, not by the Initial Developer or any Contributor. You hereby agree to indemnify the Initial Developer and every Contributor for any liability incurred by the Initial Developer or such Contributor as a result of any such terms You offer.

Larger Works.

You may create a Larger Work by combining Covered Code with other code not governed by the terms of this License and distribute the Larger Work as a single product. In such a case, You must make sure the requirements of this License are fulfilled for the Covered Code.

Inability to Comply Due to Statute or Regulation.

If it is impossible for You to comply with any of the terms of this License with respect to some or all of the Covered Code due to statute, judicial order, or regulation then You must: (a) comply with the terms of this License to the maximum extent possible; and (b) describe the limitations and the code they affect. Such description must be included in the LEGAL file described in Section 3.4 and must be included with all distributions of the Source Code. Except to the extent prohibited by statute or regulation, such description must be sufficiently detailed for a recipient of ordinary skill to be able to understand it.

Application of this License.

This License applies to code to which the Initial Developer has attached the notice in Exhibit A and to related Covered Code.

Versions of the License.

New Versions.

Netscape Communications Corporation ("Netscape") may publish revised and/or new versions of the License from time to time. Each version will be given a distinguishing version number.

Effect of New Versions.

Once Covered Code has been published under a particular version of the License, You may always continue to use it under the terms of that version. You may also choose to use such Covered Code under the terms of any subsequent version of the License published by Netscape. No one other than Netscape has the right to modify the terms applicable to Covered Code created under this License.

Derivative Works.

If You create or use a modified version of this License (which you may only do in order to apply it to code which is not already Covered Code governed by this License), You must (a) rename Your license so that the phrases "Mozilla", "MOZILLAPL", "MOZPL", "Netscape", "MPL", "NPL" or any confusingly similar phrase do not appear in your license (except to note that your license differs from this License) and (b) otherwise make it clear that Your version of the license contains terms which differ from the Mozilla Public License and Netscape Public License. (Filling in the name of the Initial Developer,

Original Code or Contributor in the notice described in Exhibit A shall not of themselves be deemed to be modifications of this License.)

DISCLAIMER OF WARRANTY.

COVERED CODE IS PROVIDED UNDER THIS LICENSE ON AN "AS IS" BASIS, WITHOUT WARRANTY OF ANY KIND, EITHER EXPRESSED OR IMPLIED, INCLUDING, WITHOUT LIMITATION, WARRANTIES THAT THE COVERED CODE IS FREE OF DEFECTS, MERCHANTABLE, FIT FOR A PARTICULAR PURPOSE OR NON-INFRINGING. THE ENTIRE RISK AS TO THE QUALITY AND PERFORMANCE OF THE COVERED CODE IS WITH YOU. SHOULD ANY COVERED CODE PROVE DEFECTIVE IN ANY RESPECT, YOU (NOT THE INITIAL DEVELOPER OR ANY OTHER CONTRIBUTOR) ASSUME THE COST OF ANY NECESSARY SERVICING, REPAIR OR CORRECTION. THIS DISCLAIMER OF WARRANTY CONSTITUTES AN ESSENTIAL PART OF THIS LICENSE. NO USE OF ANY COVERED CODE IS AUTHORIZED HEREUNDER EXCEPT UNDER THIS DISCLAIMER.

TERMINATION.

This License and the rights granted hereunder will terminate automatically if You fail to comply with terms herein and fail to cure such breach within 30 days of becoming aware of the breach. All sublicenses to the Covered Code which are properly granted shall survive any termination of this License. Provisions which, by their nature, must remain in effect beyond the termination of this License shall survive.

If You initiate litigation by asserting a patent infringement claim (excluding declatory judgment actions) against Initial Developer or a Contributor (the Initial Developer or Contributor against whom You file such action is referred to as "Participant") alleging that:

(a) such Participant's Contributor Version directly or indirectly infringes any patent, then any and all rights granted by such Participant to You under Sections 2.1 and/or 2.2 of this License shall, upon 60 days notice from Participant terminate prospectively, unless if within 60 days after receipt of notice You either: (i) agree in writing to pay Participant a mutually agreeable reasonable royalty for Your past and future use of Modifications made by such Participant, or (ii) withdraw Your litigation claim with respect to the Contributor Version against such Participant. If within 60 days of notice, a reasonable royalty and payment arrangement are not mutually agreed upon in writing by the parties or the litigation claim is not withdrawn, the rights granted by Participant to You under Sections 2.1 and/or 2.2 automatically terminate at the expiration of the 60 day notice period specified above.

(b) any software, hardware, or device, other than such Participant's Contributor Version, directly or indirectly infringes any patent, then any rights granted to You by such Participant under Sections 2.1(b) and 2.2(b) are revoked effective as of the date You first made, used, sold, distributed, or had made, Modifications made by that Participant.

15.2 Lizenzen und Bestimmungen 411

If You assert a patent infringement claim against Participant alleging that such Participant's Contributor Version directly or indirectly infringes any patent where such claim is resolved (such as by license or settlement) prior to the initiation of patent infringement litigation, then the reasonable value of the licenses granted by such Participant under Sections 2.1 or 2.2 shall be taken into account in determining the amount or value of any payment or license.

In the event of termination under Sections 8.1 or 8.2 above, all end user license agreements (excluding distributors and resellers) which have been validly granted by You or any distributor hereunder prior to termination shall survive termination.

LIMITATION OF LIABILITY.

UNDER NO CIRCUMSTANCES AND UNDER NO LEGAL THEORY, WHETHER TORT (INCLUDING NEGLIGENCE), CONTRACT, OR OTHERWISE, SHALL YOU, THE INITIAL DEVELOPER, ANY OTHER CONTRIBUTOR, OR ANY DISTRIBUTOR OF COVERED CODE, OR ANY SUPPLIER OF ANY OF SUCH PARTIES, BE LIABLE TO ANY PERSON FOR ANY INDIRECT, SPECIAL, INCIDENTAL, OR CONSEQUENTIAL DAMAGES OF ANY CHARACTER INCLUDING, WITHOUT LIMITATION, DAMAGES FOR LOSS OF GOODWILL, WORK STOPPAGE, COMPUTER FAILURE OR MALFUNCTION, OR ANY AND ALL OTHER COMMERCIAL DAMAGES OR LOSSES, EVEN IF SUCH PARTY SHALL HAVE BEEN INFORMED OF THE POSSIBILITY OF SUCH DAMAGES. THIS LIMITATION OF LIABILITY SHALL NOT APPLY TO LIABILITY FOR DEATH OR PERSONAL INJURY RESULTING FROM SUCH PARTY'S NEGLIGENCE TO THE EXTENT APPLICABLE LAW PROHIBITS SUCH LIMITATION. SOME JURISDICTIONS DO NOT ALLOW THE EXCLUSION OR LIMITATION OF INCIDENTAL OR CONSEQUENTIAL DAMAGES, SO THIS EXCLUSION AND LIMITATION MAY NOT APPLY TO YOU.

MISCELLANEOUS.

This License represents the complete agreement concerning subject matter hereof. If any provision of this License is held to be unenforceable, such provision shall be reformed only to the extent necessary to make it enforceable. This License shall be governed by California law provisions (except to the extent applicable law, if any, provides otherwise), excluding its conflict-of-law provisions. With respect to disputes in which at least one party is a citizen of, or an entity chartered or registered to do business in the United States of America, any litigation relating to this License shall be subject to the jurisdiction of the Federal Courts of the Northern District of California, with venue lying in Santa Clara County, California, with the losing party responsible for costs, including without limitation, court costs and reasonable attorneys' fees and expenses. The application of the

United Nations Convention on Contracts for the International Sale of Goods is expressly excluded. Any law or regulation which provides that the language of a contract shall be construed against the drafter shall not apply to this License.

RESPONSIBILITY FOR CLAIMS.

As between Initial Developer and the Contributors, each party is responsible for claims and damages arising, directly or indirectly, out of its utilization of rights under this License and You agree to work with Initial Developer and Contributors to distribute such responsibility on an equitable basis. Nothing herein is intended or shall be deemed to constitute any admission of liability.

MULTIPLE-LICENSED CODE.

Initial Developer may designate portions of the Covered Code as "Multiple-Licensed". "Multiple-Licensed" means that the Initial Developer permits you to utilize portions of the Covered Code under Your choice of the NPL or the alternative licenses, if any, specified by the Initial Developer in the file described in Exhibit A.

Index

#
#PCDATA 144

A
Abbruchbedingung 247
Abkürzungen 29, 92
Achse 316
ActivePerl 252
ActiveSTATE 252
Apache Group 249, 256, 334, 367, 386
Apache-Server 123
Array 36, 294
ASCII 70
assoziatives Array 295
ATTLIST 153
Attributdefinition 153, 159
Attribute 19, 153, 191, 195, 205, 212, 239, 304
Attributknoten 242
Attributtypen 154, 172
Ausgabe 356
Ausgabeformat 374
Ausnahmen 242

B
Baumstruktur 79, 313
BBEdit 8
Bedingungen 316, 354
Bilder 386
Blindenschrift 44
block 382
Block 382
Block-Elemente 382
Breite 377
Browser 171
Browsern 13
Buffer 34

C
C++ 257
Callback-Funktionen 221
case sensitive 369
Case-Sensitive 20
CDATA 94, 154
CDATA-Abschnitte 94
CD-ROM 3
CGI 123
Character Data 154
Character Entity Reference 96
CLASSPATH 256, 363
Client 130, 236
Codierung 357
Common Gateway Interface 123
complexType 190, 196
Containerelemente 81, 190, 142, 204, 210
Contenthandler 226
ContentHandler 266
CSS 47, 330

D

Darstellung 34
Datenbanken 218
Datenbanksystem 114
Datenbankzugriff 275
Datenelemente 142
Datenstruktur 17
Datentransformation 326
Datentypen 190, 208
Default-Darstellung 25
Default-Namensraum 87, 198
Default-Werte 161, 197
DIN A4-Seite 374
DOCTYPE 139, 176, 178, 198
Document Object Model 31, 220, 296, 313
Document Type Definition 29, 89, 92, 134, 276
Dokumentenkopf 62
Dokumententypen 136, 176
DOM 232, 252, 278, 370
DOM Level 2 249
DOM Level 3 232, 241
DOM-Baum 299
DOM-Model 236
DOM-Modell 238
DOM-Parser 297
DOM-Parser 225, 234
Druckbereich 379
Drucker 34
DTD 53, 134, 159, 184, 202, 239, 258, 326, 375
DTDHandler 228

E

Echtzeit 234
Elemente 17, 142, 188, 203, 239
Elementgruppe 150
Elementknoten 242
Elementtypen 145, 149, 189
Elementverschachtelung 191
Elementwiederholungen 194
Elternelemente 79, 224, 314
eMail-Adresse 358

Entities 92, 163, 174
ENTITIES 172
ENTITY 157, 165, 172
Entityhandler 228
Ereignisse 221, 234
Errorhandler 227
ErrorHandler 267
ErrorLogger 268
Event 221
event-based 222
Event-Methoden 225, 266
Exceptions 242
Extensible Stylesheet Language 30, 327
externe Entity 171

F

Fakultät 246
Farben 383
Fehler 227
Fehlermeldung 27, 288
feste Entities 93
FiLo 66
FIXED 159, 160
Fließtex 382
FO-Datei 373
FO-Dokument 387
FOP 257, 331, 363, 389
fop.bat 386
FO-Prozessor 257, 331, 373
Formal Public Identifier 177
Format 356
Formatierende Objekte 51, 326, 329
Formatierungsanweisungen 373
Formatvorlagen 49
FreeWare 3
FTP 115
Funktionen 284, 320

G

Generisches Markup 51
Glyphe 98
Grammatik 15, 134, 188
Größenangaben 379

H

Handler 226
Häufigkeiten 210
heterogenen Netzwerk 17
Hexadezimalwerte 96, 383
Höhe 377
HTML 41, 46, 52, 53, 137, 176, 324, 339, 367
HTTP 115, 122, 265
httpd.conf 127
HTTP-Protokoll 58, 106
HTTP-Request 129
Hypertext Transfer Protocol 122

I

IBM 45, 65
ID-Referenz 157
IMPLIED 160
Informationsstruktur 80
Instruktionselemente 344, 348, 358
Internet Explorer 23, 73, 84, 93, 122, 140, 162, 173, 179, 333, 367
ISO 52

J

Java 239, 253, 362
Java-Applets 255
Java-Appliktionen 254

K

Kapitel 5
Kette 40
Kindelemente 79, 191, 224, 314
Kinderknoten 239
Knoten 237, 304
Knotenlisten 242
Knotenmenge 351
Knotensystematik 234
Knotentest 316
Knotentyp 315
Kommandozeile 121, 364, 367, 387
Kommandozeilenparameter 261
Kommentare 239

Kommunikation 135
Konjunktoren 151
konkrete Daten 17, 80
Kontrollstrukturen 351

L

Layout 373
Leerzeichen 20, 357
Links 385
Liste 38
log.txt 268

M

Markup 41, 42
master-reference 381
maxOccurs 195
Microsoft Word 51
minOccurs 195
Modifikator 159
Mozilla 23, 25, 175, 180, 367
Multi-Level-Baumstruktur 234
Multiplikator 204
MySQL 115, 218, 275, 320
MySQL-Datenbank 119

N

Namensraumdefinitionen 85
Namensräume 81, 181, 184, 187, 335, 373
Netscape 25, 175, 180
Netzwerk 105, 218
Netzwerkapplikationen 3
Netzwerkprogrammierung 4
NMTOKEN 93
Node 238, 304
NodeValue 241
Notepad 8

O

OASIS 178
Operatoren 149, 319

Ö

öffentliche ID, auch FPI 177

P

Parameter 129, 168
Parsed Character Data 91, 144
Parser 31, 62, 147, 161, 174, 276, 280, 313
PATH 256
PCDATA 91, 166
PDF 51, 59, 326, 373, 389
PDF-Datei 387
Perl 118, 229, 252, 257, 292
Perl Package Manager 119, 292
Pfadangaben 312, 315
PHP 229, 252
PHP-Module 278
PHP-Script 277
PHP-Skripte 126
PI 89, 340
Plural 158
Pluraltyp 159
Pointer 38
PPM 292
Programmiersprachen 4, 220, 237
PUBLIC 172

R

Referenzen 193, 294
Regelwerk 134
region-body 380
Registrierung 284
Rekursion 245
Rekursionsaufruf 247
rekursive Funktion 244
REQUIRED 160
RGB-Modell 383
RPM 255

S

SAX 220, 232, 252, 370
SAX2 220
SAXException 299
SAXParseException 267
SAX-Parser 224
Schema 187
Schema-gültig 186

Schema-Validator 191
Schleifenkonstruktion 351
Schlüsselwörter 316
Schlüsselzeichen 221
Schreibmaschine 34
Schrift 383
Schriftarten 100
SDK 253, 362
select-Attribut 345
Server 130, 236
Servlet 370
SGML 29, 46, 52, 134, 184
Shoppingscout24 106
Simple API for XML 31, 220, 232, 261
Slash 16
Software Development Kit 254
Sonderzeichen 94
Speichermodell 37
Spezifikationen 29
SQL 271
SQL-Befehl 115, 271
Streaming 225
String 35, 357
Stylesheets 51, 322, 324, 364, 369, 375
Suchbereich 316
Suchmaschine 106
SYSTEM 171, 176

T

targetNamespace 188
Teleschau 108
Template 324, 336, 376, 381
Textdaten 357
Texteditor 115
Textformat 218
Text-Knoten 239
Textpad 8, 72
Textverarbeitung 35
Token 98
Top-Level-Elemente 336
Transfervolumen 370
Transformation 325, 351
Tutorial 104

Typdeklaration 145
Type 98

U

Umlaute 70
Umwandlung 326
Unicode 58, 96, 100
Uniform Resource Identifier 83
URI 83
URL 129, 176
UTF 73
UTF-8 58, 63, 69, 281

V

Validierung 177, 181
Verknüpfungsattribut 215
Verschachtelung 78
Verzeichnisstruktur 318
vi 8
Vorsilbe 82, 181, 376

W

W3C 53, 64, 138, 177, 184, 232, 249, 297, 312
Wahrscheinlichkeitsrechnung 246
Wanderer 222
Warnung 227
Webseite 3
Webseitenprogrammierung 252
well-formed 67
Whitelabel 104
Whitelabelshops 268
Whitespaces 148, 174, 357
Wiederholungen 195
Wiederholungsoperatoren 149, 203
Wingdings 100
wohlgeformt 18
Word 49
Wurzelelement 22, 77, 113, 233, 314

WYSIWYG 7, 42, 49

X

Xalan 363
Xalan-Transformer 370
Xerces 249, 256, 297, 362
Xerces API 259
XHTML 137, 177
XML 1.1 64
XML blueberry 64
XML-Baum 337
XML-Header 124
XML-Hierarchie 77
xmlns-Attribut 84
XML-Parser 256, 293
XML-Schema 182, 187, 207, 276
XML Schema Instance 198, 215
XML-Stream 125
XML-Struktur 226
XML-Transformation 327
XPath 312, 324, 329
XPath-Angabe 337
XPath-Ausdruck 314, 316
xsd-Elemente 188
xsi 198, 215
xsl 335
XSL 48, 89, 174, 322
XSL-FO 327, 330
XSL-Stylesheets 327
XSLT 48, 89, 174, 327
XSLT-Prozessor 332, 363

Z

Zeichenketten 98, 219
Zeichenreferenz 96
Zeichensatz 281
Zeiger 237
Zugriffsfunktionen 234

HANSER

Flashen Sie sich ein Spiel der MXtra-Klasse!

Kommer / Mersin
Spiele programmieren mit Flash MX
300 Seiten.
ISBN 3-446-22442-4

Einer der interessantesten Bereiche der Flash-ActionScript-Programmierung ist das Spiele-Design. Mit Flash MX kann jeder Anwender interessante Computer-Games entwickeln, die dank ihrer geringen Dateigröße bestens für das Web geeignet sind.

Mit diesem Buch finden Einsteiger in die Spieleprogrammierung mit ActionScript sowie fortgeschrittene Flash-Anwender einen schnellen Start. In aufeinander folgenden Workshops führen die Autorinnen Sie Schritt für Schritt durch die Gestaltung und Programmierung von 12 Flash-Spielen. Dazu gehören Action-Spiele genauso wie Arcade-Klassiker (Pong, Pacman etc.) und die Umsetzung von Karten- und Denkspielen (Memory, Tangram, "Galgenmännchen" etc).

Mehr Informationen zu diesem Buch und zu unserem Programm unter **www.hanser.de/computer**

HANSER

Gestalten Sie Ihre Windows-Oberfläche selbst!

Wessel
GUI-Design
528 Seiten.
ISBN 3-446-21961-7

Dieses Werk bietet Regeln und Empfehlungen für Anwender von Windows-Programmiersprachen. In kurzer Zeit gestalten Sie professionelle und attraktive GUI-Applikationen, vermeiden Fehler und erhöhen die Akzeptanz seitens des Benutzers deutlich. Zudem erfahren Sie, wie unter Windows XP "klassisch" gestaltete GUI-Applikationen nicht veraltet wirken.

"Das Buch sollte in jeder Entwicklungsabteilung im Regal stehen ... das würde die Bedienbarkeit der Software wesentlich verbessern und damit zum Erfolg der Produkte beitragen." Microsoft System Journal

Mehr Informationen zu diesem Buch und zu unserem Programm unter **www.hanser.de/computer**